国家社会科学基金"十一五"规划教育学一般课题

Study on the Transformation
and Development of
Adult Education

成人教育转型发展研究

乐传永 等著

ZHEJIANG UNIVERSITY PRESS
浙江大学出版社

图书在版编目（CIP）数据

成人教育转型发展研究／乐传永等著. —杭州：浙江
大学出版社，2014.11
ISBN 978-7-308-13970-0

Ⅰ.①成… Ⅱ.①乐… Ⅲ.①成人教育－教育改革－
研究－中国 Ⅳ.①G729.21

中国版本图书馆 CIP 数据核字（2014）第 241463 号

成人教育转型发展研究

乐传永 等著

责任编辑 樊晓燕(fxy@zju.edu.cn)
封面设计 春天·书装工作室
出版发行 浙江大学出版社
　　　　　　（杭州市天目山路 148 号　邮政编码 310007）
　　　　　　（网址：http://www.zjupress.com）
排　　版 杭州中大图文设计有限公司
印　　刷 杭州日报报业集团盛元印务有限公司
开　　本 710mm×1000mm　1/16
印　　张 19.75
字　　数 344 千
版 印 次 2014 年 11 月第 1 版　2014 年 11 月第 1 次印刷
书　　号 ISBN 978-7-308-13970-0
定　　价 56.00 元

序

进入 21 世纪以来,由于科学技术的迅猛发展,互联网络的更加方便快捷,整个社会进入了转型变革的新时代,社会对各级各类人才的需求越发强烈。《国家中长期教育改革和发展规划纲要(2010—2020)》指出:"继续教育是面向学校教育之后所有社会成员特别是成人的教育活动,是终身学习体系的重要组成部分。更新继续教育观念,建立健全继续教育体制机制,构建灵活开放的终身教育体系,搭建终身学习'立交桥',促进各级各类教育纵向衔接、横向沟通,提供多次选择机会,满足个人多样化的学习和发展需要。"这些为成人院校的发展提供了新契机,也对各类成人院校进一步发展提出了新的要求。各类成人教育院校在这种时代大背景下,必须有所为有所不为,不断突破创新,加快转型步伐,从而更好地契合社会发展对成人院校人才培养的新要求,更好地绵延其生命力与发展的活力。

正是在此背景下,宁波大学成人教育学院院长乐传永教授选取了转型期我国成人院校"转型性变革"的路径与机制问题展开了系统而深入的研究,并于 2009 年被立项为国家社会科学基金"十一五"规划教育学国家一般课题。他们认为,成人院校的存在形态及其运行模式应当与一定的社会生产力发展水平以及社会政治、经济、科技、文化和教育的发展状况相适应,是一个不断变革发展的过程。为了与我国当前社会转型的背景变化相适应并应对国际竞争的激烈挑战,在新中国成立初期构建的成人院校发展的模式形态必须进行彻底的变革,这样才能更好地发挥其应有的社会功能并实现其自身的发展。当前我国各类成人院校转型性变革的主要任务和目标是要实现由规模扩张向内涵发展的战略转向;由学历教育为主向学历教育和非学历教育并重发展的重点转移;由封闭办学向开放办学的理念更新;由单一办学功能向多元办学功能的市场拓展;由行政型、管理型向服务型、经营型、竞争型的组织行为模式变革;等等。

这本《成人教育转型发展研究》专著正是该课题的研究成果。专著从对社会转型的解读开始,层层推进,由宏观到微观,从理论的提升到实践经验的介绍与反思,从国外到国内,借助唯物辩证法、系统论、管理学、社会学、经济学、组织学等社会科学理论论证我国成人院校形态与所处社会发展水平和所处环境的密切关联性;通过梳理我国成人院校产生和发展的历史沿革,分析当前我国社会转型的深刻变化及其对成人院校提出的新要求和挑战,揭示成人院校与社会发展不相适应的问题、症结及自身发展的障碍所在;在对国外成人院校转型模式进行比较研究的基础上,借鉴其成功经验,针对目前我国成人院校所存在的问题,适应我国现阶段政治、经济、科技文化以及教育发展对成人院校的客观要求,提出我国成人院校转型性变革发展的新路径与新机制。

总体而言,我认为,该课题研究在如下方面取得了突破和创新:一是通过对我国成人院校的产生、发展、管理、运作、教学等进行实证调查研究,获取大量的原始资料,并经过对这些资料进行梳理和学理性分析,揭示我国成人院校适应社会转型发展所面临的障碍因素,借鉴国外成人院校转型发展的成功经验,结合我国社会转型发展的特点,探寻出我国成人院校转型性变革的方略,丰富了我国学校转型的理论研究与实践研究的内容;二是以当前我国社会转型为背景,通过植根于我国成人教育改革的适宜"土壤"和"气候",探索我国成人院校转型性变革的条件、动力、路径和机制,创建成人教育学科"院校转型"理论研究的"中国品质"和时代风貌,进一步丰富和完善成人教育理论体系和学科发展体系,同时通过对高职院校成人教育、独立设置成人高校和中等院校成人教育的转型性变革研究弥补了目前国内在这方面系统理论研究的缺憾,丰富成人教育转型发展的内容结构和体系构架;三是以理论工作者与一线实践工作者在日常性研究实践中互动的方式展开研究,一反过去在理论与实践关系上的简单对立或简单结合的认识偏向,开辟了理论与实践在多层面多维度上的复杂相互作用、相互构建的新的关系形态和方法论路径;四是本课题的研究立足社会发展变革的广阔视野,从社会发展与成人院校变革的相互关联性中探索成人院校转型性变革的必要性及其发展规律;五是通过理论研究与实践探索的结合互动,促进我国成人院校整体性变革,即从整体面貌、内在基质到过程形态都发生根本性转换,回应转型社会对成人教育结构与功能转换提出的新要求。

该课题是一项前瞻性、创新性和应用性极强的研究成果,填补了我国成人院校教育转型系统研究的空白,让我们真正看到成教人的学术风采以及求真务实的态度,相信有机会阅读该成果的受众会有较深刻的体悟。

同时我们也欣喜地看到,课题主持人乐传永教授及其带领的宁波大学成人教育学院不仅在理论研究方面而且在实践改革方面也取得突出成绩:获得国家高等教育教学成果一等奖、国家高等学校继续教育示范基地和全国巾帼家政示范基地等。他们的成功之处在于把理论研究与实践改革紧密结合了起来。我也衷心地希望能有更多的成人院校注重理论研究,锐意实践改革,为我国的成人教育事业做出自己应有的贡献。

惊喜,祝贺,勉励。是为序。

中国成人教育协会常务副会长,
全国教育科学规划领导小组成人教育学科组组长,
原中央教育科学研究所副所长
谢国东
2014 年 11 月 6 日

目　录

第一章　解读社会转型

第一节　社会转型相关理论

一、社会形态论

要认清、把握社会转型的特点、问题及发展趋势,我们需要了解社会形态的基本内涵及其表现形态、发展阶段,并清楚当今我们所处社会阶段的特点。为此,我们首先要从社会形态相关理论着手。社会形态既是一种客观存在,也是我们观察社会的重要视角,它帮助我们对社会的把握能够形成一幅清晰的、分门别类的图景,当然更是色彩斑斓的图景。当代世界的社会形态具有多样性和复杂性,需要我们从多种维度加以洞察,分析诸如社会形态解释系统中的"内核"与"外围"、不同维度社会形态之间的匹配等方法论问题。

所谓社会形态,是对社会基本性质及典型特征的归纳、概括与划分,并能表征特定社会及其现象的基本性或典型性,它是一个非常复杂的系统。复杂的结构、互动方式和组织构成了不同时期、不同水平与层次的社会形态[①]。每一社会形态的历史性存在,都会改变社会产品的总剩余与总分配的形式,从而导致其作为生产组织形式的社会生产关系及其总和的社会经济结构的根本转变,这种转变具体体现在社会生产力与生产关系、经济基础与上层建筑的矛盾运动的不断演进过程。

要区别社会形态,首先就需要厘清几个概念,例如社会形态与社会经济形态、社会形态的内部构成等。按照之前的概念界定,很多人将社会形态默认为是社会经济形态,这里指的是经济基础与上层建筑的统一。到了 20 世纪 80 年代,有人质疑上述观点,认为应该区别社会形态与社会经济形态。基于该立

---

① 王雅林.中国社会转型研究的理论维度[J].社会科学研究,2003(1):87—93.

场的观点将后者看作是前者范畴中的一个层面或一个方面的内容，即社会形态是包括社会经济形态在内的一大范畴。从内涵上讲，则有很多的解说。如有人认为，马克思在《序言》①中提到的社会经济形态概念，实际上是指社会的所有制形态，而有的观点则称之为所有制形式；有的观点从要素范畴上加以分析，认为社会形态是由生产力、生产关系、政治、社会意识形态等要素组成的，而社会经济形态则仅仅属于生产方式以及劳动者与生产资料的结合方式，涉及劳动者与生产资料在生产、交换、分配、流通领域内的特殊结合方式，不包括政治与社会意识等要素。在这里，我们将社会经济形态视为社会形态范畴中的一个要素。承接上述对社会形态与社会经济形态的观点，有学者对社会形态的内部构成作了更进一步的区分。不过，在具体说明时也有一些差别。有论者认为，社会形态包括社会所有制形态、社会技术形态、社会经济形态。社会技术形态"是根据不同的生产工具来划分社会时代"，社会经济形态是根据社会经济的性质和发展形式来划分社会时代。也有的论者依据构成主从的逻辑顺序，将社会形态分为生产力社会形态、交换社会形态和所有制社会形态。在此所说的"生产力社会形态"概念，实际上就是指"社会技术形态"。有的论者把一切社会要素都纳入社会形态之中，认为可根据社会形态内部的生产力、经济关系、政治关系、思想关系等各个构成部分，相应地称作社会的技术形态、经济形态、政治形态、意识形态（文化形态）等，并认为它们组成统一完整的社会体系②。

关于社会形态理论，较有影响力的三种形态说分别为三大形态说、四大形态说、五大形态说。四大形态说将社会分为狩猎社会、农业社会、工业社会、知识社会，以生产力和技术发展水平为标志；五大社会形态主要以生产关系的性质为标准，分为原始社会、奴隶社会、封建社会、资本主义社会、社会主义和共产主义社会。在这里，我们着重分析马克思的三大社会形态理论及其主要内容。

19 世纪 50 年代，马克思基于其经济学的研究基础得出的一项重大成果——"三大社会形态"是以人的主体生存状态标定的。该理论是基于马克思所提出的建立在人的依赖关系、以物的依赖性为基础的人的独立性以及建立在个人全面发展和共同的社会生产能力成为他们的社会财富这一基础上的自由个性等三大社会历史形态，在人类发展史上分别指的是前工业社会历史时

---

① 马列著作选读编辑部编.马列著作选读·哲学[M].北京：人民文学出版社,1988:291-295.
② 刘忠世.近年来社会形态理论研究述评[J].齐鲁学刊,1997(3):123-129.

期、资本主义大工业时代以及后资本主义时代。

"三大社会形态"理论是马克思关于人类社会历史演进的理论。他从人类自身发展的历史阶段、水平出发,提出只有一定的生产力才会有一定的社会联系和作为主体的人的一定个性发展的结论,即社会发展与人的发展之间的统一性,"随着生产力的获得,人们改变自己的生产方式,随着生产方式即保证自己生活的方式的转变,人们也就会改变自己的一切的社会关系"①。从上述分析我们可以看到,马克思的"三大社会形态"理论实际上也就是关于社会转型的理论,因为社会阶段的演进、变革离不开生产力的变革,社会转型是社会发展阶段所呈现的一种方式,或者说是历史发展的必然。无论是从第一大形态到第二大形态或是从第二大形态到第三大形态,都是社会转型的具体体现,而且"三大社会形态"理论本身的研究重心集中在现代社会上,表现在,从生产力发展看,以农业为主向以工业为主的转变,从交往方式看,从人的依赖性交往向现代工业型的物的依赖性交往形态的转变,资源配置由自由经济向商品经济和市场经济的资源配置方式转变,这一系列的转变最终是为了奠定、巩固现代社会的生产生活基础与条件,为现代化的社会生产以及个体间关系、能力提升的全面性与普遍性准备条件,并实现个体从迷信、宗教、权威等旧文化中解脱出来,实现向人权、科学、民主、平等的现代社会新文化转变②。到最后所称谓的自由个性的社会形态的生产力基础只能同发达的知识社会与后知识社会形态相联系,在社会基本制度构建上仍需要以社会主义、共产主义制度建构为基础(见表1-1)。

表1-1 人类社会形态演进的对应关系③

前工业社会	农业社会	工业社会	知识社会
"人的依赖"社会形态		"物的依赖"社会形态	"自由个性"社会形态
封建社会、封建社会		资本主义社会	社会主义、共产主义社会
中华人民共和国		中国社会主义发展方向的选择	

二、现代化论

研究社会转型理论可以追溯到现代化理论与发展理论。前者主要是面对

① 马克思恩格斯全集(第4卷)[M].北京:人民出版社,1958:114.
② 席成孝.马克思"三大社会形态"理论与当代中国的社会转型[J].陕西理工学院学报(社会科学版),2005,23(2):1−5,24.
③ 王雅林."社会转型"理论的再构与创新发展[J].江苏社会科学,2000(2):168−173.

近代以来西方发达国家现代化过程的相关理论,后者则是 20 世纪 60 年代以来发展中国家的社会发展理论。

福柯认为,"康德的批判标志着我们'现代性'的开始"。此后的黑格尔、马克思、韦伯、迪尔凯姆、海德格尔等学者对现代性展开了论述,其基本特征为世俗化、理性化、工业化、城市化与人性化等。为现代化理论奠定基础的是帕森斯,他认为现代性具有三个标志性特征:市场经济、民主政治与个性自由。其研究的发展方向与谱系复杂并多元,但是其基本理论大体可以包括:一是"二分"的划分方法。现代化理论按照特定标准将曾有或现有的国家划分为"传统"与"现代"两大类型,现代化过程即是前者向后者逐步发展的过程。该划分方法的基础来源于以古典与新古典主义发展理论为出发点的各种理论模式,如经济成长论(罗斯托)、线性阶段模式("哈罗德—多马模型")、二元结构论(刘易斯)、结构变动模式(钱纳里)以及下文所涉及的国际依附模式、世界体系论等[①]。二是社会发展的动力说。该学说来源于韦伯的思想,即社会进步的主要动力来自内部,这里主要指的是文化与价值因素。三是现代化的发展趋势,这主要是针对发展中国家的发展趋势而言的,即实现了现代化的国家都会具有相似特征:工业市场经济、持续的增长、大规模的科层组织、较高的识字率、正规教育的普及、不平等程度的降低、社会流动的增加、较低的人口出生率、城市化、宗教影响力的衰弱、现代价值系统等。[②] 该理论在 20 世纪 60 年代末由于其缺陷招致批评,如对其两分法的批判,认为该理论内容涉及暗示单线进化论的假设等。具体来说,现代化理论强调经济增长论,该理论认为第三世界国家应重复发达国家的老路,即以工业化代替农业化,从而促进经济快速发展,但其只关注经济增长却忽略了人的价值,而且前者并未给人类带来普遍的社会福祉。现代化理论强调线性的发展观点,即发展方式的普遍性与唯一性。由于这种理论以西方发展模式为马首是瞻,以西方现代化为楷模,引发了欧洲中心论与民族主义的冲突以及普遍的民族主义的反弹,因此,在这种局势下,需要用一种新的发展观代替传统的现代化的发展观点,即下面要阐述的发展观。

现代性与生俱来的全球化蔓延扩张的本性,并在此基础上产生所谓外在植入型的现代性问题,产生了所谓的中国现代性的历史难题,在此过程中体现出复杂性、曲折性、反复性的特点。虽然,学术界根据各自的学术背景、学术立

---

① 王雅林."社会转型"理论的再构与创新发展[J].江苏社会科学,2000(2):168—173.

② 孙立平.现代化与社会转型[M].北京:北京大学出版社,2005:430.

场,对中国现代性发生的历史时段及演进过程持不同观点,包括资本主义萌芽出现的时间问题等,但是,无论如何,在资本主义现代性全球扩张的殖民化过程中,古老的、传统的中国被动加入其中,并最终形成其现代性的植入性特征。现代性的植入使传统中国发生了前所未有的巨变,如鸦片战争、如东学西渐等,这些运动或者重大历史事件不仅仅改变了中国传统的政治、经济与日常生活结构,同时也冲击了沿袭几千年的文化传统、认知体系。而且这些历史都是中国近现代的磨难史、屈辱史,是外在植入型现代性所带来的苦难历史。由此,形成中国现代性问题的复杂性,这些都直接或间接造成中国在走向现代化道路上的困难性。在 20 世纪不同阶段中以不同的形式一再启动,具有启动—中断—再启动—再中断,最后实现转型的特殊历史性,包括戊戌维新、清末新政和预备立宪这三次政治变革运动以及所收获的失败的经验教训。这些都具有一定的启动中国早期现代化的主客观意义和资源积累,更体现出中国现代化道路的反复性。随着改革开放新时期的到来,从某种意义上可以说是改革开放实现了中国的现代化转型。

三、社会发展论

如果说现代化理论是对西方发达国家工业化进程的总结,那么,发展理论则将关注点落在关于不发达国家如何实现现代化的理论研究。发展是人类永恒的话题,是人类诞生之日就面临的问题,也是人类坚持不懈要解决的问题。许多有关社会发展的策略、手段等问题就作为某种理论观点得到了阐发。社会发展理论都是时代的产物,包括提出的问题、内容、表现形式,及建构原则和表述方式,无不打上了时代的烙印,反映着时代的特色与局限。从古希腊到近现代的理论研究成果,如柏拉图的《理想国》、亚里士多德的《政治学》、空想社会主义者的《乌托邦》、培根的《新大西岛》、洛克的《政府论》、孟德斯鸠的《论法的精神》、卢梭的《社会契约论》、康德的《历史理性批判》、黑格尔的《法哲学》和《历史哲学》等[①],这些都是有关作者时代的社会发展理论。

随着工业化社会的推进,直接指向各种实际发展问题的社会发展理论,尤其是经济学发展理论、政治学发展理论和社会学发展理论,受到了西方各国政府和社会重视,其中"经济增长论"、"多元政治论"和"社会现代化论"等理论更多地呈现出"现代化"的特点,在当时确实推动了经济水平的迅速提高。但是,其缺陷与问题则因经济的发展与人类文明化程度之间衔接不够而暴露无遗。

---

① 高清海,刘少杰.社会发展理论的演化趋向及其面临的问题[J].天津社会科学,1994(2):4—10.

而且对社会发展问题缺乏总体性思考的局部理论,在社会发展实践中并未取得预期的指导作用。人们开始批评各种盛行一时的发展理论,其中受到指责最多的是"经济增长论"。随着这些理论的逐渐式微,"依附理论"、"世界体系理论"与"比较政治经济学理论"等一系列理论进入学者的视野。这些理论主要关注拉美及东亚的发展经验。如依附理论认为,不能单独分析一个社会发展,而是要将其放在整个世界系统中考察问题,因为,外来因素的影响更为重要(这与现代化理论的基本观点正好相反),即发达国家的发达是建立在不发达国家不发达的基础上的,不发达国家的不发达是发达国家发达的条件。因此,模仿发达国家是不可能的。同时,佩切里奇认为,人的发展是人类的终极目标,今后的发展趋势是从单纯追求经济发展到以人的发展为目标;从片面追求经济增长到追求全面、协调、综合的发展目标;追求可持续性发展,反对功利主义等①。世界体系理论的产生与依附理论密不可分,但是它基于依附理论的基础又丰富和发展了研究内容,如将世界体系划分为"中心"、"半边缘"、"边缘"三个等级,而不是简单照搬依附论的划分方式,将世界分为大都市与卫星国、中心与边缘等。

20世纪90年代以前,部分国内外学者在综合、分析考察各国的经济与社会状况的过程中,倾向于将中国归为发展中国家,而我们国家长期以来也一直将自己定义为"发展中国家",尽管这种认知或是定位受到那些致力于发展理论研究并以此来阐述第三世界发展的学者的质疑,但是,那些基于发展理论的相关实证研究,不仅可以让我们了解当今世界范围内严峻的社会问题,同时,这些问题在当今中国也并不稀奇,包括城乡差距、城市流动人口问题、住房问题、居住环境问题等。除了相似的现实困境外,通过相关理论的研究,注重全球体系的国际关系、国家外部条件等对于后发展国家的社会变迁的影响,对于后发展国家在全球化背景下资本主义体系中的依附性的、边缘化的地位分析,为我们了解发展中国家的内部社会问题,尤其是我国内部深层次的社会问题的全球化背景,提供了重要的参考视角。

四、社会转型理论

"社会转型"理论是社会历史发展与进步的中心论题之一,到了文明复兴时代,该主题首先受到西方史学理论及历史哲学的关注和研究。该理论是对

---

① 邴正.从发展社会学的视角看中国的社会转型——当代社会发展理论研究历程回顾与创新[J].社会科学战线,2009(2):179—184.

现代化的发展历程与状态的一种描述,是对"传统—现代"两分法进行了超越的新型现代化理论的一种概念术语,意味着一种现代性的生长与传统性的隐退及融合,所以两者是息息相关的。

追溯西方社会转型理论研究的历史与现状,我们可以分三个阶段加以分析,即经典理论时期、实证研究时期以及理论转向时期。从 19 世纪中期至 20 世纪前,西方学术界就社会转型的理论基础(包括社会进步的概念转型的进程及其机制、转型的类型和目标等)进行了多方面探讨,确立了转型理论,建立了这一研究的主题,制订了基本的方法论。这一时期转型研究的核心即是经典进化论。随着传统中古社会瓦解,资本主义革命浪潮冲击下的西方社会迅速走向工业化,如何理解和控制这一进程便成为最重要的时代课题。孔德(A. Comte)和斯宾塞(H. Spenser)是进化论转型主义的奠基人;此后又产生了一种基于技术进步机制的转型理论以及从具体的社会实践领域探求社会转型的机制。经典社会转型论的基本思想包括:肯定人类进步与转型有统一的逻辑或模式;社会是一个有机整体,转型的要素可以以宗教、道德或技术等为主导,社会变化体现出整体性、全方位特点;从结果看,社会转型是从简单到复杂、从低级到高级、从分散到集中、从混乱到有序的过程[①]。20 世纪 50 年代以后,西方社会转型理论的研究,从哲学和历史学领域对经典观念的质疑声中,开始转向社会学、考古学、文化人类学、人种学和历史编纂学等实证科学领域,以经验成果为依据,寻求对经典的线性一元转型观念的支持,这一研究导向被称之为"新进化主义"。20 世纪 70 年代以后,发达国家的经济增长出现停滞和衰退、东亚新兴工业国家发展势头强劲,再加上苏联和东欧的社会主义制度瓦解,世界形势发生了巨大变化,这些都促使人们开始重新思考社会转型的本质,包括对现代化含义及标准的重新检视、尝试从心理主义寻找答案。

东方的转型理论或转型理论研究主要是源于 20 世纪 80 年后开始的中国、苏联与东欧国家的转型实践的一些判断。[②] 该理论将发展理解为一种人类社会从一种类型向另一种类型的跃迁过程。它首先把人类社会划分为两个不同类型,形成对立的社会分析模式,以此来解释当时欧洲社会发生的深刻变化。如斯宾塞将社会变迁分为两种类型,一种是社会结构日趋复杂化,有简单、复杂、二倍复杂、三倍复杂等变化,这种变化因为进化而得以产生,但尚未涉及质的飞跃与根本性社会变迁;另外一种是从一种社会类型转变为另外一

[①] 孙慕天,刘玲玲.西方社会转型理论研究的历史和现状[J].哲学动态,1997(4):40—45.
[②] 徐家林.社会转型理论的范式构建[J].探索与争鸣,2008(12):34—36.

种社会类型,在此过程中产生了质的变化,即社会性质发生了根本性变化①。

为了拓展"社会转型"的应用性与延展性,以便应用到有关人类社会变迁的社会分析过程中,我们可以尝试通过"四次革命、三个时代、二次现代化、一个中心"的社会学的相关概念来寻求答案②。"四次革命"指的是人类社会迄今为止发生的大革命,包括工具制造的革命、农业革命、工业革命以及知识革命,经历过四次历史变革,人类社会从物质消费型社会转向知识消费型,并将进入知识社会的发展阶段。"三个阶段"则指的是孤立时代、多中心时代、全球化时代。处于孤立时代的各个部落、氏族之间处于隔绝状态,即使是在部落或是氏族内部的群体和自己也疏于联系。到了多中心时代,人类文明将自己与周围更广大的地区联系起来,处于文明中心的国家或地区更替出现,直至全球化时代。由于全球政治、经济、文化、科技的发展,人类社会呈现出相互依存、协同发展的新局面。"两次现代化"分别指的是人类社会从农业社会向工业社会转移以及人类社会从工业社会向知识社会的转移。"一个中心"即是以生产力发展与技术进步为中心。所有上述社会学的相关概念或论断的提出,实际上就涉及一个非常重要的现象或是问题,即"社会转型",因为无论是"革命"、"时代"、"现代化",抑或"中心",在某种程度上都是社会变迁的表征,反映了社会发展、变革的性质或趋势,也就是社会转型。追溯人类发展的历史,从社会转型角度看,人类社会从原始社会到未来的知识社会,经历了三次大的社会转型:采猎社会向农业社会的变迁、农业社会向工业社会的变迁、工业社会向知识社会的整体化变迁。

当然,相关的理论范式与视角为研究、解决中国问题提供了较为适切的探讨方式。国际学术界所谓的社会转型研究也是基于这一系列的社会变迁,该理论在中国一出现便受到学术界的追捧。从最早提出并系统阐述社会转型理论的李培林的论文"'另一只看不见的手':社会结构转型"开始,学界围绕社会转型从不同的视角进行了讨论,包括对概念、视角、研究范式等各个方面展开了学术争鸣。

社会转型相关理论所探讨的内容丰富,包括转型本质、含义、社会转型的系统结构、结构转型之间的关系、转型的动力机制、类型分化、控制引导、历史进程、当代世界和中国社会的基本特点等,在此探讨过程中,区别社会结构各组成部分之间的关系,了解社会结构转型与其他社会要素之间的制约及外部

---

① 吴鹏杰.发展社会学的思想溯源与两种理论模式[J].江苏行政学院学报,2006(2):67-73.
② 文军,童星.论人类社会发展与三次社会转型[J].湖南社会科学,2001(1):31-33.

环境对社会转型的影响,揭示社会转型变化的原因、动力,评价社会转型的进程、后果,预测社会发展的趋势,从而能够做出科学合理的评价。

第二节　社会转型相关研究与中国社会转型

一、社会转型的概念

"社会转型"概念来源于西方发展社会学理论与现代化理论,主要指向的是社会发展问题。一般而言,社会转型是从社会内部各构成要素不断发生部分质变或量变,逐渐从低级往高级迈进的过程。所谓的转型主要是由一种形态向另一种形态的转换。对"社会转型"这个词不同学者从不同的视角,包括社会学、历史学、经济、哲学等,有不同的解释。归结起来,有以下几个维度:

1.过程说

大部分学者将"社会转型"界定为一个过程,即"社会转型"是表示特定社会变迁的社会学术语,指社会从一种类型向另一种类型转变的过渡过程,"社会转型"就是构成社会的诸要素如政治、经济、文化、价值体系在不同的社会形态之间发生的质变或同一社会形态内部发生的部分质变或量变的过程[①];而年鉴学派史学大师布罗代尔则从时间的概念来界定该词,即认为"社会转型"是一个长时段……是在一个社会母体内经历长期与不断变换所导致的社会结构性转变,即从量变实现质变,这种质变包括政治、经济、文化等诸多领域,也就是说,社会转型是一个包含人类社会各方面发生结构性转变的长期过程。

2.现代化说

有的学者认为"社会转型"是一种现代化的转变,即社会整体从传统型向现代型转变的过程[②],抑或是社会现代化过程,该过程就是"从农业的、乡村的、封闭的、半封闭的传统社会向工业的、城镇的、开放的现代型社会的转型;郑杭生、李强等认为"社会转型"是一个有特定含义的社会学术语,意指社会从传统型向现代型的转变,或者说由传统型社会向现代型社会转型的过程,在这

---

① 王永进,邬泽天.我国当前社会转型的主要特征[J].社会科学家,2004(6):41—43.
② 刘祖云.社会转型解读[M].武汉:武汉大学出版社,2005:3—4.

里,"社会转型"和"社会现代化"是同义语[①];还有学者认为"社会转型"是对社会基本要素整体上的渐变性变革,其中的社会基本要素表现在结构、制度与观念的调整三个方面[②]。

3.整体性变革发展说

该观点认为,社会转型是一种特定的社会发展过程,包括:一是指社会从传统型向现代型转变的过程;二是传统因素与现代因素此消彼长的进化过程;三是一种整体性的社会发展过程。此观点强调,社会现代化不仅要求经济与社会二者的协调,而且要求经济、社会、环境三者的协调,只有经济、社会、环境协调发展,才是可持续的发展,用公式来表示即为:社会转型=经济增长+社会变革+环境保护[③]。有的观点则更为大胆与全面,认为社会转型本质是总体性社会发展,整个社会到了某一特定发展阶段,朝着特定方向所发生的生活方式,以及由此派生的思维方式的根本性与整体性变革,或是作为人类实践活动方式的核心内容的社会结构的整体性变革[④]。

4."六化"说

这里主要是西方学者们以西方社会发展特征为蓝本,将社会转型归纳为"六化":一是工业化,从经济发展的角度来讲,表现在从农业社会向工业社会的过渡,它的工业化既是早期发展国家走过的道路,也将是后期发展国家现代化的必由之路;二是城市化,从社会发展的角度来谈,指的是从乡村社会向城市社会的过渡,工业化必然导致城市化,城市化又必然促进、带动社会的经济、政治、文化等方面的发展;三是民主化,这主要是从政治转型这个角度谈的,所谓民主化是指社会大众从对政治的冷漠、疏远到热情并普遍参与的过程;四是世俗化,即从依附宗教到相信科学,打破"圣灵社会"的宿命论,相信科学和技术创新可以改造世界,对新事物和新思想采取开放态度;五是科层化,即从家长制到科层制,这是从组织转型这个角度谈的,也是社会转型的内容和表现,特点表现在基于精细分工的职位专业化、根据抽象规则建立的职阶体系、凭借业绩升迁的准则;六是理性化,这是指观念的转型,即人们的观念和行为动机从只受宗教的或情感的因素支配到遵循普遍的理性原则的转化,被视为社会

---

① 糜海燕,符惠明,李佳敏.中国社会转型的趋势、代价及其度量[J].江南大学学报(人文社会科学版),2009,8(1):23—26.

② 王辛河.社会转型:当代社会发展的重要形式[J].岭南学刊,1996(5):24—27.

③ 刘祖云.社会转型:一种特定的社会发展过程[J].华中师范大学学报(哲学社会科学版),1997,36(6):11—3.

④ 刘玲玲.对社会转型范畴的哲学思考[J].北方论丛,1996(5):17—21.

转型的内容和表现[①]。

5.双重说

该观念同样也是基于传统社会向现代社会转型的基本思路,在此基础上提出我国学术界对"社会转型"概念的阐释,即"农业—工业"的"二分范式"应该加以转变,尤其在我国当前的发展局势下,应该既经历从农业社会向工业社会的转型,也将经历从工业社会向知识社会的转型,体现出"农业社会—工业社会—知识社会"的"三分范式"的"社会转型";此外还包括人自身的发展水平和生存状态所标定的"社会双重转型"。两大"双重转型"互相补充、相互生存,共同构成当代中国社会转型的基本理论内涵和现实发展任务。[②]

6.程度说

程度说主要将社会转型按照其广度和深度分为两个概念,广义的社会转型是指人类社会从一种社会形态向另一种社会形态转变,是一种质的变化;狭义的社会转型是指在同一个社会形态下,社会生活的某一个或几个方面发生了较大甚至较为剧烈的变化,这种变化不涉及形态的变化,只是一种量变[③]。

7.图景说

有的学者认为社会转型是一种从传统社会发展模式向现代社会的发展模式转变的历史图景。体现在:在经济领域方面向市场经济模式的转型;在政治领域向现代民主政治制度的转型;在文化领域向开放的、多元的批判性现代文化的转型[④]。

从概念界定来看,我们可以认为,"社会转型"是社会发展到某一特定阶段后整个社会朝着特定方向发展所发生的历史性变化,是人类的实践活动方式,包括生产方式、生活方式及思维方式等方面的根本性和整体性变革,或者说是作为人类实践活动方式的核心内容的社会结构系统的整体性变革[⑤]。

上述对"社会转型"内涵的界定,基本上离不开对传统与现代的解读和区分,那么二者的差别到底体现在哪里呢?我们可以从经济基础、基础产业、生产方式、社会分化程度等几个角度来加以分析。首先,从经济基础看,传统型社会以自然经济为基础,现代社会则以市场经济为基础;从基础产业看,前者

① 刘祖云.社会转型:一种特定的社会发展过程[J].华中师范大学学报(哲学社会科学版),1997,36(6):11—30.
② 王雅林.中国社会转型研究的理论维度[J].社会科学研究,2003(1):87—93.
③ 转型.[EB/OL].http://wiki.mbalib.com/wiki/转型.
④ 章辉美.社会转型与社会问题[M].长沙:湖南大学出版社,2004:1—20.
⑤ 孙岩.关于社会转型的哲学反思[J].哲学堂,2005(2):233—239.

的基础产业是农业,农业生产的劳动力占多数,而后者的基础产业是工业及在此基础上发展起来的现代商业与服务业;从生产方式看,前者主要是通过手工开展劳动,后者因为科技进步主要是以机械化、自动化生产为主;从社会分工与分化程度上看,前者简单以年龄与性别等为分工标准,专业化程度低;后者的社会关系主要是职业关系等,此外,社会的开放程度也有明显不同。

二、社会转型的主要内容

社会转型涉及社会发展类型、程度、水平等各个方面的内容,因此,对各个因素进行梳理与把握并非容易。不同的学者也从各自不同的立场与角度对这些因素加以区分。如按照层次分为文明转型、形态转型、制度转型和体制转型四个方面。其中,文明转型侧重于表现人类社会历史发展的连续性,它不仅仅指涉及社会生产力与生产关系、经济基础与上层建筑的性质,其内涵更为广阔。用文明来区分、比较不同民族的社会实体,可超越社会形态或社会制度的某种局限。对体制的研究主要始于对经济制度与经济体制的区分,如各国在改革实践中建立的社会市场经济体制和计划经济体制等,这是经济制度的具体实现方式[1]。除此之外,还可以分为社会资源配置方式、社会资源占有关系、社会分配关系、社会功能结构、社会阶层结构、社会政治与公共生活、社会精神文化生活、对外关系等八个方面[2]。刘祖云在《社会转型解读》一书中从宏观与微观两个角度展开了论述。从社会整体的角度或层面看,社会转型的内容至少可以包括经济层面的转型、社会层面的转型、政治层面的转型、文化层面的转型、观念层面的转型、组织层面的转型等六个方面。所谓微观分析,是指从社会个体的角度或层面对社会转型内容进行分类研究。如从个人流动的角度进行探讨,认为代际流动程度高低(父辈与子辈职业差异程度的高低)是社会转型或现代化程度高低的重要标志;从个人角色获得的角度进行探讨,即社会中自致角色所占比例的高低以及角色获得的自致程度的高低是社会转型或现代化程度高低的重要标志。从个人心理角度进行探讨,认为个人的成就欲和创造性是否具备及其强弱程度也是社会转型或现代化程度高低的重要标志。除此之外,帕森斯从个体行为的角度展开了研究[3]。根据前人的研究和理论成果,在这里可以将社会转型的内容从几个方面加以分析。

---

① 刘玲玲.对社会转型范畴的哲学思考[J].北方论丛,1996(5):17—21.
② 陈锋.中国当代社会的八大转型[J].社会科学,1993(8):52—60.
③ 刘祖云.社会转型解读[M].武汉:武汉大学出版社,2005:13—17.

1.社会结构的调整与体制的改革

社会结构的调整是为了适应社会经济、政治、文化等方面的发展要求而对社会基本要素及其之间的联系进行协调、优化及重新组织的过程,唯有如此,社会才能实现稳定、繁荣与发展,否则,社会便会出现问题,发生社会动荡,不稳定因素增多,社会因此会停滞不前甚至倒退。因此,社会转型的过程就是调整不合理的社会结构,重新组织社会要素,以发挥社会的正常功能,实现社会的进步与发展。例如,随着社会主义市场经济体制的发展,中国社会从传统农业社会转向工业和信息社会,经济领域中新旧行业发生了嬗变更替,作为传统社会基础产业的农业让位于现代化的产业——工业及在此基础上发展起来现代商业和服务业,第二、三产业的就业人口超过了农业;从社会劳动方式上看,传统的手工被现代社会的机械化乃至自动化生产所取代;信息产业,如金融中的非银行性投资公司、基金会、互助储金会以及证券交易所等、会计师事务所、审计师事务所、税务师事务所、资产评估事务所、地价评估事务所、房地产评估事务所、交易市场经济事务所等,其他还有物业、家庭装修行业、广告设计制作行业、家庭教育行业、美容整容行业等,大量新兴行业的兴起,见证了生产力发展、社会进步、观念转变。

社会体制变革与社会结构调整一样,是社会转型统一进程中的不同侧面。社会制度是既体现出特定的社会关系,又呈现出社会基本要素的联结方式。当然这种制度方面的变革只是制度改革或完善的过程,并不撼动社会的根本制度。体制转型的内容包括农村经济体制改革、城市经济体制改革、所有制改革、宏观调控体制改革等,与之配套的还包括了科技体制改革、教育体制改革、社会保障制度改革、住房制度改革、医疗制度改革等。

2.文化的更新与价值体系的重塑

文化的更新主要表现在从传统社会中对"上帝"与"神灵"的膜拜开始转向相信科学,相信世界自身力量,并对新事物、新思想采取开放态度。社会转型的影响力涉及各个方面,观念的变革是其中重要的内容。价值观是通过人们的行为取向、对事物的评价和态度反映出来的,是驱使人们行为的内部动力,是社会成员用来评价行为、事物及在可能的目标中进行选择的准则。这种价值观的重塑,是为了适应社会结构、体制的变化,重新构建与之相适应的价值观念体系,是社会发展的重要推动力,逐渐体现出世俗化的特点,是关于某类事物的价值的基本意向和总的观念,表现为人们对该类事物的相对稳定的信念、信仰、理想等。价值观念可分为日常的价值观念和哲学的价值观念两个层次,前者是人们在世俗生活中自发形成的观念,后者则构成了理论化、系统化的观念体系。随着社会的转型,传统价值观念与反映历史进步的价值观念发生激烈冲突,旧观念暴露了严重的缺陷,新的价值观念则显示出强大的生命力;最后,经过实践的探索和理性的论证,人们选择和接受新的价值观念,完成价值观念的新旧交替。

三、中国社会转型的阶段划分

对中国社会转型进行相关研究的目的,是为了明确当代中国社会经济发展过程中的历史定位,判别各时期社会转型的基本性质,描述与解释我国社会转型的现实和未来发展的过程、方向、目标的文明性质等问题。那么,我国的社会转型有几个发生阶段?具体表现在哪些方面呢?

目前,学术界对中国社会转型期的认识没有太大分歧,但对社会转型的阶段划分则观点各异。如有的观点认为,中国的社会转型从 1840 年的鸦片战争正式开始,这一转型过程大致经历了 1840 年至 1949 年的启动和慢速发展阶段,1949 年至 1978 年的中速发展阶段和 1978 年至今的快速和加速发展阶段[①]。社会转型或社会现代化是中国社会自鸦片战争以来竭力追求的目标。还有的观点认为中国社会转型中的大规模工业化开始于第一次世界大战时,当时中国趁外国列强忙于战事来建立和发展自己的工业。中国的工业化历尽艰辛、步履艰难是无可争议的,因为中国的工业化起步于半殖民地半封建的中国近代社会,因此它的发展既遭受外国资本主义的巨大压力,又受到国内封建势力的严重摧残,同时还受到"天灾"(各种自然灾害)和"人祸"(战争等)等众多自然和社会因素的影响和制约。然而具有现代社会因素的新型企业仍得以诞生,尽管这些企业还具有浓厚的买办性和封建性,作为现代社会因素的新型工业部门开始成长,尽管这种成长要承受种种经济、政治和军事的压力,但毕竟中国从此开始了现代化转型的过程。另一种观点则认为,中国社会转型起始于 1978 年的改革开放,界定该起始点的标准主要是看传统因素的影响力。即在改革开放前,传统因素占主导地位的状况并没有根本改变,农村人口占绝大多数比例,人均国民总收入位居全世界最不发达的低收入国家之列;对外则处于封闭半封闭状态等[②]。按此分类标准的话,中国社会真正开始转型应该

---

① 郑杭生.中国人民大学社会发展报告(1994—1995)——从传统向现代快速转型期过程中的中国社会[M].北京:中国人民大学出版社,1996.
② 严振书,宁向阳.关于中国社会转型期及其阶段性[J].中共石家庄市委党校学报,2011,13(3):31—33.

是起始于改革开放之后。进入 21 世纪后,越来越多的学者开始倾向于直接用"社会转型"探讨"改革开放之后的社会转型"问题。根据研究需要以及对相关观点的分析,本书在这里倾向于后一种观点,即视改革开放为社会转型的起点,在社会主义制度下,中国社会由自给半自给的自然经济向有计划的商品经济转化,由农业社会向工业社会转化,由乡村社会向城市社会转化,由经济不发达国家向现代化国家转化。

由于其特定的、特殊的发展环境、发展阶段、发展水平,中国的社会转型不同于其他国家,有着自身的特征,表现在:首先,从空间看是全方位、多角度、多层次的,从时间看是加速度的,从程度看则是深层次的;其次,社会转型具有高度的复杂性、艰巨性与长期性;最后,高度的自觉性与计划性,高度的系统性与配套性也是中国转型的一大特点[①]。

中国的现代化进程,经历了曲折与坎坷。改革开放新时期以"实现四个现代化"为战略目标,摒弃以"阶级斗争为纲"的极"左"主义路线,转而以经济建设为中心,建立起具有中国特色的市场经济体制,融入全球化市场经济体制之中,并在以经济层面改革为基础的前提下,逐步推进政治体制、文化思想的现代转换。伴随经济模式的现代化和全球化进程,整个社会的政治体制、文化思想、价值观念、生活方式势必会发生巨大的改变,唯有如此,才能在真正意义上实现中国社会的现代转型。

四、中国社会转型的现状

中国社会在从传统社会向现代社会转型的过程中,既面临复杂的社会转型任务,又面临体制转轨的现状,这是任何其他国家没有经历过的。由于缺少自然历史累积,会引发一系列的严重的问题,体制转型和社会转型交织造成了中国社会转型的复杂性。在转型前,我国总体社会性结构处于国家垄断,几乎全部重要的物质资源、信息资源等,甚至从事社会活动的具体场所与相关领域,也处于国家直接控制,以实现对社会的全面控制。换句话说,转型前的中国社会以国家极强、社会极弱的体制为特征。转型前的中国社会分化程度较低,分化速度缓慢,具有较强的同质性,社会组织类型与组织方式简单、单一,所有社会组织,包括其性质、事业、经济、政治均受控于政府,按照统一方式运行。从社会结构来看,改革前城乡两大社会群体与城市内部干部、知识分子与工人群体之间有着明显的区别,并表现在职业、阶层的差异,更重要的是一种

---

① 王永进,邹泽天.我国当前社会转型的主要特征[J].社会科学家,2004(6):41—43.

身份等级的差异。转型之后,中国社会结构正在或已经发生着一些根本性变化,这一系列的变化主要是指国家对资源与社会活动垄断的弱化,资源与机会的提供与交换,往往以市场的形式进行,主要以体制改革所释放的"自由流动资源"和所提供的"自由活动空间"相联系,以"自由"、"开放"①为关键词。也可以说其根本的变化是由总体性向分化性社会转变,包括农村经济体制改革和对国有企业的"分权让利",使社会产生了自由流动,自由流动资源的出现与增加导致整个社会资源的组织与分配方式从单纯依靠计划体制与行政手段转变为计划与市场、计划与行政相结合,多种利益主体与权力主体的发育,并引发了国家与社会、政治与经济、经济与行政、行政与法律及意识形态之间的初步分离,自此以来,中国现代化进程逐渐进入了新的历史时期②。

第三节　中国社会转型的影响及对策

一、我国社会转型的影响

处于转型的社会时期,新旧社会形态更替出现的种种紊乱会对社会政治、经济、文化等各方面产生冲击,导致社会失衡局面的出现。这主要表现在以下几个方面:

1. 社会内部各组织间结构不平衡、不协调

根据中国 2013 年经济形势分析,目前我国的结构性矛盾突出,表现在资金配置扭曲、价格高;房地产市场趋势性分化,风险进一步积累;产能过剩严重,调整进程缓慢;出口竞争力有所下降,国际市场份额缩减等。学者陆学艺将当前中国这种总体形势概括为经济高速发展、政治基本稳定、社会矛盾凸显,文化繁而未荣。在这种背景下,经济与社会发展处于不平衡、不协调的状态,并成为中国社会面临的突出矛盾和问题。这些不平和、不协调的含义主要是指:

第一,成本过高。这里的成本主要指的是经济增长的外部成本。从目前社会经济发展情况看,经济增长的外部成本的增长速度甚至高于经济增长速度。这是对经济增长与社会问题的动态比较做出的结论。在科学的、合理的

---

① 孙立平.现代化与社会转型[M].北京:北京大学出版社,2005:177.
② 孙立平.现代化与社会转型[M].北京:北京大学出版社,2005:159—162.

社会经济运行模式下经济增长成本应该随着经济的快速增长呈逐渐降低的趋势,反之,则会呈现不协调的趋势。在目前我国社会转型的背景下,"经济发展成就显著,社会问题相对突出"。这里指的社会问题包括"征地拆迁、环境污染"等导致的群体事件增多,"社会治安与刑事案件"问题突出①,是社会转型过程中不能回避的一个重要问题。从数字看,中国的 GDP 在改革开放三十多年的时间里从 1978 年的 3645 亿元增长至 2013 年的 568845 亿元,经济增长飞速,综合国力有了极大提升,中国步入中等收入国家。但是与经济发展不相匹配的是,社会矛盾、冲突大量增加。1978 年,全国刑事犯罪案件 55.7 万件,2008 年为 488.5 万件,增长了 8.77 倍;1978 年社会治安事件为 123.5 万件,2008 年为 741.2 万件,增长了 6 倍②。此外,随着科技的迅猛发展,出现网络犯罪类型复杂化的新特点。在社会转型背景下,各种社会问题、矛盾、冲突层出不穷。

第二,分配方式的问题。这是我国目前面临的又一大问题,即"经济总量扩张迅速,发展成果共享不足"。虽然 2010 年中国经济总量已经位居世界第二位,人均国内生产总值是 1978 年的 79 倍,但是城乡居民的收入增长远低于经济增速。2010 年城镇居民人均可支配收入仅是 1978 年的 56 倍,农村居民人均纯收入仅是 44 倍。在国内生产总值占比中,全国民生、社会事业投入不到 30%。国家财政支出大部分用于经济建设投资,积累率从 1978 年的 38.2%提高到 2011 年的 49.2%,影响了最终消费③。这种分配比例与社会所认可的分配伦理之间存在着差距,这种差距也是一种经济发展与社会进步的不协调。

第三,体制改革力度、深度、侧重点的不协调。这包括几个方面:首先,表现在整个制度体系中,对财富创造的激励强于对人们建立自由、平等、和谐社会秩序的构建。改革开放以来,作为经济要素的劳动人口按照市场规律向城市流动和聚集,但是人在社会管理、社区建设上受到流动和居住的限制,如农民工在城市无安身立命之处,与城市职工相比,"同岗不同工"、"同工不同酬"、"处于边缘化状态"④,由此导致社会问题频现。其次,国家政权对经济组织权有着较高的认可度,表现在民营经济发展迅猛,而民间社会组织、社会企业发展缓慢。最后,经济体制改革深度高于社会体制改革深度,导致市场经济规则

①　陆学艺主编.当代中国社会建设[M].北京:社会科学文献出版社,2013:5.
②　陆学艺.当前中国社会生活的主要矛盾与和谐社会建设[J].探索,2010(5):47—54.
③　陆学艺主编.当代中国社会建设[M].北京:社会科学文献出版社,2013:5—6.
④　刘世定.论断与学理[J].社会学研究,2014(3):17—29.

完善程度高于社会规范,表现在市场经济规则日渐成熟,而现代社会的规范尚未建立。

第四,经济发展与环境的不协调问题。20 世纪 70 年代,世界各国的社会转型、现代化进程遭遇了多方面的障碍,既包括社会环境,也包括自然环境,尤其是自然环境,因追求片面经济增长所导致的不可再生资源的大量消耗和环境污染的日趋严重愈来愈成为社会关注的重心,大众也开始反思,追求经济增长是否是当前与今后发展的唯一目标。实际上,有些国家和地区的经济与社会发展因为生态环境遭受到严重的破坏而难以持续。如果不与生态平衡、环境保护问题相联系,那么这种社会发展就不可能持续。只有经济、社会、环境的协调发展,才是可持续的发展。"可持续发展战略"被提出并很快被世界各国所追捧。

2.对弱势群体权利的影响

这里的弱势群体与传统的弱势群体是有区别的,后者往往是指那些由于自身生理、经历、家庭背景、文化特征等原因所造成的那部分群体,前者则主要是指社会转型过程对某些群体所造成的弱势的影响。"弱势群体"是政治学、社会、政策研究等领域中的一个核心概念。"弱势群体"首先是针对"强势"而言,泛指所有那些在维护自己的正当权益方面处于"弱势"的社会群体。第一,他们的现实生活是建立在一种很不利的状况之中的。从更现实的意义上来说,就是其物质生活的贫困状态。"弱势群体"这个概念虽然不能完全等同于"贫困人口"这个概念,但是至少也是高度重叠的。在我国目前情况下,弱势群体中的一些人可能连最基本的生存问题还没有完全解决。第二,弱势群体在市场竞争中处于弱势地位,这可能是由于社会的制度安排等社会性因素导致的,也包含身体构造、智力、性别、受教育程度等个人原因等。第三,在社会和政治层面,弱势群体也处于弱势的地位。这主要表现在弱势群体表达和追求自身利益的能力与水平上。弱势群体掌握的资源很少,发声困难[①]。这里对弱势群体的分析仅仅包含农民或农民工弱势群体、失业无业群体、老年群体等三个群体,其他弱势群体有残疾人群体、留守妇女群体等,这里就不一一表述了。

(1)城市化进程对农民的双重剥夺

社会转型过程中的一大表现或主题就是城市化进程,即把农民变成市民。

---

① 刘红,陈小凤著.从社会排挤到社会融合:以中国社会转型时期女性就业为视角[M].沈阳:辽宁大学出版社,2008.

大量离开土地的农民身份发生了重大的变化,从"农村人"变成了"城里人",或是从"农民"成为"农民工",这种身份或角色的改变并没有给农民带来更多的好处。他们与城市居民相比根本无法享受同等待遇,工资与付出的劳动无法成正比,同时缺少最基本的社会保障。与此同时,虽然随着时代发展中国的农村与城市两种结构的户籍制度在某些地方得以松动,但城乡二元社会结构的根基并没有得到改变。这些都是不协调的因素或是重要表现,必须对这些问题加以认识,才能在社会转型的进程中厘清思路,解决相关问题。

(2)失业现象刻不容缓

社会转型带来的体制结构、产业结构的调整,导致对劳动力或人力资源的结构、层次、水平产生了不同的需求,一些不适应这种需求的劳动力就不可避免地加入了失业大军,再加上科学技术的广泛应用,减少了对劳动力的需求,还有就是择业观念陈旧、自身素质不高导致的失业等原因,"下岗"、"失业"成为常见的现象,对社会产生了重要影响,引发了社会各界的广泛关注。据统计,在 2012 年全球失业人口增加 420 万之后,国际劳工组织预计 2013 年全球失业人口将增加 510 万,总失业人口将达到逾 2.02 亿。预计 2014 年全球失业人口将再增加 300 万,而我国在 2013 年上半年调查失业率达到 5%[①]。目前,我国的失业现象呈现出人口增加迅速、情况复杂多样、人员构成呈现出"四多"[②]、长期失业人员在失业者中所占比例高等特点,尤其是失业、无业青年的数字每年也呈现上升趋势。国务院 2004 年发布的《中国的就业状况和政策》白皮书中提到:"就业是民生之本,是人民改善生活的基本前提和基本途径。而中国青年人口规模大,每年新成长劳动力数以千万计,青年就业问题日益突出。"2004 年《中国劳动统计年鉴》的资料显示:2003 年,调查估计的青年失业率为 7.4%,比总体的失业率高出 1.3 个百分点。2005 年劳动和社会保障部劳动科学研究所的《中国青年就业状况调查报告》所显示的被调查青年样本中,"16~19、20~24、25~29 三个年龄段的青年比重分别是 32.4%、35.6% 和 32%,其中,失业青年占 13%,其他非经济活动青年占 6%"。[③] 这些都是阻碍社会安定团结的影响因子,必须认真对待与处理。

---

① 国际劳工组织:2013 年失业人数或超 2 亿人[EB/OL]. http://www.zxcgold.com/news/html/? 15538.html,2013-01-22.

② 这里的"四多"从不同的角度出发加以分析:一多是指在失业分布区域构成中,失业下岗人员多集中于经济欠发达和经济落后的省市;二多是指行业结构中,传统产业部门的失业比新兴产业部门多;三是所有制结构中,失业下岗人员多集中在国有、集体企业;四是指素质构成中低素质的多。

③ 孙立新,赵翠云.成人教育促进青年失业无业群体社会流动的使命[J].河北大学成人教育学院学报,2004(1):12-17.

（3）老龄化问题不容忽视

我国早在 1999 年就已进入了老龄化社会,目前是世界上老年人口最多的国家,占全球老年人口总量的五分之一。据专家预测,到 2020 年,我国老年人口将达到 2.4 亿,占总人口的 17.17％,其中 80 岁以上的高龄老人将超过3000 万;到 2050 年,我国的老年人口总量将超过 4 亿,占总人口的 30％以上,高龄老人将达到 9500 万。[①] 我国人口老龄化的速度之快、规模之大令人惊讶。庞大的老年人口数量和不断加深的社会老龄化程度一方面显示出了我国经济社会的快速发展和人们生活水平、生命质量的迅速提高,另一方面也向我们解决由于人口老龄化所带来的一系列问题发出了严峻的挑战。党的十八大报告提出,要积极应对人口老龄化问题,大力发展老龄服务事业和产业。全国第十五次老龄工作会议也指出,要统筹安排"十二五"时期老龄工作的基本任务。由此可见老龄化给社会带来的压力与社会对此问题的重视。目前,老年人面临的困境包括:第一,适应能力下降,即随着现代化进程的加快,科学技术的发展日新月异,知识的更新速度也越来越快,老年人原有的经验已经不能满足社会发展的需要,能力的削弱极大地影响了老年人的生活质量。老年人在离退休之后,至少面临两大社会角色的转变:由劳动生产者角色转变为消费供养者角色;由家庭的主体角色转变为从属角色。许多老年人对此未能表现出较好的心理调适能力,往往会出现寂寞、空虚、孤独甚至绝望的心理。调查显示,有相当数量的退休老人表示在健康、心境、家庭权力、人际交往、社会地位等方面的自我感受要比退休前显得糟糕,其中感觉心境比以前差的占21.27％,家庭权力较以前小的占 10.59％,人际交往较以前少的占 23.63％,社会地位较以前低的占 25.54％。第二,角色转变困难。社会角色的转变是个体进入老年期后所面临的重大问题。第三,社会交往途径窄化。由于原有的人际关系难以巩固,再加上受到老年人自身身体和精神衰老等内在因素以及社会环境等外在因素的综合影响,许多老年人在建立新的人际关系方面明显力不从心。社会交往的机会和范围的逐渐窄化使老年人出现了不同程度的孤独感和失落感,严重的甚至会形成心理疾病,不利于老年人的身心健康。

3. 主流文化遭受冲击,人文精神遇到挑战

随着原社会整合模式逐渐受到挑战,社会逐渐开放,各种思潮、观点不断涌现,不断冲击着原来的主流文化。中国有五千年的文明史,悠久的文化积淀

---

① 孙立新,罗彤彤. 困境与出路:老年教育促进老年人继续社会化研究[J]. 职教论坛,2014(6): 28-31.

和传承在人们内心深处打下坚实基础,但是我们仍然可以发现,在中国社会转型过程中社会心理、社会思潮以及与之相应的人们的思想观念、思维方式与行为模式等都发生了变化,同时,与我国经济基础联系密切的上层建筑的相关的意识形态等也得到了一定形式的拓展。这是因为,一方面,外来文化不断传播与扩散,使得西方资本主义的文化与价值观随之而来,尤其是个人主义、自由主义的影响,对我国长期所宣扬的以集体主义为核心的价值观受到冲击,给社会主义的主流文化造成了极大的影响;另一方面,这些社会传统价值观与现代价值观、非社会主义意识形态与社会主义意识形态之间的冲突充斥着人们的日常生活,由此导致人们的信仰危机,不利于社会的进步与和谐,具体表现在职业操守淡化、人格扭曲、及时行乐思想横行、道德情操缺失等。

每个社会的主导价值观念能够为人们提供特定的、可供评判的标准与选择依据,并给人们提供相应的方向。社会转型过程所产生的利益结构与社会结构的分化、重组,引发了道德观念的冲突,引发人们对权威意识的质疑,促使人们在产生各种价值诉求,同时引发人们思维方式、价值观念、生存意识等方面的深刻变革,并引发就如何调和传统价值观点与新近文化之间关系或者矛盾的思考。在此背景下,人人都需要在新旧矛盾与冲突、理性与非理性之间学会反思,学会如何因社会价值观困惑导致的总体价值导向功能的弱化与价值取向的无序混乱。但同样,如果在社会转型过程中的争鸣能够引发人们对社会问题的关注、反思,引发人们不断提升新的价值观念,整合各种价值观念,则可以更好地推动社会的转型与发展。

4. 社会群体关系网络的转变

社会群体是指处在社会关系中的一群个人的集合体,这不仅能被自己意识到,而且也能够被群体之外的人所意识到[①]。换句话说,群体成员之间有共同的认知,有一致的目标和信念,并可以为了达成此目标而共同努力。相对于一般的聚集体,社会群体的特征较为明显,表现在成员之间关系的明确性、相互交往的持续性、群体意识与规范的一致性、分工的协作性以及行动能力的一致性等。根据不同的标准,可以将社会群体加以区分:如按照群体成员间关系的亲密程度,我们可以将之分为初级群体与次群体;按照群体间的正规化程度及成员间的互动方式,可以将其分为正式群体与非正式群体;依据成员对群体的心理归属可以分为内群体与外群体;依据成员的身份归属可以分为所属群体与参照群体;依据群体内人际关系发生的缘由及其性质可以分为血缘群体、

---

① 郑杭生主编.社会学概论新修(精编版)[M].北京:中国人民大学出版社,2013:154.

地缘群体、业缘群体与趣缘群体等。运行协调、沟通舒畅的社会群体通过一定的群体规范,吸引成员聚集于群体之中,形成一体的力量,成为个人与个人、个人与社会之间的桥梁。

处于变革时期的中国社会,随着转型过程的逐步推进,社会群体的性质与地位都会发生一系列的变化。如由于传统社会时期社会流动率低,很多人的生活、发展受到了众多限制,处于初级群体状态;而现代社会,社会流动加快,人们的生活圈子得以扩展。从总体上看,社会转型给社会群体造成的影响包括:

第一,一些初级群体已经名存实亡,例如,随着城镇化进程的加快,传统的生活方式、居住方式发生了根本性变化,尤其对农村和农民来说,原来所谓的"邻居"的概念和意义发生了根本的变化,更多的成为一个地理意义的名词,人与人之间心理的距离远远超出了地理上的概念。

第二,次级群体逐渐增多。随着社会的发展,社会分工明显,初级群体功能式微,逐渐让位于次级群体[①]。表现在初级人际关系日益松懈,随着互联网技术的发展、家庭规模的缩小、居住环境的改变、生活节奏的加快,人们初级交往方式的数量与质量呈明显下降的趋势,更多的人尝试构建次级关系,以寻求自身的发展。

二、应对措施

1. 加速社会整合,完善社会规范体系

社会转型加速了社会分化与社会结构的变迁,从而引发社会整合基础的变化,传统的社会整合方式因此而失效。为了适应并推动社会转型,改变传统的社会整合形式,必须强调社会的整合。

所谓社会整合,是指通过各种方式,将社会结构不同的构成要素、互动关系及其功能结合为一个有机的整体,从而提高整个社会的一体化程度。转型化时期,虽然我国经济取得了巨大成就,但是面临的问题也不容小觑,其中的一个表现就是传统社会整合力量弱化,这主要是由于初级社会群体衰落,由此导致的社会所构建的血缘关系、地缘关系受到极大影响;外来文化也对传统道德与社会舆论产生不小冲击。其他的表现还包括国家行政整合能力下降、新的社会整合机制不健全等问题,这些都是影响社会和谐进程的因素。

[①] 初级群体是指主要以感情为基础而结成亲密关系的社会群体,如家庭、邻里、朋友、亲属等;而次级群体则主要指其成员为了某种特定目标而在一起。

完善社会规范体系建设是实现社会整合的有效手段。社会规范体系包括建立其基础的"批判"过程，没有这种前提的批判，可能会导致各种非理性因素的存在，从而导致社会发展的低速度与低效益。只有在此过程中体现或直接反映出该制度体系的合理性与人道性，才能真正找到其合理存在的基础和前提。在社会制度构建上要清楚，政府除了用制度等强制手段来整合人们的行为之外，更重要的是关注观念的整合，只有通过观念的形成、制度的约束才能真正发挥作用，真正实现人们合理行为的自律与他律的有机统一。

2.提升弱势群体地位

提升弱势群体的地位要从几个方面加以考虑，包括经济、政治、文化等各个角度。

（1）经济角度

首先要正确处理、合理解决经济发展中的效率与公平的关系问题。公平是权利的平等，效率是指有效配置而形成的投入与产出的效果的优化程度。讲求效率，兼顾公平一直是我们在追求的目标。从十一届三中全会后，邓小平坚持以发展的观点平衡公平与效率的关系，"鼓励一部分地区、一部分人先富裕起来，也正是为了带动越来越多的人富裕起来，达到共同富裕的目的"。在此目标下，我国的经济水平得到了快速发展，人民生活水平有了明显的提高，但同时贫富差距得以产生，并逐步扩大，这种社会收入的差距，除了个人能力、经济贡献原因外，其他因素如制度性因素也发挥着重要作用，产生了社会不公平现象。我们需要进一步妥善处理、解决公平与效率的关系问题，不仅要追求效率，同时更加需要向公平倾斜。如若不然，弱势群体完全被边缘化，贫富差距加大，必然导致无法解决的社会冲突，并最终会付出高昂的成本与代价。

同时，要提高经济增长的质量。在这里，要改变那种认为只有维持经济高增长率，经济总量增加，就可以减少贫困并改善弱势群体生存现状的误区。实践证明，很多第三世界国家经济发展速度快，但贫困问题与现象仍然十分普遍和严重。其中一个重要原因是经济增长质量下降。包括经济的低质量增长、生产成本的增加、忽视员工的工作和生活条件、不关心员工的技能培训与文化生活、环境污染，受害的仍然是弱势群体。只有保证高质量的增长、充分实现人力资本的开发与利用，真正增加社会成员的福利，弱势群体才能够从中获益，否则弱势群体会越来越被边缘化。这里的经济增长的质量需要政府在提供公共产品与公共服务时，向弱势群体提供他们必需的经济资源；需要避免恶性竞争，限制大企业对市场的垄断行为；给予相应的就业援助，鼓励弱势群体充分就业。体面且稳定的工作对于弱势群体来说不可或缺。

（2）福利保障

将提高社会福利投入的效率问题作为工作的关键问题。首先，要确保社会福利资源效用最大化，将有限资源投在那些最需要得到帮助的贫困者身上，要提高社会福利保障在解决弱势群体贫困问题上的有效性。首先，要瞄准救助对象，确保政策认定的对象与社会所认可的一致性。同时要确保实际作用的对象与政策预想的救助对象一致，帮助社会福利救助对象培养适宜的价值观与行为方式，而并非无条件、无限制地向被救助对象施以援手，要在某种程度上向弱势群体灌输勇于承担责任、以努力付出并获取成就为荣。最后，要体现出公共援助的分配原则，即平等、公平和充足，其中，平等意味着受益分配应达到资源和机会的平等分配；公平意味着公平对待的传统观念；公正对待的概念是比例平等，三者之间是对立统一的关系。

其次，要建立城乡一体的社会保障制度。首先，要建立农村居民最低生活保障制度，在此基础上逐步实现城市最低生活保障制度与农村最低生活保障制度接轨，最终形成城乡一体的最低生活保障制度，缓解此进程中农民的贫困问题，并在条件和时机慢慢成熟之际，将现在最低生活保障制度的范围逐渐扩大、延伸；对那些在城镇工作较为固定的流动人口，可享受城市居民最低生活保障制度。

（3）完善法律法规，切实保证弱势群体的利益

首先，要加强法律援助体系建设。弱势群体往往在司法上处于劣势地位，其合法权益往往由于各种原因难以得到保障。因此，加强法律援助体系建设，维护其合法权益，是法律问题，也是人文问题。对弱势群体的法律援助保障已成为各国试图缩短贫富差距的焦点之一。我国从 1994 年开始系统地建立法律援助工作，以保障弱势群体平等地实现合法权益。从区域来看，广东省从1999 年到 2001 年出台了相关的法律条文，取得了较大成绩，但尚不充分①。事实上，我国法律援助工作的规范化程度、法制化程度仍然有待于提高。要加强司法救助的规范性，克服市场经济的负面影响。此外还应给予充足的资金投入，加大法律援助的人力资源开发，统一面向社会招考具有律师资格的人才充实到法律队伍之中，调动中介组织与社团法律服务队伍的积极性，充分利用社会分散的人力资源，改善法律援助人力资源不高的状态，稳定公职律师队伍、提高其服务质量，打造公职律师与法律援助体系的"共同体"。

其次，要营造保护弱势群体的舆论。我们在衡量社会的法治化水平与程

---

① 李学林.社会转型与中国社会弱势群体[M].西安:西南交通大学出版社,2005:231-233.

度时,要考虑社会在何种程度上体现社会正义。在法治社会中,法律可以有效制约权力,避免社会正义的形式主义,真正实现社会正义。这就需要营造一种法治环境,在这种环境下保护弱势群体。唯有如此,才有可能从根本上保证弱势群体的利益得到稳定、持久的维护。

3.端正态度

社会转型是历史发展的必然趋势,我们要正确认识和对待转型所带来的一系列问题,做好长期作战的心理准备。转型期所产生的一系列的社会问题具有复杂性和长期性等特点。

(1)复杂性

复杂性表现在社会问题本身的复杂性以及对转型期社会问题的处理的复杂性两个方面。首先无论从深度或是广度来看,传统社会向现代社会转变的社会转型是一场意义重大的社会变革运动。这是因为,当前的社会转型不仅仅涉及社会的一个或几个方面的内容,它是同时包含政治、经济、文化、人们观念的全面转型。此过程在客观上会引发社会不同群体之间及个体间各种矛盾和冲突。此外,社会转型也是不同利益集团之间发生再分配的过程,在分配过程中由于价值观、目标、利益不同而引发矛盾冲突。由于各种因素错综复杂、共同制约,使得解决社会问题的过程环节复杂、难度增大。

(2)长期性

我国所处的社会转型期具有长期性,这主要是指在很多社会转型期出现的一系列问题是短时间内无法解决的。随着我国进入社会转型时期,新中国的成立以及社会主义改造的完成,并进入全面建设社会主义时期,各种生产关系进行了大幅度的调整,隐藏其中的各种社会矛盾就逐渐凸显。尤其在这种旧制度正在逐渐瓦解、新体制尚未成熟的情况下,社会失范行为必将大量存在,相伴的社会问题也会并存。因此,我们要正确认识到社会转型的相关问题,相信社会转型的方向会朝向更加和谐、健康、有序的社会演进,会给社会带来进步,提高人们幸福指数,但是相关问题、矛盾的出现或存在是任何一种社会或是转型过程中的阵痛,我们只有以认真、端正、积极的态度去面对、解决,才会产生良性的效果,否则将会影响到我国社会转型的加速发展和社会机制的稳定、健康运行。

三、重塑信仰,追求终极价值目标

如前所述,随着社会转型程度的加深,一切以经济建设为中心仿佛成为一种信念,一切向"前"看逐步被人们戏称为一切向"钱"看,这在某种程度上消解了文化与经济间的张力，文化似乎变得可有可无，或者是否能直接或间接地为经济服务成为衡量其价值的重要标准，文化"被异化"了。文化的核心是价值观念体系，后者的核心就是信仰，从这个角度讲，信仰危机成为社会转型过程中所面临的一个重要考验，我们必须以审慎的态度对待这个问题。

1. 立足于现代性文化

文化是社会政治、经济的反映，它既具有相对的独立性，又必须与其赖以生存的社会政治、经济保持相对一致，与人的身心发展的状态相一致。社会转型带来一系列的文化冲击。在面对众多冲击的状态下，很多学者也对此问题进行了思考，包括如何对待我们自己的文化，如何选择不同的文化等。在此背景下，重振传统文化的呼声和热情十分高涨。无论何种观点，都要求我们必须重塑我们的信仰，要做到这一点，就必须立足于现代性文化。

虽然现代性文化的相关理论在引入中国后又受到反现代性文化的诟病，但是从社会发展的角度看，现代性文化契合我国现阶段生产力发展的水平，符合我国的现代化进程。我们要适应社会转型给我们生活带来的一系列变化，必须将传统文化移位于现代性文化，并构建与之相应的信仰，给予现代性文化发展的生机与活力，并确定现代性文化的主导地位。

2. 兼容多元文化

肯定现代性文化的主导地位并不意味着对多元文化的漠视或蔑视，因为现代化的社会本质上就是多元化的社会，而且我们应鼓励这种多元化的状态，唯有如此，社会才会迸发无限的生命力与活力。"真正的创造性并不导致一致性。人们对过时的信念提出质疑，而科学、艺术和宗教则提供更深刻、更确定的价值观念，这并不意味着全世界的观念，包括价值观和世界观都必须是相同的。"[①]这是欧文·拉兹洛就处于"大转变"时代的人类社会的文化状态所提出的观点，因为大转变及其多种分叉涉及方方面面的问题，只要持不同文化信仰的人的观点和观念不发生矛盾、冲突与对抗，我们就应该怀有敬畏之心，尊重、保留，因为这是当代世界何以丰富并充满活力的主要因素。对于人类来说，所有复杂的系统，包括自然生物、各种艺术，甚至人类的各种活动与居住环境、空间，多样性必不可少，通过对多元文化的宽容、接纳，最终达到融合，融合其精华并按照人类的终极理想，赋予其新的构建，得到创新的、富有的、崭新的文化状态。

---

① 荆学民.社会转型与信仰重建[M].太原:山西教育出版社,1999:337-338.

3.从对现代性信仰转向共产主义文化的信仰

从人类终极发展的目标看,就是要实现"全面自由发展"的理想状态,其中离不开社会财富的极大丰富,最终达到为人类提供精神动力支持的理想境界。根据马克思对人类发展的趋势的理论,这种理想的社会和文化境界就是对人的本质的真正占有,对人性彻底的、自觉的复归,对人类以往全部丰富成果的保存,完成了人道主义与自然主义统一,解决了人与自然、人与人之间的矛盾。这就是重塑了信仰文化的终极理想目标——共产主义信仰。共产主义的文化修养不是任何形式的宗教文化,它区别与宗教文化的根本在于立足于人类社会发展的现实基础,它体现出唯物论的基本的思路,即在整个历史上,整合与分化的动态相互影响伴随着生产与发展的过程。文化的发展也不例外,因为前者决定了文化形态的不同的表现形式,或多元,或一元,并最终走向整个世界的一体化趋势,体现了人类历史发展的必然。

第二章　社会转型与教育变革

人类的发展史、文明史又可以说是一部教育变革史。在现代化的进程中，各国随着经济、文化的繁荣，推动了教育的不断改革。实际上，无论从文艺复兴、到 20 世纪初的进步主义教育运动和新教育运动，到 20 世纪 60 年代以后的教育改革浪潮、80 年代世界各国的教育改革运动，直到 21 世纪教育的展望，都反映了教育不断改革与发展的态势，也反映出当今世界各国都把教育置于前所未有的重要的地位，因为所谓的全球化竞争在某种程度上是教育理念、教育规模、教育质量、教育效益的竞争。21 世纪以来的教育变革在其理念、目标、内容及其发展方式上都需要发生根本性的转变。这既是教育健康发展的应然选择，也是教育变革的内在使命。

第一节　社会转型对教育的影响

一、影响教育变革的因素分析

1.政治因素对教育变革的影响

众所周知，教育在某种程度上是国家的政治制度、统治思想的反映，教育中的诸多因素，包括教育政策、教育目的、组织体系、教育内容等因素都受到一国政治因素的影响与制约。如在政策层面，出于对自身利益的维护，利益集团往往会在保持政策稳定性的同时，预防教育政策发生变革，这在一定程度上阻碍了教育变革。随着社会变迁和政治体制的调整，目前的教育政策从过去的反映某一特定社会阶层的利益转变为不得不面向众多的群体，做出相应的反应。在教育内容上，学校教育所灌输的道德教育、价值观教育，在某种程度上是为了维护在社会中占主流地位的统治阶层的地位，让学生从小开始接触忠于政治权威的理念和价值标准，并号召学生参与相应的活动或加入相应的队伍,为统治阶层培养接班者,这些都体现了政治因素对教育变革的影响。

2.经济因素对教育变革的影响

经济因素越来越受到人们的重视,该因素对教育的影响也日益深远,甚至在某种程度上可以说,其已成为左右教育的决定性因素。因为,经济结构、经济体制影响着教育资源的整合与分配的程度与方向,以及教育内容的演化、教育目标的调整、教育结构的更新等。如随着社会的变革,大学的职能从中古时期的服务于教学,逐渐走出象牙塔,转变为服务于科学,再到现在多功能大学理念的提出,都是社会经济发展对教育的不断要求以及教育对社会不断回应的结果。具体而言就是,产业结构的变迁决定了教育结构的变迁。如随着三次工业革命的演进,教育结构也相应出现了三大变革阶段,即精英教育阶段、大众教育阶段以及普及教育阶段。同时经济因素影响着教育资源的分配与调整。由于教育也逐渐引入了市场竞争机制,教育的市场化已成为一大发展趋势,这就要求把相应的财政、人员调整与政策制定等各方面的权力下放到各级教育机构。同时,各种类型的教育机构参与市场竞争,能够促使教育资源配置的最优化,促使教育质量的提高。从内容看,经济的发展中心与重点也会影响教育内容的调整与变化,如学术课程与职业课程的分离等,具体表现在教育内容的针对性更强,所设的科目与工作之间的衔接性更强,反思与总结更加得到重视,对经济与技术的理解成为课程核心内容的一部分等。

3.文化因素对教育变革的影响

教育与文化之间的关系更为密切。从广义上来看,教育是文化的组成部分之一,在这里,所分析的文化因素的影响主要从文化引发的教育层面的反思批判等内容展开。H.吉罗克斯认为,文化研究对于批判教育工作之所以重要,是由于语言成为产生意义的条件,为创造知识的形式提供了基础,为批判教育学家提供了超越日常生活文化分析或把文化当作统治逻辑的单纯反映的机会。文化研究可以提供相应的机会,帮助人们重新思考在主体中与在社会集团中所形成的差异问题等①。此外,还有不同学者,如塞维斯(E. Service)、萨林斯(M. Sahlin)、威尔逊(H. Wilson)都采用文化进化的方式来分析教育变革,展示文化变迁与教育变革之间的关系,从而推进教育的变革。

4.信息技术因素对教育变革的影响

信息技术的发展使得人们将生活、学习和工作较为密切地结合在一起,突

---

① 胡宗仁.社会变迁与教育变革的关系研究探讨[J].南阳师范学院学报(社会科学版),20043 (10):18—22.

破了时空界限,丰富了信息的表现方式,重置了信息资源的分布形态,对人们的身心产生了重大影响。从某种程度上来说,人类已经离不开现代的信息技术所带来的方便、快捷、高效。从学习角度看,人们的学习机会得以增加,学习方式、认知方式、教育教学关系等都产生了深远影响。

从国内外的发展局势看,教育信息化已经成为各个国家教育变革的重要方式与手段,无论是美国教育技术办公室发布的《教育技术规划 2010》所提出的技术赋能的学习模型,致力于通过寻求教育系统的变革从而提升教育生产力,还是其他国家如澳大利亚所开展的"数字教育改革",又或是英国政府公布的"利用技术促进学习"等计划,表明了教育信息化的重要地位。在此背景下,我国也先后在 2010 年和 2012 年先后发布了有关教育信息化的文件,提出了相关要求,以此来寻求解决我国教育发展的难题,促进教育的创新与变革,那么教育信息化到底给教育带来了哪些内容的变革?广度与深度融合的程度如何?我们或许可以从以下几个方面寻求答案:首先是教育教学方式的革新。随着网络技术的逐渐发展,移动学习、移动终端、云服务的产生都使得传统的教育教学方式受到冲击,尤其对成人教育来说,传统的函授教育、夜大等知识传授的方式受到极大影响。与之相应的是教育教学方式的革新,包括英国的开放大学、我国的广播电视大学、网络教育学院、远程教育机构的建立等,都反映了这种趋势。据统计,我国自从 1999 年开展网络教育学院试点以来,注册学生数量累计达到 1000 余万,非学历培训 1000 万人次,开设 396 个专业,专业点 2292 个,覆盖 11 个门类。美国也在基础教育领域提供在线学习服务[①]。随着互联网移动技术的发展,由此引发的教育教学方式的革新,导致学习方式也在发生根本性的变化,因为任何人都可以在任何时间与地点进行学习,以往传统的教师教—学生学的被动的教学模式被颠覆,学习者处于较为主动的学习状态之中。以泛在学习环境为例,据研究,学习者往往是在一定零碎的时间内进行学习,这种零碎的时间也被称为"碎片式"的,其优势在于,学习者在这种移动的氛围中,其注意力是高度分散的,需要具备"碎片式"的学习经验与获取知识的主动性,而泛在学习环境能够构建这样一种无缝对接。在这种不同的情景中,学习者借助于各种移动设备,能够方便、快捷地实现学习场景与方式的切换,通过主动获取知识,更好地实现正式与非正式的学习。除了教育教学方式的变化,教育资源的方法与共享也成为信息技术发展的必然选择。因为免费、开放地获取教育计划是人类的基本权利,开放教育资源可以让普通民

---

① 祝智庭.教育变革中的技术力量[J].中国电化教育,2014(1):1—9.

众免费、高效、平等地获取优质教育资源,这也是信息技术推动全球知识开放与共享的理念。此外,信息技术能够促使学习环境从数字化走向智能化的发展道路,引导教育公平服务平台更好地支撑教育信息化的公共环境,而大数据的应用则能够促进学习分析学的发展,并可以对教育数据进行整理分析,从而指向个性化学习与自适应学习环境的研究、开放与应用。

二、社会转型对教育影响的具体表现

社会转型对教育的影响是多层面的。从影响效果来看,有积极影响,也有消极影响;从影响层次看,有宏观影响,也有微观影响;从内容来看,有价值观的影响、教育定位的影响等。在这里,我们就社会转型对教育影响较为突出的几个方面展开讨论与分析。

1.教育失序

所谓的失序是指在各种主观和客观、内在和外在因素的作用下,社会从一种均衡性、稳定性和有规则状态走向非均衡、非稳定和无规则状态。从教育层面讲,则是"一种教育生活状态,在该教育生活状态中,一个社会既有的教育行为模式与教育价值观被普遍质疑、非议乃至被否定,逐渐失却其对社会成员的约束力,而新的教育行为模式与教育价值观又尚未形成或未被人们普遍认同,对社会成员不具有有效的约束力,从而使得社会成员的教育行为缺乏明确的教育制度规范约束,形成教育制度规范的'真空'、'缺席'"①。随着中国社会的转型,社会价值理念、规范体系、制度权威等因素及其方式发生了急剧变化,原有的、表面上的"有序"局面被打破,新的秩序尚未形成,造成了一定的秩序的"空白区间"或"真空状态",即我们所说的失序。由于教育现代化是社会现代化的重要部分,社会的现代化转型过程对教育的影响也必然是深刻的,社会转型、调整的过程同时也是教育秩序调整的过程。对于社会转型期的教育失序产生的原因,有学者认为是由于缺少相应文化价值的支持而使得教育制度体制规范的合法性与权威性丧失,由于既有的教育存在方式、交往方式、生活的世界失却了存在的合理性与合法性依据,从而造成其发生着深刻而剧烈的变化。这就造成了对以往存在的教育制度体系合理性、合法性存在的质疑,同时也意味着新的教育制度体制规范性建立的必要性。

这种失序首先表现在教育的法制化建设进程中。由于转型过程中各法律

---

① 朱芝洲,俞位增,蔡文兰.职业教育秩序:社会转型中职业教育研究的新课题[J].浙江工商职业技术学院学报,2013(3):52-55.

关系主体的利益关系复杂多变性,相关的教育法律的稳定性特征与市场经济的发展性不同步,难以发挥保障教育优先、持续发展并促进教育现代化的作用。转型过程中的立法问题也是层出不穷,表现在立法民主化程度不高、立法经验不足、立法计划性不周全、立法程序性不强等,这些问题导致教育法律体系不全,难以起到依法保障教育事业发展的作用。已经出台的一系列法律法规和规章存在诸多瑕疵,落实难以到位,严重影响了教育法的权威性和教育法的实施效果,这些也都是教育失序的重要表现。除此之外,教育失序的现象还包括教育收费问题、教育浪费问题、教育结构问题、教师与学生的兼职问题、高考作弊问题、教育特权与教育腐败问题、公立学校与民办学校的不平等问题等[①],这些都延缓、阻碍了教育现代化进程,导致教育领域的失序问题。

(1)引发教育冲突

所谓的教育冲突指的是教育系统中不同主体之间的种种对立态度与行为。按不同的标准,教育冲突的分类也各不相同[②]。如表现形式上的显性教育冲突与隐性教育冲突;内容上的观念性教育冲突、制度性教育冲突与行为性教育冲突;以影响范围来划分的整体的教育冲突与局部的教育冲突;按产生缘由可分为外部冲突与内部冲突。而社会转型引发的教育冲突主要表现在教育观念的冲突、教育目标的冲突、教育结构的冲突、管理体制的冲突以及教育内容选择的冲突。

从教育观念上主要是社会转型引发了人们分析事物的思维方式和视域的转变。

由于受传统观念影响,我国教育领域内整齐划一有余,灵活性、开放性不足,办学观念墨守成规。无论是学校管理模式、办学方式、课程教材、教学方法、考试考核等,由于简单的"一刀切",都使得地方与学校的积极性、创造性受到压抑。随着改革开放的不断深入,各种新思想、新观念层出不穷,要求整个社会必须以更为宽广的心胸来适应并接纳这个社会,观念必须更加开放,这也是社会开放的重要标志,是现代化发展的必然要求,教育也唯有开放才能重获生机。而长期在小农经济基础上形成的封闭性民族心理和观念,认为学校是作为知识传授的场所,应远离社会,独立发展,致使教育闭门造车,供需脱节,资源浪费严重。由此造成了开放观念与封闭性观念之间的冲突。此外,这种观念的冲突还表现在教育先行还是滞后这个问题上,即教育先于经济发展,并

① 徐晓东.社会转型与办学体制创新[J].杭州:浙江大学出版社,2004:23—27.
② 董泽芳,陈新忠.社会转型与教育冲突[J].教育研究与实验,2009(2):20—23.

以超过经济增长的适当速度安排教育投资,还是应该先集中精力解决经济发展问题? 随着现代社会经济发展对人才需求的增长,这种矛盾与冲突也开始凸显。实践上要求教育发展先于经济,并以超过经济增长的适当速度安排教育投资。但这与传统的先富后教观念相冲突。由于问题尚未得到有效解决,致使教育投资长期不足,教育事业发展一直处于"贫血"状态。

教育目标的冲突主要包括社会目标与个人目标、效率目标与公平目标、个性目标与公平目标等的冲突。由于社会转型解放了人们的思想,人们的生产、生活方式开始变得多元化,对教育目标也有了多元化的需求。过去我国教育以压抑个人目标来满足社会目标,矛盾并不明显。随着社会转型与价值观念的变化,社会目标越来越纷繁复杂,个人目标也更加广泛多样,两者之间的矛盾逐渐明显。如何权衡个人发展与社会目标之间的关系,是社会转型期所面临的一个重要问题。随着经济体制的变革,社会需要在追求公平与追求效率之间做一个均衡。反映在教育领域,就是要在经费拨款、师资分配、学生录取等方面综合考虑,既要承诺教育机会均等,又要追求提高教育质量。过去的教育压制学生的个性,毕业的学生像出厂的标准件,个性缺失,创新能力低下;在社会转型期,竞争加剧,需要个性鲜明的创新人才,这就导致了个性与共性之间的矛盾。

由于转型期社会对多种层次、类型人才与多种形式教育的新需求,从而引发了教育结构的冲突。这一冲突表现在层次结构、学科结构、形式结构、布局结构等方面,具体涉及高等教育入学率相对较低,学科低水平重复现象严重,全日制教育与非全日制教育、公办教育与民办教育形式对接存在障碍,不同层次、类型的教育机构在不同区域分布尚不合理等。

教育体制的问题包括投入严重不足、办学模式单一、学校管理僵化、教育资源浪费等几个方面,其他还包括教育体制中分权制与集权制、多轨制与单轨制的冲突。在教育内容选择上,引发了人们关于教育应该培养怎样的人与传授什么知识的思索。

(2)教育定位问题

自从我国建构社会主义市场经济开始,社会结构发生了深刻的变化,市场经济促成了诸多追求不同的利益群体。教育是一个利益冲突集中的场所,不同的人有着不同的利益追求,试图通过教育实现不同的目的。同时,它又涉及社会公平。人们关注着教育的公平与效率问题、教育的公益性问题、教育的普及化或大众化问题。在此背景下,必须呼应社会变迁引发的社会结构变化问题,根据新时代的发展需求对教育重新定位。

随着市场经济的建立,传统的计划已经分化出市场领域、政治领域和介于这二者之间的一个社会领域,即第三部门。这三个部门的社会调节与控制手段也必不相同。那么作为与人们的社会生产、生活密切相关的组织机构,教育到底属于哪个部门?首先,从提供产品的属性看。市场的基本功能之一是为社会成员提供物品,这里的物品包括私人物品与公共物品。私人物品是那些具备效用的可分性和消费的排他性的物品,意味着私人物品是能够在消费者之间分割的物品,具有可分性以及竞争性;与私人物品相对应,公共物品则指那些不具有上述特性的物品,属于所有集体的消费量,其具有非排他性的特征,即是人人都可以不需付费就可以消费的物品①。从该属性看,教育的公共属性比较明显,但是从公共物品与市场的关系来看,公共物品从不同角度可分为不同类型。教育在一定条件下经过转换,可以进行市场化运作,学校也可以进行市场化运作。随着这种运作的常规化,学术力量、政治力量与市场力量成为教育领域影响教育运行的力量。如何处理教育与市场的关系?在构建、完善与市场经济相呼应的教育体制过程中,政府与市场在其中的关系如何形成?发挥何种作用?面对悄然形成的教育市场,如何正确对待,如何提高其服务质量与品质,满足广大消费群体的需要?这是社会转型带来的一系列问题。

(3)师生价值观的影响

社会转型对师生的价值观产生了极大的影响。首先,对教师来说,核心价值迷茫、模糊。转型期对教师发展的核心价值取向不明确,缺乏对此问题的深度思考与挖掘。在教师教育方面,包括办学定位、基础教育与教师教育改革与发展、目标与人才培养模式上都存在问题,导致教师教育的弱化与边缘化,很多综合性院校教师教育发展存在不少问题,并在某种程度上停滞不前。基础教育课程改革缺乏重视,培养目标无法适应时代发展的要求,教师教育知识落伍,实践与创新能力固化和边缘化,部分地方综合院校的教师教育改革与发展不同程度地停滞不前。与此同时,理想的教师教育价值取向与事实上的教师价值观存在众多不一致的问题。如追求学生全面发展的素质理念与追求升学率、应试教育的冲突;教育本体价值观与教育社会价值观之间如何能够辩证统一等,这种价值观取向的多元化,需要更好地处理教师价值观的理想与现实的矛盾与冲突。第二,教师的专业化面临挑战。随着价值判断标准发生变化,各地区经济发展不平衡,教师教育所需的条件不同,人力、物力、财力的投入也不相同,各地教师专业化改革水平存在很大差异。经济发展水平不同的地区,在

---

① 劳凯声.社会转型与教育的重新定位[J].教育研究,2002(2):3-7;30.

教师观念更新程度、知识结构变化程度、教学技术改进和教学手段的使用等方面差距明显。有的新教师的学科背景或是教育学科基础知识不足,方法与手段匮乏,老教师意识落伍、知识陈旧、教学方法落伍等,这些都影响了教师专业化水平的提高。第三,对教师思想品质与道德水平的影响。教师不仅要赋予学生知识能力,更要向他们传递优良的社会品德,这就决定了教师本身要具有更高层次的道德水准。在市场经济条件下,功利性与实用性成为价值衡量的尺度,个体作为经济主体特性明显。在这种背景下,竞争、注重经济利益等价值观与重义轻利等观念相冲突,反映在教师身上,使教师的道德取向与利益取向也产生了冲突。职业道德要求教师以身作则、教书育人,但是教师在收入、待遇与权益等方面与其他社会阶层存在着明显的差异,"文化威信"受到挑战,这种现实生活中累积的利益争端与需求与教师的道德价值观产生了冲突。

(4)催生教育的相关理论

随着市场经济的进一步展开,及其对教育领域的渗透,再加上相关学科知识之间的融合,教育服务理论、学校经营理论等与市场化相关的内容应运而生,从而丰富了教育学的理论研究,扩展了理论研究的视域。

1)教育服务理论

教育服务是教育经济学的基本概念。该词最早见于教育中介组织或网络用语,主要是面向求学者提供考试、课程、教学、科研、毕业、留学等方面的咨询与指导等。其基本观点是教育产品是教育服务,教育服务生产是教育产生的核心,学校的基本功能就是提供优质教育服务,教育服务具有商品属性,包括使用价值与交换价值。学校与学生之间是围绕教育服务产品所发生的商品交换关系,可以进行产业化运作等[①]。从狭义上来看,教育服务指的是教育作为一种精神活动产品的提供、生产与消费活动。经过不断的实践与经验总结,该词从日常经验的理解上升到对教育与经济社会关系的整体性理论把握。包括市场经济对教育渗透以及教育实践的回应、外来知识对教育经济学的嵌入、教育经济学理论的扩充与丰富等,都引发了教育服务理论的产生。

教育服务的基本内容包括以下几个方面:教育服务产品、教育的供给与生产、教育服务消费、教育服务的成本与学费定价、教育服务质量的评价与管理等。首先,从教育服务的产品来看,教育服务产品具有特殊性,即要针对每一位学生的认知、能力、素质和个性来培养,促进个人发展的不断提高。其次,从教育服务的供给与生产来看,其生产由教育机构通过教育管理者与教师完成,

---

① 田汉族.教育服务:从观念到实践[J].中国教育经济学学术年会论文,2004:1—12.

其中,教职员工是基本的生产要素,学校在运行过程中消耗了通过市场教育所获得的人力、物力等要素,是反映其运作的重要标志。政府、学生及家长分别作为主次要购买方,完成了购买与消费的环节。教职员工的雇用与解聘体现了学校教育各要素之间的契约关系,薪酬制度标定了各生产要素契约各方的绩效考核方法、标准、薪酬支付等关系。如前所述,教育服务作为一种公共产品或准公共产品,公共部门与私人都可以作为其供给者与生产者,提供与生产可以分离,从而有利于政府合理配置资源、科学地制订教育服务标准、激活教育市场、引导教育服务质量和教育消费方向,从而促进教育与社会整体的正向发展。政府可以通过各种方式来提供教育服务,包括发放"教育券"、政府参股、委托代理等较为有效的方式。此外,从教育的消费理念看,由于服务产品与市场的存在,教育消费也必然存在。狭义的教育消费仅指个人或家庭接受各级各类教育时,消耗教育部门以及与其密切相关部门提供的各种服务,从而满足其知识、技能、能力增长需要的行为与过程。[①] 其消费是一种投资性消费。其消费与生产具有同时性或不可分割性,是权利、责任与能力统一的消费。包括教育服务的成本与学费的定价问题、教育质量的评价与管理问题,这些都是教育服务理论所涉及的内容,此外,教育服务理论研究还需要更多地涉及教育劳动相关的问题,包括劳动的性质、价值的计算以及教育服务过程中所产生的一系列的关系问题。

2)学校经营管理理论

社会转型期经济增长的态势,不断提高了对教育供给能力与消费的需求,各层级、各类别的学校为适应社会发展,也需要合理配置教育教学的相关资源,达到学校效益的最大化。为此,教育经济学领域也开始关注微观意义上的学校在生产经营教育服务时降低教育成本,从而使学校自身获得社会和经济效益。各种实践形式也层出不穷,包括民办学校的创立、国有民营问题的思考、各种类型的合作办学的实践、学校集团化经营等。这些都为学校经营理论的产生与发展提供了实践基础。

学校经营理论属于微观经济学范畴[②],该理论用以指导作为市场经济微观基础的学校经营行为的理论形态,注重理论与实践的结合。从某种程度看,学校经营理论的出发点与归宿都是学校的教育实践,即最终贯彻"从实践中来,到实践中去"的理念。该理论融合了教育学、管理学、社会学、经济学、法学

---

① 田汉族.教育服务:从观念到实践[C].中国教育经济学学术年会论文,2004:1－12.
② 任建华.学校经营理论及其运作模式[C].中国教育经济学学术年会论文,2004.

等学科,从优化配置和整合学校的资源,实现学习可持续发展的角度解决学校管理过程中出现的问题,通过对原有学校管理的总结、凝练与延伸,其理论会有更好的发展前景。从理论架构来看,学校经营理论主要包括三部分,即理论基础、制度基础与经营运作。从理论基础看,学校符合第三部门的特性,属于非营利性和非政府性组织,是独立的自组织,这就可以使学校摆脱政府部门的行政干预,在自治的基础上实现自我管理、自我经营、自我发展,体现学校经营的服务性和公益性。制度基础是指要在法律上对学校的经营主体地位给予确立,保证学校经营的合法性与有效性。从经营运作看,学校的运作以经营为指导思想,在此过程中具有市场意识、成本意识和服务意识,分别开展资本、产品、日常管理与监督四种经营活动①。该理论具有较为宽广的发展空间与发展潜力,具有很强的现实指导意义。

第二节　社会转型对教育的诉求

一、对教育质量的诉求

质量是教育发展的永恒主题,是世界各国教育改革以来一直最受关注的问题之一。随着教育大众化的普及,人们对教育质量,尤其是高等教育质量问题的担忧和争论愈演愈烈。这种争论体现在对教育质量标准的确定上。如何界定教育质量?是沿袭旧体制的特定的一元主义质量标准或质量观,单一服从的、以给定知识的传授和记忆为内涵的一元主义质量观?还是多元的质量观?一元的质量观与传统的培养人才观相呼应,按照机会培养的少数精英人才的精英教育,培养现场专业知识的对口人才,是一种应试培养模式,"专业对口"是其就业原则,如果学非所用,则会造成人才的浪费。随着改革开放的深入,高等教育改革也必须随之发生变革,呼应这种变化,必须构建多元化的教育质量观。这主要是因为:

1. 社会对人才的多样化需求

随着科技的迅猛发展、产业分工的加速,社会对人才的需求也具有了多样化与多元化的发展需求。从对精英人才的需求扩展至各行各业所需要的人才,以满足多元化人才需求的现实。同样,这也要求多层次、多类型的高等教

---

① 张学敏,潘燕.从管理到经营——构建学校经营理论的探索[J].教育与经济,2004(4):18－23.

育机构的存在,通过入学选择、分流,根据学生的受教育程度确定其在高等体系中的位序,接受不同层次、不同内容、不同形式的教育,更好地适应多元化的社会经济水平、更好地体现教育尤其是高等教育服务社会的功能。在此背景下,需要有多元化的质量标准与质量评价体系,彻底改变以往单一的评价模式。

2.教育自身发展对多元化质量观的需求

大学的功能从一开始的教学逐渐发展到教学、科研和为社会服务三者相结合,这都是缘于教育与社会的联系越来越密切的结果,教育由社会边缘逐渐走向社会中心,承担了越来越多的社会角色,受到越来越多人的关注。为了满足社会需求的个性化与多元化,高等教育分化为多种组织形式、多种职能特征的复杂系统,这是教育自身的、内在的发展需求,由此必须具备满足社会、市场、学术等多方面需求的质量观。

二、对教育公平的诉求

1.教育公共性的诉求

公共性包括了纯粹公共性与准公共性两个部分。所谓的公共性主要表现在这种物品对于公众而言具有普遍需求的特征,而并非只存在于一部分人的需要之中;而准公共性则表现在该物品对于人的需求的满足不仅是充分的,而且也是必要的。在一个国家的教育体系中,被认为能够同时符合这两个条件要求的范畴只有义务教育领域①。这里的教育指称的主要是公立教育。教育公共性既包括政治意义上的,也包含文化上的。国家控制教育权力后,公共性与意识形态相联系,在一定程度上同社会公众所呼吁的公共性产生对立与冲突。在社会各种动因的推动下,教育既要适应与之相关的各种形式变革的需求,更要在其中保证其公共性的特征。随着时代的发展,义务教育制度的建立、大众化教育的普及,使得教育的公共性内涵得以丰富与扩展,主要表现在:国家对教育权力的掌控、国家教育责任的承担、受教育机会的平等、法律的调整、开放性以及相对独立于市场化。

自普及义务教育制度及大众化教育实施以来,教育的公共性逐渐生成。随着国家对教育权的掌控,其所承担的责任也越来越大。个人作为国家的公民,应该与其他人一样享有平等接受教育的权利,这只有在公共性领域中才能

---

① 苏君阳.社会结构转型与教育公共性的建构[J].教育研究,2007(8):34−38.

得以产生。因为市场诞生于私人领域,教育如果完全被市场化,其公共性就会消失,就会受制于政治强权与经济垄断之中。而且教育,作为公共领域的组成部分,最终应该向所有民众开放,民众不仅应具有对教育行政信息、事业发展的知情权,了解自己的权利实施及保障情况,更应该有享受权。

2.对教育均衡发展的诉求

改革开放三十多年来,由于我国实行了让一部分地区先富起来,再带动其他地区富裕的经济发展政策,东、西、中部的差异日趋明显,这种差异也较为明显地反映在教育资源配置方面,包括教育经费、师资的投入等。一般而言,优质的教育资源会倾向于较为发达的地区。这种教育体制初期在一定程度上满足了人才的要求,但随着时代发展,已经严重阻碍到教育的健康发展,这就向教育公平提出了挑战。这种不公平表现在区域差距、民族间的差异、城乡差距等各个方面。如上所述,由于政策、地域条件、文化等各方面的差异,我国东、西、中部地区教育发展水平也各不相同。由于东部沿海地区经济发展快于中西部地区,我国的优质教育资源也多集中于发达的东部地区,而中西部地区明显落后,这种落后造成地区间明显的教育不公平现象。教育不公平现象也表现在各不同民族之间。根据全国人口普查的数据,少数民族学生的素质发展极不平衡,尤其是西部偏远地区的一些民族。地广人稀、师资短缺、经费不足等因素都是致使教育不公平的重要原因。此外,城乡差距更是不容忽视的问题。改革开放以来,我国的城乡二元分化现象越来越明显。长期以来,我国城乡二元管理体制以城市为中心,致使绝大多数优质教育资源都投向城市,使得教育不公平问题更为明显。在此过程中,所呈现的择校热、劳动力流动过程中所产生的农民工子女教育等问题凸显,都是在此过程中所遭遇的难题。

三、对教育文化引领的诉求

从某种程度上看,文化变动对教育发生着决定性影响,是教育变革的深层次原因,但是文化对教育来说,并不必然起积极作用。从文化的历史发展来看,文化有的时候甚至会对教育起极大的反作用。因此,在面对社会转型的关键时期,必然提出教育对文化引领的诉求。

从广义看,文化包括物质文化、精神文化、制度文化、政治文化等四个方面。改革开放以来,总体上看,制度文化的发展滞后于物质文化和精神文化的发展,教育改革是在这样一种文化变动的影响和推动下进行的,需要与这种文化变动相适应,需要在传承、发展过程中更好地促进文化的发展,这种发展包括文化传承、文化创新、文化引领和人才培养等方面。

1. 传承文化

传承文化是教育的首要任务和作用。学校教育具备高度浓缩、简捷、系统、目的性强等特点,是一种有效的传递文化的方式。当前,随着网络在人们日常生活中的普及化,传递信息的渠道变得多元化,但是,仍然不可能取代学校教育的地位。

2. 创新文化

创新文化是教育的另一重要任务和作用。首先,教师通过对课程知识内容的创造性加工,从而传递相应的知识;其次,教师本身通过创造性科学研究进行文化知识的再生产,从而实现文化的丰富、发展;此外,通过创新性文化的传递,培养学生的创造能力、创新精神,从而有利于文化的进一步创新与改革。

3. 文化引领

教育文化引领作用的发挥,是指教育能够通过知识创新引领文化发展的方向。同时,教育通过甄别、筛选、继承、发扬先进文化,淘汰落后糟粕,从而起到提升社会文化总体发展水平的作用。在这里,教育不仅应该面对社会现状,向社会提供当下需要的物质文化、政治、经济文化,同时,更应该适当地超然于现实生活,主导社会发展潮流,引导社会发展方向。应当承载起在理论、思想和道德、价值上引领社会文化向前发展的责任。

四、对教育引领社会的诉求

教育应该具备引领社会发展的功能,这是社会转型发展对教育的另一诉求。这一功能被视为学校重要的功能之一,即引领社会、服务社会。虽然,这种功能发挥的主要场所在高等院校,但是,就目前教育发展的态势以及社会对整个教育阶段、教育形式的重视程度看,引领社会发展也将是整个教育的重要使命,这也是社会发展对教育提出的要求。因为,社会需要有一大批不同文化层次、科学素养、专业水平的群体服务于社会各部门。在满足这些需求的同时,教育为社会发展提供了动力,其引领作用才能得以充分体现出来。

引领社会发展功能的内容是多方面的。一方面,正如上述所说,培养和造就不同规格和层次的劳动者是各级各类教育的主要功能,也是教育引领社会发展的基本功能。社会需要那些具备较高的思想道德素质、优良的行为、高效率的劳动能力的毕业生来帮助其健康运行,这是对教育引领社会功能诉求的重要方面之一。其次,社会全体成员思想品德、科技文化素质水平的提高是社会健康、良性发展的基本条件。

在此应该注意，不同层次、不同类别、不同形式的教育都是教育体系中重要的组成部分，都能够发挥社会引领的作用。学前教育、中小学教育能够奠定人才成长的基础，高等教育、职业教育、成人教育等能够为社会培养不同层次的人才，各教育形式之间的相互配合能够培养社会复合型人才，在各自的工作做出较大贡献，满足社会发展的诉求。服务社会是教育引领社会发展的重要途径。

五、对教育创新的诉求

所谓教育创新是指，以敏锐的洞察力、丰富的想象力、渊博的教育科学知识、坚强的意志和独立自主的创造性性格，创造新的教育思想、新的教育运行体制以及新的适合社会发展需求的培育人才的模式。教育具有培养人和服务社会两大功能，因此教育创新所追求的应该是培养更多、更好的高素质人才和为社会发展做出更大的贡献[1]。教育创新包括思想、管理、知识、教学、条件等各方面的创新。由于社会更替交迭速度的加快，造成社会及个人发展的复杂多变性，教育作为促进社会与个体发展的重要手段，在社会运作过程中，面对着千变万化的情境，很多变量非但不能预测，更是不可控的，这就意味着教育必然无法故步自封，必须构建新的思维模式，进行改革与创新。

一方面，人的发展过程的复杂性决定了教育目标、内容、形式、手段的复杂性，对教育创新的要求必然需要利用教育具体、灵活和适用的特性，符合社会发展的规律，成为教育保持其生命力的必需。而且，人具有不同于动物的主观能动性，这使得人的发展成为这个世界上最复杂的变化过程。学生作为不断发展过程中的、可塑性极强的个体，决定了教育发生、发展的过程无法按照固有的、一成不变的模式进程和发展，我们也无法构建一套能够放之四海而皆准的教育理论来解决当下教育面临的所有问题，这必然要求我们必须时刻面对新情况、新问题，不断创造出新方式和新手段。另一方面，社会具体情境和问题的复杂性，决定了教育改革计划、方针、方式不可能有效覆盖所有可能的具体情况，社会转型的持续、健康发展离不开教育创新。我们必须直面社会发展过程中千变万化的具体情境，根据具体情况，确定政策和计划所确定的具体边界，创造出新的模式和新的途径来解决实际问题。

---

① 王茂林.关于教育创新理论与实践的思考[J].中国高教研究,2003(1):36-38.

第三节 应对社会转型的教育变革策略

教育作为社会大系统中的一个子系统,与社会各因素密切相关,与社会转型密切相关。教育能引发社会转型,体现社会转型的内容、特点与方向;社会转型也会引发教育的各方面发生变革,并进行相应的调整,从而更好地适应社会变化发展的需求。

一、追求和谐的教育目标

如前所述,社会转型时期的教育更加强调教育的生产功能,其工具性表现得更加突出,而忽视了教育的生态功能,进而破坏了教育系统内部的平衡性与协调性。在此背景下,教育必须转变态度,积极地应对转型期的社会政治、经济等发展趋势,主动适应和进行创新改革,在社会转型期中充分发挥教育所应具有的功能及其社会意义,推动现代化进程的加快完成。为了缓解教育失序问题,缓解教育冲突现象,必须改变那种一纸定终身的高考所造成的学校、家庭教育一切为了分数、一切依靠分数的现状,改变漠视学生心理品质、道德教育的教学行为,改变那种很少关注学生的情感和需要的种种表现,真正实现教育生态的平衡。

众所周知,教育是一种以影响人的身心发展为直接目的的活动,其主体和对象都是人,这一特征决定了教育活动的特点,包括强烈的人文性、自主性、鼓励性。教育唯有把追求人性的真、善、美作为自己的信念和追求,才能造就理想的人、理想的人性,体现出教育独特的一面,体现出教育的神圣与崇高。这里,首先需要我们追求和谐的教育目标。和谐是中国古文化所追求的最高境界,包括与自然、与人、与天之和谐统一,其中,天人之间的关系必须加以重视。在社会转型的背景下,教育是一种特殊的社会活动,与社会存在不和谐的现象。为了更好地适应社会,促进社会的健康发展,教育要做到以下几点:一是保持其原生态性。教育的发展必然会有市场的介入,并受到市场的影响,教育必须对此做出回应,但不能完全被市场化。社会转型带来的文化意识转型,必将冲击教育原有的生态性。教育肩负着使个体获得知识、智慧的使命,使学生获得生活技能是社会赋予教育的责任。要实现教育与人的和谐、教育与社会的和谐,学校教育就必须回归生活,关心学生真实的生活,关心其现实追求,帮助他们逐渐养成应对真实生活中各种问题的生存能力,这才是教育存在的基础,是教育对个体作为一个生命体的必然反映,也是教育的理想。二是保持对教育和谐的哲学反思。全面和谐的理想是人类所孜孜不倦追求的目标,而市场经济将直接引入市场,人们生活的关键词成为效益、经济、物质基础等。这种太过重视现实的物质利益的现象,不可避免地会导致对市场经济的文化基础的忽视。这种社会转型引起了文化转型,传统的价值观已丧失其权威性,但新的价值观尚未确立,人的心灵处于困惑与迷惘、无所寄托的状态。很多关于人生问题、人性问题、价值问题、伦理问题、生态问题、教育目标问题等都被排除在外,使得教育面临前所未有的发展困境、生存危机及失序难题。因此,在和谐的教育建设中,必须考虑价值理性的介入,必须考虑教育文化的渗透与发展,既要实现教育目标,更要追求在教育活动中实现公共教育利益。教育系统也是需要生态平衡的,中国传统的儒学最重视和谐。

构建和谐社会,教育的和谐是关键。在社会转型时期,教育不但要适应,更应该超越社会,力争在不断反思过程中寻求教育的本真,促进教育的发展。

二、创新教育体制,完善办学机制

改革开放以来,我国建立了具有中国特色的社会主义教育体制,对不同时期的社会主义建设发挥了巨大的推动作用,但是仍然存在诸多问题,如教育体制条块分割严重,重复建设问题严重;教育投资渠道单一,缺乏社会共同参与;教育布局的结构不合理;学校缺乏自主权,学校内部管理滞后等。这些问题的存在制约了教育功能的发挥,阻碍了社会健康快速的发展,因此,必须采取有效的范式,加强教育创新。

1.观念创新

要实现教育创新,首先要进行教育的观念创新。作为人类一种有目的、有计划的活动,教育必然是在一定历史时期、在特定的发展背景和条件下,由特定的思想观念指导进行的。从某种意义上来说,有什么样的教育观念,决定了什么样的教育活动。古今中外教育发展的特征、内容、方式的不同,最首要的原因是教育观念的不同。因此,教育观念创新是教育创新的前提。必须树立"教育是培养人才和增强民族创新能力的基础"的观念,树立教育服务于国家、社会、经济发展的观念。同时,还要树立创新人才观,这是社会发展的必然要求。培养创新型与全面发展的人才,必须着力于开发人的发展潜能、发展个性,活跃人的思想,通过确立人的全面发展的观点,提高人才的创造精神与实践能力,注重发展个体的个性,实现所有个体创造性能力的充分发挥。

2. 构建多元化办学新体制

这是促进教育发展的关键所在。要构建政府投入为主导、多渠道筹措经费、公办教育与民办教育共同发展的新体制,这也是解决教育经费投入问题的有效途径。即通过放宽政策,积极鼓励并支持多形式办学,实现办学主体多元化,引进竞争机制,广泛吸纳社会资金投入,拓宽筹资渠道,从而实现办学体制的突破,并优化教育资源的整合与优化配置。在这里,要规范社会力量办学。要鼓励民办学校的发展,首先需要取消对民办学校的歧视性政策。此外,要明确民办学校的招生及收费制度的规定,避免由于民办教育机构的营利性目的产生的对教育发展的损害,以及可能造成的新的资源浪费。适当采取民办学校的机制运作方式,节省开支,利用多渠道筹措社会资金,也可以有效地增强公办学校的办学活力。

3. 协调处理各种关系,构建终身教育体系

所谓的各种关系,包括政府与办学主体之间的关系,以及各种形式的教育,包括学校教育、社会教育与家庭教育之间的协调配合、相互促进。首先,应该进一步转变政府管理职能,改变长期以来相关管理部门管得过细、过具体、过宽的问题,扩大学习办学的自主权,进一步增强学校依法自主办学的能力。政府职能主要发挥在立法、规划等政策的制定与指导方面,从宏观管理的角度认真处理好政府与市场、学校之间的关系,实现三者之间关系的最佳结合;其次,要加强各级、各类教育之间的沟通与衔接,推动、实现学校教育与社会教育、家庭教育之间关系的有机配合,推动、实现普通教育、高等教育、职业教育、继续教育之间的沟通与衔接,吸纳更多的资源以服务社会的发展,整合、调动各种社会资源,开放公共资源,开放人力资源系统与教育体系,面向社会大众,创造更多的学习发展机会。在高等教育大众化的背景下,将正规教育与非正规教育、普通教育与成人教育教育、学历教育与非学历教育有机统一、协调起来,构建满足社会多样化需要、满足终身化学习需求的高等教育体制。

完善继续教育体系,对于广播电视教育、函授业余教育、自学考试教育等成人继续教育的手段与形式也要进一步规范管理,以求吸引更多的人参加学习,不断丰富专业知识,提升综合素养,这是构建以学习型社会为背景的终身教育的宏伟体系的必然选择。

三、树立品牌意识,打造品牌优势

品牌作为市场营销学中的一个重要概念,指称的是一种名称、术语、标记、

符号或图案,或是它们的相互组合,用以识别产品或服务,并使之与竞争对手的产品与服务相区别。品牌具有属性、利益、价值、文化、个性、消费者评价等方面的含义,它由品牌的价值观、文化导向、个性特征以及精神实质等构成品牌的深度内涵,由品牌表象与内涵有机结合构成品牌的特殊品格以及基于以消费者为中心而构建的消费者评价。品牌作为信誉、价值、文化的载体,广泛应用于社会的其他方面[①]。在社会转型的大背景下,各类型、各层次、各形式的学校都要具有品牌意识,立足于自身发展特色与优势,构建学校的品牌,从而更好地实现自身发展,并实现学校服务社会、满足社会需求的重要使命。要树立品牌意识,学校,尤其是高等院校,必须准确定位、寻找空位。

这里的定位是就学校教育的目的而言的,即培养人、发展人。从品牌的建设来看,一方面,必然要遵循教育发展的规律,利用学校所在的区域发展优势,实现对学校资源各要素的高效整合,实现社会所期望的育人目标。同时,通过对品牌资源的有效经营,实现资本增值,获得最大的经营性收益。最重要的是保证教育目标的实现,在实现消费者知识价值增值的同时完成学校的全方位资本的增值。只有精准的定位才能实现学校发展理念、文化价值观与社会声誉的表现,体现出学校的发展优势。要结合学校自身的鲜明特色加以提炼、总结,打造品牌。同时,寻找那些空缺定位,寻找那些尚未被占领的市场,集中资源,形成优势,或是与知名学校结成合作关系,借助名牌效应,短期、高效地进行品牌构建。

四、加速教育公平,促进教育均衡化发展

教育公平包括受教育机会的公平、教育过程的平等以及教育结果的公平。从概念来看,这就是一个浩大的工程,需要全民、全方位的努力去实现这一目标。

1. 借鉴国外先进经验

2010 年 7 月,在全国教育工作会议上胡锦涛提出,"促进教育公平,坚持教育的公益性和普惠性,把促进公平作为国家基本教育政策,保障公民依法享有受教育的权利,重点是促进义务教育均衡发展和扶持困难群众,着力促进公共教育资源配置公平,加快缩小城乡、区域教育发展的差距"。这就要求社会必须注重教育公平问题。各级政府应当大力推进教育公平发展,并逐步推进、扩展教育公平发展的范围。要真正实现教育公平发展,必须首先从政策实行上加以推进,并予以财政方面的保障。在此,可以借鉴发达国家的一些经验。如巴西将各

---

① 顾永安.创建品牌大学的理论依据、现实意义与路径选择[J].常熟理工学院学报(教育科学版),2007(6):42—45.

级政府对教育的投入比例列入宪法，"助学补助金计划"作为联邦项目，由教育部协调在全国范围内推广，到了 2006 年该项目覆盖了 1120 万家庭，使 80 万名儿童返回课堂，使得巴西儿童相对有了公平的受教育机会，推动了教育公平发展①。

2.加强政策倾斜的力度，均衡区域间差异

针对我国国情中由于东、西部区域经济发展的不均衡而造成的教育发展持续落后的现状，逐渐向中西部地区投入更多的人力、物力以及财政补贴。目前，我国已经开始这方面的尝试。如 2009 年的"特岗计划"，实施省份扩大到中部，县扩大到了扶贫工作重点县，并促进高校毕业生就业工作的部署，吸引高校毕业生到农村学校工作，解决师资结构问题，在一定程度上实现了教育公平问题。但是教育公平问题依然任重道远。

此外，城乡均衡发展是衡量教育发展合理化的一个重要指标。要实现城乡教育的均衡必须把农村、农村教育作为社会整体发展的一个组成部分，改变城乡二元分割的问题，采取各种措施真正实现教育资源的合理配置，包括整合社会资源和教育资源，扶持政策向农村倾斜，增加对农村教育的资金投入总量，为城乡教育的均衡发展奠定物质基础，切实改善农村的办学条件和师资水平，建立健全政府组织与非政府组织共同资助农村贫困人口子女接受教育的保障体系，从而真正实现教育公平的发展目标。

3.追求办学评价体系的公平性

追求评价体系的公平性也是推进教育公平的重要手段与内容之一，其不仅具有导向和规范作用，也体现着教育价值观。单纯以升学率、竞赛等方式对学校、学生进行评价，忽略了学生能否得到情感、态度、价值观、知识与技能等方面的培养，阻碍了教育公平的进程。要追求教育公平性，一方面，要坚持多元化的、有特色的评价方式，创新变革，积极探索办学体制、评价体制多元化，提倡特色教育，促进班级特色与学生特长的全面自由发展；另一方面，要以端正教育思想、规范办学行为、贯彻教育方针、执行新课程标准、提高教育质量作为评价内容，推进与实施素质教育。从全国范围来看，学校建设规划、校际对口支援、教师补充机制等方面，都在积极探索，但是要真正实现教育公平，是一个漫长的过程，需要有耐心地、踏实地走好每一步，逐步实现教育公平的梦想。

五、提升教师的专业素养

芬兰非常重视对学生的个性化辅导。为了满足教育教学的要求，他们设

---

① 梁珺超.社会转型背景下的教育公平发展[J].考试周刊,2011(16):203—204.

立了职责明确的教师团队,重视对教师质量的要求。如《教育人员资格学位修正案》规定,从 1999 年起,所有中小学教师必须具有硕士学位。2001 年启动"教师教育发展计划",投入 5000 万欧元扩大培养规模,提高教师的学位层次,并解决部分教师学历不达标的问题[①]。此外,芬兰还注重增加投入,以加强和完善教师在职培训社会服务支持系统。这些举措都促进了教师的教学水平。我们也可以不断学习借鉴,立足培养适合我国国情的、满足我国现状需求的教师队伍。

1. 提升教师对专业素养的认同

教师的自我认同和人格特质构成是教师工作与自我发展的重要方式,尤其是教师的专业认同中所包含的自我意向等与自我发展有密切关系。在社会转型过程中,如果教师长期面临着社会转型期所遭遇的传统与现实的冲突、时代挑战与自身素质的冲突,会对自身价值与成就产生动摇,而现实的对功利性目标的过分关注淡化了教师主体意义的存在,忽视教师个体实现自我发展的需要,这无疑对教师发展工作来说是无益的。在教育变革过程中首先要关注作为"人"的教师的主体需要,向教师提出切合实际的要求,同时,更要为教师个体的成长创造条件。在教育变革的背景下,一方面要保持相对的稳定性和对以往教育传统的继承,同时,尽量向教师提供清晰的专业发展目标以及达成此目标所需要采取的路径和手段,并与教师进行充分的协调与沟通,为教师参与变革创造条件,消除教师对专业前景的惶恐。

2. 培养创新思维能力

教师作为教育教学的主导者,在教育教学过程中发挥着重要作用。教师在教育教学过程中,首先自己要清楚,知识的获得并非唯一目的,知识的掌握只是人类获得生存发展的手段,在这个基础上,对人来说更为重要的是人类能力的增长、个性的自由发展、批判意识以及创造性思维水平的提高,唯有实现上述目标,才能实现教育领域的核心价值追求,使得教育真正成为以人为出发点与归宿的获得。其次,创新性思维与能力不可或缺。社会的转型发展,不仅要求教育的主体——学生要具有创新思维能力,对于担当着重要使命的教师来说,这种意识的养成更为重要。如果教师扮演遵循既定规则的技术人员的角色,用程序化的方式对学生进行加工与塑造,学生不可能会具有更多的创新性能力。因此,在具体教学过程中,应该大胆突破,不拘于固定模式,用发散性

---

① 梁珺超.社会转型背景下的教育公平发展[J].考试周刊,2011(16):203-204.

思维培养学生的能力,不断进行教育改革与教学创新。最后,还需要教师及时进行知识结构的更新与知识面的扩张;着重加强自身知识集成能力及学科间相关知识的迁移能力,一方面追求扎实的学科专业知识,同时具备广博而迁移性的文化基础知识及相关的教育教学等学科知识。

3. 专业素养的提升

教师的专业素养包括教育理念、健康的心理素质、优质的道德伦理情操以及行动研究能力。科学的、先进的教育理念是教师从业素质的基本要求,其引导着教师对教育过程进行正确处理与分析。缺乏这种素质,教师就会沦落为教书匠。此外,优质的职业道德和健康向上的心理素养的有效整合能够帮助教师成为一个具有人格魅力、感染力的个体,从而对学生的发展起到一个良好的示范与推动作用。具体表现为教师爱与教育爱,要求教师有稳定的情绪和健康的心理素质,具有起码的自信心,从而更为深远地影响学生的身心健康发展。自我反思能力主要是教师以自己的教学过程为思考对象,对自己的教学行为、教学结果进行审视与分析,从而更好地改进教学实践并使得教学实践更加合理,这种方式有利于帮助教师养成持续的自我发展能力,是教师职业专业化的重要保证。

六、正确处理信息技术带来的挑战

如何正确对待信息技术带来的教育变革?

1. 对教育的功能、地位有明确的认知

教育需要在一定的环境下发生,应对不同社会的不同发展目标以及在此基础上形成的对教育不同的期望,并根据社会政治、经济、文化的发展现状和趋势做出及时调解。信息技术迅猛发展对社会的渗透不断冲击教育的诸多领域,如果教育不及时做出调整,寻求变革与创新,就会阻碍社会发展。所以,首先要以开放的心态接受这种变革,并不断学习、应用新技术。同时,考虑信息技术是否能够解决几个问题,或是教育信息化应该达成的几个目标:一是能否促进教育质量全面提升。这里指的信息时代人才需求的教育质量,不仅是指要掌握专业知识,更要求具有信息处理能力、合作能力与学习能力等综合能力,还包括解决问题与批评思维能力、能否通过网络合作进行信息的获取与分析的能力、灵活有效的书面与口头表达能力。二是是否能使所有人都有条件接受更好的教育而不受地域限制,这是要实现教育公平要解决的重要问题之一。随着我国教育信息化进程的推进,从 2000 年开始,教育部开始实施中小

学"校校通"工程,这为优质教师和优质资源的共享准备了条件,在某种程度上促进了城乡师资与信息资源的一体化均衡发展。2003 年《国务院关于进一步加强农村教育工作的决定》,力图利用现代通信手段和技术向西部教育欠发达地区和广大农村传送教育资源,提供教育教学方面的支持。此后,农村信息化基础设施建设取得了显著进展,使 1 亿多农村中小学生受益[①]。当然众多农村教师也从中得到了更多的信息与教育资源,从而更好地提升自身的业务素质,提高教育教学质量。这种政策的扶持是否能够真正全面实现教育资源的均衡化与公平性,恐怕还需假以时日。三是能否使得所有人不受时空限制学习知识。由于主客观的原因,有相当比例的毕业生不能及时接受高等教育,也有一部分受过高等教育的人因个人需要须提升学历或职业技能,这就是使得继续教育的市场非常广阔。现代远程教育需要也能够利用信息手段来缓解学习因工学矛盾以及空间距离所产生的一系列问题,向学员提供更加灵活的新型学习方式,从而更好地满足学员相应的学习需求。

2.运用智慧教育来引导信息化教育变革

信息时代的学校教育目标,不仅要求学生掌握核心的课程内容,还要掌握生活与职业技能、创新技能、信息技术素养,这就需要我们运用一种更先进的教育理念来与更新的教育技术相匹配,即智慧教育。这种智慧教育是指通过构建智慧学习环境,运用智慧教学方法,从而促进学习者开展智慧学习,培养智慧型人才[②]。这主要是针对目前全球范围内人才能力结构无法满足市场对人才需求的问题提出的。智慧教育,要求践行智慧人才观,培养全方位发展的人才,即理论能力与实践能力均衡发展、品德端正、具有良好的创新意识与批判能力的高端人才。要达到这些目标,教育必须着手加强几方面的改进。包括构建以适当的信息技术、资源、工具等为支撑的学习环境,整合相应的创新技术载体,帮助学习者在开展恰当的学习任务和活动过程中进行正确决策;同时,构建多个层次、多个类型的学习模式,通过班级活动的差异化教学并结合在线个别化辅导,施行因材施教,通过微信等现代化的网络交流方式建立群联系,开展互动生成性学习,从而最终实现知识资源的交流与共享,促进集体智慧的发展。通过实践智慧化的学习过程,开展课堂内创新应用实践与课堂外非正式学习,最终结合总结性评价与形成性评价,有所侧重地实现智慧型的学习评价。

---

① 黄荣怀.教育信息化助力当前教育变革:机遇与挑战[J].中国教育,2011(1):36—40.
② 祝智庭.教育变革中的技术力量[J].中国电化教育,2014(1):1—9.

第三章　普通本科院校成人教育转型发展

　　普通本科院校成人教育是指普通高等学校中的本科院校在中等教育基础上，以多种途径和方式对成人实施的一种有目的、有计划、有组织的专门教育活动。普通本科院校成人教育在我国高等教育体系中肩负着推进高等教育大众化和打造人力资源强国的重要使命，是培养经济社会发展所需要的各类应用型人才的主力军。普通本科院校成人教育是伴随着普通本科院校的产生、发展而兴起的，也会随着院校自身发展所面临的机遇和困难而出现危机与挑战。同时，因为它是普通本科院校各类教育活动中与社会变迁关系最直接的一种教育，它对市场需求的反应也最为敏感，故它更要求随着社会蜕变而转型。因此，对我国普通本科院校的成人教育进行现状研究，反思它存在的困难和问题，探讨其转型的路径和机制，在经济体制转轨、社会结构转型、发展模式转换的当下，显得尤其重要，这必将有助于我们正确把握办学方向、提高办学质量和办学效益，从而推动成人教育的改革和发展。

第一节　普通本科院校成人教育概述

一、国内外学者对"成人教育"概念的解读

　　要理解普通本科院校成人教育的内涵，首先必须弄清楚"成人教育"的基本含义。虽然，我国作为文明古国，成人教育历史悠久，但是，"成人教育"一词对我国读者来说却是个地地道道的舶来词，这就得追溯现代意义上的成人教育的源起。

　　1. 国际社会对"成人教育"的定义

　　现代意义上的成人教育是产业革命的产物，它滥觞于最早发生工业革命的英国，澎湃于被第一次工业革命浪潮波及的欧美。人们普遍认为，成立于

1798 年的诺丁汉成人学校掀开了现代成人教育的先河。由于现代成人教育实践渐次出现在英美等国,因此"成人教育"一词也首先在该区域内流行。但由于社会经济、政治、文化背景不同,不同国家和地区赋予它的内涵和语汇界说也多种多样。尽管后来召开了一次次国际成人教育会议,众多国家大学纷纷开设成人教育学专业课程,但专家和学者们至今还没有炮制出一个能涵盖各类成人教育活动的成人教育定义。国内外学界至今对此类教育活动的称谓仍五花八门,如民众教育、工农教育、职工教育、社会教育、回归教育、继续教育、非正规教育等,对其的定义和内涵理解更是见仁见智。在此,不妨择取几个目前国际社会惯用的、较具权威性和共识性的"成人教育"定义,以供读者理解把握。

1972 年,联合国教科文组织国际教育发展委员会的报告书——《学会生存——教育世界的今天和明天》认为:"成人教育可能有许多定义。对于今天世界上许许多多成人来说,成人教育可代替他们失去的基础教育,对于那些只受过很不完全的教育的人们来说,成人教育是补充初等教育和职业教育,对于那些需要应付环境新要求的人们来说,成人教育是延长他们现有的教育,对于那些已受到高级训练的人们来说,成人教育就给他们提供进一步的教育。成人教育也是发展每一个人的个性的手段。上述这些方面,有的在这个国家比较重要,有的在另一个国家比较重要,但他们都是有效的。成人教育再不能限于初级阶段了,也不能只限于对少数人的文化教育了。"①

1976 年 11 月,在肯尼亚内罗毕召开的联合国教科文组织大会第 19 次会议上通过的《成人教育条例》对成人教育做出了这样的定义:"'成人教育'这一术语是指系统教育的全部过程。无论成人教育的内容、水平、方法是否正规,无论成人教育是否延长或代替了正规学校教育和学徒制,只要是那些人们普遍认为是成年的人们通过学习提高了他们的能力,丰富了知识,改善了技术状况,取得了就业或者改行从事新职业的资格,使自己在态度、举止两个方面得到充分的发展,并在社会、经济和文化方面取得均衡的、独立的教育就是成人教育。"②

联合国教科文组织 1997 年 3 月推出的《国际教育标准分类》中对成人教育概念所做的定义是:"为不在正规学校和大学系统学习、通常年龄在 15 岁或

---

① 联合国教科文组织国际教育发展委员会.学会生存——教育世界的今天和明天[M].华东师范大学比较教育研究所译.上海:上海译文出版社,1982:269.

② 贺向东等.中国成人教育管理运作全书[M].北京:中国物资出版社,1998:3.

15 岁以上人们的需要和利益而设计的有组织的教育计划。"①

　　2.中国学者对"成人教育"的解读

　　以上择取的是几条颇具号召力的国际组织或较具权威性的工具书对成人教育所做的解释。"成人教育"传入中国以后,我国学者对其也作了种种探讨,并进行了本土化的定义。因此,无论在官方的文件中,还是在学者的论著里,我们都能看到从不同角度对成人教育做出的阐释。较有代表性的有:

　　1987 年颁发的《国家教育委员会关于改革和发展成人教育的决定》中从教育对象和功能角度提出:"成人教育主要是对已经走上各种生产或工作岗位的从业人员进行的教育,能够直接有效地提高劳动者和工作人员的素质,从而可以直接提高经济效益和工作效率。"

　　1993 年颁布的《中国教育改革和发展纲要》从教育制度上提出:"成人教育是传统学校教育向终生教育发展的一种新型教育。"

　　1988 年,我国资深成人教育家王茂荣著作的《成人教育学基础》一书,从教育对象和行为的角度把成人教育定义为"专门为被所属社会承认是成人的人们提供的有目的、有组织、有系统的教育活动。"齐高岱、赵世平编著的《成人教育大辞典》则从教育对象和目的视角进行了阐释:"成人教育是为社会成年劳动者设立的教育事业。它是在普通教育的基础上,根据社会发展、经济建设和科技进步的要求,通过各种方式对成年劳动者进行有目的、有计划的再教育活动,不断提高其思想科学文化素质、认识能力和劳动能力,成为体力劳动和脑力劳动相结合的全面发展的社会劳动者。"②

　　从上述国内外有关成人教育定义的表述可以看出,人们对其的理解是多元又侧重的:有的注重成人教育的目的或功能,有的关注它的形式和过程,有的强调其对象和内容,可谓是同中有异。当然,差异性的界说不等于其中没有同一性的特质,即所谓的异中有同。我们不难发现几乎所有的定义中,都无一例外地认为成人教育是一种对特定对象的教育活动,这一特定对象就是"被所属社会称之为'成人的人'"。因此,我们可以从"异中求同"入手,以"对象共识"为基础,把成人教育定义为一种有目的、有计划、有组织的对一定社会所承认的成人们所实施的各类教育活动的总和,是终身教育体系中除未成年人(婴幼儿、青少年)教育之外一切教育的总称。

---

　　①　高志敏."成人教育"概念辨析[J].陕西师范大学继续教育学报,2000(3):5－10.
　　②　齐高岱、赵世平.成人教育大辞典[M].东营:石油大学出版社,2000:2.

二、"普通本科院校"的历史回溯及内涵界定

要充分理解普通本科院校成人教育的内涵,还须给"普通本科院校"进行界定。这就得回溯一下我国高等学校产生与演进的历史。

1.中国古代大学教育的演进

我国"大学"的历史可追溯到4000年前的夏朝。《古今图书集成·学校部》就指出:"夏后氏设东序为大学,西序为小学。"可我国古代大学的成型应在距今约3000年的西周时期。那时的大学主要有周天子设立的"辟雍"和各诸侯设置的"泮宫"等。《礼记·王制》曰:"大学在郊,天子曰辟雍,诸侯曰泮宫。"进入春秋战国时代,学派林立,百家争鸣,各学派代表人物纷纷创立了各家的"私学"。如公元前370—360年齐桓公创立的"稷下学宫",是当时著名的高等学府。私学使教育走出了政府垄断,扩大了教育对象,从而形成了"官学"与"私学"并举的格局,并一直延续到明清,极大地促进了我国古代大学教育的发展。自汉代至隋唐,是我国古代大学教育的基本定型期。那时已把大学分为中央官学、中央专科学校、私学和书院四种类型。各朝中央设立国子监,统管下设的国子学、太学等中央官学,是最高的古代大学;中央各主管部门设立专门学校,如律学、书学、画学、算学、武学等大学属中央专科学校;另外,除私学外,各地还设有集藏印书籍、学术研究、教授子弟于一体的书院。这种办学格局一直绵延至清末。

虽然,我国的大学教育历史悠久。但是,"中国古代没有近代意义上的高等教育"。[1] 严格意义上的中国高等教育产生于第二次鸦片战争以后。所谓严格意义上的高等教育是指建立在初等和中等教育基础上的专门教育。[2]

2.中国近代高等学校的产生

中国近代高等教育体系不是古代大学教育自身演进的逻辑结果,近代高等学校的产生,也不是古代高等学府的自然延伸,而是"师夷之长技以制夷"的教育改革思想与西学东渐的社会背景相互影响的产物。其产生过程先后经历了洋务运动和维新运动两个重要时期。

(1)中国近代高等专科学校的雏形

第二次鸦片战争失败后,一些有识志士组成的洋务派从鸦片战争中认识到中国传统教育培养出来的人才缺乏科学技术知识和技能,由此导致他们内

① 郑登云.中国高等教育史(上册)[M].上海:华东师范大学出版社,1994:1.
② 蔡克勇.高等教育简史[M].武汉:华中工学院出版社,1982:1.

无以自强、外不能御侮。因此,他们把教育改革看作当务之急和自强之本,力图通过兴"西学"、办"洋务"振兴中国。于是,在他们的积极努力下,19世纪60年代开始,一大批以"中学为体、西学为用"为指导思想的、具有近代高等教育性质的新式学堂——洋务学堂产生了。洋务运动的兴起不仅开启了我国现代化运动之门,伴随着洋务运动兴办的洋务学堂也为我国近代高等教育的发展奠定了基础。

学术界普遍认同1862年建立的京师同文馆是中国近代高等学校的起源。到1898年,这样的学堂增加到31所。根据培养目标和教学内容,这些学堂大致可以分为三类:外语学堂,如京师同文馆等7所;军事学堂,如福建船政学堂等14所;科技学堂,如上海电报学堂等10所。这些学堂均开设了外国语、自然科学和实用技能等"西学"课程。虽然,它们所实施的不是中等教育基础上的教育,但从八年的学制和课程设置内容来看,前五年的课程相当于中学程度,后三年的课程相当于大专程度。因此,它们虽然还不属于严格意义上的高等本科学校,但也可视为中国近代高等专科学校的雏形。

(2)中国近代普通本科大学的产生

由于洋务学堂的西学程度总体不高,教育质量也不尽如人意,没能实现教育救国的目的,因此,甲午战争失败后,在维新派的推动下,仿照西方学制的中国近代大学产生了,著名的有:1895年创办的天津北洋西学学堂(头等学堂)、1896年创建的上海南洋公学(上院)和1898年成立的京师大学堂。作为天津大学前身的天津北洋西学学堂分设头等学堂(大学本科)和二等学堂(大学预科)二级。"惟二等学堂功课,必须四年,方能升入头等学堂。头等学堂功课,必须四年,方能选入专门之学。"[①]头等学堂设专门之学(即科系)四门:工程学、矿务学、机器学、律例学,均采用西制教育。1896年,北洋西学学堂正式更名为北洋大学堂,是中国第一所命名为"大学堂"的高等学校。作为上海交通大学的前身,上海南洋公学设立了师范院(新型师范学校)、外院(附属师范院的小学)、中院(中学)和上院四院(大学),上院的学制和课程完全仿照了美国大学的学制和课程,是一所在当时世界上享有极高知名度的大学。京师大学堂是北京大学的前身,它在创建之初便是一所设有道学、政学、农学、工学、商学等10个科系的综合性国立大学。上述三所学堂的创立,开启了我国普通大学本科教育的历史。

---

① 盛宣怀拟设天津中西学堂禀(附章程、功课)[A].中国教育大系·历代教育制度考(下)[C].武汉:湖北教育出版社,1994:1818.

3.中国近代高等学校的发展

相关统计显示,至清末共有官办高等学校(本科)3所(京师大学堂、山西大学堂和北洋大学堂)、私立2所(中国公学和复旦公学)、高等学堂27所、专门学堂127所。① 中华民国成立后,南京政府在废除清末教育制度的同时,先后颁发了《大学令》(1912年)、《大学规程》(1913年)、《专门学校令》(1912年)、《专门学校规程》(1912年)、《壬子癸丑学制》(1913年)等法规,开始了高等教育的资产阶级性质的改革和规范化发展的轨道,高等学校的数量也随之下降。1912年全国仅有1所本科大学、10所预科学校、94所专门学校、12所高等师范学校。② 按1917年颁布的《修正大学令》"设两科以上者可称大学,设一科者可称某科大学"之规定,大大放宽了对大学设置的限制,促使大学数量迅速增加,至1922年,有本科35所、专门68所、高等师范8所、其他14所。③

1922年,民国政府颁布了高度参照美国教育制度的《壬戌学制》并一直沿用到1949年,极大地促进了我国近代高等教育的发展,普通本科院校的数量也不断增加。这可以从1947年出版的民国《第二次中国教育年鉴》统计资料中窥见一斑(见表3-1)。

表 3-1 1928—1945 年中国高等教育概况统计表④

学年度	学校数(所)			学生数(人)	
	小计	本科院校	专科学校	在校生	毕业生
1928	74	49	25	25198	3253
1929	76	50	26	29123	4164
1930	85	58	27	37566	4583
1931	103	73	30	44167	7034
1932	103	76	27	42710	7311
1933	108	79	29	42936	8665
1934	110	79	31	41768	9622
1935	108	80	28	41128	8673

---

① 郑登云.中国高等教育史(上册)[M].上海:华东师范大学出版社,1994:87.
② 中华民国第五次教育统计图表[A].潘懋元,刘海峰.中国近代教育史资料汇编·高等教育[C].上海:上海教育出版社,1993:803.
③ 潘懋元.中国高等教育百年[M].广州:广东高等教育出版社,2003:116.
④ 根据商务印书馆1948出版的《第二次中国教育年鉴》第1400页所载《历年度全国专科以上学校概况》统计表制成。

续表

学年度	学校数（所）			学生数（人）	
	小计	本科院校	专科学校	在校生	毕业生
1936	108	78	30	41922	9154
1937	91	67	24	31188	5137
1938	97	70	27	36180	5085
1939	101	73	28	44422	5622
1940	113	80	33	52376	7710
1941	129	83	46	59457	8035
1942	132	85	47	64097	9056
1943	133	89	44	73669	10514
1944	145	90	55	78909	12078
1945	141	89	52	83498	14463

4.新中国成立后普通高等学校发展状况扫掠

1949年新中国建立时,有高等院校205所,在校生116504人。为建设新中国需要,国家开始着手新一轮的全日制普通高校建设。一方面创建新校,如1950年,中国人民大学、东北师范大学等相继成立;另一方面对旧校进行院系调整,致使高校数量变动,但仍逐年增长。到1957年,高等学校已达229所,在校学生441181名。此后3年,高等学校发展进入了"大跃进"时代,到1960年猛增到1289所,在校生达961623名。1961年以后开始调整压缩,至1965年高校数为434所,学生674436名。

1966年"文化大革命"爆发,高等学校停止招生,即使1970年开始招收工农兵大学生,数量也很少。1977年恢复高考之后,经过30多年的改革开放,中国高等教育实现了跨越式的发展,普通高等学校数量大幅度增加。截至2012年年底,全国共有普通高等学校2442所(含独立学院303所),其中普通本科院校1145所,高职(专科)院校1297所。[①]

从我国近代高等学校产生、发展的历史考察中我们足以看出,我国高等教育的大学生教育阶段向来分为两种形式:大学本科(简称本科、大学)和大学专科(简称大专、专科)。两者的区别主要有两点:一是学制,本科4～5年,专科

---

① 中国教育和科研计算机网.2012年全国教育事业发展统计公报[EB/OL]. http://www.edu. cn/xin_wen_dong_tai_890/20130819/t20130819_1002653_1.shtml.

2～3年;二是学位,本科可申请学士学位,专科没有学位。本科高校之间只有一个层次和等级,就是本科教育层次。目前在高考招生中所谓的一本、二本、三本高校,或者"重点本科院校"与"普通本科院校"之间,其实都是同一个层次和等级的"本科高校",只是前者注重理论研究后者注重实践应用,没有本质差别。因此,本书所言的"普通本科院校"泛指普通高校中的本科学校,"普通"一词并非与"重点"相对,仅是为了与其他非普通高校如独立设置的成人高校、干部学院等做出区分,而"本科"则与"专科"对应。

三、普通本科院校成人教育的含义和范畴

1.普通本科院校成人教育的含义

既然成人教育作为一种有目的、有计划、有组织的对一定社会所承认的成人们所实施的各类教育活动的总和,那么,它都应包括哪些教育活动呢? 成人教育按层次可分为成人扫盲教育、成人初等教育、成人中等教育、成人高等教育。成人高等教育是各类成人教育活动的重要组成部分之一,是成人教育中最高层次的教育,"是在中等教育基础上对成人实施的一种专门教育",[1]它包括成人高等学历教育和非学历教育。在许多国家,成人本科教育和研究生教育都是由大学的成人教育部门(校外学习部、夜校、函授部、成人教育学院等)承担的。[2] 在我国,实施成人高等教育的学校主要有两大类:第一大类是指独立设置的成人高校,包括广播电视大学、教育学院、职工大学、职工业余大学、农民高等学校、管理干部学院、独立函授学院、国家开放大学、中共中央党校和各省、自治区、直辖市级党校等;第二大类是指普通高等学校设立的成人教育学院、网络教育学院或继续教育学院等。据此,可将普通本科院校成人教育界定为:是普通高校中本科院校的成人教育学院、网络教育学院或继续教育学院代表学校,根据社会发展和科技进步的要求,在中等教育的基础上,以成人为教育对象,以职业导向为主要价值取向所举办的一种有目的、有计划、有组织的高等教育活动。

2.普通本科院校成人教育的范畴

为了更深入地理解普通本科院校成人教育的含义,我们可以进一步从不同维度对普通本科院校的成人教育进行考察。

① 林崇德.中国成人教育百科全书(心理·教育)[M].海口:南海出版社,1994:292.
② 张维.世界成人教育概论[M].北京:北京出版社,1990:261.

(1)从教育的目标看

从教育的目标看,普通本科院校的成人教育可划分为学历教育和非学历教育。

学历教育是经教育部审定核准举办成人高等学历教育的普通本科院校所属的成人教育学院(继续教育学院、网络教育学院),根据教育部下达的招生计划录取的学生,按教育主管部门认可的教学计划实施教学,学生学完规定课程,考核合格,由学校颁发经教育部统一电子注册、国家承认的学历证书和学位证书。目前,要求参加学历教育的学生仍须通过全国统一的招生考试或合格考试。

与之相对的"非学历教育"是指相关学校举办的各种培训、进修,完成学业后,由培训学校颁发相应的结业证书。

(2)从教育的层次看

从教育层次看,普通本科院校的成人教育涵盖高中起点专科、高中起点本科、专科起点本科、在职研究生及高层次岗位培训和大学后继续教育。

高起专、高起本、专升本及在职研究生教育属成人高等学历教育,它与普通高等教育组成了我国高等教育的"两条腿",是实现我国高等教育大众化的重要途径,就目前情况来看,它仍是普通本科院校成人教育的主体。原则上,成人高等学历教育应与普通高等教育实行"同规格、同层次、同质量"的办学要求。学习时间一般2～8年不等。

在职研究生是在国家计划内,为在职人员提供的一种研究生层次的教育,经报名、考试、录取和完成学业后,可获得与脱产生相同的硕士学位。截至2012年年底,在职人员攻读硕士专业学位,已开设学位有法律硕士(JM)、教育硕士(EdM)、工程硕士、农业推广硕士、兽医硕士、公共卫生硕士(MPH)、军事硕士、工商管理硕士(MBA)、会计硕士(MPACC)、公共管理硕士(MPA)、艺术硕士、体育硕士、风景园林硕士等。在职研究生教育不是学历教育,学生获得学位后,只表明其在学术上已达到硕士学位的学术水平,具有硕士学位毕业研究生的同等学力,不涉及学历,其学历并没有改变,也不能获得硕士研究生毕业证书。

高层次岗位培训和大学后继续教育是普通本科院校成人教育的重要组成部分,也是最高层次的成人教育。据联合国教科文组织关于教育分级的有关规定,可以将高等教育分为一、二、三级等三个层次,大体分别对应于我国的专科、本科、研究生教育,而大学后继续教育则可视为高等教育的"第四级教育",它是高等教育的自然延伸和发展。根据原国家教委等六部委于1987年12月联合颁发的《关于开展大学后继续教育的暂行规定》第二、三条规定,"大学后继续教育的对象是在大学专科以上学历或中级以上技术职务的在职专业技术人员和管理人员,重点是中青年骨干,任务是使受教育者的知识和能力得到扩展和提高,使其结构合理,水平保持先进,以更好地满足岗位、职务的需要。"

(3)从学习的形式看

从学习形式看,普通本科院校的成人教育可分为脱产、业余(包括半脱产、夜大学)、函授、网络教育和高等教育自学考试。

脱产、业余和函授教育是成人高等教育的三大传统教育形式。脱产学生通过成人高等教育招生全国统一考试、录取后,进入志愿高校全日制学习,其教学计划、课程安排、管理方式与普通高等教育基本一样,有相对固定的授课教室,有稳定的寒暑假期安排。鉴于普通高等教育的扩招等因素,2007年,教育部宣布取消了普通本科院校的脱产成人高等教育。业余教育就是高校根据教学计划利用业余时间(晚上或双休日)对学生进行面授的一种教育形式,主要方式有工读交替制学习、各种夜校、短期训练班、暑期学习班等。函授教育是运用通讯方式进行的教育,最初主要以函件寄送为主,演变到后来主要以设立函授站面授为主。函授学员利用业余时间,在有计划、有指导的自学函授教材的基础上,由函授学校给予一定时间的短期集中面授和就地委托辅导。函授教学的主要环节包括自学、面授、作业、答疑辅导、实验、实习、考核、毕业设计及答辩等。

远程网络教育是一种新兴的教育模式,自1999年以来,教育部批准清华大学等67所普通本科学校开展现代远程教育试点工作,允许上述试点高校在校内开展网络教学工作的基础上,通过现代通信网络,开展学历教育和非学历教育。对达到本、专科毕业要求的学生,颁发高等教育学历证书,学历证书电子注册后,国家予以承认。

高等教育自学考试是对自学者进行以学历为主、职业资格证书为补充的高等教育国家考试,是个人自学、高校助学和国家考试相结合的高等教育形式。自考制度自1981年创立以来,自学考试已遍及全国31个省、自治区、直辖市及军队系统和港、澳、台地区,是我国规模最大的开放式成人高等教育形式。它不受性别、年龄、民族、种族和已受教育程度的限制,只要是中华人民共和国公民,均可依照国务院《高等教育自学考试暂行条例》的规定参加自学考试。考试采用学分累积制,不需经过入学考试,没有招生规模和学制的限制,考试合格一门即可获得该门课程的学分,不合格可以重考,重考次数不限,积满学分即可发给相应的学历证书或者其他学业证书。其学业水平达到国家规定的学位标准,可以向学位授予单位申请授予相应的学位。

四、普通本科院校成人教育的职能和特点

1.普通本科院校成人教育的职能

同普通高等教育一样,成人教育同样承载着培养人才、发展知识和社会服务三大职能,并随着终身教育体系的构建,其在社会、政治、经济、文化建设等方面发挥着越来越大的作用。

(1)普通本科院校成人教育的政治职能

党的十八大提出了以"富强、民主、文明、和谐,自由、平等、公正、法治,爱国、敬业、诚信、友善"为基本内容的社会主义核心价值观。其中,富强、民主、文明、和谐是国家层面的价值目标,自由、平等、公正、法治是社会层面的价值取向,爱国、敬业、诚信、友善是公民个人层面的价值准则。积极培育和践行社会主义核心价值观,是成人高等教育不可忽视的政治职能。这是因为,成人既是社会主义核心价值观的践行者,又是民主政治建设的主体。一个国家的民主、法制与文明的发展、完善程度受该国全体国民的受教育程度特别是成人的受教育程度所制约。而成人教育是直接面向成人,并且又与社会生产、生活相对接的教育。因此,成人教育可以通过提升成人的民主素质来推进社会民主政治的建设。

成人教育的政治职能可从两个层面得以发挥:

一是从政府层面看,能够提高政府的执政能力。通过对广大公务员进行继续教育,提升他们的民主政治素养,从而提高政府的民主执政能力。执政能力不是与生俱来的,而是必须通过教育累积和实践熏陶才能渐渐养成的。尤其是职业性的从政本质是要做有思想、有信仰、有追求的政治家而不是政客。政客需要的是权术,追求的是个人利益或集团利益,"功利"原则是他们的行为准则;而政治家追求的是治术,满足最大多数人的利益是他们的理想,在任何境况下都应以"正义"为行为原则。权术可以凭借个人"小聪明"寻找支点,而治理国家却是一项极为复杂的工作,专业政治家必须了解各个群体的利益所在,并且能在各种群体之间的利益冲突中找到平衡,从而达到社会正义。而这样的政治家必然是教育的产物。

二是从公民层面看,能够培养国民民主意识。公民的现代国民意识与科技、文化素养的养成一样,需要通过长期的教育。正如范德比尔特大学小切斯特·芬恩教授在尼加拉瓜向教育家演说时说的:"人民可能生来就有追求个人自由的欲望,但是,他们不是生来就知晓那种能使他们及其子女获得自由的社

会及政治制度的,他们必须掌握和学习这些知识。"①在威权社会里,教育灌输给人民的是屈从意识,民主社会的教育则相反,它要培养的是有独立思考和理性判断能力,并且深入了解民主规律和国际惯例的国民。而现代成人教育不仅能够对广大负有社会责任的成人进行民主意识的渗透,还可积极引导他们参与到民主社会的建设中来。通过经常性的再教育,使他们对现代民主制度从陌生到了解,由了解到接受,并最终内化为民主的习惯。

(2)普通本科院校成人教育的经济职能

成人教育的经济职能主要是通过培养大批高素质的劳动者,提高他们的职业能力来实现的。具体表现为:

第一,能够直接提高当代社会的生产力。由于科技知识在社会生产中的运用越来越广泛,劳动者所掌握的知识和技能就愈加成为制约经济发展的关键。这种由教育所赋予的、体现在受教育者人体内的对经济发展起重要促进作用的知识和技能,已同其他生产要素一样,成为现代经济发展的动力源,是构成社会生产力的重要因素之一。而普通本科院校举办的成人教育是最高层次的成人教育,是面向广大在职员工和生产骨干的知识更新和拓展的教育,它对现实社会生产力的提高作用更加直接、有效。如果说基础教育是为社会经济建设培养预备的劳动者,是为明天的经济发展培养"接班人",那么,成人教育是对在职劳动者,即"当班人"的再教育,是"学需契合、产教对接"的教育。成人教育通过把科技知识和职业技能直接有效地引入到现实经济发展之中,从而缩小乃至消除了大学教育与社会需求之间的差距,因此,成人教育的经济价值比基础教育更具直接性和即时性。正如梅里安所说的:"成人教育具有省时间、成本低、流通快的特点,人们不需要等长大后才使用所学的东西,所学到的技术立刻就可以使用。"②

第二,能够有效促进社会成员的向上流动。由于社会成员在社会经济生活中获取社会资源的机会和能力不同,他们在社会地位上呈现出了高低不同的社会阶层。然而,社会阶层不是固化不变的,社会成员可以通过后致性社会流动机制实现由较低社会地位流动到较高社会地位的向上流动。影响社会地位流动的因素固然有多方面,但教育无疑是一股突破制约社会流动的先赋性机制的顽强力量,所谓"知识改变命运","学而优则仕"、"学而优则商"、"学而优则进",说明教育是底层社会的人们进入上层社会为数不多的途径之一,而且是

① 美国驻华大使馆. 什么是民主[EB/OL]. http://www. usembassy-china. org. cn/infousa.
② [美]达肯沃尔德·梅里安著,刘宪之等译. 成人教育——实践的基础[M]. 北京:教育科学出版社,1986:270.

最为有效的途径。这是因为,在知识经济条件下,劳动者的工资差异主要是由劳动者个人的生产效率的不同造成的,而成人教育是提高劳动者个人生产效率的有效途径。美国著名经济学家舒尔茨早在20世纪60年代就提出了劳动者个人受教育的年限与工资水平的正相关关系。他认为:"人力资本有助于提高劳动生产率,也有助于提高企业家式的才能,这种才能在农业和非农业中,在家庭生产中以及在向较好的职业机遇和生活地点迁移中,都很有价值。""受过教育的劳动力比没有受过教育的劳动力更容易获得恰当的经济信息,由这种优势所造成的收益可能就会属于受过教育的人。"[①]随着高等教育的大众化,普通本科院校的成人教育将更加关注社会较低阶层的受教育权,将越来越多地直接面向农业劳动者和工人阶层,以增加他们的个体生存资本,改善民生,促使这一阶层中有越来越多的人能够向比其地位更高的阶层流动,从而不断壮大中间阶层,推进中国社会阶层结构由目前的"纺锤形"向理想的"橄榄形"的转变。

第三,能够有效调整和造就一支结构合理的人才队伍,减少结构性失业。长期以来,我国的普通高等教育由于采取的是一种封闭办学的模式,其专业设置和人才培养更多的是依据高校自身学科优势的逻辑基础,而不是根据社会需求进行决策,导致其教育结构与产业结构不能成功耦合,教育发展与经济增长缺乏良性互动,人才培养规格与社会需求的背离形成了就业与招聘的"两难悖反":一方面,大学毕(结)业生就业难;另一方面,适应社会需要的人才招聘难,从而造成了大量人才的结构性失业。与普通高等教育相比,成人教育属于"再教育",它具有对"初始高等教育"专业设置和人才培养的不合理情况进行"修正"的功能。它根据社会经济发展对人才的需求,及时调整专业设置和教学计划,培养社会急需的人才。同时,结合劳动者工作岗位和职务的需要,通过岗位培训和各类继续教育,对"富余人才"进行再造,及时补充和拓展岗位必需的高新技术知识,进一步完善社会人才结构,减少结构性失业,避免人才浪费。这样既提高了劳动率,从而创造巨大的经济效益,又能促进劳动者充分就业,改善民生。

(3)普通本科院校成人教育的文化职能

从普通本科院校成人教育目标的多元性可以知道,它不仅仅是一种帮助人们谋生的教育,也是一种传承优秀文化、摆脱不良习俗、培养健全人格的教育,是"成人"的教育。

---

① [美]舒尔茨著,蒋斌,张蘅译.人力资本投资:教育和研究的作用[M].转引自罗淳.舒尔茨的人力资本理论及其启示[J].南方人口,1999(4):44—48.

成人教育通过传播文化、创造文化、融合文化发挥其文化职能。文化是人类创造的社会性信息,独立于人体之外,不能通过生物遗传方式赋予人,只能依赖"社会遗传"被人占有。成人教育将社会积累起来的文化,经过选择与加工,在教育活动中传递给学生,帮助他们实现从"自然人"到"文化人"的蜕变,从而也实现了成人教育的文化传承功能。

成人教育不仅仅传递固有的文化,而且随着时代的发展和社会的变迁,在人类已有的旧文化中力求更新与创新,使之与新的社会环境相融合,能够在"文化移植"中实现"文化繁殖"。这是因为:第一,成人具备了反思传统文化的社会经验,他们能够比青少年更加全面、有效地理解和反思文化;第二,承担一定社会责任的成人是社会建设的直接承担者,他们通过教育而产生的精神变化可以直接在社会实践中反映出来。所以,著名成人教育家雷顿说:"我致力于成人教育是因为我听腻了每代人都说他们唯一的希望寄托在孩子们身上——下一代人会消除我们的混乱状况,使我们的社会变得更好!依我看来,只有现在还在管事的那些人,那些已经成年的人自己改变了,世界才会改变,因此我认为假如我向往一个更美好的社会,我们将不得不和今天的成人一起工作来解决今天的难题。"[①]可见,成人教育通过培养成人个体对传统文化的反思能力实现文化再造的,进而促进社会的进步。

2.普通本科院校成人教育的特点

与普通高等教育相比,普通本科院校举办的成人教育具有教育机会的开放性、培养规格的多样性、教学形式的灵活性、教育内容的职业性、教育过程的终身性等特点。

(1)教育机会的开放性

成人高等教育打破了传统教育的封闭模式,它以开放的方式向所有有能力接受高等教育的成人提供平等的受教育机会,不管其"民族、种族、家庭出身、性别、年龄、职业、学派、宗教信仰、财产状况、居住条件、身体情况等,[②]只要他(她)愿意,都可以成为各种类型、各种层次的教育对象。只要其能学完规定课程并考核合格,都能获得相应的毕业或结业证书。

(2)培养规格的多样性

开放性必然导致学习需求的多样性,这是因为广大在职成人所处的工作

---

① [美]达肯沃尔德·梅里安著,刘宪之等译.成人教育——实践的基础[M].北京:教育科学出版社,1986:321.

② 关学丰,玉兰英.成人教育基础[M].北京:中国人事出版社,1990:57.

环境、学习背景、学习能力、个性兴趣等千差万别。因此,成人高等教育自然不可能像普通高等教育那样在人才培养规格要求上整齐划一,而应根据社会需求尽量多地提供可选择的教育服务产品,形成学历教育与非学历教育并举,专科、本科、研究生教育兼顾,职业教育、休闲教育、情趣教育等共生。

(3)教学形式的灵活性

首先,普通本科院校成人教育普遍设立函授站、教学点、校外学习中心等形式实施教学,突破了将教学固定在校园里的传统,学习地域和空间更加灵活。并且,随着现代信息技术的发展和普遍应用,也打破了将教学仅局限于课堂的传统,实现了网络教育、移动学习。同时,在学习时间的安排上,能尽量不与工作产生冲突,做到寓学习内容于工作过程之中、工学交替、业余学习、学分管理等形式。总之,成人高等教育正努力实现着"时时可学、处处能学"的灵活性。

(4)教育内容的职业性

现代成人教育是现代大生产的产物,因此,职业性是成人教育的天然特性,也是成人教育的核心价值所在。尤其是成人高等教育,其对象大都是在职从业人员,他们的学习目的更具强烈的职业性和实用性,接受继续教育就是为了提高自身的职业能力。因此,与职业需求紧密结合,就成了普通本科院校成人教育的应有之义了。

(5)教育过程的终身性

教学需求的多样性和教学内容的职业性特点决定了成人高等教育的终身性。为了适应不断变动的职业要求和动态的发展社会,成人必须终身学习,因为"成人处在教育、劳动、教育、劳动、再教育、再劳动的过程中,知识信息不断传递、补充、更新、再传递、再补充、再更新,如此多次循环往复,生命不息,学而不止。"[①]

第二节　普通本科院校成人教育的兴起与发展

一、我国普通本科院校成人教育的产生

1.19世纪末20世纪初我国普通本科院校成人教育的萌芽

我国普通本科院校的成人教育是随着我国近代普通本科高校的产生而孕

---

① 叶忠海.成人教育通论[M].上海:上海科技教育出版社,1997:27.

育的。近代大学的创办旨在培养可以带领民族前进的杰出人才,因此,不仅普通教育推行的是"英才"教育,而且成人教育招收的也均为各个领域的精英。如1898年设立的京师大学堂,成立伊始就设有仕学院,专收五品到八品的官员和举人入学;1895年设立的天津武备学堂,明确规定至少是军营中精健聪颖、略通文义的低级军官才能被选拔入学。又如1905年京师设立的法律学堂,设有本科(3年)、速成科,专门招收各部属员入学;同年设立的京师夜学师范传习所,也只收各学堂教员未习师范者和私塾老师补习;1915年设立的金陵女子大学,首届11名,除1名外均有1~7年的教书经历,4年后毕业5名并获得学士学位,成为中国最早的一批女子大学成人学士学位获得者。

与此同时,一些开明官员和进步人士,如南洋公学教师张元济、铁路设计工程师詹天佑等,大力呼吁高等教育必须由"英才"教育转向民众教育,应面向社会,广开民智,改革培养模式。为实现这一教育目标,他们开创了我国的函授教育历史。1902年,詹天佑与美国斯兰顿国际函授学院商定,在我国开设"土木铁道工程班",为铁道工程实习生传授技术知识。这是我国近代第一次把函授教育引入国内,丰富了教育模式,扩大了教育面。之后,函授教育渐渐流行,不少国内大学开设了以成人为教育对象的函授教学班,如湖北政法学堂于1909年为照顾在职政法人员或有志从事法政工作的社会青年自学法政知识开设了校外讲义班,张元济以商务印书馆为平台于1910年开设了函授学社等。培养模式的创新为大学成人教育由精英教育向大众教育转型创造了条件。

2.民国时期我国普通本科院校成人教育的发展

精英教育固然十分必要,尤其是在我国大学创办初期高等教育资源十分稀缺的情况下。然而,推动社会变革、煎涤陈规陋习、改变贫弱凌辱,不仅需要精英人物的引导,更需要广大民众的觉醒和参与。可是,由于官僚集团长期垄断受教育权,致使占全国人口绝大多数的平民却成了"贫、愚"的潜台词。他们对精英们发动的社会变革运动既没有回应的能力,也没有参与的意识,最终必然呈现维新改良运动和辛亥革命相继失败的态势。因此,南京政府成立后不久,为防止时局惯性,就在教育部下设了社会教育司,主管成人教育,旨在能够有组织、有计划地推进成人教育由精英教育向平民教育的转变。1913年,北京政府教育部颁布的《高等师范学校规定》对普通高等学校更是做出了加强民众教育的规定,不管在本国或外国专门学校毕业,只要从事教育并有相当学识、经验者,经校长认可,均可自费入学。这说明,民国初期的普通高校成人教育已慢慢转向对社会开放的平民教育了。

平民教育的核心要义是平民化的教育,即普及教育,其对象不仅包括儿童,主要是已过学龄的年长失学的成年人。民国早期,在西方教育思想的影响下,北大校长蔡元培首先提出了"五育"(即国民教育、实利主义教育、公民道德教育、世界观教育、美感教育)并举的教育方针,积极倡导平民教育,并身体力行,于 1918 年率先在北京大学开办了"平民夜校"和"校役夜校"。这一举措不仅翻开了北京大学民众教育史上的第一页,也首开了中国普通本科院校成人教育举办平民教育的历史先河。

不久,晏阳初、陶行知、梁漱溟、张伯苓等教育家、大学教授们,纷纷"下乡",投入到了平民教育运动之中。特别是被称为"中国平民教育第一人"的晏阳初先生,他认为中国社会的问题实际上就是人的问题,要有效解决各类社会问题,首先得解决平民的"愚、穷、弱、私"四大积弊,不再让他们游离于社会改革之外。他主张通过"四大教育"来解决这个问题,即以文艺教育攻愚,培养知识力;以生计教育治穷,培养生产力;以卫生教育扶弱,培养强健力;以公民教育克私,培养团结力。他号召采取"三大教育方式",即既相对独立又相互关系的学校式、社会式和家庭式来全面推进平民教育。在以他任总干事的"中华平民教育促进会"的号召和引领下,一大批大学教授,如曾任南京高等师范学校、国立东南大学(今南京大学)教务主任的陶行知、北京大学教师梁漱溟、"南开先生"张伯苓等或个人或引导所在大学纷纷投身到了方兴未艾的平民教育大潮之中。据统计,到 1934 年,大学组织或教授、学生参与的民众教育学校,如南洋大学的南洋义务学校、由南开大学等高校教师为主要教员的天津平民义务教育学校、南京高等师范学校举办的暑期学校等在全国已达 2 万多所,具体发展情况见表 3-2。[①]

表 3-2　民国期间我国平民教育发展情况

年　　度	学校数	学生数
1928	6708	206062
1929	23383	887764
1930	29302	944289
1931	31293	1062161
1932	34141	1109857
1933	36929	1292672
1934	38565	1357668

---

① 李珠.中国成人教育近现代史[M].哈尔滨:黑龙江教育出版社,1996:215.

同期,平民教育运动也催生了一批大学和教育学院,而1928年3月建立的江苏大学(同年5月改名为国立中央大学)的民众教育学院则是我国第一所专门培养"成人教育专门人才"的成人教育学院,设"民众教育"、"农事教育"两个专业,学制四年,并附设该两专业的专修科以利开展成人进修。[①]

国内革命战争和抗日战争时期,在解放区和根据地,中国共产党为了教育农工、提高干部素质、夺取新民主主义革命的胜利,创办了不少如苏维埃大学、中共中央党校、中央教育干部学院、中国人民抗日军政大学、陕北公学、华北联合大学、鲁艺学院、延安大学、华北大学、东北大学等培养军政干部的成人高等学校。这些大学几经沿革发展,有的成了新中国成立后为数不多的重点本科院校之一,如中国人民大学、中国农业大学等。另一方面,国统区的普通高等学校数量也有很大的增加,并也开展了以职业补习教育为主的成人教育。

早在1931年6月,行政院公布的《确定教育实施趋向办法》第三条规定:"社会教育,应以增加生产为中心目的,就人民现有之程度与实际生活辅助其生产知识与技能之增进。"1936年2月,教育部又颁布了《各省市推行职业补习教育办法大纲》,要求"凡大学与农、工、商专科学校……均应利用原有的设备人才,尽力办理与学校设科性质相同的各项职业补习学校。""凡大学、专科学校……办理职业补习教育,应列为推广事业,其办理的班级数,视学校设备的容量而定,办理地点不限于本校。"基于此,由普通高校参与的各类成人职业教育盛行一时。抗日战争期间,为了抗战兴国,中国国民党于1938年4月颁布的《抗战建国纲领》中第二十九条至三十二条,对各级教育提出了四点要求:"改订教育及教材,推行战时教程……";"训练各种专门技术人员,与以适当之分配,以应抗战需要";"训练青年,并能服务于战区及农村";"训练妇女,并能服务于社会事业,以增强抗战力量"。纲领的贯彻有力地推动了高等教育与国防生产建设事业的沟通与合作。

总之,在旧中国经济发展萧条、政治斗争复杂的环境里,我国的高等教育却还是得到了缓慢发展。至1949年新中国建立时,已共有高等院校205所,在校生116504人。成人高等教育也随之获得进一步成长。

二、新中国建立后普通本科院校成人教育的发展轨迹

新中国建立以来,我国普通本科院校的成人教育伴随着社会、政治、经济、文化事业的发展变化,经历了一个初步发展、恢复发展、规范发展、创新发展的

---

① 周旋.我国成人教育的历史轨迹及其意义[J].青岛海洋大学学报(社会科学版),1998(3):94—96.

历史轨迹。

1.初步发展期(1949—1966年)

1949年新中国建立时,有高等院校205所。为建设新中国需要,国家开始着手新一轮的全日制普通高校建设:一方面创建新校,如1950年,中国人民大学、东北师范大学等相继成立;另一方面对旧校进行院系调整,致使高校数量在波动中增加。到1957年,高等学校数量已达229所。此后3年,高等学校发展进入了"大跃进"时代,到1960年猛增到1289所。1961年以后开始调整压缩,至1965年普通高校数量为434所。

随着普通高校数量的起伏,其所举办的成人教育也随之在波动中得到发展。事实上,新中国的高校成人教育是在工农干部教育的大潮中起步的。

1949年9月召开的第一届中国人民政治协商会议制定了具有临时宪法作用的《共同纲领》,其"文化教育政策"明确规定要"加强高等教育,注重技术教育,加强劳动者的业余教育和在职干部教育"。为了落实这一方针,教育部于同年12月召开了第一次全国教育工作会议。会议要求高等学校必须为工农开门,为工农子女和工农青年开门。1950年6月,教育部在北京召开了第一次全国高等教育工作会议,会议指出,要"准备和开始接受工农青年进入高等学校"。从此,我国普通高校的成人教育便按照以工农干部教育为主、以业余教育为主的形式展开了。当年,中国人民大学创办了第一所以招收在职干部为主、以业余教育为主的马克思列宁主义夜大学,并正式招生400人,学生均为教师和科级干部。1952年7月,教育部颁布试行的《关于高等师范学校的规定(草案)》中指出:高等师范学校得附设夜校及训练班,在条件具备的学校,并得附设函授部。[①] 1953年,中国人民大学因此又率先设立了函授部,当年就招收学员2700多名。同期,在教育部的促动下,东北师范大学、复旦大学、北京大学、厦门大学和其他综合性大学也相继办起了函授和夜大学,由各校自行招收工农干部并实施教育。据《中国教育成就》等相关统计资料,到第一个五年计划结束时的1957年,全国各类成人高等学校达186所,在校生达75917人,其中,举办函授教育的普通本科院校58所,招收函授生9454人;举办夜大学的普通本科院校36所,招收1200人。需要说明的是,这个阶段的普通本科院校成人教育,在教育层次结构上,与普通高等教育本科生比重占80%左右不同,主要以专科教育为主;在专业结构方面,以师范、农经、工科等

---

① 何东昌.中华人民共和国重要教育文献(1949—1975)——教育部关于中国人民大学实施计划的决定[M].海口:海南出版社,1998:156.

为主,以缓解国家经济建设和教育事业发展之急需。

1958 年到 1965 年是我国普通本科院校成人教育的调整巩固阶段。在这一时期,由于受"大跃进"的影响,党中央提出了"三结合、六并举"、"15 年普及高等教育"等教育发展战略,导致普通高校成人教育先是飞跃发展、继而又严重萎缩、后又调整巩固的大起大落局面。1959 年 9 月,在教育部下发的《关于夜大学仍应继续办下去并力求办好的批复》要求下,普通高校举办的函授和夜大学得到了飞速发展。据教育年鉴统计,1959 年年底我国已有 82 所普通高校设置函授部,72 所普通大学设置夜大学部。

1961 年,由于受自然灾害的影响,我国经济陷入严重困境,参加成人高等教育的人数因此急剧减少,成人教育也出现了乱象和困难局面。为此,教育部从 1963 年开始,颁布了一系列文件,如 1963 年 1 月 19 日发布的《关于加强全日制高等学校和中等专业学校函授、夜校教育工作的通知(草案)》、1963 年 8 月 23 日颁布的《关于全日制学校举办函授、夜校备案问题的通知》等,对成人高等教育进行调整整顿,内容涉及办学招生、教学计划、师资配备、经费管理、证书发放等各个方面,重点整顿因办学自主权过度下放导致的教育质量滑坡、招生混乱等问题,首次将普通高校的函授与夜大学招生纳入国民教育计划,规定"学员入学一律要经过必要的审查和考试,按规定标准录取"。调整整顿使我国普通本科院校的成人教育重新回到制度化的发展轨道,并促使成人教育呈现螺旋式上升态势。到 1965 年,有 83 所普通高等学校举办夜大学,学生1.8 万人;有 123 所普通高等学校举办了函授部,函授生达 13.2 万人。

2. 恢复发展期(1978—1985 年)

在 1966 年至 1976 年"文化大革命"的十年动乱中,我国的整个教育事业受到严重摧残,成人教育也一样难逃厄运,普通高校的函授、夜大学基本停办,招生中断长达 15 年之久。1976 年"四人帮"被粉碎后,特别是 1978 年 12 月召开的十一届三中全会以后,成人教育事业获得了拨乱反正,普通高校成人教育也得到渐渐恢复和发展。

这一时期普通高校成人教育的主要任务是为因"文革"而"被耽误的一代"提供学历补偿教育。"文革"后,一方面,广大"被耽误的一代"实现大学梦的愿望相当强烈。另一方面,高等教育百废待举。于是,1977 年 8 月,邓小平在《关于教育和科学的几点意见》中以其特有的深刻洞察力和远见卓识提出了高等教育"要两条腿走路"的方针。在这样的背景下,普通高等学校(尤其是本科院校)及时建立了成人教育机构,着手恢复函授和夜大学的招生准备工作。1979 年 1 月,教育部发出《关于补发文化大革命前高等学校举办函授、夜大学学员学历证书的通知》。对因"文革"而中断学习的学生的证书发放办法做出了具体规定,这又为全国的函授和夜大学教育的恢复和发展创造了条件。1980年4月,教育部召开了高等学校举办函授、夜大学工作座谈会,共商发展大计。同年9月,国务院批转了教育部《关于大力发展高等学校函授教育和夜大学的意见》,指出"高校的函授教育和夜大学要有一个大的发展,到1985年全国高等学校举办的函授教育和夜大学本科、专科在校学生总数,要达到相当于全日制高等学校在校学生数的三分之一以上","要把函授教育和夜大学纳入高等教育事业计划",重申函授和夜大学学生学完规定的课程、考试成绩合格的,由举办高校发给毕业证书,国家承认学历。当年,有69所举办函授教育和24所举办夜大学的普通本科院校恢复了招生,共招收函授生54118人、夜大学学生18771人。1981年,举办函授教育和夜大学的普通高校达238所,函授和夜大学教育网在全国初步形成。

为了优化人才培养结构,提升普通本科院校成人教育的办学层次,1983年,教育部发布《关于授予高等学校举办的函授、夜大学本科毕业生学士学位试点工作的几点意见》,确定先在同济大学、华东师范大学等进行试点,进一步健全了普通本科院校成人学历教育的制度体系。

1985年5月,中共中央在《关于教育体制改革的决定》中再次强调成人教育是我国教育事业极为重要的组成部分,应改进和加强这方面工作。正是在党和政府的一再高度重视和推动下,我国普通本科院校的成人教育随着改革开放和经济建设的不断深入而得到快速的恢复和迅猛的发展。到"六五"结束后,全国普通高等学校中开展成人高等教育的学校达591所,其中举办函授教育的学校有331所,举办夜大学的学校有410所,函授、夜大学在校生分别达41.46万人和14.84万人。

这一阶段,尽管普通高校的成人教育发展得到了一系列政策的支持,也逐步理顺了成人教育管理体制,从教育部到省市教育行政部门主管成人教育的"成人教育司、局、处"及普通高校成人教育办学和招生等机构也相继建立,但总体上看,其人才培养数量与国家建设所需还有相当差距,仍呈现出规模小、专业少、学习对象主要是领导干部为主等局限。

3.规范发展期(1986—1998年)

规范发展期的工作重点有两个:一是当时成人高等学历教育中由于过分追求文凭而出现了"乱办班、乱收费、乱发证"的三乱现象,已严重制约了普通本科院校成人教育的健康和可持续发展,必须加以整顿,加强规范化建设;二是高校在成人教育中出现了严重的"重学历、轻培训"的工作状态,需及时加强引导,帮助普通本科高校将大学后继续教育和高层次岗位培训作为成人教育的重点工作来做。

(1)规范发展学历教育

1986年是我国"七五"计划的开局之年。"七五"计划提出了成人教育的繁重任务,要求形成一个多形式、多层次而又比较完善的成人教育体系,明确5年内成人高等教育要培养大专水平以上的专门人才210万,比"六五"期间增长1.5倍。为了完成培养计划,一些高校在后来的操作中出现了"乱办学、乱收费、乱发证"的三乱现象。为了规范普通高校尤其是本科院校学历教育的办学行为,国务院和国家教委采取了一系列措施,颁发了许多政策法规。1986年成人高等教育实行全国统一招生考试;1987年2月印发了《普通高等学校函授教育暂行工作条例》(适用于夜大学);同年6月,国务院批转国家教育委员会《关于改革和发展成人教育的决定》下发;1988年11月,国务院颁布了《关于授予成人高等教育本科毕业生学士学位暂行规定》;1990年6月国家教委发出了《关于普通高等学校成人教育治理整顿工作的若干意见》;1991年6月,国务院学位办、国家教委发出《关于整顿普通高等学校授予成人高等教育本科毕业生学士学位工作的通知》;1993年1月,国务院办公厅转发国家教委《关于进一步改革和发展成人高等教育的意见》;1993年3月,国家教委颁发《函授教育过程实施要点》;7月又颁发《普通高等学校函授教育辅导站暂行规程》;等等。这一系列密集颁发的政策法规目的是为了成人高等教育"要在调整、改革、提高质量的基础上有计划地发展"。紧接着,国家教委接连印发了《普通高等学校函授教育评估基本内容和准则》《普通高等学校夜大学评估基本内容和准则》《普通高等学校函授教育评估指标体系(试行)》《普通高等学校夜大学评估指标体系(试行)》四个文件,为组织专家对普通高校举办的函授、夜大学进行教育评估提供了重要的政策依据,有力地促进了国家对成人高等教育的宏观管理。

伴随着国家对学历教育发展的整顿和改革,普通高校成人教育在规范中得到了发展。到1998年,绝大多数普通高等学校举办了函授部、夜大学,本专科在校生人数达282.22万人。

(2)引导发展非学历教育

在规范学历教育的同时,国家积极引导本科高校开展非学历教育。1986年3月,在北京召开的全国职工教育工作会议上提出了"岗位(职务)培训"的概念,确定在干部工人中实行岗位合格证书制度;同年,国家教委提出在成人高等教育中,通过试点逐步建立学历证书、专业合格证书和单科合格证书三种制度。1987年,国家教委在《关于改革和发展成人教育的决定》中正式提出:为了适应社会的迅速发展和科学技术日新月异的进步,"对受过高等教育的人进行继续教育"和岗位培训是高校成人教育的"重点"。同年12月,国家教委、科委、经委、劳动人事部、财政部和中国科协等六部门联合发布了《关于开展大学后继续教育的暂行规定》。这一系列文件的颁发和实施不仅大大加强了普通高校的短期培训工作,也使岗位培训走上正规的健康发展的轨道。

1993年年初,国务院批转国家教委《关于进一步改革和发展成人高等教育的意见》下发。《意见》提出了今后一个时期成人高等教育改革和发展的总体目标之一是:把高层次岗位培训、大学后继续教育作为成人高等教育的重点,学历教育作为重要组成部分。2月,中共中央、国务院印发了《中国教育改革和发展纲要》。《纲要》不仅强调了"成人教育是传统学校教育向终身教育发展的一种新型教育制度",更具体地提出了"要本着学用结合、按需施教和注重实效的原则,把大力发展岗位培训和继续教育作为重点,重视从业人员的知识更新。国家建立和完善岗位培训制度、证书制度、资格考试和考核制度、继续教育制度"。同时,依托本科院校,还拓宽了在职人员攻读硕士、博士学位渠道。随着网络技术的发展,为改造传统成人教育提供了技术支持。1998年国务院批转教育部发布的《面向21世纪教育振兴行动计划》,首次提出"现代远程教育工程",开始探索开放式成人教育新模式。这样,我国普通本科院校成人教育开始走向多形式、多层次、多规格、远程化、终身化方面发展的新时期。

4.创新发展期(1999年至今)

从1999年开始,我国普通高等学校连续大规模扩大招生,广播电视大学系统也结合市场需求,采取了一系列更加灵活的"注册视听生"和"开放教育"培养政策。因而此时的普通本科院校成人学历教育的传统生源日趋萎缩。高校成人教育要发展就必须创新思维,拓展生源市场,大力发展各种形式的非学历教育,努力做到学历与非学历教育并举并重。

1999年1月1日,《中华人民共和国高等教育法》开始实施。该法明确规定:公民依法享有接受高等教育的权利;高等教育包括学历教育和非学历教育,高等教育采用全日制和非全日制教育形式;国家支持广播、电视、函授及其他远程教育方式实施高等教育;高等学校和其他高等教育机构应当根据社会需要和自身办学条件,承担实施继续教育的工作等。这首次明确了成人高等教育的法律地位和发展方向,为高等学校普通教育与成人教育、学历教育与非学历教育的协同发展提供了依据。

在学历教育生源日趋萎缩、高等教育法明确要求的情况下,在清华大学、北京大学等重点大学的引领下,普通本科大学的成人教育纷纷从学历教育中跳脱出来,开始寻求从学历教育向非学历教育转型。1985 年,清华大学成立了我国第一所继续教育学院,把非学历继续教育列入全校事业性发展计划,充分利用学校优势,为社会各界举办各类进修班、培训班、研讨班。2004 年通过的《北京大学继续教育改革发展纲要》则提出:北京大学的继续教育要办成全国高级公务人员、高级商务人员、高级技术人员和高校老师的培训基地。南京大学主动开展校企、校地合作,推进继续教育,先后建立了跨国经营培训中心、律师事务培训中心、国家公务员考试培训中心、环境教育培训中心等一批继续教育培训基地。同时,许多本科院校采取全方位、多层次、多规格、多形式的办学机制,开办了资格证书班、高级研修班、同等学历证书班、岗位培训班等,既为社会经济发展培训了急需人才,又实现了普通本科院校成人教育的转型发展。

随着高等教育跨越式发展,教育部对普通本科高校成人教育的改革力度也逐渐深入。2007 年 4 月出台的《关于进一步加强部属高等学校成人高等教育和继续教育管理的通知》中,明确从 2007 年秋季起本科院校停止招收成人教育脱产班和高等教育自学考试助学脱产班;要结合学校自身的定位、特色和学科优势,科学合理地确定办学类型、层次和专业,主要面向在职人员开展业余形式的高中后和大学后学历教育和非学历教育培训,大力开展党政人才、企业经营管理人才和专业技术人才的继续教育;要充分利用现代信息技术,逐步将函授教育过渡到现代远程教育;要规范管理,整合资源,进一步理顺成人高等教育和继续教育的管理体制,实行统一归口管理,依法治教、规范办学。所有这些要求,均有力地推动了本科院校成人教育的创新发展。至 2010 年,成人高等教育本专科学历教育在校生规模达 536.04 万,培训各种非学历高等教育的学生达到了 332.89 万人次。事实表明,普通本科院校成人教育学历与非学历教育并举并重的结构已基本形成。

三、普通本科院校成人教育发展的历史意义与现实困境

1.普通本科院校成人教育发展的历史意义

回溯历史,不难发现,我国普通本科院校百余年的发展史其实也是一部成人教育的探索史。普通教育和成人教育,相辅相成,缺一不可,向来就是高等教育的"两条腿"。特别是新中国成立以来,虽然普通高校成人教育的发展一波三折,但经过长期的实践探索,仍形成了一条与普通教育互为补充、顺应时代要求、适合中国国情的发展之路。它给我们的启示至少有三:

一是普通本科院校成人教育在适应社会变迁中引导社会变迁。无论是从19世纪末京师大学堂的"仕学院"到民国初年北京大学的"平民夜校",还是新中国成立初期中国人民大学的"函授学院"到改革开放早期清华大学的"继续教育学院",无不都是适应社会变迁的产物。实践表明,普通本科院校成人教育与社会变迁之间有着一种互为因果、相互作用的关系。教育作为社会系统中的一个子系统,必然会随着社会的变革而变革,尤其是与社会发展关系更为直接的高校成人教育,更是只能适应各种社会变迁才可能不被所处社会所排斥和淘汰。反过来,普通本科院校成人教育自身的主体性和能动性决定了其不仅能够积极主动地适应社会变迁,而且无论是它的隐性功能还是显性作用的发挥,均能对社会的变迁与发展产生深刻影响。

二是普通本科院校成人教育在充分利用普通高校资源中完善高校成人教育办学体系。普通本科院校人才密集、知识密集、技术密集、学科密集、设施密集,举办成人教育的优势得天独厚。同时,普通本科院校举办成人教育也是高等学校自身深化改革、扩大开放、增强活力、提高效益的重要举措。它不仅有利于增强高校与社会的联系,以成人教育为桥梁,进一步发挥大学的社会服务职能。同时也有利于充分利用普通教育富余的教育资源,提高资源利用率和办学效益。而且,通过不断发展学历教育、继续教育和高层次岗位培训,整合师资,优化专业,更新教学内容,创新培养计划,有助于高校自身的学科建设和专业改造。通过教育服务,人才培养,合理收取一定费用,一定程度上可以弥补高等学校教育经费的不足。它能与普通教育一起形成一个资源共享、人才共育、体系共建的互助机制。

三是普通本科院校成人教育在乐享高等教育大众化成果中进一步推进了高等教育的大众化。普通高校的成人教育一开始就努力尝试着从精英教育向大众教育的转变,或者说,它对普通民众来说更有亲和力、吸引力。普通高校成人教育之所以得到充分发展,得益于不同阶段的政府都把成人教育看成是普及平民教育、提高国民素质的重要途径。尤其是新中国成立后高校广泛开展的工农干部教育、"文革"后的"双补"教育及改革开放后的高等教育大众化政策,均相应地推动了普通本科院校成人教育发展的三次高潮。反过来,普通高校成人教育的发展,扩充了高等学校的办学空间,完善了中国高等教育体系。正是因为有了成人高等教育,才没有使一大批因高考失败的青年人失去接受高等学历教育的机会,才给广大知识分子达到大学后的知识更新提供继续教育的可能,这就有力地推动了中国高等教育大众化的进程。可以说,没有普通本科院校成人教育的发展壮大就没有今天完善的高等教育体系,没有普通本科院校成人教育的历史贡献,也就不可能有今天的高等教育大众化。

2.普通本科院校成人教育面临的现实困境

普通本科院校成人教育作为我国高等教育的重要组成部分,在为广大在职成人更新知识、培养技能、提高素质等做出积极贡献的同时,随着社会转型和产业升级对人才需求的新要求,其自身发展却面临着前所未有的困境,规模、质量、效益逐渐下滑,生存空间不断虚化,发展前景令人担忧。主要表现为:

(1)GDP之争

建设学习型社会是我国21世纪教育改革的重要内容之一。学习型社会建设需要全社会的共同努力,具体到高等教育领域,不仅要充分依靠普通高等教育的强力支撑,而且更需要普通高校成人教育的持续不断的支持和保障。但由于我国财政性教育经费占GDP的比例长期处于3%以下,尚未达到4%的目标,与发达国家的6%和世界平均水平的4.2%相比,更有较大差距。教育投入总量的不足,导致教育经费远远无法与教育规模的增长同步,各校普遍存在经费缺口且有增大趋势。于是很多普通本科院校就把成人教育当作创收教育,每年以GDP来考核成人教育的办学业绩,逐年递增成人教育学院向学校上缴款的数字。渐渐地,各高校之间也形成了以GDP论英雄的潜规则,相互模糊着高等教育应有的使命,导致普通本科院校举办成人教育目的的庸俗化、功利化。这进一步加剧了低投入、低成本专业的堆积,需要进行大量实训实验的技能应用性专业的发展受到极大遏制,从而使成人高等学历教育陷入了"需求专业不开设、开设专业无需求"的恶性循环之中。

(2)生源之萎

由于社会片面追求高学历现象的持续发酵,既往的普通本科院校成人教育,大多凭借学校优势,把大部分精力集中到了学历补偿教育之中,导致学历教育占绝对比重,非学历培训成了明显的短板。但是,随着下列影响生源因素的集中发力:1)普通高等教育的跨越式发展,1999年开始大规模扩招,招生人数从1998年的108.36万人,到2008年超过600万人;2)广播电视大学的开放式招生,1999年开始试行开放教育,对入学者的年龄、职业、地区、学习资历等方面没有太多的限制,凡有志向学习者,具备一定文化基础的,不需参加入学考试,均可以申请入学;3)现代远程教育的地毯式拓展,自1999年以来,教育部批准67所普通高校和中央广播电视大学开展现代远程教育试点工作,允许上述68所试点高校在校内开展网络教学工作的基础上,通过网络技术、多媒体技术等现代信息技术手段,把教育信息传送给四面八方的学习者,把教育资源和教育功能向外扩散,开展成人学历教育和非学历教育;4)国外优质教育资源的蚕食式渗透,自 2000 年我国加入 WTO 以来,成人教育作为第三产业面向国际社会开放,并根据 WTO 所追求的奥林匹克式的竞争规则,大量国外的优质教育资源纷纷进入,极大地提高了成人教育的国际化;5)青壮年人口高峰期的悄然穿越,根据国家人口计生委研究,2015 年我国 15 至 64 岁劳动年龄人口将达到峰值 10.1 亿,后逐年下降,进入老龄化社会。所有这些无不使成人高等学历教育潜在生源大幅减少。那些视学历教育为主业的本科院校成人教育正遭遇着前所未有的生源萎缩之苦,有的已出现了严重完不成招生计划的生存窘境。

(3)资源之短

由于对于普通高校举办成人教育特别是成人高等学历教育,国家或地方政府没有相应的财政性拨款,各校只能根据培养成本按批准后的标准收取费用,没有足够大的办学规模,一般产生不了足以引起本科高校领导高度重视的经济效益。因此,主要依托学校既有的富余教育资源举办的普通本科院校成人教育,学校能为成人教育提供多少资源,直接决定着成人教育发展的规模和速度。由于既往成人教育人才培养的目标错位和特色缺乏,当全日制教学的规模扩张和研究生教育的超常发展到一定程度,高等教育的资源存量不足以为成人教育的生存和发展提供更多资源的时候,挤压、紧缩和取代成人教育便成了绝大多数高校的众见和共识,成人教育在高校内部的地位被更加"边缘化"在所难免。

(4)环境之忧

经过多年的发展,大量在职成人的学历提升任务逐年得到有效释放,新增就业者的初始学历也普遍提高,再加上学历文凭已不再是社会用人的唯一标准,岗位能力和综合素质的重要性日益凸显。所有这些,都促使仅以在职人员学历补偿教育为使命的成人高等学历教育的地位由原来的举足轻重,逐渐弱化到当下的无足轻重。这不仅诱发了许多部门官员、权威专家不时发出"兼并论"、"挤占论"、"替代论"、"创收论"等存在明显认知偏差的不和谐声音,导致其在高等教育宏观环境中话语权的缺失,而且在高校内部的微观环境中也由"宠儿"几乎衰变为"弃儿"。许多高校因此纷纷伴随着绩效工资的改革将成人教育学院(或继续教育学院)的职能由"事业"转变为"行政",由服务退变为管理。

(5)特色之缺

因材施教是各类教育应遵循的原则。成人高等教育的教育对象主要是在职成人,因此,就必须开展针对成人、在职的教育。成人有与青少年不同的学习目的和认知规律,成人的身心发展、社会角色、生活经验和学习动机等因素决定了成人学习具有这些特点:一是直接经验作用突出,成人固有的丰富的实践经验可以大大缩短他们掌握知识和解决问题的思维过程,能迅速抓住问题的实质,找到解决问题的突破口,用不着像对青少年那样进行按部就班的教育;二是成人学员的主体性作用明显,不像青少年那样在学习上有较强的依赖性,教师应尊重成人学生的自主性与主体性;三是成人学习的目的以满足现实需求为主,兼顾未来发展需要;四是成人学习的形式追求多样化。[①] 然而,由于普通高校成人教育的发展一直依附于普通高等教育,许多高校在制订培养计划时和实施教学过程中,只是对普通高等教育模式的简单复制和移植,培养目标"学科化",培养模式"普教化",很少顾及成人的上述认知特征,致使成人教育的成人特色普遍缺失。教育特色的缺失直接导致本科高校成人教育培养的人才缺乏特色,没能与普通高等教育、与其他类型成人高等教育培养的人才形成互补,同质人才的积聚必然衍生学生就业与社会用人的"二难悖反",这将严重地削弱高校对社会服务的职能。

(6)体制之困

从宏观体制来看,一方面,为规范办学,确保成人高等教育学历文凭的国家水平,从 1986 年开始,教育部先后出台了一系列管理政策,把普通本科院校的函授、夜大学、网络教育等统统纳入到了高等教育事业计划。一段时期内,从办学资格审查、招生规模控制、入学统一考试、培养计划制订、教育质量监督评估,到拍摄毕业照片、统一制验证书、网上电子注册等各个环节,实施了集权式的管理体制。相关高校只能一贯地严格遵照"上面"的规定进行管理。另一方面,自 1998 年教育部在机构改革中撤销成人教育司以来,对高校成人教育的管理走向了另一极端,由集权统一管理变为多头分解式管理,并且上行下效。多头管理必然出现职责不清、"都管都不管"的尴尬局面。这直接导致了宏观管理职能分散,主管部门的指导和协调能力削弱,使成人教育的改革和发展在诸多方面陷入困境。从微观体制来看,虽然,各校的内部管理体制不尽相同,有实施一级管理体制的,即由学校成人教育学院独立行使管理、办学职能;有实施二级管理体制的,即成人教育处作为学校的归口管理职能部门行使管理权,二级办学单位负责教学组织工作;也有实施混合型管理体制的,学历教育为二级管理体制,非学历教育实施一级管理体制。但是,这些管理模式都是为了适应计划体制而构建的,属"行政管理"体制。随着市场经济体制在高校

---

① 马启鹏.试论成人高等教育对成人个体毕生发展的阻隔[J].成人教育学刊,2004(11):35—39.

成人教育领域的日益渗透,高校本应顺势创新管理体制和运行机制,包括权利分配机制、用人机制、工作保障机制、工作激励机制、绩效考核机制等都要有所突破,以激发办学活力。然而,传统集权式管理体制没有明文废止前,谁都只能一以贯之,普通本科院校的成人教育自然陷入了体制之困。

(7)法律之贫

成人教育有序健康发展,离不开健全的法律法规保障。虽然,我国于20世纪90年代中期后陆续颁布了《职业教育法》《高等教育法》《教育法》,三部法律中都涉及了成人教育内容,一定程度上规范着成人教育的有序发展。但是,三部法律都没有对成人教育做出系统的法律阐述,过于原则和抽象,且有些法规条文已显得陈旧,对新时期的成人教育难以发挥应有的、足够的法律效力。由于我国迄今还没有一部专门的"成人教育法"或"终身教育法",导致成人教育的发展缺乏宏观性的指导、统筹性的规划、权威性的规范,在很大程度上导致普通本科院校的成人教育过于"德治"化。诚然,教育工作要以德治为本,但更须法治为先。成人教育的举办与管理,都应该"有法可依",做到"依法治校",以法律规范学校行为;"依法治教",以法规范教师的教育工作;"依法治学",以法律保障学员的权利和义务。努力实现"德治"与"法治"相辅相成,既不可偏废,又须臾不离。

(8)方法之乏

成人教育本应是一种具有灵活多样培养方法的教育,但大多数普通本科院校的成人教育却一直承袭着传统落后的函授或夜大学教学模式,不但在教学内容上没能与时俱进,而且培养方法与教学手段上简单划一。主要表现为:其一,坚持学年制。长期僵硬地坚持着高中起点专科三年、专科升本科三年、高中升本科五年等的学制规定,并且按学年固定课程计划开课施教,即使近年有所突破,但不管学员的不同学业水平和学习目标,所有学员最短学制年限仍不能少于两年半的门槛,不能提前毕业,也不允许学生保留最长不能超过八年的学籍。其二,坚持课堂中心。课堂教学为主要教学形式,讲授法为主要教学方法,重教师单向传输、轻师生双向互动,重演绎证明、轻归纳类比,重知识传授、轻能力培养,重课堂讲授、轻实训实践,重专业理论、轻职业技能。其三,坚持闭卷考试。考核方式呆板,评价模式单一。不论基础课还是专业课,均以教定学,以考定分。缺乏多元考核方式,大多以闭卷为主,一律是所谓的标准化试题,不利于检测学生分析问题和解决问题的能力。有些科目虽然采用了开卷考试形式,但目的是为了减轻学生的考试负担。总之,从目前情况看,多数本科院校的成人教育与《国家中长期教育改革和发展规划纲要》提出的"时时能学,处处可学,人人皆学"的目标相距甚远。

(9)教师之窘

普通本科院校本应该比其他学校更具有教师优势。然而,从成人教育教师队伍的情况来看,却显得十分窘迫。一是素质偏低。由于绝大多数本科院校把学校发展的目标定位于"研究性大学",那些能帮助学校在所谓的大学排行中进位升级的指标被确定为对广大教师业绩考核的要素,学校对教师担任成教课程教学连工作量都不予计算,导致老师们整天忙于论文、课题,根本无暇顾及在他们看来是低层次的、无关职称升迁的成人教育教学工作。于是,在成人教育的课堂里出现了"教授不教、讲师不讲"的怪现象。担任成人教育的教师只能是刚分配来还不能担任普通班教学的新教师,或者是没有大学教师资格证书的机关管理人员,或者直接聘任那些对科研要求不高的非本科院校富余教师,有的甚至指派在读研究生担任任课教师。这些人员不甚了解和掌握成人教育规律和成人的学习心理,缺乏实践经验,总体素质难以适应成人教育培养应用型、复合型人才的教学需要。二是队伍不稳。长期以来,本科院校没有专职的成人教育教师编制,导致成人教育的教师队伍一直处于动态变化之中,数量不保证,人员不稳定。

(10)质量之痛

一方面,为了减轻学生的经济负担,国家已十多年不允许成人高等学历教育的提高学费了。而正是这十多年里,CPI 以每年 3% 左右的幅度递增,管理人员工资水平和教师课酬金则更是成倍增加,使得以按当时的培养成本制定的收费标准收取的费用,在当初能收支平衡,今天却是入不敷出了。为了以教养教,学校只能节约支出,冻结成人教育专用教学设施的投入和建设,减少学生的实习实践环节,不请高水平高酬金的教师,甚至连理论课时也严重"缩水",这必然会使教学质量不断下滑。另一方面,生源质量下降明显,随着成人高等学历教育"补偿"使命的完成和普通高校的跨越式发展,成人高考报考生源数量萎缩,而国家的招生计划却每年放大,报考与录取之比逐年上升,高起专的录取率基本达到 90% 以上,专升本的录取率也上升到 80%。这样高的录取率,除了考试放弃者外,想"深造"的基本都能实现"大学梦"。的确,成人教育应该帮助人人成才,可社会认知却总拿现在的学生与当年尚属精英教育的学生比水平,或者与同校的普通全日制学生比高低,这不得不让成人教育同仁再次深感质量下滑之痛。

第三节 普通本科院校成人教育转型的路径与机制

一、普通本科院校成人教育转型的路径

面对发展中的现实困境和新时期赋予的社会使命,普通本科院校成人教育必须更新教育理念,找准发展定位,优化教育结构,丰富教育类型,深化教学改革,创新培养模式,突破资源瓶颈,改善教学环境,健全管理规程,坚持质量为本,扩展服务功能,实现转型发展。

1. 教育理念转型

何谓"教育理念"? 教育理念能不能转型? 考稽国内极具权威性的由董纯才主编的《中国大百科全书·教育卷》(1985年版)、李冀主编的《教育管理辞典》(1989年版)、顾明远主编的《教育大辞典》(1990年版),均不见"教育理念"之词条,但这不妨碍学界对"教育理念"一词的使用。

20世纪90年代末,开始有学者从不同的维度对"教育理念"进行界说。王冀生教授在《现代大学的教育理念》一文中分析了教育理念与教育思想、教育规律的联系和区别,给教育理念下了这样的定义:"教育理念则是人们追求的教育理想,它是建立在教育规律的基础之上的。""科学的教育理念是一种'远见卓识',它能正确地反映教育的本质和时代的特征,科学地指明前进方向。"[1]李萍教授等人在《教育的迷茫在哪里——教育理念的反省》一文中认为:"教育理念是关于教育发展的一种理想的、永恒的、精神性的范型。教育理念反映教育的本质特点,从根本上回答为什么要办教育。"[2]陈桂生教授在《"教育学视界"辨析》一书中则从对教育"理念"与教育"概念"的辨析中加以区分与理解,认为教育概念是关于"教育实然状态"的规定,而教育理念则是关于"教育的应然状态"的判断,是渗透了人们对教育的价值取向或价值倾向的"好教育"观念。[3] 笔者此处所述的"教育理念",采用了上述三位专家的释义,认为教育理念应该是"一种建立在教育规律之上的应然状态的教育理想,是一种精神性的范型"。可见,这种能反映教育的本质和时代特征的"理性观念",[4]

---

① 王冀生.现代大学的教育理念[J].辽宁高等教育研究,1999(1):31—34.
② 李萍、钟明华.教育的迷茫在哪里——教育理念的反省[J].上海高教研究,1998(5):22—25.
③ 陈桂生."教育学视界"辨析[M].华东师范大学出版社,1997:4—12.
④ 汉语大词典编委会.汉语大词典(第四卷)[M].汉语大词典出版社,1989:571.

不仅可以观照教育发展全局、左右发展速度、调控发展层次、制约发展规模、引领发展方向,而且还能随着经济社会转型实现从一个"范型"向另一个"范型"的蜕变。那么,普通本科院校成人教育中有哪些理念需要转型呢?

(1)教育观:变"终结型教育"观为"终身型教育"观

我国现行的普通本科院校成人教育,基本奉行着传统的"一次性教育",即"终结型教育"理念,认为"教育一次,受用一生",学员完成尽量正规的大学教育就能形成足够其一生享用的知识宝库了,大学教育的完成意味着学习生涯的终结。但随着产业升级和知识经济时代的到来,一方面,知识半衰期日益缩短,另一方面,从业人员的职业流动速率却日趋加快。这就导致了两个对应的结果:一是每个人年轻时候掌握的知识可以管用一生的理论破灭;二是个人所从事的职业岗位再也无法从一而终了,无论是更新原岗位的知识技能,还是为了转岗需要的知识拓展,都必须继续教育,终身学习。因此,高校成人教育必须改弦更张,从"终结型教育"思维中跳脱出来,树立"终身型教育"理念。

(2)教学观:变"再现型教育"观为"创新型教育"观

如果说农业社会的教育是克隆过去的教育,工业社会的教育是复制现在的教育,那么,后工业社会或者说知识经济社会的教育应该是创造未来的教育,因为知识经济更加彰显了人的创造性作用,人的创造力潜能成为最具有价值的不竭资源。然而在知识经济已日见端倪的中国,普通本科院校的成人教育仍是一种"经院式"的再现型教育,一心传承祖宗之道,教授先帝之业,解析六经之惑,不能以培养学生的创新精神和创新能力作为人才培养的核心理念,重知识性教育,轻创造力教育。完整的创造力教育不仅要有创新教育,培养学生的创新精神、创新能力和创新人格,还应有创业教育。虽然成人教育的对象大多已从业,但这并不意味着他们就不需要创业精神、创业能力和创业人格的培养了。本科院校成人教育不仅应该而且必须加强创新与创业的教育,并促成二者的融合,否则,将与学习者的愿望渐行渐远。

(3)人才观:变"学历型教育"观为"能力型教育"观

由于"学历补偿教育"的惯性,普通本科院校成人教育习惯于开展针对成人的"学历教育"。它以学科、专业为中心,重视系统化知识的传授与吸纳,轻视教育过程中知识向能力的转化工作及其内化为学生的良好素质,忽视知识、能力与素质在人才整体结构中的相互作用、辩证统一与和谐发展;它以要求学生按部就班地完成教学计划规定的课程、循规蹈矩地服从各项管理为基本目标,不能以点拨、启发、引导、开发和训练学生的创造力和多样化的岗位技能为基本目标,重学习经历、轻实践能力,重考试成绩、轻综合素质。这种教育培养的人才有"学历"无"能力",有"文凭"没"水平",长此以往,神仙老子也阻挡不了教育质量的下滑。"能力型教育",顾名思义,主张能力与素质比知识更重要,把学员职业能力的培养与提高作为教育教学工作的中心。

(4)组织观:变"班级集体型教育"观为"个体自主型教育"观

工业经济的集约化生产需要同质劳动力的批量化培养,于是催生了班级集体型教育,它经济、高效,是一种真正的低投入高产出的人才培养模式,大学教育都乐意沿用,尤其是普通高校的成人教育,更是乐此不疲。为了减少支出,节约成本,追求利润最大化,有的学校还以边际效益理论为依据,出台了专业、班级招生人数不得低于 30 人的规定,否则不予开班授课。同时,还采用"六统一"的教学管理规程,包括统一的教学目标、统一的教学大纲、统一的教学计划和课程安排、统一的教材和教学方法、统一的考试制度与评价体系等。然而,班级集体型教育模式存在着一个致命的弱点,那就是扼杀个性,视育人为制器,整齐划一,只有考试分数上的差异,没有职业能力上的区别。而知识经济时代是一个创新的时代,它需要大批具有丰富而鲜明个性的个性化人才来支撑,因此它催生出个性化教育理念。它强调尊重个性,正视个性差异,鼓励张扬个性,主张针对不同的个性特点采用不同的教育方法和评估标准。鼓励学员结合学习目标,自主选择学习内容和方法,实现从共性化教育模式向个性化教育模式的转变。

(5)目的观:变"创收型教育"观为"创业型教育"观

我国普通本科院校成人教育的商业化指向日趋显现,许多学校的成人教育学院都成了学校创收的窗口。把成人教育当作创收来办已经演绎成了高校领导的办学理念了,给成人教育定经济指标已成了各校对成人教育目标管理的核心要素。一些学校的成人教育为了创收、提成,采用"资源寻租"的办学模式,不惜卖牌子,乱办班,盲目合作办学,造成市场混乱和质量下降。对此,早在 2009 年年初,时任国务院总理的温家宝在听取科教文卫体各界代表对《政府工作报告(征求意见稿)》的意见时就指出:"一些大学功利化,什么都和钱挂钩,这是个要命的问题。"显然,这种"利润动机"驱使下的"创收型教育"办学理念又是一块实现成人教育转型的绊脚石。"创收型教育"理念可能源于当初的"教育产业化"思潮。而以在职人员为培养对象的成人教育理应具有公共属性和公益性,其作为一项崇高的社会公益性事业的性质已在《教育法》中做明确规定:各校制定成人教育发展规划及管理政策时,不能以教育产业化的思想来指导本校成人教育发展,更不能作为学校创收、摆脱财政困难的手段。应该用"创业型教育"理念取而代之,把成人教育视作《教育规划纲要》提出的"到

2020年,基本实现教育现代化,基本形成学习型社会,进入人力资源强国行列"三大战略目标的基石。高校成人教育必须具有强烈的创业精神和丰富的创新研究成果,与传统大学成人教育相比具有更强的品牌效应、开拓实力、团队合作精神、应对外界环境变化和资源获取的能力,教学与研究更注重面向实际问题和更为有效的知识转移运作机制。

2.人才培养模式转型

什么是"人才培养模式"? 我国很多学者都曾对它下过定义。其中较为典型的界定有:周远清认为,人才培养模式是人才的培养目标、培养规格和基本培养方式;钟秉林做出的阐述为,人才培养模式是学校为学生构建的知识、能力和素质结构,以及实现这种结构的方式;龚怡祖把它看作是一种结构和过程的统一体,是指在一定的教育思想和教育理论指导下,为实现培养目标而采取的培养过程的某种标准构造样式和运行方式;刘红梅、张晓松则把它泛化到教育的全过程,认为是教育思想、教育观念、课程体系、教学方式、教学手段、教学资源、教学管理体制、教学环境等方面按一定规律有机结合的一种整体教学活动,是根据一定的教育理论、教育思想形成的教育本质的反映;等等。笔者的观点倾向后者,认为"人才培养模式"是指在一定的教育理论、教育思想指导下,按照特定的培养目标和人才规格,以相对稳定的教学内容和课程体系、管理制度和评估方式,实施人才培养的过程的总和。因此,探讨成人教育人才培养模式转型,也必须涉及人才培养的整个过程。主要有:

(1)培养规格:从"单一学科型"到"复合应用型"

传统普通本科院校成人教育培养的人才,因培养计划基本套用普通高等教育的培养方案,坚持以学科为中心,过分强调知识的系统性,忽视了实践性教学;过多强化教师的主导性,弱化了学员的主体性、能动性;过于拘泥专业间的区隔,忽视了职业间众多知识和能力的融通。因此,其培养的人才规格是典型的知识型专门人才,专业知识单一,职业能力缺乏,适应岗位狭窄。这样的人才规格与新时期社会急需的人才模式不相吻合。随着产业升级,实现从中国制造到中国创造,急需数以亿计的既具有较高的知识层次、较强的创新能力,又能熟练掌握岗位技能的"复合型应用"人才。然而,据统计,当前我国获得国家职业资格证书及具有相当水平的技能劳动者仅占所有城镇从业人员的33％,包括高级技师、技师、技工在内的高技能人才则仅占技能劳动者的21％,而发达国家的这两个比例分别是50％和30％以上。因此,成人教育培养的人才规格必须重新定位,应以市场需求为导向,适时构建起以学历证书与职业资格证书"双证复合"为特征的"学历＋技能"型人才培养模式。这样既坚守了"高等性",又强化了"应用性"、更突出了"复合性",必然提升普通本科院校成人教育服务社会的能力。

（2）课程体系：从"就业适应型"到"创业导向型"

以往的高校成人教育课程体系具有严重的"普教化"烙印,绝大多数学校没有建立起与成人教育相应的课程体系建设机制,习惯于学科型的思维定式,课程结构过度追求理论体系的完整性和逻辑性,导致其所培养的人才就业竞争力的缺失。对此,我们必须加以改革。其实,课程体系的构建,必须着眼当下,放眼未来。从着眼当下来看,关键是要适应目前我国经济社会发展、产业结构调整和学习者多样化的需求,构建以提升学习者职业发展能力为重点的课程体系,把技能培训、职业技能课程、实习实训等纳入课程体系建设,以提高其培养人才的就业率。但从放眼未来的视角,仅有这些改革是不够的,尤其是普通本科院校中的重点大学开展的高层次培训,还必须加强创业型教育内容。与就业适应型教育不同,创业型教育更强调人的"会学习"与"会做事"的高度统一。创业教育十分强调培养人的"三自"精神,即"自学"、"自教"和"自做"。因此,创业型教育课程体系具有综合统一性,即从宏观角度看,创业教育应是基础教育的课程体系,不断引入新理论、新知识、新技术和新方法,及时更新、调整课程内容。高新、职业教育和继续教育三大教育体系的交叉整合,是知识、技能和情感教育的整合,也是学术证书、职业证书和创业证书三证的整合。从微观角度看,是复合型跨学科课程教学的整合,是基础课程与职业技能、实训实践课的整合,也是课堂理论教育与课外活动教育的整合、一般发展与特长发展的整合。①

（3）教学方式：从"学年制导学型"到"学分制混合型"

传统的成人教育已形成了一个固定的教学模式,即在学年制框架下,以教师为中心,以满堂灌为特征的单向灌输的导学型教学模式。这种模式的不足之处主要表现为：一是知识传递的单向性；二是知识结构的单一性；三是教学方法的单调性。它以教定学,甚至以教代学,忽视了成人学员的多元能动性。人才培养规格的转型要求普通本科院校的成人教育必须相应地建立以学分制为基础,学生自主选课学习、教师导学助学和跟踪服务相结合的新型教学方式。通过完善数字化技术环境和数字化学习资源,构建网络教学和面授教学、教师导学与学生自学相结合的混合式教学模式。积极开展基于信息化的泛在

---

① 从就业型教育到创业型教育[N/OL]. 光明日报,2004-03-24. http://www.gmw.cn/01gmrb/2004-03/24/content_7434.htm

学习、移动学习等教学,实现正式的课程学习(基于学习资源和教师的正式学习)、非正式资源学习(完全基于数字化资源的非正式学习)和准正式主题学习(介于正式与非正式学习之间的一种学习模式)的融合。混合型教学模式的优点是具有主动性、持续性、及时性、可获取性和交互性,它不仅可以随时与教师联系请教,更能同步或异步地与学习者进行交流讨论,开展协作学习,并通过对学习资源的拆分,让学习时间碎片化,这更利于在职成人的工余学习。

(4)教学管理:从"传统手工型"到"现代智能型"

随着因特网(Internet)用户的普及和高校成人教育"学分制混合型"教学模式的实施,无纸化的教务管理将一步步得以实现。信息的自动处理以及网络式的信息交互方式越来越被人们认可和应用,让计算机来管理教学的相关信息是现在各个高校都在积极进行的工作之一,也是今后高校成人教育教务管理工作的最重要的方式之一。因此,传统手工的教学教务管理必须转变为基于信息化、智能化的现代教学管理模式。这种模式主要包括:基于信息化技术的选课、学习、考试一体化服务平台,加强对学生学习过程的跟踪服务;基于MOOC(Massive Open Online Course,大规模网络开放课程)形式的网络课程平台,加强对以优秀教师为主体的成人教育教师团队的培育和其所提供的课程教学的交互性、资源的可视性、内容的针对性等进行科学评价;建立健全导学、促学、督学制度,加强教学、服务和学生学习过程管理;建立学生个性化学习电子档案,以课程作业、学习记录、平时考核等过程性评价为主,逐步形成过程性评价与终结性考核相结合的学业评价机制。基于大数据、云计算和移动互联网等技术的质量监控、服务跟踪、信息反馈、对外发布等管理方式。总之,传统纸上的选课选题、学习指导、学业考试、成绩评定等,既浪费大量人力物力,又花费大量时间,还不可避免地会出现错误,因此,这种管理模式必将被无纸化的智能管理所替代。

(5)考核评价:从"一元主体型"到"多元协作型"

考核评价具有鉴定、导向、激励、诊断、调节、监督等功能,在成人教育人才培养中有着举足轻重的作用。然而,由于传统本科院校成人教育,一方面,封闭式办学,与其他高校、单位基本没有形成课程免修、学分互认的制度,无意中构筑了校际间、校企间及校政间的学业互认壁垒,能对学生进行考核的只能是所在学校,形成了考核主体的单一性;另一方面,同一学校内的学历教育与非学历培训之间、成人教育与普通教育之间也没有打通学习成果认证通道,再加上培养的是知识型人才,因此,其考核方式也大多使用闭卷形式,呈现出考核方式的单一性。随着学生从事岗位变动频繁,区域间的流动性增加及人才培养规格的改变,这种单一主体、单一方式的考核评价方式已不适应,高校必须构建起多元主体参与、多种方式相综合的"多元型"评价体系。应建立校内学历教育与非学历培训课程、全日制课程间的认证与开放选课机制,通过校校、校企联盟合作等途径,建立成人教育课程认证制度和学习者跨校、跨专业的选课制度,推进高校之间、高校与开放大学及独立设置成人高校学历继续教育学分互认,与行业资格证书考试、高职院校、职业技能鉴定单位等合作进行学习成果认证和转换。努力改革一以贯之的单一的学校考试评价方式,建立起"学校课程考试、社会技能考证、合作培养单位考评"相结合的"三位一体"的综合评价体系。

3.教育发展方式转型

教育发展方式是实现教育发展的方法、手段和模式,是指推动教育发展的各种要素投入及其组合的方式,其实质是依赖什么要素,借助什么手段,通过什么途径,怎样实现教育发展。[①] 这个定义用在对普通本科院校成人教育发展方式的阐释也十分贴切,它所探讨的也不外乎是发展因为谁、发展为了谁、发展依靠谁等问题。随着普通高校成人教育所处的时代背景,包括人口态势、就业状况、产业结构、社会转型等发生巨大变化,导致其用过去的发展方式实现的发展结果与未来目标相距甚远,教育结构与产业结构不能成功耦合,教育发展与经济增长缺乏良性互动。因此,根据我国经济社会发展方式转型的要求适时调整普通本科院校成人教育的办学方式、办学体制、教育结构、管理模式等,显然十分必要。

(1)增长方式:从"外延扩张型"到"内涵提升型"

回眸和反思改革开放30多年的实践,我国普通本科院校成人教育的发展主要依靠政策主导的规模扩张方式发展,或者说,高校采取的主要是外延扩张型的教育增长方式。这种发展方式偏重办学规模和招生数量,追求量的扩张,主要依靠高校既有财力、物力、人力资源的挖潜利用,或者通过成人教育自身的"低成本"、"高回报"竞争再进行"高投入",以支持外延发展。对教育来说,规模与质量似乎是一对不可调和的矛盾。按理说,属同一所高校的毕业生,不管是普通教育还是成人教育,应该"同层次、同专业、同质量"。然而,由于各校的人力、物力、财力等资源基本是按普通教育的规模需要和质量要求配置的,尽管多数教学资源除满足普通教育后略有富余,尚能为成人业余教育所利用,可当成人教育招生规模达到与普通生相当的时候,资源瓶颈问题显露无遗,如果不追加投入,必然导致人才培养过程中的偷工减料。问题是,在"利润驱使"

---

① 贾继娥,褚宏启.教育发展方式转变的三条路径[J].教育发展研究,2012(3):1—6.

办学观面前,多数学校选择了"低投入、高产出"的"以教养教"策略。再者,外延扩张型成人高等教育发展的现实结果是高校间不能错位竞争、特色发展,重复建设明显,造成了社会资源的结构性浪费。因此,新时期的普通本科院校成人教育的发展在教育资源投入有限、传统生源不断萎缩的情况下,不能继续依靠外部资源、物质资源的追加,只能通过依靠内部资源、人力资源的挖潜来寻找新的内生动力,包括优化教育结构、提高教师素质、创新管理方式、整合教育资源、调整办学布局、完善专业设置、改革教育内容、改进教学方法和手段等举措,提高核心竞争力,开发和利用教育要素的潜在优势,增强教育资源的合理配置,提升现有教育资源的共享率和使用率。只有这样,才能实现各类教育之间的纵向衔接和横向沟通,实现教育质量与办学效益的双提升。质量与效益是内涵提升型发展方式的两个关键要素。质量与效益关系紧密。质量是核心,没有质量,普通本科院校成人教育就成了无本之木;效益是保障,缺乏效益,普通本科院校成人教育就成为无源之水。

(2)教育结构:从"学历倚重型"到"多类并重型"

在成人高等教育的类型、层次与专业结构方面,存在着严重的同质化、划一化、千校一面状态,侧重学历教育,忽视非学历培训。并且,即使在学历教育内部,也是文、理、工科比例不合理,层次、专业结构不协调,职业教育不充分,技能训练不完全,高端培训难有为。"学历偏重型"教育结构导致所培养的人才,从量态上打量呈"中间大两头小"的橄榄型,即高端的创新型人才和低端的技能型人才数量小,中间层次的低成本知识型人才占比大;从质态上审视现在的"类型趋同"的金字塔型,大量的管理类、财经类、文史类等"易办易教"专业毕业生构成人才金字塔独大的底座,紧缺专业人才由于培养成本高而不愿投入,促使其显得更加稀缺,成了塔尖。这种"急需的专业不开设,开设的专业不急需"现象,不能很好满足人民群众日益增长的对多样化、多层次、多形式、高质量成人高等教育的需求,也不能很好契合社会大转型、经济大发展、产业大变革的需求。教育结构转型的前提和目标是最大限度地突破学历教育的功利性,回归成人教育的公益性和社会性,根据培养目标的类型差别和规格差别调整办学类型、教育层次和专业结构,构建类型、层次、专业、形式等"多元并重型"的教育结构。首先,从办学类型多元化看,分为学历与非学历教育两大类型。学历教育又分为函授、业余、脱产班、网络教育、自学考试等类别,非学历培训又有证书教育、教师教育、干部教育、职工教育、社区教育、岗位培训等多种类型。对普通本科院校成人教育来说,应充分发挥学校的特色和优势,在稳步发展学历教育的同时,大力发展各类非学历教育,适度参与社区教育。其次,从教育层次多元化看,分为成人初等教育、成人中等教育、成人高等教育三大层次。成人高等教育又涵盖专科、本科、在职研究生和大学后继续教育。本科高校的成人教育应以本科教育和大学后继续教育为主,适当上延下拓,与高职高专错位发展。第三,从专业多元化来看,大致分为学术型、应用型、复合型三类。成人教育的准确定位应该是培养"工程师"而不是培养"科学家"。最后,从形式多元化来看,有正规教育、非正规教育和非正式教育三大类别。本科高校成人教育在规范发展正规教育的同时,也应积极参与、组织、引领各类非正规和非正式教育活动,为构建终身教育体系、建设学习型社会、打造居民的文化家园尽责尽力。

(3)办学模式:从"封闭自主型"到"开放合作型"

长期以来,我国普通本科院校成人教育在科学理性主义思维支配下,依据学科专业发展逻辑进行制度设计、目标定位、专业设置、课程安排、教法取舍等,基本处于"象牙塔"内的"自我"状态,具有极强的自主性、区隔性和固定性,久而久之,形成了"封闭自主型"办学模式。"封闭自主型"办学模式的主要弊端是培养目标没有充分考虑与社会需求衔接,课程内容与成人认知规律几乎断裂,学科间没能打通体系壁垒,优秀教育资源不能共享,学校与地方相互隔离。然而,随着我国经济区域一体化、全球化进程的加快,要求高等教育,特别是成人高等教育纳入区域化、全球化发展视野。成人高等教育如果长期游离于区域经济社会发展之外,必然造成其培养目标、服务对象和依托资源的迷失。因此,"开放合作型"办学模式必将是今后成人高等教育发展的必然选择。"开放合作型"办学,首先强调的是开放,即高校应全方位、多层次、立体化地开放办学,包括学习对象开放、资源投入开放、课程资源开放、师资力量开放、教学过程开放、学习成果开放等,通过开放延伸办学资源,提升办学能力,增强服务功能。全方位开放必定带来多层面合作。高校应积极构建以服务区域经济社会发展为导向的对外合作关系,包括:一是"校政合作",高校与政府部门通过项目承办、委托培养等途径,逐渐形成一条"政府出资、单位组织、大学培训、社会受益"的合作机制。二是"校企合作",高校与企业协作,通过学校加入企业或企业参与学校办学和管理等形式,构建一种"产学衔接、资源共享、相互支持、互利共赢"的办学模式。三是"校际合作",高校之间、高校与其他学校组织之间合作办学,实现"优势互补、学科交叉、互惠互利、协同发展"的办学效益。四是"中外合作",高校与国外成人教育机构、国际成人教育组织之间开展境内外合作办学,完善"扩大交流、规范办学、依法管理、促进发展"的成长路径。当然,与不同对象间的合作其类型也不尽相同,既有紧密型合并办学,也有松散型合作办学,还有延伸型依托办学。但不管与谁合作、采用何种形式,都是成人教育迎合社会转型要求的必由之路。

(4)运行模式:从"行政管理型"到"市场服务型"

由于受计划体制和行政管理意识的长期浸淫,我国普通本科院校成人教育系统的运行模式基本是僵硬的"行政—计划—行政"模式,前一个"行政"是政府主管,后一个"行政"是指高校内部所采取的"行政管理型"管理模式。高校成人教育机构总是以管理机构者的身份面向教师、学生和社会,领导层存在极强的"官本位"、"权本位"意识,习惯于做"职务型"而非"职业型"领导。① 随着社会结构转型、经济体制转轨、发展模式转换,高校成人教育的运行模式应该是一个充满活力、富有弹性的"市场—服务—市场"模式。这里前一个"市场"是社会需求,对高校来说是一个无限大、可以筹谋的"潜在市场",后一个"市场"是在校学生,是一个正在文化消费的"现在市场"。两个"市场"之间必须以"服务"为中介,才能够把二者的关系从"或然"孕生为"必然"。显而易见,这里的"服务"蕴涵两层含义:一是社会学意义上的服务,即为别人、为集体的利益而工作;二是经济学意义上的服务,即通过等价交换原则,为满足社会公众的需要而提供劳务活动并使他们从中受益,同时,高校自身也能从对社会服务的过程中获益。那么,高校成人教育应该怎样服务社会呢? 先从"市场—服务"关系看,"服务"不能仅仅立足于"被需要"状态,应该挣脱历久弥坚的"人适应教育"思想的钳制,重塑"教育适应人"的培训文化,构建起以市场需求为导向,与经济社会发展相适应,与产业升级发展相衔接,机制灵活、充满活力的服务体系。再从"服务—市场"的关系看,"服务"当然不再是"管理",学生也不再是"被管理"对象,而且,"服务"也不能仅仅停留在"被消费"水平,而应是为学生提供全程、全面、全员服务,做到公益与私益平衡,效率与公平兼顾。

二、普通本科院校成人教育转型的保障机制建设

普通本科院校成人教育要想顺利转型,必须建立相应的保障机制。

1. 创新办学管理体制机制

(1)明确自身发展定位

首先,必须明确高校成人教育的体系属性。从教育体系而言,我国目前正在积极构建"现代国民教育体系和终身教育体系",以"保障人民享有接受良好教育的机会"。② 普通高校成人教育作为"传统学校教育向终身教育发展的一

---

① 马启鹏. 基于转型视阈中的高校继续教育组织机构革新[J]. 教育发展研究,2011(9):67—71.
② 中共中央关于构建社会主义和谐社会若干重大问题的决定[N]. 人民日报,2006-10-19.

种新型教育制度"①正处于两大体系的节点:办学隶属于国民教育体系,教育属性为终身教育体系。显然,处于国民教育体系边缘地带的高校成人教育,却基本享受不到国民教育能享受的权利和待遇;但它又处于终身教育体系的核心地位,"是终身教育体系的重要组成部分",必须担当起终身教育的义务和责任。因此,普通本科院校成人教育转型,首先必须摒弃国民教育的"计划型",变办学的计划体制为市场体制,以终身教育的理念、特点、政策做指导,实现自主、自愿、自由、自助发展。

其次,各类型、层次的高校成人教育应科学定位,实现错位发展。普通本科院校要充分利用学科专业、课程资源、师资、科研成果等综合优势,开展学历教育和高层次的专业技术、管理等人才的培训。985 等高水平重点大学应发展高层次、高水平、高质量的学历和非学历教育;行业背景高校要紧密结合行业发展需求,面向行业举办以人力资源建设和人才队伍培养为重点的成人教育;地方院校要积极融入区域经济社会发展,根据区域发展需求开设专业和设置培训项目,构建服务区域的成人教育体系。

(2)建立统筹高效的管理体制

一方面,要积极投身高校外部的一体化管理体制建设。目前,我国成人教育尚缺乏全局性的统筹、协调机构以及有效的推进机制。管理上存在部门分割、资源分散、重复建设等浪费和低效现象,教育行政部门以外的其他行政部门掌握着大量的教育资源和成人教育管理职能,致使政出多门,给成人教育的协调发展构成了严重的体制性障碍。因此,高校应该积极建议,投身改革,为国家建立成人教育行政管理一体化体制献计献策。另一方面,要着力构建高校内部的管办分离管理体制。要根据管、办、评、督分离原则,建立和完善由分管校长负责的成人教育统筹归口管理机制,设立专门的成人继续教育管理处室,代表学校统筹管理全校成人继续教育工作。为确保管理处室工作公平、高效,可同时设立一个成人教育工作指导委员会和一个成人教育督导委员会,聘请部分离任领导、相关部门现职负责人和专家参加成人教育的规划和评估监督工作。专门管理处室应统筹规划,建立成人教育与全日制教育、学历教育与非学历教育协调发展的机制,理顺和整合校内成人教育、继续教育、网络教育、培训教育等多种资源和机构,协同校内专业院系开展项目开发、师资培育和课程建设,保障成人教育的有序发展。

---

① 中共中央国务院.中国教育改革和发展纲要[N].人民日报,1993-02-14.

（3）建立经费多渠道筹措机制

一方面,国家应加大对普通高校成人教育的财政支持力度。另一方面,可借鉴国际社会流行的做法,建立成人教育成本分担机制。目前,国际社会主要流行三种成本分担模式:一是如英国的"国家—个人—企业"分担模式;二是如德国的"政府—企业"分担模式;三是如新加坡的"政府—社会"分担模式。我国应根据我国实情建立一套政府、企业、个人合理分担成本的经费保障机制。鼓励地方教育行政部门联合其他部门、行业企业研究制定学习者以多种形式参加高校成人教育的财政税收政策和学历教育生均财政拨款基本标准,扩大社会资本进入成人教育途径,多渠道增加成人教育投入。

（4）建立多头"进出口"制度

随着成人高等教育供给约束型时代的终结,过去那种"有计划、按比例"的成人高等学历教育招生制度行将就木。高校成人学历教育实行多样化招生、入学和多证书结业、毕业制度指日可待。取消全国统一入学考试,各省可根据经济社会发展需要规划教育发展规模,各校招生可实行省级统考、省级考试和高校考试结合、区域或行业院校联考、高校自主考试等方式,招生工作实行省级统筹管理。同时实行课程证书、资格证书、学历证书、学位证书等多证书制度。根据修学年限、课程多少、学分高低、学术水平等不同,按标准发放毕业证书、学位证书、结业证书、课程证书、职业资格证书、项目结业证书等;符合学分积累、学习成果转换条件的可换发相应层次学历教育毕业证书,实现各种类型成人高等学历教育统一的毕业文凭。

2.改革教育质量保障机制

（1）建立教师激励机制

普通本科院校要办出高质量的成人教育,必须拥有三支专业化的队伍,即专业化的管理队伍、专业化的教师队伍、专业化的研究队伍。因此,高校要建立和完善相应的激励政策。一是要鼓励优秀员工进入成人教育管理队伍,要注重队伍的年龄、学历、职称、专业结构,改变以往成人教育机构管理人员福利性选择取向,采取绩效考核、优胜劣汰的任期制。二是要鼓励优秀教师、名师参与成人教育教学和资源建设。建立健全高校与行业企业教师互聘共享的机制,鼓励高校从企事业单位聘请一批具有影响力的专家和专业技术人员为兼职教师,建立专兼职结合、校内外融通的教师队伍,实行双向选择、优质优酬的评聘制。三是要鼓励从事成人教育的管理者、教学者开展成人教育工作研究,引进培养专门人才开展有关成人教育重大课题研究,以研究促发展,实行成果奖励。总之,学校对上述三支队伍与其他各类人员要一视同仁。无论是对承担成人教育教学工作教师的工作量和成果的认定,还是对从事成人教育工作的各类人员的职称评聘、业绩考核等,均应实行统一的人事制度。成人教育学院也必须相应地完善教师培训、国内外访学等考核奖励制度,以大幅提升从业人员的专业水平。

(2)建立学分互认机制

建立学历教育与非学历教育、成人教育与普通教育之间,本校课程与外校课程、高校教育与行业培训、在堂教育与在线教育等之间的学分互认,允许将通过各类教育取得的学习成果通过规范认定折合成相应的学分,与学历教育的学分累积,获取学历文凭。积极探索将不同教育内容折算成学分的质量标准及相关的操作办法,有步骤地、分期分批进行"学分银行"建设,实现同层次、规格、形式教育之间的学分互认和不同层次、规格、形式教育之间的学分兑换,进一步促进各类成人教育的协调发展。

(3)建立资源共享机制

普通本科院校要积极推进学历与非学历、本科与高职、职前与职后教育的沟通衔接。探索建立校所(科研院所)、校企、校地、校校合作办学和资源共建共享机制。特别是优质实训、实践基地的建设上,更要加强校企合作,共建共享实验、实践、实训课程和基地。改变以往对成人教育实践实训不正确的偏颇认识,认为成人教育对象是在职员工,本身就处于实践岗位,因此,成人教育的实践环节就可有可无了。通过共建共享机制,做到实训实践基地建设有专门场地,有先进设施,有专职指导教师,有高质量实训过程。

(4)建立多元化质量评价机制

高校应根据新时期社会对应用型人才需求的要求,建立以提高应用能力和综合素质为导向的高层次人才培养要求,制订实施成人教育本专科专业教学质量标准,协同行业部门依据国家标准制订相关专业人才培养评价标准。创建教育行政部门监管、行业监督、学校自检自评、学生评价、专业评估机构参与的多元化成人教育质量监控评价机制。要充分发挥行业组织在教育质量评价中的作用,逐步建立省级教育行政部门网站内的高校成人教育质量评估公开制度。

(5)建立依法治教机制

完善的成人教育法制体系是保障高校成人教育良性发展的强力支撑。在许多国家,成人教育法制建设十分完善,但我国成人教育的法制建设尚处于初步阶段,法制体系很不健全,突出的问题是政策文件多,法律法规少;相关法律多,专门法律少。并且,即使尚不完善的法制体系,高校也没有不折不扣地贯彻执行。因此,普通本科院校必须提高依法治教意识,规范办学,特别是对违规招生、虚假宣传、变相出卖文凭等行为要严于自律。教育行政部门要敢于严格执法,强制执法。配合教育评估公开制度,建立奖惩有力、激励为主的约束机制。

第四节 普通本科院校成人教育转型的典型案例

一、国家重点本科院校成人教育转型的典型案例
——清华大学继续教育转型发展的实践探索

清华大学的继续教育始于 20 世纪 50 年代举办的成人"夜大学",1985 年 5 月,成立了全国首家继续教育学院(夜大学 1993 年并入继续教育学院)。经过多年的改革、实践和发展,清华大学依托学校学科优势和专业优势,不断探索继续教育管理机制和办学模式的改革,逐步形成了"规模化、专业化、开放式"的继续教育办学模式,建立了"管办分离、权责明确"的管理方式,提出了"高层次、高质量、高效益"的办学方针,初步形成了以创新理念为先导、以社会服务为宗旨、以人才需求为导向、以资源整合为基础、以规范管理为保障、以质量评估为手段、以精品项目为核心、以办学效益谋发展的清华继续教育培训品牌特色,实现了继续教育的跨越式发展,在社会上产生了积极和广泛的影响。

1985 年至 2010 年 12 月,清华大学共培训各类人才 57 万多人,其中近 5 年办班 12075 个,培训 43.9 万人次。此外,2003 年启动的远程教育扶贫项目累计培训 104 万人次。表 3-3 所示为清华大学 2006—2010 年教育培训规模统计表。图 3-1 到图 3-4 分别给出了清华大学继续教育的一些数据。

表 3-3 清华大学 2006—2010 年教育培训规模统计表

年份	培训班数(个)	培训人数(万人次)	备注
2006 年	2203	7.1	
2007 年	2459	8.4	
2008 年	2691	9.5	统计数据中,不含远程教育扶贫培训数
2009 年	2165	8.8	
2010 年	2557	10.1	
合 计	12075	43.9	

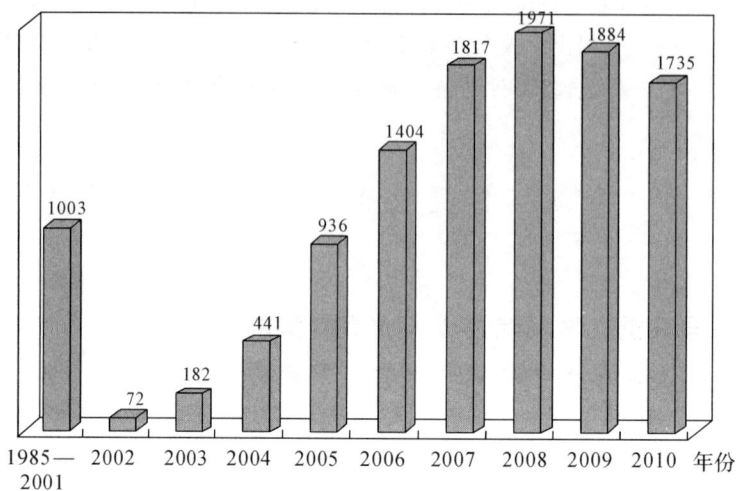

注：1978—1984 年清华大学继续教育办班数为 269 个。
注：1985—2010 年清华大学继续教育学院办班数为 11446 个。

图 3-1　清华大学继续教育学院办班数据一览

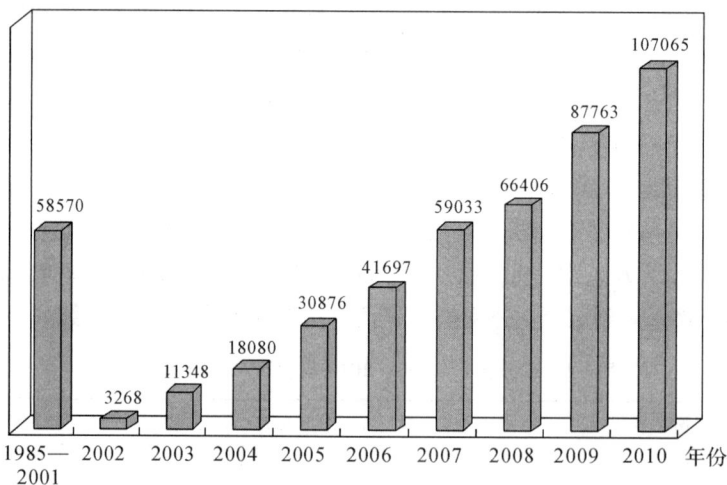

注：1978—1984 年清华大学继续教育培训人数为 16222 人。
注：1985—2010 年清华大学继续教育学院培训人数为 484106 人。

图 3-2　清华大学继续教育学院培训人数一览

培训人次

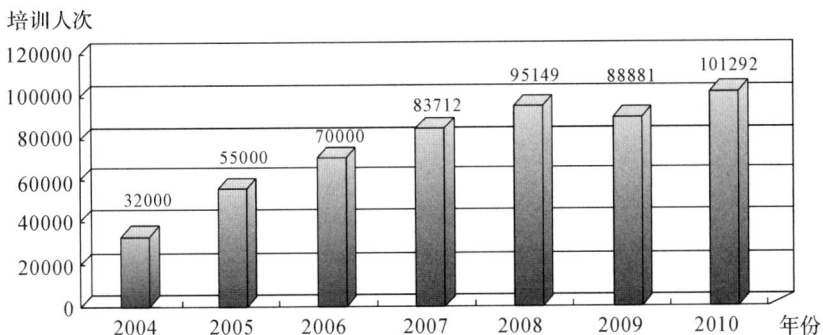

图 3-3 2004—2010 年清华大学全校培训人员对比图

培训人次

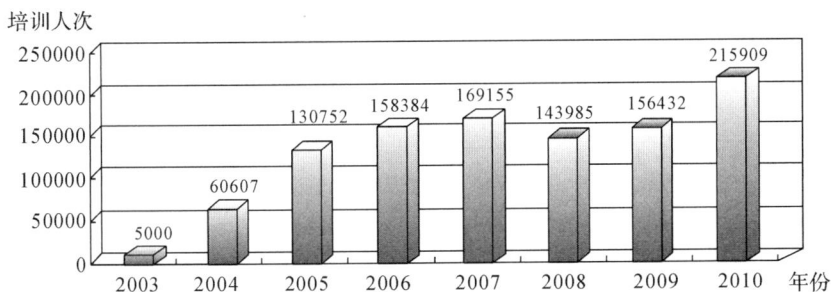

图 3-4 2013—2010 年清华大学教育扶贫建站及培训统计

1. 理念创新,明确清华大学继续教育科学发展思路

一流的大学要有一流的继续教育,一流的继续教育要有科学的发展思路。1993 年,清华大学确立了建设世界一流大学的目标。此后,围绕这个战略目标,对继续教育管理运行的体制机制进行了大胆探索和实践,确定了继续教育科学发展指导思想和目标定位,把继续教育作为人才培养的重要组成部分,提出了发展大学后继续教育的十六字方针:"积极发展,规范管理,保证质量,提高效益",明确了"三高三不"的办学原则:"高层次、高质量、高效益"和"不损害清华大学声誉、不挤占学校紧缺资源、不做成人学历教育项目"。目前,为贯彻落实《国家中长期教育改革和发展规划纲要》和《国家中长期人才发展规划纲要》,正在研究制定"学校继续教育发展规划"。

2. 管理模式创新,"五个方面"实现战略转型

在更新继续教育理念和明确定位的基础上,清华大学着力对教育培训管理模式进行创新,建立了新型继续教育管理体系,在以下五个方面实现了转型和创新。

一是办学职能转型。继续教育从"补偿型"成人高等学历教育转变为以提升能力和素质为目标的大学后高层次非学历继续教育。

二是培养对象转变。继续教育从成人高等学历教育面向"潜在人才"的培养转变为面向"现实人才"能力素质提升。

三是管理方式转变。从"行政职能"、"办学职能"合二为一的管理模式转变为"管办分开"、各司其职的管理模式。2002年,将继续教育学院的行政管理职能剥离,成立了校级行政职能管理部门——教育培训管理处,统一管理全校的继续教育、远程教育办学活动,整合校内的继续教育资源。继续教育学院改制为学校的二级办学实体,实行企业化的运作方式。

四是运行模式转变。从以教育培训计划为导向的运行模式转变为以国家、社会、行业、企业需求为导向的"市场化、企业化"运行模式。

五是开放程度的转变。从"相对独立和封闭"向"开放式、多元化"转变。

3.制度创新,实现继续教育持续、规范发展

2002年改制后,清华大学继续教育规模迅速扩大。学校高度重视继续教育管理的制度建设,经过调查研究,制定、修改、完善了教育培训管理文件,形成了一套完整的继续教育培训过程管理的文件体系。

学校2003—2004学年度第17次校务会审议通过了《清华大学教育培训管理规定(试行)》,2006年,学校颁布了《清华大学教育培训合同管理办法》。随着教育培训事业的发展,又陆续制定了一系列管理文件:《教育培训立项管理办法》、《教育培训合作管理办法》、《涉外教育培训管理办法》、《教育培训知识产权管理办法》、《研究生课程进修项目管理办法》、《教育培训学业证书颁发管理办法》等。各办学单位也一直把制度建设和规范发展放在重要的战略位置,使规范切实成为继续教育健康、有序、快速发展的重要保障。如作为清华大学继续教育办学主体的继续教育学院在2002年改制后,突出了制度建设,制定、修订了《干部管理规定》、《学院关于教学责任事故的处理规定》、《学院经济管理办法(试行)》、《学院优秀培训项目评奖办法》《培训项目管理流程(修订)》等一系列规章制度,涉及人力资源管理、经济管理、财务管理、合同管理、项目管理、教学质量管理、师资管理、科研管理、资产管理、国际合作管理、重要大型活动管理、奖惩制度等各个方面,为学院的规范化发展提供了有力的制度保障。

4.质量管理机制创新,逐步建立和完善了继续教育质量控制和保证体系

清华大学始终以质量为继续教育的生命线,从校级和院系级两个层面积极建设继续教育保障体系。

为了加强对全校教育培训工作及其教学质量的监督指导,保障学校继续教育事业可持续发展,学校建立了教育培训督导制度,聘用部分离退休干部和教师作为校级督导员,对全校培训课程进行抽查,了解并掌握全校各培训单位办学情况的第一手资料。同时,以继续教育学院、公管学院、经济管理学院等为代表的院系办学单位也制定本单位的教育培训质量管理标准,建立了教育培训督导制度。

以继续教育学院为例,该学院一直坚持以质量求生存,以品牌促发展的办学方针,逐步建立和完善了教学质量控制和保证体系,促进了又好又快发展目标的实现。一是建立了完善的培训质量制度体系。2002年以来,制定和实施了一系列培训质量监控制度文件,包括《培训班运作管理办法》《关于教学事故的处理规定》等规范性文件,这些办法和规定对培训项目立项要求、审批流程、宣传规范、授课教师的要求、教学事故的认定和处理作了详细的规范。二是完善质量管理机制。学院建立了以院领导、教学指导委员会、教学管理办公室以及教学督导组、业务部门等各方面、各层次的领导机构、专家小组或督查小组,负责对整个教学环节进行全方位的指导、监控、评估和考核,督导重点内容分为首次授课把关、课程质量监督、敏感话题监控、师资培养建议五个方面。为进一步健全学院教学质量评价和培训组织管理体系,2011年6月,学院又出台了《学院领导干部听课制度》,把学院干部自身能力素质的提高与教育培训质量管理有机结合。三是对培训活动的组织实施进行了全过程监督和管理,即从需求分析到项目立项、课程设计、师资保障、教学教务管理、考核、评估等培训的各个环节设立监督和检查节点,力求使项目全过程的质量得到保证。四是重视师资队伍建设。学院先后设立了教学指导委员会、学院培训质量保证小组、教学督导组、师资开发与管理小组,出台了一系列新措施,形成了教师管理的工作规范和工作要求。五是建立了持续改进机制。2009年开始,按照IACEE的《继续教育自我评估模型》进行了全院性自我评估,发现问题,系统改进,追求卓越。

5. 项目课程研发机制创新,不断提高继续教育服务社会能力

发展是硬道理。近年来,积极发展是清华大学继续教育工作的核心。经过几年的探索与实践,清华大学教育培训的业务结构逐步完善,形成了较为优化合理的课程项目体系,扩大了继续教育规模,取得了突出的业绩。

(1)积极拓宽教育培训服务对象、领域和范围,充分体现清华社会责任。

主动服务国家发展战略,切实履行服务社会功能是学校开展继续教育的首要出发点。

1)响应中央"大规模培训干部,大幅度提高干部素质"的号召,积极开展领

导干部培训。

清华大学作为中组部批准成立的首批全国干部教育培训基地,高度重视中组部牵头实施的中央和国家机关司局组干部选学试点工作,成立了由校党委常务副书记任组长、继续教育分管副校长任副组长和参加院系院长等为成员的干部教育培训清华大学基地领导小组,课程研发、专题班体系设计、师资遴选、教辅配备等无一不是高标准、高要求,取得了良好的培训效果。各培训单位还积极面向行业、面向省市、地区,开展了大规模系统性的干部培训,其课程体系均与其所在行业(或部委、系统、地区)的组织人事部门共同设计和开发,培训效果得到组织人事部门及学员的好评。

如 2010 年继续教育学院针对政府机关及事业单位举办管理培训项目403 期,有 20897 名政府领导干部参加了学习。学院重点加强了对政府及事业单位各层次人员培训体系的研究,针对政府行政管理职能的不同,在充分调研的基础上,设置相应课程。例如,针对地税系统开发的"地税系统中高层干部研修项目",在安徽省完成了省地税局,以及芜湖市、安庆市、铜陵市、淮南市等 8 个市级地税系统 256 名中高层干部的培训工作,受到了委托培训单位的好评。针对宣传文化系统干部举办的"宣传系统高级研修项目",培训了包括宣传部部长、外宣办主任高级研修班、新闻发言人高级研修班、"四个一批"人才高级研修班、新闻媒体负责人专题研修班等 7 期培训班,共 365 名中高层干部。针对教育系统研发的"干部能力提升高级研修项目",根据教育行政干部及学校中高层干部的特点和要求,设置了相应的课程,取得了良好的效果,2010 年举办了 9 期培训班,492 人参加了培训。

2)着眼科学发展,面向经济建设主战场开展培训。在经济管理培训中,清华大学特别注意高端培训品牌项目建设,2010 年与学校经济管理学院合作定制课程的企业和政府部门达到 34 家,其中大部分是国企及政府部门。继续教育学院开展了大量面向经济建设主战场的培训项目,主要有:面向金融、煤炭、电力、钢铁、汽车、房地产等重点行业,面向神华集团、中海油、国家电网、邯郸钢铁集团等重点企业,面向广西、海南及井冈山、晋绥、闽赣革命老区等重点区域,面向金融危机、节能减排、公共安全、三农问题等热点问题,开展了大量培训,取得了良好的社会经济效益。

● 中央企业班组长远程培训项目

2008 年 6 月,应国务院国资委委托,清华大学继续教育学院自主研发了"中央企业班组长岗位管理能力资格认证远程培训项目",课程总计 34 门、162学时。该项目已先后为 100 多家中央企业的近 4000 个下属单位 4 万余名央企班组长学员提供学习服务,参训企业跨越通信、能源、电力、钢铁、冶金、机械、航空、建筑、交通运输、化工、消费品等诸多行业。

2010年1月,前国务院国资委主任李荣融对该项目做出重要批示:"这是我委的一项重点基础工作,也是战略项目,看了报告,十分高兴,一定能办好、办成。望不松懈,重质量,创品牌。"

● 电力行业培训

伴随着电力行业的重组改革,自2003年开始,清华大学继续教育积极服务电力行业,从南方电网领导干部企业管理高级研修班起步,逐渐深入到南方电网各个分子公司的基层单位,从领导干部到基层员工,从通用管理知识与技能培训到专业技术技能培训,服务领域逐渐拓展,服务内容不断深化,服务对象从南方电网拓展到国家电网、大唐集团、长江电力、粤电集团、中电投贵州金元集团、华电集团、国电集团、华能集团、湖北省能源集团、山西国际电力集团等一大批大型国有企业。

● 核电行业培训

依托国家科技重大专项"高温气冷堆核电站示范工程"提供的有利契机,清华大学核能与新能源技术研究院积极探索产学研结合的新途径,立足于清华大学在"核科学与技术"学科的深厚技术储备和核工程设计、咨询及服务的专业背景,从满足核电市场对专业人才的需求出发,凭借强大的师资力量、专业的教学管理手段,发扬自主创新精神,研究开发了"核电站生产准备人员基础理论培训"课程,充分发挥作为我国高等教育系统规模最大的综合性的科研、教学、生产三结合基地的平台优势,将基础理论与反应堆堆上实践环节相结合,成功实施四期"华能山东石岛湾核电有限公司生产准备人员基础理论培训"项目,该项目荣获清华大学2009年度清华大学教育培训优秀项目一等奖,2010年清华大学教学成果二等奖。

● 铸造行业高级管理培训

清华大学铸造教育培训被中国铸造协会誉为"全国铸造教育培训工作的样板",起到了很好的示范作用。作为中国铸造协会教育培训工作委员会的挂靠单位,清华大学始终坚持引领和示范作用,以服务于国家需求为己任,根据中国铸造协会的总体工作安排,提出了我国铸造人才培养体系的建立构想,对全国的铸造教育培训网络建设制订出规划。截至2011年,每期4个月的系统铸造专业知识培训已开办36期,结业学员近2000人。

● 国际工程项目管理培训

清华大学引入先进的国际工程管理知识体系,以全系列实战培训产品,打开了获取国际专业资质的通道。清华大学先后与国际项目管理协会（IPMA）、美国项目管理协会（PMI）合作提供国际项目管理资质认证和培训服务，设有 FIDIC 在全球的第一个培训中心，并与英国皇家特许建造学会（CIOB）和英国皇家特许测量师协会（RICS）合作建立学习中心。

清华大学与中建集团、中交集团、中国航空工业集团、中国中铁、中国水利水电建设集团、中国机械工业集团、中国船舶工业集团、中国长江三峡工程开发总公司、中国海外工程总公司等大型工程企业紧密合作，共同推动我国工程管理人才培养方案的建设和完善。

3)积极服务国防建设和军转干部人才培养。继续教育学院在积极面向军工企业开展培训的同时，从 2006 年开始，推出中央企业军转干部企业管理高级研修项目，以促进军队干部向企业经营管理干部的角色转变，提升其岗位适应能力。2009 年 12 月 30 日又正式开通清华大学自主择业军队转业干部网络课堂，至今已有 10000 多名军转干部在线学习，个人自主学习时间最长逾400 学时，学堂总学时数已近 3 万。学院 2007 年被国务院军转办、人事部、总政治部授牌为首家"全国军队转业干部教育培训基地"。

4)积极承担中等职业学校师资培训任务，助力职业教育发展。2007 年，清华大学被教育部确立为"全国重点建设职业教育师资培养培训基地"，以此为契机，清华大学加大职业教育服务力度，依托学校强大的工科背景，明确素质为本、技能为准、品德为尚、拓展为强的主导方针，积极转化教学科研优势，引领职业教育发展与创新。清华大学与沈阳、长春、郑州、武汉、西安等城市教育局建立长期合作关系，并与沈阳市教育局签订了《五年合作规划》，全方位提供实训基地建设、科研教学合作等规划指导服务。

(2)大力扶持、发展精品项目，打造精品项目群

清华大学以党政干部人才、企业经营管理人才、专业技术人才三支队伍能力建设为导向，注重针对性与实用性结合，创新性与适时性结合，灵活性与多样性结合，形成了以中高层次管理和技术人才为主要培训对象的专业化、系列化、精品化、特色化培训项目课程体系，涉及公共管理、经济管理、工程管理、城市规划与管理、金融财务、公共事业管理、医药卫生管理、社会文化、信息技术、语言文化、司法、艺术等诸多领域，并在这些领域形成了一批具有针对性、实用性、前瞻性的精品项目群，如党政干部培训项目、中央企业班组长岗位管理能力资格认证远程培训项目、医药卫生业培训项目、远程教育扶贫项目、大型企业内训项目等。

如继续教育学院自 2009 年开发启动的"清华—辉瑞继续医学教育培训工

程培训项目",加强与中华医学会、中华外科学会等学术机构专家合作,开发新的全科医学技术培训课程,涉及疾病领域由原来的 12 个增至 19 个,涉及疾病病种 161 个。该项目利用现代远程教育技术与实地教学活动相结合的方式,2010 年无偿为中西部欠发达地区 6946 名基层医务工作者提供技术培训课程,取得良好的社会效益。

(3)创新继续教育业务发展合作模式,推动继续教育培训基地建设

清华大学近年来先后与政府、行业、企业合作,建立了一大批联合干部培训基地,如中组部干部教育培训基地、国务院军转办授予继续教育学院全国高校唯一一家"军队转业干部培训基地",辽宁省在继续教育学院建立了"辽宁人才培训基地"等。

6. 远程教育服务模式创新,促进远程教育培训的再度腾飞

清华大学对发展现代远程教育极为重视。1996 年 2 月,王大中校长率先提出了在我国开展现代远程教育的构想。1999 年 4 月,经教育部批准,清华大学成为我国第一批现代远程教育试点单位的四所高校之一。2000 年 9 月,清华大学建成了国内首家投入实际应用——集网络教学、教学管理与学生自主学习于一体的网络教育平台——清华网络学堂,并注册了专用域名,从而建成了覆盖全国的互联网、卫星网、地面通信网"三网融合"的现代远程教育技术平台,做到了多站点、多模式、实时、双向互动的远程教育。

2000 年 7 月 16—19 日,在教育部主持召开的全国现代远程教育试点院校协作组成立大会上,清华大学被大会推举为全国高等学校现代远程教育协作组组长单位,胡东成副校长当选为组长。

清华远程教育主要有远程学历教育、非学历远程培训和远程教育扶贫三种类型。

(1)远程学历教育

1998 年,远程教育研究生课程进修开始招生;2000 年,远程教育本科开始招生。至 2006 年,先后有近 2.5 万名学子参加远程学历课程的学习,其中167 人获得清华大学硕士学位(见表 3-4)。

表 3-4　学院远程学历教育情况一览表

类　　别	开始招生年份	停止招生年份	招生人数	毕业/结业人数
远程教育本科	2000 年	2005 年	14340	10479
远程教育研究生课程进修	1998 年	2007 年	10935	4420

(2)非学历远程培训

2004 年,清华大学根据总体发展规划,对现代远程教育重新进行了定位。11 月,决定清华大学自 2005 年起暂停现代远程成人专升本学历教育的招生工作,此后将定位于非学历教育,以开展各类非学历教育培训为主。远程教育开始了主要开展学历教育向远程非学历教育的转型。

2004 年 8 月,清华大学正式启动"清华远程学堂"项目,面向全国创新成长型企业,大力开展创新人才培训工程。目前,清华远程企业学堂团体用户近1500 家,培养企业不同岗位人员 300 万人次,遍布全国近 30 个省、市、自治区。

2009 年,清华大学与国资委合作,推出中央企业班组长岗位管理能力资格认证远程培训项目。2011 年 7 月,清华大学与中国残疾人联合会联合开展的"残疾人就业指导员远程培训项目"正式启动,将在"十二五"期间陆续培训五万名以上的残疾人就业指导员,首期班的学员来自全国 33 个省市地区,报名人数已达 12118 人。

(3)远程教育扶贫

以远程教育的方式向西部贫困地区输送教育资源,把继续教育受益者延伸到广大老少边穷地区的基层党政干部、医药卫生人员、中小学教师和农民,实现"传播知识,消除贫困"的目标,是清华大学远程教育的一大亮点。2003年 2 月 13 日,继续教育学院配合国家西部大开发战略,决定启动远程教育扶贫工程,以远程教育的方式无偿向西部贫困地区输送教育资源,把继续教育受益者延伸到广大老少边穷地区的基层党政干部、医药卫生人员、中小学教师和农民,为贫困地区提供教育资源支持和智力支持,实现"传播知识,消除贫困"的目标。学校各级领导对教育扶贫工作给予了充分肯定和大力支持,也得到了国家有关部委、地方各级政府及党政机关及港澳爱心人士的大力支持,吸引了大量社会资金。8 年来,清华大学远程教育扶贫工作坚持"大规模、可持续、见实效、能推广"的发展理念和模式,取得了很大成就。

截至 2011 年 6 月,清华大学已在全国 27 个省、市、自治区的 963 个县级教育机构和 2353 个乡镇中小学校建立各类远程教学站,覆盖 526 个国家扶贫工作重点县,每年无偿提供的各类远程及面授培训课程已逾 3000 个学时,远程免费培训基层中小学师生、干部、乡镇医药卫生人员、职业技术人员和农民等突破百万人次(见表 3-5)。

清华远程教育扶贫也吸引了广大中美大学生的热心参与。自 2006 年起,组织"中美大学生暑期教育扶贫社会实践活动",吸引了近千名清华大学在校师生、200多名美国高校师生参加。他们利用暑假奔赴教育扶贫现代远程教学站所在县开展英语教学、计算机教学、学习经验交流、社会调查等活动,既为贫困地区送去了知识和希望,也为中美青年人了解中国国情,增进双方友谊搭建了平台。

表3-5　2003—2010年清华大学教育扶贫建站及培训统计

(不完全统计,截至2010年12月)

年度	教学站/计生工作站(个)	覆盖国家扶贫工作重点县(个)	清华伟新远程教育扶贫中小学在线项目(二级站)	培训项目(个)	党政、医药、计生干部培训人数(人)	中小学师生培训人数(人)	其他培训人数(人)	培训人次(人)
2003	16	16		2	5000			5000
2004	33	30		7	20607	39962	38	60607
2005	51	36		14	32693	97922	136	130751
2006	13	12		25	17490	140837	57	158384
2007	103	68	72	28	20228	148927		169155
2008	201	109	1133	41	17306	126679		143985
2009	291	82	1071	39	29560	126872		156432
2010	276	171	148	48	40734	173161		213895
总计	981	522	2424	204	183618	854360	231	1038209

7.积极开展继续教育领域的国内外交流与合作

清华大学积极开展对外合作交流,涉外培训项目继续发展。一方面,学员通过出境项目拓展国际视野,学到先进经验;另一方面,对境外人员来华项目广泛传播中国文化,促进各个国家、地区学员对中国的了解,同时也促进学校与学院的国际交流。

如2010年,继续教育学院共举办涉外培训104班次,培训学员4452人。针对境外学员的培训项目共举办44班次,境外学员1982人。培训课程主要涉及国情文化、商务环境、历史文化与普通话、校际交流等方面;学员来自新加坡、马来西亚、美国、韩国、新加坡、日本、德国、马来西亚、澳大利亚等国以及香港、台湾地区。针对境内学员的培训项目共举办60班次。培训项目主要为留学前语言基础类(含学术桥项目)、出国出境学习调研类等;培训专题主要包括公共管理、经济管理、语言、医疗卫生等。2010年中外合作办学类项目继续稳定运行。与澳大利亚国立大学合作举办的管理硕士学位(科技与创新方向)项目,三期在办。与澳大利亚麦考瑞大学合作举办的金融硕士学位项目,两期在办。

清华大学还十分重视继续教育教育领域的国际国内交流与合作。1999年4月12日,联合国教科文组织清华大学继续工程教育教席(UNESCO)成立大会及揭牌仪式在清华大学举行,教席设在了继续教育学院。此外,继续教育学院还在国际工程教育协会联盟、东南亚及太平洋地区工程教育协会等国际组织任职。2008年5月24日,在美国亚特兰大召开的第11届世界继续工程教育大会(WCCEE)上,胡东成院长当选为国际继续工程教育协会(IACEE)新一届理事及该协会第一副主席。目前,清华大学还是中国高等教育学会继续教育分会的理事长和秘书长单位,每年积极策划和组织全国高校继续教育学术年会。2006年和2007年与美国大学继续教育学会共同举办了两届中美继续教育论坛,加深了中美著名高校在继续教育领域的沟通和了解。清华大学还是全国现代远程教育协作组秘书长单位。

清华大学继续教育已经走过了30多年的发展历程,取得了很大的成就,也初步形成了以创新理念为先导、以社会服务为宗旨、以人才需求为导向、以资源整合为基础、以规范管理为保障、以质量评估为手段、以精品项目为核心、以办学效益谋发展的清华继续教育培训品牌特色。展望未来,清华大学继续教育将继续扎根清华文化,以更加开阔的视野,世界一流的标准,再创继续教育事业新辉煌。

二、地方本科院校成人教育转型的典型案例
——宁波大学构建服务型高校继续教育体系的实践探索①

社会转型期的地方性大学的继续教育应当选择一条什么样的发展路径,这既是高校自身在谋划未来发展过程中必须回答的一个问题,也是当代中国高等教育需要研究的一个重大课题。宁波大学凭借既有的继续教育成就、办学优势和特色,结合区域经济社会发展背景,通过服务体制建设、管理制度建设、人力资源建设、信息资源建设、理论资源建设、实践资源建设、人才培养体系建设、品牌项目建设等八个子系统的探索与建设工作,探索出较为完善的服务型高校继续教育体系,为地方高校的继续教育提供了可借鉴的发展范式。

① 马启鹏.构建服务型高校继续教育体系的研究与实践——宁波大学的个案阐释[J].当代继续教育,2014(2):9—13.

1. 构建并施行了"管办分离、校地合作"的继续教育管理体制和运行机制，强化了高校继续教育的服务意识，拓宽了继续教育的服务管道

一是建立了"管办分离"的继续教育管理体制。为改变长期以来继续教育因实施由成人教育学院"管办合一"的办学与管理体制所带来的教育服务能力不足问题，鼓励提高全校各专业学院积极参与继续教育的热情，学校将成人教育学院的行政管理职能剥离，成立了校级行政职能管理部门——继续教育与培训处，统一管理全校的继续教育办学活动，整合校内的继续教育资源。成人教育学院改制为学校的二级办学实体，实行市场化的运作方式。

学校继续教育与培训处的成立实现了管理方式的转变，使学校继续教育从"行政职能"、"办学职能"合二为一的管理模式转变为"管办分离、各司其职"的管理模式。学校先后制定了《宁波大学继续教育管理办法》和《宁波大学经费分配管理办法》等系列文件，建立起了校长分管、继续教育与培训处主管、成人教育学院、各专业学院分工负责和各部门协调共管的"校内一体、归口管理"的继续教育组织管理体制，并成立了"宁波大学继续教育管理委员会"、"宁波大学继续教育专家委员会"和"宁波大学继续教育督导委员会"等，统筹并优化配置全校的教育资源，该管理体制发挥了全校对继续教育工作齐抓共管的"合力"，为提升宁波大学继续教育服务宁波经济建设与社会发展提供了有力的制度保证。

二是为增强继续教育的针对性和实效性，扩大服务面积与范围，学校在改革校内管理体制的同时，十分重视继续教育对外合作的"校地合作"服务机制的建设。主要通过以下三条路径实现：

第一，构建运行顺畅的"校地合作"服务机制。学校努力探求"校地（政府、企业、部门）合作"开展继续教育的有效路径，积极主动地推进"校地"间通过订立合作办学、委托培养、项目承办、劳务外包等协议，开展办学与管理的紧密型合作人才培训模式改革，逐渐形成了一条"政府出资、单位（企业、行业）组织、大学培训、社会受益"的适应宁波经济社会发展的继续教育发展路子，既充分发挥高校优势在服务地方中的作用，又能充分发挥地方政府部门的组织优势、资源调控优势和公共管理优势与需求信息优势，形成资源共享、优势互补、有序发展、多方受益的高校继续教育发展态势。

第二，搭建比较宽广的"校地合作"服务平台。截至2013年6月底，学校已与多个地方政府部门共同搭建了20多个继续教育基地，如与宁波市人民政府合作建设的"新型农民培训基地"、与市组织部合作建设的"宁波市干部外语培训基地"、与教育局合作建设的"中小学教师继续教育基地"、与宁波市妇联

合作建设的宁波大学女子学院作为"女干部培训与妇女素养教育基地"、与宁波市总工会合作建设的"职工再就业培训基地"、与经发委合作建设的"中小民营企业家素质教育基地"、与外经贸委合作建设的"外贸企业紧缺人才培养基地"、与行业协会和劳动保障部门合作建设"技能证书考试教育基地"、与交通部海事局合作建设的"高级航海人才培训基地"、与县（市、区）教育主管部门合作建设的"宁波大学成人高等教育函授站"等。同时，还与近 200 家企业合作建立了技能型人才培养的实训实习基地。

第三，建立高效多元的"双向挂职"的服务模式。根据科研服务与教育服务并行要求，学校在设立"继续教育与培训处"的同时，成立了由分管校长主管的"校地合作委员会"并下设"地方服务与合作处"，加强了学校与各级地方政府部门及企事业单位联络与交流的主动性，贯彻了"以服务求支持、以贡献求发展"的理念，为学校的科研成果转化与推介、成果产业化、技术转移、科技开发等提供可行的发展规划和高效的组织管理。重点工程是"百名教授/博士进企业（社区）"和"百名企业家高管进校园"的"双向挂职"活动。至今，已有 500余人次教授/博士深入到 400 余家企业开展技术服务和管理咨询等活动，有百余名企业家、高级管理人员被聘为兼职教授，取得了很好的社会效益和经济效益。

2. 创立并完善了"学历＋技能"的应用复合型人才培养体系，提高了高校继续教育的服务能力

为了提升高校继续教育对地方经济社会发展的人才支撑力，学校成功探索出了应用性复合型人才的培养模式，大大满足了继续教育多元化的需求，有效推进了学历继续教育与非学历继续教育的协调发展。

一是在学历继续教育中实施"学历＋技能"双证或多证书的人才培养方案。针对目前在学历继续教育中普遍存在的在培养目标上突出"学历化"而忽视技能性、在培养规格上追求"普教化"而忽视成人性、在培养内容上注重"知识化"而忽视应用性、在培养方式上强调"程式化"而忽视灵活性等流弊，学校开展对学历继续教育进行"学历＋技能"的人才培养模式改革与实验，推进学历文凭与职业证书并举的"双证制"教学。该项改革项目于 2010 年获得"浙江省新世纪教改课题"立项。项目开展的主要工作包括：一是厘清"学历＋技能"人才培养模式改革的三个定位：首先是类型定位，凸显"职业性"，即培养的是应用性复合型人才；其次是层次定位，坚守"高等性"，即培养的是持有高等学历的高技能人才；最后是特色定位，强化"成人性"，即培养的是心智成熟、自主

性强、目的明确、工学互补的成人。二是探索实施"学历＋技能"人才培养模式的三种范式：一是"并联式"，针对成人脱产学习者而设计，学历教育课程与职业技能培训课程同时推进；二是"串联式"，针对那些缺乏职业技能的成人脱产或业余学习者而设计，先职业技能培训后学历复加或提升；三是"螺旋式"，针对广大在职从业人员业余学习而设计，学历补偿教育与职业技能升级相互依次递进。三是依次推进"学历＋技能"人才培养模式的三层改革：实施微观层面（课程层面）的改革，探索中观层面（专业层面）的改革，规划宏观层面（办学层面）的改革。四是制定确保"学历＋技能"人才培养模式顺利实施的三项制度：引入"双证制"，实行学历证书与职业技能证书并重的教育制度；实施"学分制"，建立课程类型模块化与自由选课、自主学习兼顾的约束机制；推行"三轨制"，构建"课堂教学、网上学习、校企合作"的"教、学、做"合一的培养机制。

这种"学历＋技能"双证书人才切合了新时期社会对人才需要的新要求，受到用人单位的欢迎。为了全面地推行"学历＋技能"双证书人才培养模式，学校对现行的100多个成教专业的教学计划进行了全面修订，实施学历教育内容与职业（执业）资格考核内容相互衔接的"双结合"教学计划。"学历＋技能"培养模式的实施大大提高了学生就业、转岗的竞争能力，也为地方经济的转型升级提供了智力支撑。

目前，《成人高等教育"学历＋技能"人才培养体系的研究与实践》成果，已于2012年被评为宁波大学教学成果一等奖、宁波市高等教育教学成果一等奖，2014年3月获得浙江省人民政府教学成果一等奖，2014年9月获得国家高等教育教学成果一等奖。

二是在非学历继续教育中探索"学分银行"试行"学分互认"制度。首先，尝试进行学历教育与非学历教育的融合互通改革实验，建立成人教育"学分银行"制度，已在区域内开展成人学历教育与非学历职业技能培训融合互通的改革实验，建立了《宁波大学关于课程补考、缓考、免听考试的规定》、《宁波大学关于课程免考及进修课程学分认可的有关规定》《宁波大学关于课程重修及课程替代的有关规定》等课程学分认证制度。允许将通过各类教育取得的学习成果通过规范认定折合成相应的学分，与学历继续教育的学分累积，获取学历文凭。其次，从继续教育发展的趋势出发，试行"学分互认"办法，探索将不同教育内容折算成学分的质量标准及相关的操作办法，有步骤地、分期分批进行"学分银行"建设，实现同层次、规格、形式教育之间的学分互认和不同层次、规格、形式教育之间的学分兑换。

3.建立并健全了"规范化、科学化"的继续教育管理规章和适合学员特点的、灵活化的学习方式,确保了高校继续教育的服务质量

根据区域经济社会发展的实际需要,努力把将学校建设成为浙江省的"中学教师继续教育中心"、"母亲素养教育中心"、"高技能人才培训中心"、"中小企业家素质提升中心"和"继续教育理论研究中心"等"五大中心"确定为示范基地的建设目标和任务。为了更好地实现建设目标,学校对原有已不适应的和不完全的规章制度进行了重新修订,制定了如《宁波大学继续教育管理办法》、《宁波大学继续教育违规办学行为认定与处理办法》、《宁波大学继续教育经费分配管理办法》、《宁波大学继续教育办学合同管理实施细则》、《宁波大学继续教育招生广告管理办法》、《宁波大学继续教育证书管理办法》、《宁波大学成人高等学历教育管理工作实施办法》、《宁波大学高等教育自学考试管理工作实施办法》、《宁波大学非学历教育培训工作管理实施办法》等管理文件近百个,涉及人力资源管理、经济管理、财务管理、合同管理、项目管理、教学质量管理、师资管理、科研管理、资产管理、国际合作管理、重要大型活动管理、奖惩制度等各个方面,凸显了继续教育管理的规范化、务实化、系列化的特点。

针对成人学员学习需求多元化、工作生活多样化、知识基础和学习能力多样化的实际,学校又制定了《宁波大学成人高等教育弹性学习制度试行办法》和《宁波大学成人高等教育关于实行学分制的规定》,在全省率先进行学分制的改革实验。学生通过选修、缓修、重修、选班听课等个性化教学方式,保障了学生教学安排的自主选择权,有效缓解了学生学习和工作、专业教学计划与岗位技能需求等之间的矛盾,为学生"怎么学"与"学什么"创造了有利条件。

4.探索并试行了"专兼结合、全员聘任"的继续教育教师及管理队伍管理机制,提高了高校继续教育的服务水平

为了加强基地建设的稳定性,学校十分重视继续教育教师队伍与管理队伍的建设:

一是加强师资信息库建设,以本校教师为基础,聘请省内外兄弟高校和科研机构、行业企业的教授、专家、大师及政府相关部门的学者型官员为补充,分门别类按专题、课程建立"专兼结合"的教师队伍资源信息库,实行全员聘任,建立面向市场的教师动态管理和合同管理机制。

二是着手建立与行业企业联合培养专业课教师的机制,已采取访问工程师制度、教师轮训和定期实践制度等师资队伍建设制度,提高本校专兼职教师的继续教育教学能力。

三是要求各个专业学院组建负责继续教育招生、培训、实习实验及学生管理等的专门管理团队,强调对培训者与管理者的培训工作,努力提高管理队伍的素质和水平,并全面实行"全员聘任"的人事管理制度。

同时,为保证对继续教育教师队伍的科学管理,学校还专门制定了一系列教学考核评价制度,主要包括:

一是实行继续教育主讲教师考核评聘制度。通过评聘结合的原则,建立了一支 600 多人的高质量的继续教育师资队伍,其中中高级职称达 80%,98% 的任课教师教学效果良好,受到学员的好评。

二是制定并实行继续教育教师考勤、教学质量评价制度。奖惩结合的师资管理,既保证了继续教育教师的整体高素质,又调动了任课教师从事继续教育的积极性。

三是实施了学校层面的继续教育督导和学院层级的继续教育评估制度。成立了已退休的校级领导和相关学科专家、教授为主要成员的"继续教育督导组",加强对继续教育督导检查。

5. 开发和使用了"现代化、个性化"的网络管理、在线学习咨询等平台,丰富了高校继续教育的服务方式

为了改革和发展现代继续教育,实现在堂学习与在线学习的相辅相成,学校投入近 1600 万元,建设了"宁波大学继续教育信息化平台"。

(1)建立宁波大学继续教育管理系统,将全校继续教育纳入信息化管理。首先是各学院继续教育办学全部通过系统管理,提高管理服务效率;其次是各学院建立了继续教育网站并集成到继续教育网络系统,实现继续教育管理、服务、信息一体化。

(2)在硬件环境建设上,现有独立的 3 个机房,40M 电信独享光纤接入,后续还将升级到 100M 电信独享光纤;拥有 32 个多媒体教室,及家政实验室等教学用房,用于培训项目的安排。建成了 2 套自动课程录播教室,其中包括 1 个 230 多座的多功能学术报告厅,利用录播教室可以进行视频公开课程、网络课程的网上直播和录制,以及进行网上远程互动教学、答疑、远程论文答辩。建成高清虚拟演播室 1 间和高清网络课件录播室 1 间,为视频课程、网络课件等数字资源建设打下了基础,首次共有十多门精品视频公开课免费对外开放。

6. 建设并拥有"规模化、先进性"的校内外实训和教育培训合作基地,补强了高校继续教育的服务设施

学校建立了完善的校内继续教育实训和教学实践基地,有经管经贸、机电

模具、IT产业、文化服务等4个宁波市应用型人才培养基地,可供多类人才开展继续教育活动;有上万平方米的继续教育大楼专供培训使用;学校先后被浙江省教育厅确定为浙江省农村教师"领雁工程"培训学校;被宁波市政府委托为中小企业培训基地;被宁波市教育局确定为"宁波市高中教师继续教育基地";被全国妇联确定为"女性人才培养基地"和宁波市"母亲素养工程"的培训基地;在奉化滕头村(全国新农村示范村)建立了"新农村培训基地"和宁波市"社区工作者"培训基地。此外,学校还与宁波市软件产业园、中科院宁波高新技术产业孵化基地、宁海模具城、台州宏振集团、黄泰集团联合开展"高技能人才培训",与宁波亿法德工业设计有限公司、宁波创意设计园区合作培训工业培训设计人才;与宁波市各县市经发局合作培训"中小企业中层管理者",与宁波市企业家协会合作培训"中小企业总经理高级研修班",都取得了良好的社会效益。近年来已连续三年被宁波市人民政府评为"中小企业优秀服务公共平台"。

7.开发和开展了"多类型、多层次"的教育培训项目,凝练了高校继续教育的服务品牌

宁波大学继续教育办学在企业管理、国际贸易、法律、海洋生物、机械工程、信息科学、医学、海运、建筑、教师教育、外语等学科专业方面特色明显。近五年来,共培训中学教师6万人次,企业各类人员近10万人次,农民工1万余人次,母亲素养教育培训达112万人次,航海人员2万人次,医药卫生人员3万余人次和其他各类人员8万人次,受到社会各界的一致好评。主要培训项目有:

(1)中学教师继续教育系列培训。2008年学校被浙江省教育厅确定为浙江省农村教师"领雁工程"培训基地,三年来已为全省农村教育培养了六百余人的中小学骨干校长和学科骨干。从1996年起,学校被宁波市教育局确定为"宁波市高中教师继续教育基地",已经连续十五年承担了宁波市高中教师继续教育工作,开展了教师继续教育全员培训、校长培训、学科骨干培训、班主任培训、心理师培训等系列教师培训项目,培训人数累计已超过6万多人次,20多万学分。在全省设立了五十多所培训基地学校,形成"高校—中学"互动的培训模式;2010年5月学校被评为宁波市"十一五"师干培训先进集体。

(2)乡村干部、新农村建设各类人员系列培训。从2006起学校先后承担了贵州省、河南省等地的乡镇干部、农业技术人员、农业经营人员等的培训。2009年学校与奉化滕头村(全国新农村示范村)合作建立了"新农村培训基地",开展了新农村建设系列培训,累计培训人员在5000人次。

(3)开展"母亲素养工程"培训。从2006年起,宁波市把"母亲素养工程"列

入"宁波市十一五妇女儿童发展规划",宁波大学承担了全市"母亲素养工程"的培训任务。从2007年至今已向城市、农村培训"母亲"群体达112万余人次,教学时数达200多万学时。现在"母亲素养"工程已向全省辐射并走向全国。

(4)开展企业各类人员培训。学校从2006年被宁波市政府委托为中小企业培训基地,紧紧围绕浙江省中小企业转型升级,提升竞争力开展各类培训,近五年来,学校每年承担"政府买单"的各类企业培训任务,先后承接了"中小企业EMBA班、中小企业高级管理者研修班、中小企业财务总监班、中小企业中层管理者培训班"等,为了配合政府抵御"金融危机",在政府的委托下又先后承担"后危机时代企业高端研修班"、"工业产品创新设计研修班"、"女企业家高端研修班",企业职工"技能"培训等众多培训项目。同时在50余家行业协会、企业建立了"培训基地"。学校每年开展企业培训的班级有50多个,每年培训人数累计超2万人次。2008、2009与2010年学校连续三年被宁波市人民政府评为"中小企业优秀服务公共平台"。

(5)开展以岗位适任为核心的各类技能培训。开展了物流师、营养师、会计上岗证、心理师、全科医师、母婴护理、单证员、月嫂、育婴师、船员上岗证等培训项目,从2001年至今共培训各类技能(技术)人员18万多人次。其中,宁波大学海运学院作为交通部向国际海事组织(IMO)推荐的我国7所高等航海院校之一,是我国培养和培训航运事业高层次人才的重要基地之一,拥有先进的"大型船舶操纵模拟器"、"轮机模拟器"、"散装液货模拟船"等实验设施,相关的专业培训实验室得到国际海事组织和国家认可,目前拥有专业培训、特殊培训、适任证书培训三大类培训领域,共有自动雷达标绘仪培训、油轮船员安全操作特殊培训、GMDSS限用操作员培训等25项船员专业培训项目,已为宁波及周边地区400多家航运企业培养、培训了近10万名具有国家认证资格的高级专门人才,有力地支持了地方经济建设。海洋学院(原生命科学与生物工程学院)依托教育部"应用海洋生物技术"重点实验室、浙江省"重中之重"学科平台,根据市委、市政府的要求,与宁波市农村工作办公室和宁波市教育局共同组办宁波市"优秀农民进高校"活动,先后举办了"水产品加工"、"设施渔业"、"农产品加工与营销"、"全国泥蚶人工育苗技术"、"海水养殖技术培训"、"病素防治技术"、"紫菜新技术推广"、"优秀青年农民产业化知识"等培训班,宁波市"优秀农民进高校高级研修班"等,目前已培养各类现代农业技术人才数千名。

(6)开展国际合作办学,培养培训外向型人才。学校一直高度重视开放办学工作,引进优质的国际教育资源,服务地方外向型人才培养培训。2001年学校与澳大利亚堪培拉大学合作举办了"中澳MBA合作项目",至今已培养了近300名具有社会影响力的高层次经营管理人才。2008年成功与加拿大注册会计师(CGA)协会合作,设立了宁波市第一个国际执业资格培训机构——面向会计从业人员的加拿大CGA宁波培训(考试)中心,为地方经济发展培养和输送具有国际执业资格的注册会计师。加拿大CGA宁波培训(考试)中心是宁波市第一个引进的国际高端培训机构、也是加拿大CGA协会在中国大陆唯一授权的培训机构。

充分利用浙江省"外国语言文化"重点研究基地创新平台和国际交往频繁的学科优势,积极开展涉外管理人才的培训项目,包括与宁波市委组织部、余姚外经贸局、镇海炼化、雅戈尔集团等开展"出国干部英语培训"、"高级干部国际化战略人才培养"等人才培养合作,培养、培训人数达上千人。

8.倡导并践行"研究与实践互动"的学科科研建设机制,增强了高校继续教育的服务后劲

学校在浙江省内率先成立了成人教育研究所,在成人教育学院提出了建立"专家型领导班子、研究型管理团队和学习型学院组织"的目标并付诸实施,将工作中的问题作为研究课题,通过课题研究来指导继续教育实践工作,实现"有问题,找课题,促工作,得发展"的良性互动。通过积极创造条件,学校终于在2011年年底被批准设立了成人教育学硕士点,并于2012年正式招收学术型成人教育学研究生,并在条件许可的情况下招收在职硕士生以满足地方对成人继续教育研究人才的迫切需要。同时,近三年来,学校在成人继续教育方面的课题研究也取得了不少的成果,获得了国家社科基金项目"社会转型期成人院校转型变革研究"以及教育部重点项目"成人高等教育全面质量管理研究"、"和谐社会视野下母亲素养教育模式的实证研究"、"城市化进程中农民市民化教育策略研究"等研究课题10余项,已有上百篇学术论文发表在《教育研究》、《教育发展研究》、《中国高教研究》和《比较教育研究》等学术期刊上。

宁波大学成人教育转型发展的实践探索得到全国同行的高度评价,自2008年以来,多家主流媒体中央电视台、《人民日报》、《光明日报》、《中国教育报》、《浙江教育报》、《东南商报》、教育部官方网站、新浪网、搜狐网、光明网等媒体单位先后20余次对该校进行了专门报道,引起了积极的社会反响和广泛的社会赞誉。

路漫漫其修远兮,宁波大学将进一步深化成人高等教育转型发展的实践探索,为经济社会转型、产业升级提供人才支撑,为学习型社会建设做出新的贡献,再创新的辉煌。

第四章 职业技术学院成人教育转型发展

职业技术学院是我国高等职业教育和继续教育的重要办学机构。职业技术学院成人教育主要是指由职业技术院校举办的成人教育(包括职业培训)(以下简称职业技术学院成人教育)。从教育类型和层次来看,在我国职业技术院校所举办的职业教育,通常又被称之为高等职业教育,简称为"高职"或"高专"教育。高职这一概念主要是在教育类型上的简称,而高专则是在教育层次上的简称。20世纪80年代以前,我国的大学只有本科、专科两个层次,并且属于普通高等教育。高等职业教育是在我国20世纪80年代才出现的概念。职业技术院校成人教育是我国继续教育和职业教育的重要组成部分,在全面建设学习型社会,构建我国终身教育体系中具有重要地位和作用。改革开放以来,我国职业技术学院成人教育在提升国民素质,传播新知识、新技术和新技能,培养高技术人才和服务社会等诸多方面扮演了重要角色。然而,伴随我国经济社会改革的不断深入,职业技术学院成人教育也面临着诸多挑战,需要进一步深化改革,实现转型发展。

第一节 职业技术学院成人教育的兴起与发展

改革开放以来,职业技术学院成人教育的兴起与发展和我国高等职业教育的兴起与发展休戚相关、命运与共。职业技术学院成人教育兴起与发展的历程大致可划分为如下几个阶段:1980—1984年高等职业教育萌芽期的成人教育;1985—1992年高等职业教育发展探索期的成人教育;1993—1999年高等职业教育稳步发展时期的成人教育;2000年至今高等职业教育快速发展时期的成人教育。

一、高等职业教育萌芽期的成人教育(1980—1984年)

我国职业技术学院举办成人教育,主要是在改革开放之后国家大力发展高等职业教育和成人教育的背景下兴起的。改革开放后,为了适应地方经济快速发展对技术应用型人才的迫切需求,20 世纪 80 年代以短期职业大学的成立为标志,我国明确提出发展高等职业教育的设想。1980 年原国家教委批准成立的南京金陵职业大学、江汉大学等 13 所短期职业大学,成为现代高等职业教育的肇始。这种面向经济、服务地方、花钱少、见效快、可收费、以走读为主、不包分配的短期职业大学,用较少资源、较小投入,解决了当时社会人才紧缺的问题。

1982 年,第五届全国人民代表大会第五次会议审议通过的《中华人民共和国宪法》,将职业教育与基础教育、高等教育列入同等重要的位置,并首次在国家根本大法中明确了职业教育的地位。此外,会议通过的国务院《关于第六个五年计划的报告》正式提出“要试办一批花钱省、见效快、可收学费、学生尽可能走读、毕业生择优录用的专科学校和职业大学。”这也是新中国成立以来首次以国家法令形式规定举办高等职业教育。1983 年 4 月,国务院批转教育部、原国家计委《关于加速发展高等教育的报告》,强调“采取多层次、多种规格和多种形式加快高等教育的发展。要在发展中逐步调整好高等教育内部的比例关系,多办一些专科,注重发展一些为建设所急需的短线专业。”经过几年试点,到 1985 年年底,全国已建立高等职业技术学校 118 所,在校学生达 6 万多人。

短期职业大学是我国高等职业教育的有益尝试和大胆实践,被认为是我国现代高等职业教育的肇始。但是,从总体情况来看,至 20 世纪 80 年代中期,高等职业教育在我国职业教育体系中所占的比例还是极低的(见图 4-1、图 4-2)。此外,与我国成人教育和职业教育事业的形势相适应,职业技术学院成人教育也还处于酝酿阶段。

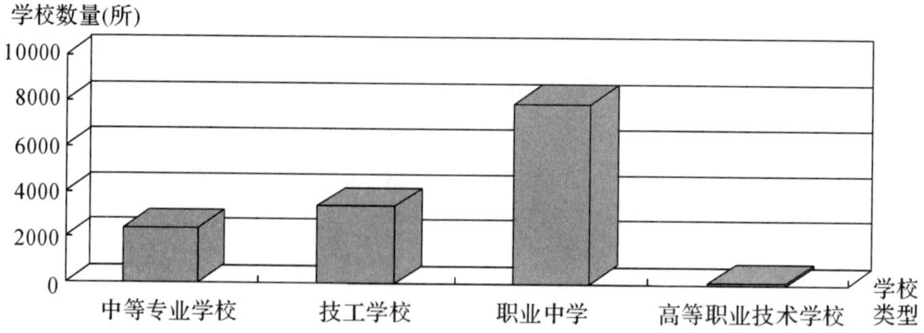

学校数量(所)

图 4-1　1985 年全国高等职业技术学校与其他类型职业学校的比较①

① 本文图表均根据《中国教育年鉴》相关统计数据绘制而成,以下不再注释。

在校学生数(万人)

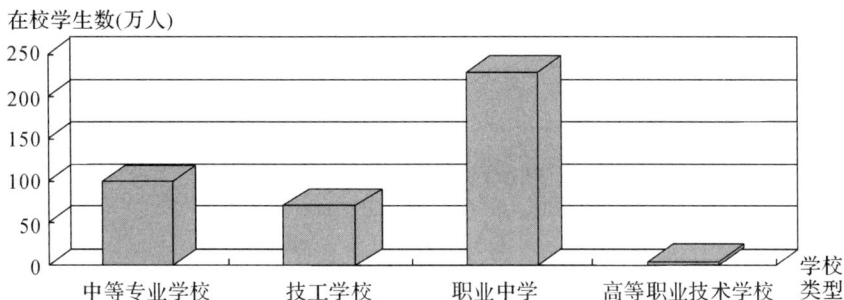

图 4-2　1985 年全国高等职业学校与其他类型职业学校在校生规模比较

二、高等职业教育发展探索期的成人教育(1985—1992 年)

1985—1992 年是我国高等职业教育发展的重要探索期,也是我国职业技术学院举办成人教育的起步阶段。此时期高等职业教育和成人教育发展的主要特点如下。

1.国家首次提出积极发展高等职业教育及成人教育的主张

1985 年 5 月,中共中央《关于教育体制改革的决定》(以下简称 1985 年《决定》)是改革开放以来我国首个对职业技术教育发展产生重大影响的纲领性文件。1985 年《决定》提出"逐步建立起一个从初级到高级、行业配套、结构合理又能与普通教育相互沟通的职业技术教育体系",并首次提出"积极发展高等职业技术院校"。为了促进高等职业教育及成人教育的发展,在招生方面,1985 年《决定》提出在"优先对口招收中等职业技术学校毕业生"的前提下,还要招收"有本专业实践经验、成绩合格的在职人员入学"。

1986 年 7 月,国家教委、国家计委、国家经委、劳动人事部,在北京联合召开新中国成立后的第一次全国职业技术教育工作会议。时任国务院总理李鹏在会上首次提出"高等职业教育"这一概念,并强调"高等职业学校、一部分广播电视大学、高等专科学校,应该划入高等职业教育"。1986 年 12 月,国务院《关于发布〈普通高等学校设置暂行条例〉的通知》是首个对我国高等职业学校的设置进行规范的文件,并明确提出我国高等职业学校的主要培养目标是"培养高等专科层次的专门人才"。

1990 年 11 月,"全国普通高等专科教育工作座谈会"酝酿并形成职业大学分流办学的意见。次年 1 月,国家教委在《关于加强普通高等专科教育工作的意见》(以下简称 1991 年《意见》)中肯定了上述意见。1991 年《意见》指出:

"现有大多数短期职业大学在服务对象、专业设置、培养目标、培养模式、毕业生去向等方面与普通高等专科学校区别甚微,实际上是由地方举办的综合性高等专科学校。办学部门应根据本地区经济建设和社会发展的实际需要,认真研究这些学校的办学方向。一部分应办成以培养高级技艺性人才为目标的高等职业教育;一部分应根据需要,经过上级主管部门审定并报国家教委批准,可以明确为普通高等专科学校。"尽管1991年"意见"首次对高等职业教育和普通高等教育进行了区分,并提出"分流"举办高等职业教育和普通高等教育的主张。但是,当时人们对究竟"什么是"和"如何办"高等职业教育还没有清晰的思路。第二次全国职业教育工作会议召开后,1991年10月,《关于大力发展职业技术教育的决定》对我国高等职业学校的兴起起到了重要的促进作用,提出要"积极推进现有职业大学的改革,努力办好一批培养技艺性强的高级操作人员的高等职业学校。"

2.岗位培训和专业证书制度教育成为新时期成人教育的重点

1985年《决定》要求"一切从业人员,首先是专业性技术性较强行业的从业人员……必须取得考核合格证书才能走上工作岗位。""把教育与就业结合起来,把改革教育体制和发展职业技术教育与劳动人事制度的改革联系起来,把职业技术教育发展与提高企业效益和从业人员素质结合起来,逐步实行证书制度。"这是我国首个明确要求对从业人员进行继续教育和实施证书制度的文件。

1987年6月,国家教委《关于改革和发展成人教育的决定》(以下简称1987年《决定》)强调成人教育与基础教育、职业技术教育、普通高等教育具有同等重要的地位,是我国教育的重要组成部分。强调成人教育的主要任务是开展岗位培训、补偿教育、专业教育或职业教育、继续教育、社会生活和文化教育等,并将开展岗位培训作为成人教育的主要任务。

1988年4月,国家教委、人事部《关于成人高等教育试行〈专业证书〉制度的若干规定》强调"专业证书制度"是针对我国相当数量在专业技术岗位或是专业性较强的管理岗位上工作的具有高中文化程度的在职人员,已具备一定专业知识和实践能力,但未达到大专毕业文化程度,应以学习和掌握其从事专业技术和管理工作需要的专业知识为主的教育证书制度。针对实践中出现的对"专业证书"制度的性质和作用认识不清、将"专业证书"与"学历文凭"相混淆等问题,1989年12月,国家教委、人事部印发《关于加强成人高等教育试行〈专业证书〉制度管理的若干意见》,强调国家机关单位、社会团体、培训中心、中等专业学校和未经国家教育委员会批准备案的高等学校等不得承办"专业证书"教学班。1991 年,国家教委、人事部下发《关于加强成人高等教育试行〈专业证书〉教学班复查清理工作的通知》(以下简称 1991 年《通知》),查处了一些不按规定办班的部门和学校,清退了一批不符合入学条件的学员。1993年 4 月,国家教委、人事部下发《关于继续开展〈专业证书〉教育的通知》,强调继续举办专业证书教育的必要性。

1991 年《通知》强调重视并积极发展对在职人员进行职业技术培训的成人教育;广泛开展短期职业技术培训;要办好各地的职业培训中心(包括就业训练中心),在有条件的城市,还可试办层次较高和专业综合性较强的职业技术教育中心;逐步实行"双证书"(毕业证书和技术等级或岗位合格证书)制度。

3.厘定了各层次和类型成人学校的办学目的和任务

1987 年《决定》首次对我国成人教育的地位、作用与任务做了明确规定,对各级各类学校举办成人教育产生了重要的影响。1987 年《决定》指出,成人高等教育要"以专科教育为主",成人高等学校既要办学历教育,又要办非学历教育。职工大学、职工业余大学等应当利用自己同企业、行业关系紧密的有利条件,结合需要,举办高等职业技术教育,为企业事业单位培养生产、经营管理方面的专业技术人才。积极开展大学后继续教育和专业培训、实践培训。1987 年《决定》还强调成人高等和中等专业学校要突破单一培养规格,实行三种证书制度:一种是达到国家对高等学校本科、专科和中等专业学校学历规格要求的毕业证书;一种是达到相应学历层次单科知识水平的单科资格证书;一种是达到岗位必需的专业文化知识水平,在本行业从事所学专业工作范围内适用的专业证书;重点实施学历毕业证书制度、专业证书制度。

4.1985—1992 年,职业技术学院成人教育发展的成就与问题

1985—1992 年期间,我国高等职业教育及成人教育取得了若干重要进展。一是国家明确提出积极发展高等职业教育及成人教育的主张。二是对高等职业教育或高等职业技术学校在整个教育体系中的地位和作用有了清晰的认识。三是初步探索了"分流"举办高等职业教育的路子,并将高等职业学校定位为"培养高级技艺型人才"或"培养技艺性较强的高级操作人员"的学校类型。四是以(短期)职业大学为代表的高等职业教育获得了初步的发展(见图 4-3、图 4-4)。

学校数(所)

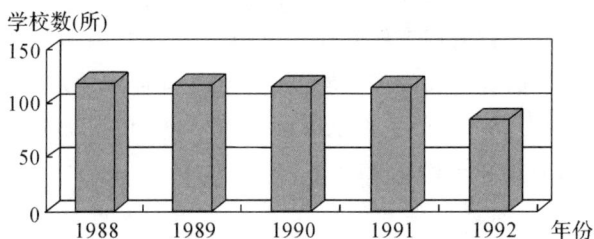

图 4-3   1988—1992 年期间(短期)职业大学的变化情况

办学规模(万人)

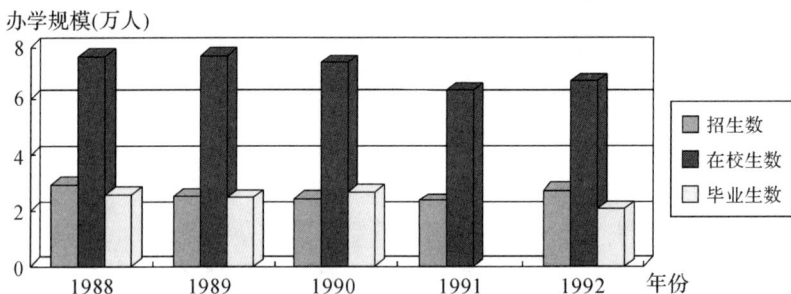

图 4-4   1988—1992 年期间(短期)职业大学办学规模(单位:万人)①

但是,从总体情况来看,1985—1992 年期间,我国高等职业教育及成人教育的发展仍处于探索期间。

首先,此时期相关决策部门对高等职业教育的类型和层次以及高等职业教育和成人教育在整个教育体系中的地位和作用还不是十分明确。

其次,对高等职业教育和成人教育的内涵还不是十分明晰。譬如,第一次全国职业教育会议将"高等职业学校"划入高等职业教育范畴,应该说是一大进步,但将高等职业学校与广播电视大学、高等专科学校划入同一类型,则混淆了职业教育和成人教育的界限。

再次,1990 年全国普通高等专科教育工作座谈会形成了职业大学分流办学的正确认识,1991 年《关于加强普通高等专科教育工作的意见》也强调高等专科学校一部分应举办高等职业教育,一部分应明确为普通高等专科学校,但是,这样的分类观念同样混淆了高等职业教育和普通高等教育的界限。

也就是说,尽管国家较早就有分流举办高等职业教育的设想,但是,由于对高等职业教育与高等教育和职业教育的关系认识不足,导致分流举办高等

---

① 图表根据历年《中国教育统计年鉴》整理而成。其中 1991 年毕业生数据缺失。

职业教育这一正确观念并未得到进一步丰富和实践,并成为后来较长时期困扰我国高等职业教育和高等教育改革与发展的关键问题。特别是在 20 世纪 90 年代后期高校扩招以来,上述问题得到了凸显。

最后,高等职业教育在高等教育或职业教育体系中所占比重仍然较低,高等职业教育体系中的成人教育也未引起足够重视。

三、高等职业教育稳步发展期的成人教育(1993—1999 年)

1993—1999 年是我国高等职业教育和成人教育稳步发展的时期。此时期,高等职业教育和成人教育发展的主要特点如下:

1. 从"三改一补"到"三多一改",发展高等职业教育的思路越来越清晰

1993 年 2 月,中共中央、国务院发布《中国教育改革和发展纲要》,该纲要是规划和指导 20 世纪 90 年代乃至 21 世纪初我国教育改革和发展的纲领性文件。为了贯彻《中国教育改革和发展纲要》,1994 年 6 月,第二次全国教育工作会议提出"三改一补"发展高等职业教育的基本思路,即通过现有职业大学、部分高等专科学校和独立设置的成人高等学校改革办学模式,调整专业方向和培养目标来发展高等职业教育;在仍不能满足需要时,经批准可利用少数具备条件的重点中专学校改制或举办高职班等方式作为补充。

1994 年 7 月,《关于〈中国教育改革和发展纲要〉的实施意见》(以下简称1994 年《实施意见》)是首个明确将"三改一补"作为发展高等职业教育国策的重要文件,也是改革开放以来我国首个试图通过改革和调整普通高等教育和成人高校发展高等职业教育的文件。1994 年《实施意见》强调"通过改革现有高等专科学校、职业大学和成人高校以及举办灵活多样的高等职业班等途径,积极发展高等职业教育。"此外,1994 年《实施意见》还首次提出不同级别职业技术教育之间要相互衔接。1994 年《实施意见》第 4 条规定"要有计划地实行小学后、初中后、高中后三级分流,大力发展职业教育;逐步形成初等、中等、高等职业教育和普通教育共同发展、相互衔接、比例合理的教育系列"。

为了贯彻全国教育工作会议精神,落实《中国教育改革和发展纲要》,1995年 10 月,《关于推动职业大学改革与建设的几点意见》正式承认职业大学是我国高等教育的一种办学形式,是高等职业教育的重要组成部分,是国家承认学历的全日制普通高等学校,并强调今后职业大学不再改名为高等专科学校,要保持相对的稳定,要办出特色。为了贯彻《关于推动职业大学改革与建设的几点意见》,1995 年 12 月,国家教委印发《关于开展建设示范性职业大学工作的通知》,遴选部分(约占当时学校总数的 20%左右)符合条件的职业大学进行

示范性建设试点,通过深化改革、加快建设、提高质量、办出特色,起到示范性作用,以点带面,促进高等职业教育的健康发展。

1998年3月,教育部《关于实施〈职业教育法〉加快发展职业教育的若干意见》进一步完善了"三改一补"的内涵。相关表述是:"要根据需要,积极地、有步骤地发展高等职业教育。发展高等职业教育,要坚持统筹规划、合理布局、面向基层、办出特色、积极试点、逐步规范的原则。要充分利用现有的教育资源,主要通过对现有高等专科学校、职业大学、独立设置的成人高校改革办学模式、调整专业方向和培养目标以及改组、改制来发展高等职业学校教育。在尚不能满足对高职人才的需求时,根据地方和行业的需求和学校的办学条件,经国家教委审批,可以利用重点中专学校举办高职班或转制来补充。"

1998年,新组建的教育部在"三改一补"基础上,提出"三多一改"发展高等职业教育的方针,即"多渠道、多规格、多模式发展高职教育,重点是教学改革,真正办出高职教育的特色"。其中的"多渠道"是指除了"三改一补"中提到的学校可以办高职教育外,普通高校也可举办二级学院(技术学院)发展高职教育。"多规格"是指专业宽一点也可以,窄一点也可以;学制长一点也可以,短一点也可以;学历教育也可以,非学历教育也可以。"多模式"是指既可以政府办,也可以民间办;既可以公办民助,也可以民办公助;要按新的模式和运行机制办学,比如招生计划是指导性计划,招多少由各省市自己定;学费的标准可以高一点。从"三改一补"到"三多一改"的表述,标志着我国发展高等职业教育的政策思路越来越清晰,目标也越来越明确。

2.《职业教育法》、《高等教育法》对高等职业教育的法律地位以及高等职业学校应承担的职业培训责任做了明确规定

1996年5月,《中华人民共和国职业教育法》首次以法律的形式明确了高等职业教育和高等职业学校的地位。其中规定,我国职业教育体系包括"职业学校教育与职业培训"。职业学校教育分为初等、中等、高等职业学校教育。初等、中等职业学校教育分别由初等、中等职业学校实施;高等职业学校教育根据需要和条件由高等职业学校实施,或者由普通高等学校实施。职业培训包括从业前培训、转业培训、学徒培训、在岗培训、转岗培训及其他职业性培训,可以根据实际情况分为初级、中级、高级职业培训。

1998年3月,教育部《关于实施〈职业教育法〉加快发展职业教育的若干意见》强调,职业培训是职业教育的重要组成部分,也是促进劳动就业的重要手段,对提高劳动者的就业能力和工作能力发挥着直接有效的作用,要高度重

视。强调要加强职业培训机构的建设,各级各类职业学校也应根据需要,开展多种形式的职业培训。要把职业培训与充分开发利用我国丰富的劳动力资源和自然资源紧密结合,建立与劳动力市场需求相适应的灵活办学机制,扩大培训规模,提高培训质量。

1998 年 8 月,《中华人民共和国高等教育法》明确地把高等职业学校作为高等教育的一部分。其中第 68 条规定:"本法所称高等学校是指大学、独立设置的学院和高等专科学校,其中包括高等职业学校和成人高等学校。"《高等教育法》还明确规定高等教育包括学历教育和非学历教育;高等教育采用全日制和非全日制教育形式。高等学校和其他高等教育机构应当根据社会需要和自身办学条件,承担实施继续教育的工作。

3. 出台了大力发展高等职业及成人教育的若干具体措施

1996 年 6 月,第三次全国职业教育工作会议提出要特别研究高等职业教育的招生对象和方式问题。在通过高考招收普通高中毕业生的基础上,研究探索招收各类中等职业学校毕业生和同等学力在职人员的考试和录取办法。1997 年 5 月,国家教委《关于招收应届中等职业学校毕业生举办高等职业教育试点工作的通知》(以下简称 1997 年《通知》)规定,从 1997 年起,在北京市、上海市、江苏省、广东省、河南省、天津市、辽宁省、浙江省、黑龙江省、河北省10 个省(直辖市)开展招收应届中等职业学校毕业生举办高等职业教育试点工作。为了使试点工作能够健康、有序地开展,1997 年《通知》对招生对象与学制,招生计划,推荐、考试考核、录取,管理与就业等方面都做了详细的规定说明。1997 年《通知》指出,高等职业教育是指经国家教委批准设置的普通高等院校按科类对口招收普通中等专业学校、职业高中、技工学校等三类中等职业学校相近、相关科类的应届毕业生,举办专科层次的高等职业教育。学制一般为两年。招收应届中等职业学校毕业生举办高等职业教育的招生计划是普通高等教育招生计划的重要组成部分。此外,从 1997 年起,在普通学校招生计划中将高等职业学校和高等专科学校的招生计划合并统计,在成人学校招生计划中将高职招生计划单列。1998 年《关于实施〈职业教育法〉加快发展职业教育的若干意见》还强调,今后国家每年新增的高校招生计划指标应主要用于发展高等职业学校教育。高等职业学校教育招收中等职业学校和普通高中毕业生及有同等学力的人员,专科层次的学习期限为两至三年,少数经批准的学校,招初中毕业生,学习期限为五年。

4. 1993—1999 年,职业技术学院成人教育发展的成就与问题

1993—1999 年期间是我国高等职业教育和成人教育取得重要进展和稳

步发展的时期。首先,如图 4-5、图 4-6 所示,1993—2000 年期间,仅以职业大学为例,高等职业教育办学规模稳中有升,特别是在 20 世纪 90 年代末期,职业大学的招生数和在校生数均有较大幅度的增长。其次,从一定意义上说,1998 年是我国高等职业教育发展的一个重要分水岭。1998 年后,我国高等职业教育开始出现较大幅度的增长,从图 4-7、图 4-8 可以看出,尽管 20 世纪 90 年代后期各类成人高等学校开始出现下降的趋势,但是,在成人高等学校中职工高等学校所占比例一直较高,办学规模也比较稳定。从总体来讲,此时期高等职业教育和成人教育稳步发展,主要得力于以下几个因素:一是《中华人民共和国职业教育法》《中华人民共和国高等教育法》等从法律上确定了高等职业教育在我国教育体系中的地位;二是高等职业教育的培养目标和定位得到了进一步明确,达成的基本共识是高等职业教育是我国高等教育和职业教育的重要组成部分,层次上属于高等教育,类型上属于职业教育;三是确定了"三改一补"("三多一改")发展高等职业教育的基本方针和政策;四是出台了大力发展高等职业教育的若干政策文件和具体措施。

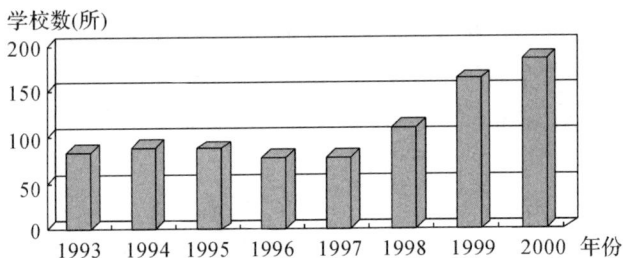

图 4-5　1993—2000 年期间职业大学学校数

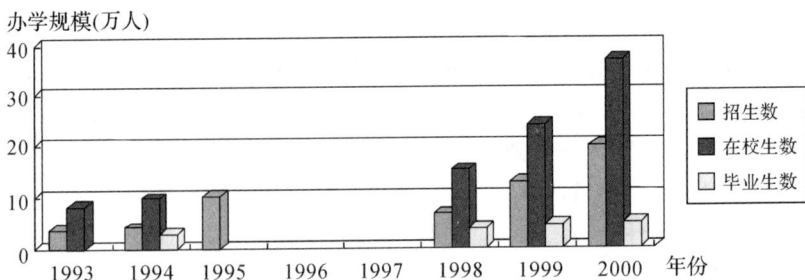

图 4-6　1993—2000 年期间职业大学办学规模①

① 图表根据历年《中国教育统计年鉴》整理而成。其中 1993、1996、1997 招生数据缺;1995、1996、1997 年在校生数据缺失;1993、1995、1996、1997 年毕业生数数据缺失。

学校数(所)

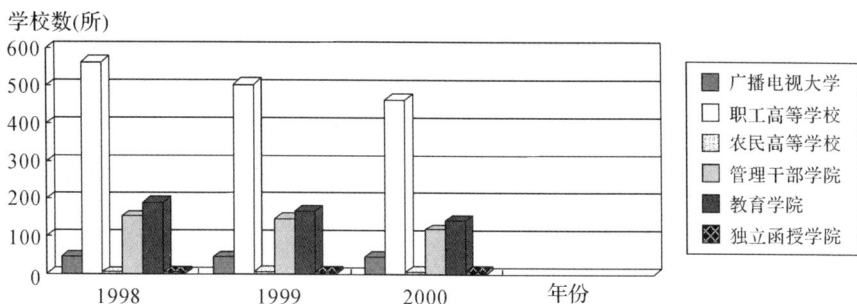

图 4-7　1998—2000 年期间各类成人高等学校数

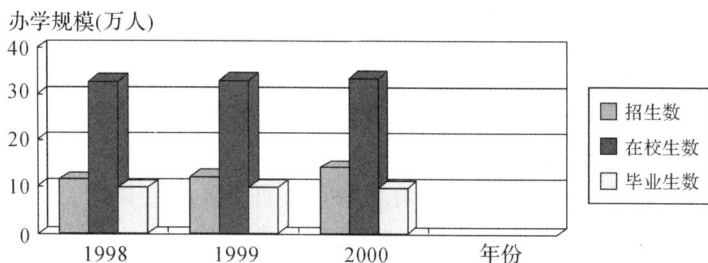

图 4-8　1998—2000 年期间职工高等学校办学规模

但是,1993—1999 年期间,我国高等职业教育及成人教育也存在若干问题。

首先,有关改革与发展高等职业教育的具体策略存在一些偏差。譬如,从一定意义上可以说"三改一补"政策的提出标志着我国高等职业教育发展思路的成熟,但必须指出的是,这一通过多年实践摸索而形成的正确发展思路在具体实施策略上却存在一些偏差。譬如,通过"改革"、"改组"、"改制"等具体策略来发展高等职业教育是值得肯定,但是,相关文件中的"补充"(利用重点中专学校举办高职班或转制来发展高等职业教育)策略,却在实践上造成了 20世纪 90 年代后期优质中等教育资源流失,破坏了职业教育内部结构的平衡,对中等职业教育的发展造成了巨大损失。再如,尽管 20 世纪 90 年代后期"三多一改"策略的提出在一定程度上对"三多一补"策略起到了一定的修订和完善作用,但是,其中的"多渠道"策略主要是通过普通高校举办二级学院(技术学院)来发展高等职业教育,这在客观上对普通高校的办学质量和发展也造成了一定的消极影响。此外,"多规格"策略提出的专业、学制、学历教育和非学历教育,以及"多模式"策略提出的办学模式和运行机制等都还处于探索阶段。

其次,高等职业教育在办学特色、办学质量、内涵发展等方面面临严峻挑战。20世纪90年代,我国高等职业教育进入快速发展时期。据统计,到1998年年底,全国经原国家教委批准设置并具有举办学历文凭资格的各类高职院校(包括职业技术学院、职业大学、独立设置的成人高校、普通本科二级学院、民办高校)350所,在校生规模约35万人。高等专科学校、高等职业技术学院、成人高等学校共计1394所,在校生394.74万,占全国高等教育在校生总数的63.53%。然而,在高等专科教育、高等职业教育和成人高等教育大发展的背景下,20世纪90年代后期,我国出现了中等职业教育低迷不前和职业教育高等化的倾向。导致这一倾向的主要缘由,一是高等职业院校主要由大批中等职业学校或直接升格,或兼并、调整、联合重组后升格组建而成;二是在普通高等学校内部也出现了兴办职业技术学院的热潮,高职学院或二级学院如雨后春笋,破土而出。然而,这些在短期内出现的职业院校,既无办学经验,也缺乏合格的师资和办学条件,导致高等职业技术学院教学质量难以保证,办学模式"普教化"倾向极为严重。

第三,高等职业教育及成人教育生源存在许多不确定因素。导致高等职业教育及成人教育生源不稳定的主要原因,一是在整体上职业技术教育和培训缺乏吸引力。二是在层次上职业教育体系内部缺乏有效衔接,从中职教育升入高职教育的学生比例较低,职业教育在当时被贬称为"断路"式的教育类型。三是来自高等教育体系内部各类型学校的竞争。中职学校毕业生进一步深造的路径包括高等职业教育、成人高等教育及其他大学。然而,由于高等职业院校和其他大学入学的比例较低,绝大部分的毕业生进一步学习再深造的选择路径是普通成人高等教育。这虽然在客观上为高等职业技术学院成人教育提供了一定的生源,但事实上也助长了高职院校成人教育盛行的重视"学历教育"和文凭之风。

第四,就业准入制度没有得到有效执行。20世纪90年代,尽管就业准入制度得到了继续强调,但是,在实施中各地情况差别很大,问题不少。一些地区让大量未经培训或培训层次很低的人员进入了就业市场,很多单位实际上对职业资格没有要求,无证就业的现象大量存在。一些地区对就业市场、用人单位、技能鉴定部门缺乏有效监管,使就业准入制度形同虚设,应付式短训、买卖证书、无证上岗大大冲击了规范的职业教育和培训。

四、高等职业教育蓬勃发展期的成人教育(2000年至今)

进入21世纪以来,职业技术院校成为我国高等职业教育办学的重要载体,伴随高等职业教育的蓬勃发展,高等职业技术学院成人教育也进入了快速发展的重要时期。

1.高等职业教育的定位更加明确,发展策略更加成熟

2000 年 1 月,《关于国务院授权省、自治区、直辖市人民政府审批设立高等职业学校的有关通知》(以下简称 2000 年《通知》)把发展高等职业教育的权利以及责任交给省级政府(即从原来的"部批"改为"省批"),进一步扩大省级政府发展高等教育的决策权和统筹权,充分调动了地方举办职业教育的积极性。2000 年《通知》将"高等职业学校"界定为实施职业技术教育专科层次的高等学校,包括独立设置的高等职业学校、省属本科高等学校以二级学院形式举办的高等职业学校、社会力量举办的高等职业学校。2000 年《通知》还规定"高等职业学校的主要任务是面向地方和区域经济建设和社会发展,适应就业市场的实际需要,培养生产、服务、管理第一线岗位需要的应用型、技能型专门人才。"与 20 世纪 90 年代对高等职业教育培养目标——"高级技艺性人才"和"高级操作人员"等表述相比较,2000 年《通知》表述的内涵更加丰富、准确。2000 年《通知》还对发展高等职业教育的政策做出了调整,强调"在今后的一个时期内,重点是通过对现有专科层次普通高等学校的调整改制,通过对现有成人高等学校资源的合并、调整和充实,通过鼓励支持有条件的省属本科高等学校举办二级学院等方式,努力发展高等职业学校;并大力支持社会力量举办高等职业学校。"这是首次提出"通过对现有专科层次普通高等学校的调整改制"发展高等职业教育的主张。这一思路在十四年后的 2014 年,李克强总理在国务院常务会议上再次指出要"引导一批普通本科高校向应用技术型高校转型"。

21 世纪以来,"找准正确方向"和"科学准确定位"成为我国高等职业教育改革与发展的核心目标。2002 年,在第一次全国高职高专教育产学研结合经验交流会上,时任教育部长周济在讲话中指出,高等职业教育要快速超常规发展,前提是找准正确方向,科学准确定位。周济强调高等职业教育既是高等教育的组成部分,也是职业教育的组成部分。高等职业教育主要是培养面向生产和社会实践第一线的实用人才,不能办成本科教育的"压缩饼干",也不要把"专升本"作为主要目标。围绕"办什么样的高等职业教育"和"怎样办好高等职业教育"这两个根本问题,2002 年、2003 年和 2004 年三次全国高职高专教育产学研结合经验交流会对上述两个关键问题给予了充分的讨论和酝酿,并达成了以下共识:"坚持以服务为宗旨,以就业为导向,走产学研相结合的改革发展之路,培养数以千万计的高技能专门人才,为全面建设小康社会和中华民

族伟大复兴服务。"2004年4月,教育部《关于以就业为导向深化高等职业教育改革的若干意见》将上述共识加以确定,明确强调高等职业教育"应以服务为宗旨,以就业为导向,走产学研结合的发展道路"。高等职业院校"要主动适应经济和社会发展需要,以就业为导向确定办学目标,坚持培养面向生产、建设、管理、服务第一线需要的高技能人才"。《关于以就业为导向深化高等职业教育改革的若干意见》还强调"要扭转目前一些高等职业院校在高等职业教育中过多强调学科性的倾向,扭转一些学校盲目攀高升格倾向"。同年9月,教育部、国家发展改革委、财政部、人事部、劳动保障部、农业部、国务院扶贫办《关于进一步加强职业教育工作的若干意见》再次对发展高等职业教育的政策做出了调整,强调中等职业学校不再升格为高等职业院校或并入高等学校,专科层次的职业院校不再升格为本科院校,教育部暂时不再受理与上述意见相悖的职业院校升格的审批和备案。2011年8月,教育部《关于推进中等和高等职业教育协调发展的指导意见》进一步完善了高等职业教育的培养目标和定位,强调高等职业教育应"重点培养高端技能型人才"并"发挥引领作用"。强调高等职业教育的"引领作用",标志着高等职业教育在整个职业教育体系中地位的提升,也标志着我国职业教育发展重心的上移。

2.高等职业教育在终身教育体系中的地位越来越突出

2002年8月,国务院《关于大力推进职业教育改革与发展的决定》(以下简称2002年《决定》)指出,"加强中等职业教育与高等职业教育,职业教育与普通教育、成人教育的衔接与沟通,建立人才成长'立交桥'"。这一表述扩展了1999年"行动计划"提出的"立交桥"的内涵,强调了人才成长"立交桥"不仅要架设在普通高等教育与职业技术教育之间,而且要架设在职业教育内部的不同层级之间以及职业教育与其他各类教育之间。2004年3月,《2003—2007年教育振兴行动计划》提出要大力发展多样化的成人教育和继续教育;鼓励人们通过多种形式和渠道参与终身学习,加强学校教育和继续教育相互结合;建立对各种非全日制教育培训学分的认证及积累制度。2005年10月,国务院《关于大力发展职业教育的决定》明确提出:"建立职业教育与其他教育相互沟通和衔接的'立交桥',使职业教育成为终身教育体系的重要环节。"2010年,《国家中长期教育改革和发展规划纲要(2010—2020年)》强调"构建体系完备的终身教育,学历教育和非学历教育协调发展,职业教育和普通教育相互沟通,职前教育和职后教育有效衔接"。同年10月,国务院办公厅《关于开展国家教育体制改革试点的通知》将北京市、天津市、上海市、广东省、甘肃省部分市列入"探索建立职业教育人才成长'立交桥',构建现代职业教育体系"的试点单位;并将北京市、上海市、江苏省、广东省、云南省、中央广播电视大学列入"探索开放大学建设模式,建立学习成果认证和'学分银行'制度,完善高等教育自学考试、成人高等教育招生考试制度,探索构建人才成长'立交桥'"的试点单位。2011 年 6 月,教育部《关于充分发挥职业教育行业指导作用推进职业教育改革发展的意见》提出,要推进构建人才培养"立交桥",实现职业教育与终身学习对接。2011 年 9 月,教育部《关于推进中等和高等职业教育协调发展的指导意见》强调,要构建现代职业教育体系,必须体现终身教育理念,坚持学校教育与各类职业培训并举、全日制与非全日制并重。2013 年 11 月,中共中央《关于全面深化改革若干重大问题的决定》指出:"试行普通高校、高职院校、成人高校之间学分转换,拓宽终身学习通道。完善城乡均等的公共就业创业服务体系,构建劳动者终身职业培训体系。"2014 年,李克强总理在国务院常务会议上强调:"建立学分积累和转换制度,打通从中职、专科、本科到研究生的上升通道。"总之,高等职业教育在我国终身教育体系中的地位越来越明确,在构建人才"立交桥"中的作用越来越突出。

　　3. 高等职业教育和继续教育服务社会的能力得到重视

　　21 世纪伊始,《关于国务院授权省、自治区、直辖市人民政府审批设立高等职业学校的有关通知》就强调高等职业学校既从事学历教育,也开展岗位培训和社区服务。2002 年,《国务院关于大力推进职业教育改革与发展的决定》明确指出"要强化职业教育的社会服务功能",强调职业教育要为经济结构调整和技术进步服务,为促进就业和再就业服务,为农业、农村和农民服务,为推进西部大开发服务。从 2002 年始,教育部要求把职业学校开展各种培训活动的情况纳入办学规模的统计和办学效益的评估范围。2004 年 8 月,在第三次全国高职高专教育产学研结合经验交流会上,教育部长周济强调高等职业院校要积极开展职业培训和继续教育。面向企业、行业和社会需要,开展在岗职工的继续教育,是高等职业教育主动适应市场需要、走产学研结合改革发展之路的要求。为了贯彻落实《中共中央国务院关于进一步加强人才工作的决定》,切实做好高技能人才队伍建设,特别是技师、高级技师的培养工作,2004 年,劳动保障部正式启动"3 年 50 万新技师培养计划"。该"计划"提出从 2004 年到 2006 年,在制造业、服务业及有关行业技能含量较高的职业中,实施 50 万新技师(包括技师、高级技师和其他高等级职业资格人才)培养计划,紧密结合市场需求,加快培养一批企业急需的技术技能型、复合技能型人才,以及高新技术产业发展需要的知识技能型人才,并以此推动技能人才队伍的整体建设,带动各类高、中、初级技能人员梯次发展。对于高职学院,"计划"要求进一步"推动高级技工学校、技师学院以及高等职业院校改革,完善教学方法,突出专业技能训练,强化新知识、新技术、新工艺、新方法的内容,充分发挥高技能人才培训基地的作用,采取校企合作、订单式培养等方式,开展后备青年技师的培养工作。同年9月,《关于进一步加强职业教育工作的若干意见》要求认真实施教育部等六部门推进的"职业院校制造业与现代服务业技能型紧缺人才培养培训计划"、劳动保障部等部门推进的"国家高技能人才培训工程"和"3年50万新技师培养计划"、"绿色证书培训工程"、"青年农民科技培训工程"、"农村劳动力转移培训阳光工程"、"农村劳动力转移培训计划"。同年10月,教育部、建设部联合下发《关于实施职业院校建设行业技能型紧缺人才培养培训工程的通知》,要求从2004年起,在建筑施工(含市政工程施工)、建筑装饰、建筑设备和建筑智能化等四个专业领域,在全国选择94所中等职业学校、71所高等职业技术学院作为建设行业实施技能型紧缺人才示范性培养培训基地,与各地推荐的702个企业合作开展"建设行业技能型紧缺人才培养培训工程"。2006年6月,中共中央办公厅、国务院办公厅印发《关于进一步加强高技能人才工作的意见》(以下简称2006年《意见》),要求加快高技能人才队伍建设,充分发挥高技能人才在国家经济社会发展中的重要作用,到"十一五"期末,高级技工水平以上的高技能人才占技能劳动者的比例达到25%以上,其中技师、高级技师占技能劳动者的比例达到5%以上,并带动中、初级技能劳动者队伍梯次发展,力争到2020年,使我国高、中、初级技能劳动者的比例达到中等发达国家水平,形成与经济社会和谐发展的格局。2006年《意见》还强调,要充分发挥高等职业院校和高级技工学校、技师学院的培训基地作用。建立高技能人才校企合作培养制度。职业院校应以市场需求为导向,深化教学改革,紧密结合企业技能岗位的要求,对照国家职业标准,确定和调整各专业的培养目标和课程设置,与合作企业共同制定实训方案,采取全日制与非全日制、导师制等多种方式实施培养。支持和鼓励职工参加职业技能培训。职工经单位同意参加脱产或半脱产培训,用人单位要按国家有关规定制定参加培训人员的薪酬制度和激励办法。2010年,《国家中长期教育改革和发展规划纲要(2010—2020年)》明确要求大幅提升从业人员"继续教育参与率",并规定从业人员继续教育年参与率达到50%的目标。2011年,教育部《关于推进中等和高等职业教育协调发展的指导意见》提出必须把职业教育摆在更加突出的位置,充分发挥职业教育面向人人、服务区域、促进就业、改善民生的功能和独特优势,满足社会成员多样化学习和人的全面发展需要。同年9月,教育部《关于推进高等职业教育改革创新引领职业教育科学发展的若干意见》强调高等职业学校要搭建产学研结合的技术推广服务平台,面向企业开展技术服务,推进科技成果转化;面向新农村建设,提供农业技术推广、农村新型合作组织建设等服务。强调高等职业学校要努力成为当地继续教育和文化传播的中心,搭建多样化学习平台,开放教育资源,开展高技能和新技术培训,普及科学文化知识,参与社区教育,服务老年学习,在构建国家终身教育体系和建设学习型社会中发挥积极作用。

总之,21世纪以来,我国高等职业教育及成人教育进入了蓬勃发展的时期。首先,21世纪以来加强了对成人高等学校办学机构的调整和转型。譬如,仅从办学机构数量来看,进入21世纪以来,我国的成人高等学校数继续呈现连年下降的趋势,相反,职业技术学院则呈现连年上升的趋势(见图4-9)。其次,职业技术学院成为我国高等职业教育的重要办学力量,在高职专科院校中的比例也呈现连年上升的趋势(见图4-10)。再次,职业技术学院办学规模特别是招生规模连年呈现较大幅度的增长(见图4-11)。最后,从办学机构的结构来看,地方办学力量成为我国高等职业教育的主要办学力量,特别是地方行业部门成为我国职业技术学院的主要办学力量(见图4-12)。

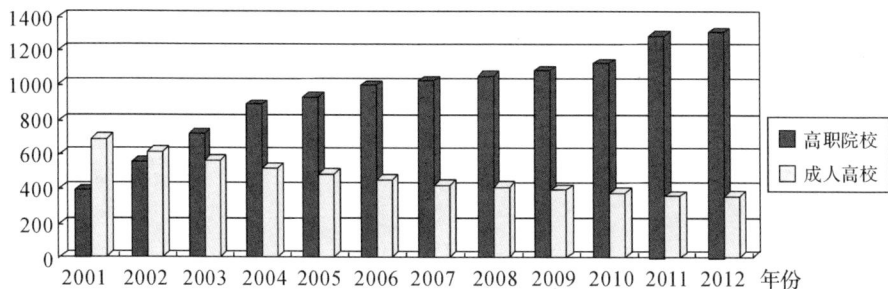

图 4-9 2001—2012 年期间职业技术学院和成人高等学校数比较(单位:所)

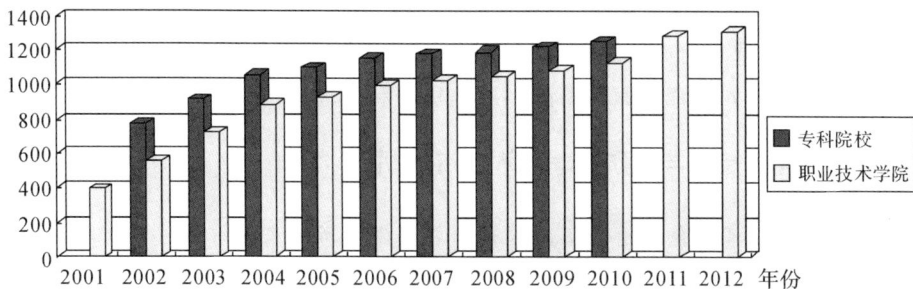

图 4-10 2001—2012 年期间高职专科院校和职业技术学院比较(单位:所)

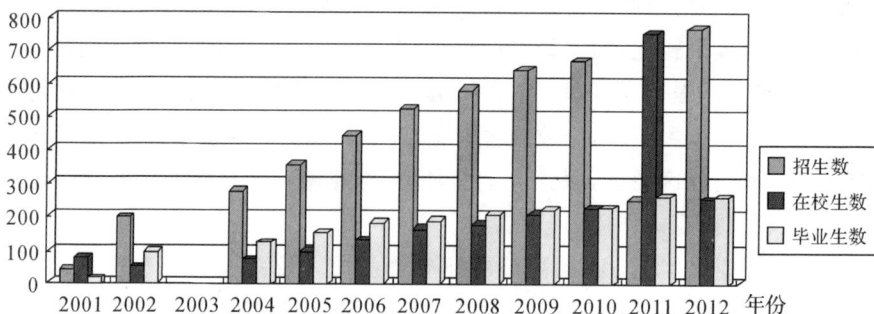

图 4-11　2001—2012 年职业技术学院办学规模(单位:万人)

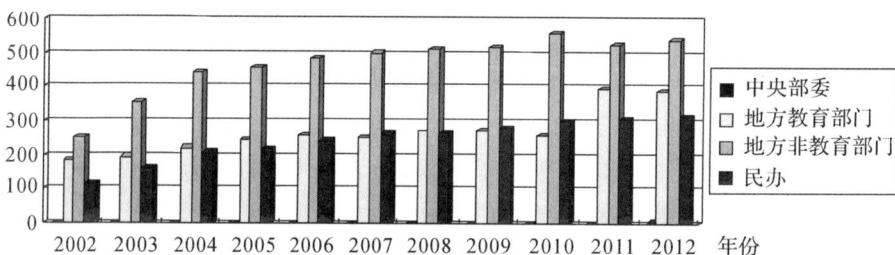

图 4-12　2002—2012 年期间职业技术学院办学机构比较(单位:所)

第二节　职业技术学院成人教育的机遇与挑战

如前所述,改革开放特别是 21 世纪以来,高等职业教育在构建我国国民教育体系和终身教育体系过程中发挥了重要作用,为我国经济社会的发展提供了强有力的高素质技能型专门人才支撑和智力支持。职业技术学院作为我国高等职业教育和成人教育办学的重要力量,也发挥了自己独特的影响和作用,也做出了重要的贡献。但是,21 世纪以来,伴随我国经济社会的发展,职业技术学院成人教育也面临着诸多新的机遇和挑战。

一、职业技术学院成人教育面临的机遇

1. 我国经济社会改革的不断深化和转型发展所带来的机遇

我国经济社会正处于全面深化改革和重要的发展转型时期。中共中央《关于全面深化改革若干重大问题的决定》指出,要紧紧围绕使市场在资源配

置中起决定性作用,深化经济体制改革,加快转变经济发展方式,加快建设创新型国家,推动经济更有效率、更加公平、更可持续发展。其中经济发展方式的转变、创新型国家的建设以及经济更加高效、公平和可持续发展等经济社会改革目标的全面实现,最重要的支撑是高素质人才。然而,目前我国经济社会发展面临的一个重要瓶颈是就业人员素质不够、高技术人才缺乏、低端人才过剩。培养大批高技术人才的关键在于我国教育必须实现转型发展,即教育要从过去重学历、重文凭的传统学术型人才培养模式转变到重视技术、技能和实际能力的培养模式上来。作为一种重要的教育类型,我国高等职业教育的主要培养目标就是高级技能型专门人才。职业技术学院作为高等职业教育和成人教育的重要办学力量,在我国经济社会转型发展和高技术人才培养的过程中必将担负重任。

2.我国高等职业教育的继续创新与发展所带来的机遇

当今世界,经济全球化日益发展,国际经济竞争不断加剧。经济全球化及竞争的加剧,为职业技术教育的发展提供了重要契机。大力发展职业技术教育和培训,提升劳动者素质,是世界各国提升经济竞争力和综合国力的重要举措。如前所述,高等职业教育是在我国改革开放的大背景下产生和不断发展的。高等职业教育主要是在短期职业大学和五年制高职的基础上,通过进一步调整培养目标,改革以学校和课堂为中心的传统人才培养模式,积极推行与生产劳动和社会实践相结合的学习模式而发展起来的。我国高等职业教育在摸索与发展过程中,实现了培养目标、办学体制、学制制度、办学主体、办学方式、培养模式、投入机制、招生与就业等多方面的创新,成为具有中国特色高等教育和职业教育的重要形式。改革开放以来,高等职业教育不仅成为我国高等教育事业发展新的增长点,而且成为我国职业教育事业发展的新亮点。高等职业教育的快速发展不仅满足了人民群众接受高等教育的强烈需求,而且丰富了我国高等教育类型结构,完善了职业教育层次结构。从历史和现实来看,高等职业教育在创新中获得了发展,也必将在创新过程中获得更大的发展空间。随着我国经济社会的发展,我国高等教育已经从精英化走向大众化。在大众化的进程中,高等职业教育作为一支重要的力量在高等教育中所占比重将越来越大,这将给我国高等职业教育带来了更大的发展空间,这也意味着职业技术学院成人教育将会有更多的发展机遇。

3.我国终身教育体系和学习型社会构建所带来的机遇

自20世纪60年代中期以来,在联合国教科文组织及其他有关国际机构的大力提倡、推广和普及下,终身教育思潮在全世界获得广泛传播。许多国家在制定教育方针、政策或是构建国民教育体系框架时,均以终身教育理念为依据,以终身教育提出的各项基本原则为基点,并以实现这些原则为主要目标。《国家中长期教育改革和发展规划纲要(2010—2020年)》指出,今后一段时期我国教育改革的重要目标之一,就是要"构建体系完备的终身教育",实现"学历教育和非学历教育协调发展,职业教育和普通教育相互沟通,职前教育和职后教育有效衔接"。高等职业教育和成人教育是我国终身教育体系和学习型社会构建不可或缺的力量,并将发挥越来越重要的作用。职业技术学院成人教育也必将在我国终身教育体系和学习型社会构建过程中大有作为。

4.职业技术学院成人教育具有的独特优势

高等职业教育和成人教育兼具职业教育和成人教育的属性,在我国终身教育体系和学习型社会构建过程中具有独特的优势。我国成人教育具有对就业者或转换岗位的人员进行履职所需的文化、技术和实际能力的教育和培训、扫盲教育、高层次学历教育、知识更新和能力提高的继续教育、社会文化生活教育等多方面的功能。我国职业技术学院成人教育具有的优势在于:一是具有突出的职业性特征。职业技术学院成人教育是在中等教育基础上实施的高等教育、职业教育和继续教育,主要侧重于提升在职人员的职业技能和促进从业人员的职业生涯发展。由于职业教育具有与社会、经济、市场以及职业、行业等联系紧密的独特优势,这就为职业技术学院成人教育的发展带来了更多的发展机遇。二是具有突出的成人教育和继续教育特征。职业技术学院成人教育主要以各行各业从业人员为对象,学习形式主要以业余和继续教育为主。今后一个时期,以提高技术、技能为主的非学历教育或职业培训将成为我国成人教育和继续教育的重点。诚如《中国教育改革和发展纲要(2010—2020)》所预测的那样,到2020年,我国将有3.5亿从业人员接受继续教育,其中只有17万是成人学历教育。也就是说,兼具职业教育和成人教育优势的职业技术学院成人教育将有更大的市场空间和发展空间。

二、职业技术学院成人教育面临的挑战

在充分认识到我国职业技术学院成人教育具有的众多发展机遇的同时,也应该清醒地认识到所面临的严峻挑战。总体来看,伴随我国经济社会改革的不断深入,职业技术学院成人教育在指导思想、培养目标、办学特色、发展观念、教育教学质量、专业、课程与教学、师资队伍建设、内部管理、服务社会的能力等诸多方面都面临挑战,需要通过进一步深化改革,实现转型发展。

1.对职业技术学院成人教育和职业培训的地位和作用认识不够

大多数职业技术学院对成人教育和职业培训在构建我国终身教育体系和学习型社会的重要作用重视不够,很少真正认识到成人教育和职业培训也是提高社会生产力和生产效率的重要途径之一,很少真正认识到职业技术学院成人教育与职业培训也是终身教育的一个重要组成部分,是沟通各级各类教育和职业界的重要桥梁之一。由于在指导思想上的认识不足,大多数职业技术学院成人教育和职业培训处于边缘化状态。一些学校在规划、领导与管理层面,不重视成人教育和职业培训,在发展议程及学校教育改革计划中很少考虑成人教育和职业培训。一些学校仅仅将成人教育和培训机构定位为创收的经济实体,片面强调成人教育和职业培训的经济效益,忽视成人教育和职业培训的社会效益。

2.职业技术学院成人教育和职业培训的质量亟待提升

近年来,职业技术学院在全日制教育教学质量改革方面取得了显著成效,但在成人教育和职业培训领域的改革成效却不明显。职业技术学院成人教育和职业培训质量存在以下突出问题:一是片面强调数量的增长规模的扩张,忽视成人教育和职业培训的质量;二是忽视成人教育和职业培训项目的针对性和实用性,无法有效地满足社会、用人单位及成人学习者的需求;三是成人教育和职业培训的质量缺乏有效的评价、评估和评定机制;四是缺乏对学习者学习成就进行全面评价的完善机制;五是在相关评价中忽视成人学习者的先前学习经历和工作经验;六是成人学习者缺乏参与学习或教学评价的机会和有效途径;七是对于成人学习者学习成就的评价缺乏有效的反馈途径和机制;八是对成人学习者缺乏有效的学习服务与指导;九是重视学历文凭或相应资格,忽视成人就业能力和职业能力的培养。

3.职业技术学院成人教育在专业、课程与教学方面需求导向和实践导向不足

职业技术学院成人教育在专业设置方面存在的主要问题包括:一是对经济、社会、科技诸方面的发展和挑战反应迟钝;二是对劳动力市场需求及相关变化的信息反应不够灵敏;三是对国家、行业、地区重点技能的需求重视不够;四是缺乏专业特色和专业品牌。

职业技术学院成人教育在课程开发方面存在的主要问题包括:一是成人教育与职业培训课程的开发与经济、社会、个人职业发展的需求联系不够紧密;二是课程开发在满足学习者、用人单位及社会需求的平衡性不够;三是普

通技能、新技能和专门职业技能在课程体系中不平衡;四是课程开发缺乏与职业界的有效沟通,无法有效满足职业岗位需求;五是课程类型不够丰富,偏重学科型或知识型课程,忽视活动课程或实践课程的开发;六是忽视核心技能与就业技能课程内容的开发;七是课程传播的方式和途径传统、单一,现代信息通信技术手段运用不够充分。

职业技术学院成人教育在教学方面存在的主要问题包括:一是教学内容对新知识、新技术、新技能吸收不够;二是教学过程与生产过程缺乏深度对接;三是实践教学设施、条件不足,实践教学力度不够;四是重视理论知识的传授,对实践能力、创新能力以及成人自主学习能力的培养重视不够;五是现代教育技术手段在成人教育和职业培训中运用不充分。

4.职业技术学院成人教育在办学方面缺乏市场竞争意识,封闭式、学院式办学特征突出

受市场在我国整个高等职业教育资源配置中的作用发挥不够的影响,大多数职业技术学院成人教育发展观念滞后,缺乏市场竞争意识,封闭式、学院式办学倾向较为严重。其主要表现,一是大多数职业技术学院成人教育和培训不重视市场需求和社会需求。特别是许多行业举办的职业技术学院,主动出击和适应市场的观念淡薄,"等、靠、要"意识浓厚。在许多行业,成人继续教育和职业培训项目,主要由行业职业技术学院垄断,并非通过公平的市场参与和竞争获取。二是大多数职业技术学院成人教育主要面向全日制中职学生的继续教育需求,对各行各业从业人员广泛的继续教育和培训需求重视不够。三是注重学历教育,忽视非学历教育。四是忽视成人学习的规律和特点,普教化倾向严重,在教学计划、教学大纲、课程设置、教材选用、教学管理等诸多方面,照搬照抄全日制或普通教育模式。五是与用人单位和社会各行各业缺乏有效的合作机制。

5.职业技术学院成人教育师资队伍建设严重滞后,专业化水平亟待提高

职业技术学院成人教育师资队伍建设严重滞后,其专业化水平不高的主要表现:一是重普教、轻成教,从事成人教育和职业培训的教师待遇与地位与普教师资存在较大差别;二是专兼职和"双师型"师资数量均不足;三是专兼职师资队伍的储备与培养缺乏与企业和行业的有效合作机制;四是专兼职师资缺乏成人教育和培训的相关知识、技能和资格。

6.职业技术学院成人教育管理面临的挑战

职业技术学院成人教育管理面临的诸多挑战:一是投入不足,对基于现代

信息、通讯、技术的管理网络和机制建设重视不够，管理方式和手段落后；二是重管制、轻服务，相关管理制度与机制照搬照抄全日制或普通教育管理模式，忽视成人学习的特点和规律；三是管理、办学、评价合一的弊端，管办评合一，办学机构既充当裁判员又充当运动员的角色，成人教育和培训质量无法得到保障；四是对构建终身学习重要通道的学分银行、学分累积与转换等相关制度和机制实践探索不够。

总之，职业技术学院成人教育面临的挑战，既有来自外部社会的因素，也有来自职业技术学院内部的因素。从外部社会因素来看，整个社会对职业教育和成人教育的认识存在偏差，观念比较落后。在我国，一般的社会观念认为学术型高等教育地位高于职业型或技术型高等教育；普通高等教育的地位高于成人高等教育；正规教育、学历教育的地位高于非正规教育、继续教育。然而，不可忽视的是，职业技术学院成人教育在指导思想上的偏差，发展观念的滞后，教育教学质量的低下，服务社会能力较弱，特别是在专业设置、项目开发、课程与教学等诸多方面，忽视成人工作、职业和社会生活的需要，忽视成人学习的特点和规律等，也是制约职业技术学院成人教育持续健康发展的重要因素。

第三节　职业技术学院成人教育转型的路径与机制

今后一段时期，我国职业技术学院成人教育应在办学指导思想、发展模式、培养目标、专业设置、课程开发与教学模式、办学模式、师资队伍建设、管理模式、教育技术手段与成人学习方式等诸多方面深化改革，实现转型发展。

一、办学指导思想的转变

办学指导思想的转变就是要进一步重视职业技术学院成人教育和职业培训在构建终身教育体系中的重要作用。

21世纪以来，我国十分重视职业技术教育、成人教育在构建终身教育体系中的重要作用。职业技术学院在办学指导思想上应实现下述转变。

首先，充分认识到职业技术学院成人教育和职业培训是我国成人教育和职业技术教育的重要组成部分，是构建我国终身教育体系和学习型社会的重要力量，是我国建立并发展从职业教育到继续教育多样化通道的重要路径之一，彻底扭转职业技术学院成人教育边缘化状态。

其次,职业技术学院成人教育对参与职业培训或继续教育的人员在学习经历和所获资格的转换与认可而言,具有与其他类型教育同等重要的地位。因此,在职业技术学院领导与管理层面,应将成人教育视为学校整体工作中的重要组成部分,在发展议程及学校教育改革计划中平等甚至优先考虑成人教育和职业培训,彻底摒弃视成人教育和职业培训为次要甚至不重要的观念。

第三,职业技术学院作为高技能人才培养的重要教育类型,其开展的成人教育和职业培训也是提高社会生产力和生产效率的重要途径之一。因此,职业技术学院成人教育和职业培训应重视与各级各类教育和职业界的沟通,成为终身教育的一个重要组成部分,成为消除各级各类教育之间、教育与职业界之间以及学校与社会之间鸿沟的重要桥梁之一,成为促进弹性入学以实现终身学习的重要机构之一。

第四,摒弃片面的办学效益观,兼顾经济效益和社会效益,即应该认识到社会效益才是办学机构首先应该实现的目标,经济效益要以社会效益为前提和基础,彻底转变以经济创收为目的的片面办学指导思想。

二、发展模式的转型

发展模式的转型就是要进一步提高职业技术学院成人教育和职业培训的质量,从外延式发展向内涵式发展转变。

我国高等职业教育和成人教育都曾经历外延式发展之路。注重数量增长、规模扩张的外延式发展模式最大的弊端在于,导致了高等职业教育和成人教育质量的下滑,并被社会广泛诟病。作为职业教育和成人教育办学机构之一的职业技术学院也经历过相似的发展道路。从外延式发展向内涵式发展转变不仅是我国经济发展方式转变的必然要求,也是我国教育改革不断深化发展的必然之路。内涵式发展从理论上强调的是结构优化、质量提高和实力增强,核心是强调事物的"质"的发展。[①] 职业技术学院成人教育内涵式发展道路的重中之重在于,进一步提高教育教学质量和服务社会的能力。职业技术学院成人教育和职业培训从外延式发展向内涵式发展转变,必须注意以下几个方面:

一是应大力加强成人教育和职业培训的实用性和针对性。注重实用性是成人学习的重要特点,也是成人参与学习和培训的重要动机。职业技术学院

———————

① 杜以德,何爱霞等.我国成人高等教育办学机构转型与创新研究[M].北京:高等教育出版社,2012:85.

成人教育主要面向各行各业从业人员。职业技术学院成人教育和职业培训的主要目的在于提高从业人员的职业技能和岗位能力。实用性是检验各项成人教育与职业培训效果的重要尺度,即是否对成人学习者的工作和生活有所助益。

二是加强对成人教育和职业培训的评估、监督,确保教育教学质量。评估与监督是确保各类教育质量的重要途径。职业技术学院成人教育和培训机构应加强对成人教育和培训质量的评估、督导工作,建立完善的评价、评估和评定机制。相关机制建立的关键在于应吸收教师、督学人员、学习者及有关用人单位的代表参与,以确保课程的有效性,确保所传授的知识与技能适合实际工作单位的需要,并包含所学领域和相关职业领域技能的最新发展。

三是加强对学习者学习情况的全面评估,并给予学习者充分参与对自己进步情况进行评估或评价的机会。对学习者学习情况的全面评估是确保教学质量的前提条件。从学习过程而言,学习情况包括学习动机、学习兴趣、学习需求、学习准备、学习参与和学习成就。完善的学习情况评估应贯穿学习过程的始终。从学习结果而言,学习情况主要体现在学习成就上,即态度的转变、知识的获取和技能的提高。传统的学习成就评价机制仅仅重视技能或知识的评估,这是不全面、不完善的评估,不利于学习者的全面发展。

四是建立有效的评估反馈机制。建立有效的评估反馈机制的目的在于为学习者提供发现并纠正学习中的错误的机会,这也是提高教学质量的重要途径之一。参与评估并从评估中获得经验教训,这是成人学习的重要特点之一。成人学习者具有丰富的工作经验和先前学习经历,这是成人学习区别于儿童学习的重要特征之一,也是成人学习者参与学习情况评估的重要基础和条件。

五是注重发挥市场机制的作用,建立职业技术学院成人教育和职业培训质量保障体系。市场机制作用下的教学质量保障体系的构建,首先应将重点放在对教学质量、学习者的支持服务和指导上。据相关调查,我国成人学习者在学习支持服务和指导方面的情况不容乐观。包括职业技术学院在内的许多办学机构或培训机构,只注重教学而不重视服务和指导,成人学习条件和环境远远落后于全日制或普通教育学生。[①] 加强对成人学习者的支持服务和指导,对于提高成人学习的兴趣、增强成人教育和培训的吸引力和市场竞争力都具有重要作用。其次,应加强社会的参与与监督。作为第三方的社会参与与监督,是构建市场机制作用下的教学质量保障体系的重要力量,也是促进成人

---

① 何光全.中国成人学习调查研究[M].北京:光明日报出版社,2013:116.

教育办学机构内部改革,实现管办评分离的重要途径。

六是注重构建适合成人教育和职业培训特点的教学质量保障体系。仅从评价主体和指标体系来看,成人教育和职业培训就与普通教育或全日制教育存在较大差别。一般而言,衡量成人教育学院和职业培训机构教学质量的三个重要指标可以归结为:首先是用人单位的满意度。成人教育和职业培训的对象主要是在职人员,在职人员的学习需求与用人单位的需求具有较强的利益相关性,因此,用人单位的满意度指标重点在于对学习者能力的开发、与工作的相关性、总体质量的评估。其次是学习者的满意度。成人学习具有较强的目的性和自主性。因此,学习者的满意度指标重点在于学习者对自己能力提高的评价,以及对于从成人教育和职业培训机构中获得的支持与服务质量的评估。三是学习者的能力达成率。学习成就包括态度、知识和技能诸多方面,但对于成人学习者而言,更加重视与职业和工作相关能力的达成,因此,学习者的满意度应重点评估学习者在职业技能、岗位技能等方面实现的成就。

三、培养模式的转型

培养模式的转型就是要从学历文凭取向向提升学习者就业能力和软能力转变。

与其他办学机构类似,在较长时期内我国职业技术学院成人教育也存在重视学历文凭、忽视学习者就业能力和软能力培养的弊端。我国在经济社会转型发展的同时,也要实现建设创新型国家的发展目标。学历文凭取向不利于创新型人才的培养,更有悖于建设创新型国家的目标。职业技术学院成人教育在培养模式上要实现从学历文凭取向向提升学习者就业能力和软能力的转变,需要重视以下几个方面:

一是重视成人学习者就业能力的培养。所谓就业能力是指个人适应劳动力市场并具备获得或胜任某一工作的相关知识、技能和能力。就业能力首先是生存能力,但就业能力不仅包括技术或职业技能,而且包括创业、解决问题、信息、通讯和技术(ICT)、交流技能、外语能力、计算能力等"软技能"。目前,无论是全日制职业教育还是成人继续教育和培训,职业技术学院对技术或职业技能关注较多,而对更为丰富和重要的软技能培养关注则较少。

二是重视成人学习者"软能力"的培养。软能力即所谓的跨专业能力。软能力对于一个人的职业生涯发展显示出越来越重要的地位。如果说专业能力(即所谓的硬能力)是重要的生存基础的话,那么,软能力则是职业生涯发展的重要条件,并且后者显示出越来越重要的地位。据德国联邦职教所一项对企业员工职业能力的要素实施的调查研究表明,专业能力在企业员工职业生涯发展中地位具有下降的趋势,而社会能力(即所谓的软技能)在企业员工的能力结构中的地位则处于上升的趋势。此外,个人能力与方法能力在企业员工的能力结构中也处于上升趋势。

三是从重视学历文凭向重视就业能力和软能力培养的转变。如上所述,我国各类教育均不同程度地存在重视学历文凭而忽视实际能力培养的弊端。一所职业技术学院如果忽视就业能力、职业能力的培养,就应该被列入不合格学校的名单。一定意义上说,就业能力、职业能力和跨专业能力、社会能力、个人能力、方法能力是创新能力的基础。目前,大多数职业院校狭隘的技术教育和职业培训观也是功利主义的重要体现。功利主义的教育和培训往往使人丧失创新和持续发展的动力,并最终使人沦为劳动的工具。因此,重视就业能力和软能力培养,是培养创新型劳动者的重要前提,也是建设创新型国家的重要基础。

四、专业设置、项目开发、课程与教学模式的转型

专业设置、项目开发、课程与教学模式的转型就是要从学科型、理论型向需求导向和实践导向型转变。

我国职业技术学院在专业设置、课程开发与教学方面,均不同程度存在重学科、重理论,轻需求、轻实践的弊端。职业技术学院成人教育在专业设置、项目开发、课程与教学上也存在类似的问题,需要从以下方面实现转型。

一是以需求为导向的专业设置和项目开发。面对科学技术进步周期加快、经济发展竞争愈烈、社会环境冲突加剧的局面,特别是经济全球化带来的挑战,职业技术学院成人教育和职业培训在专业设置、项目开发上应采取及时跟进的应对策略,正确地应对经济、社会、科技诸方面的发展,以及劳动组织形式变化产生的挑战,重视劳动力市场需求,重视对劳动力信息的收集及分析,重视国家、行业、地区对重点技能的需求,突出专业特色,培育项目品牌。

二是以需求为导向的课程设置。首先,成人教育与培训课程设置应紧密结合经济发展、社会发展、个人职业发展的需要,应同时满足学习者、用人单位及社会的需求。其次,应重视普通技能(或通用技能)、新技能和专门职业技能在课程体系中的平衡。职业技术学院成人教育与培训应为学习者提供通用的、迁移性强的技能,以便适应转岗及终身学习的需求。同时,也要为学习者提供职业专门化技能,以满足用人单位的现实需要。要做到这一点,关键是用人单位和相关行业应深度参与课程开发,以确保成人教育与培训所传授的知

识、技能能够满足现代工作岗位的需要。

三是提供能将教育与职业界紧密联系在一起的多样化课程。构建基于职业岗位所需的课程体系,校企共同制订课程标准;开设从短期到较长期全日制综合学习和专业学习课程等各种灵活的课程;重视中等职业教育和高等教育课程的衔接,为中等职业学校学生提供更多的升学机会;充分利用现代技术扩大课程受益面,积极促进成人通过网络和远程教育平台自学。

四是重视核心技能与就业技能课程内容的开发,提高成人的就业与发展能力。在这一方面,国外的先进经验值得借鉴。譬如,澳大利亚工商业协会和澳大利亚商务委员会所开发的一项就业技能课程,所提出的就业技能由交流、小组工作、解决问题、主动性和事业心、计划和组织、自我管理、学习和技术八个技能群组成。澳大利亚还提出了核心技能框架(ACSF),其中核心技能由学习、阅读、书写和口头交流组成。这些核心技能无论是对于初始教育还是继续教育都是十分重要的。

五是通过实践教学实现教学过程和生产过程的深度对接。教学过程与生产过程深度对接的一般程序是:深入调研各类生产环节和情景→通过建模的方式模拟不同类型的生产过程和情景→根据模拟的生产过程和情景确定教学目标、教学内容、选择教学方法→教学再次回到实际的生产过程和场景。总之,能有效实现教学过程和生产过程深度对接的教学方法就是实践教学法。实践教学法包括案例教学、项目教学、任务教学、实际操作等方法。实践教学法的一般特征包括:教学目标注重应用性和实践性;教学内容能反映最新知识、最新技术、最新工艺;教学过程注重成人学习能力、动手能力、分析和解决问题能力、创新能力的培养等。

五、办学模式的转型

办学模式的转型就是要从封闭式、学院式办学向紧密联系工作、职业与社会的转变。

一是办学定位的转型。首先,职业技术学院成人教育和职业培训应充分重视市场需求和社会需求,从过去主要面向全日制中职学生的继续教育需求转向满足我国经济转型升级和各行各业从业人员广泛的继续教育和培训需求。其次,应充分重视我国经济社会发展对各类高技能人才的需求,坚持学历教育和非学历教育的统筹发展,真正实现从过去片面注重学历教育向注重新知识、新技术、新技能的传授与促进各级各类从业人员职业技能提升和职业生涯发展的转型。再次,要面向农村、企业、行业生产第一线,大力提升职业技术学院成人教育和职业培训服务社会的能力,真正实现从过去封闭式、学院式教育向广泛的社会职业技能培训和继续教育转型。

二是进一步提升职业技术学院成人教育和职业培训服务社会的能力。应该认识到直接作用于劳动者的生产技能和生产能力的提升是职业技术学院成人教育和职业培训的重要功能。诚如教育部、财政部《关于进一步推进"国家示范性高等职业院校建设计划"实施工作的通知》所指出的那样,职业技术学院成人教育"要拓展社会服务功能,面向行业企业开展技术服务,面向区域开展高技能和新技术培训,参与企业技术创新和研发,为企业职工和社会成员提供多样化继续教育"。提升职业技术学院成人教育和职业培训服务社会的能力,必须进一步改善职业技术学院成人教育和职业培训的形象并提高其吸引力。提高职业技术学院成人教育和职业培训吸引力的重要途径与机制包括进一步加强职业教育与高等教育的通融性;促进行业和职业技术学院之间的联系,注重灵活的教学方式以及满足学习者的多样化需求;重视行业需求的技术和职业培训,即所谓的社会培训;职业资格证书与学历文凭并重。

三是积极实践工学结合的办学模式,加强与用人单位和社会各行各业的有效合作,确保学习与工作实践相联系。工学结合是职业技术教育与培训的成功经验,也是我国经过多年探索推进职业教育改革与发展的一条重要原则。工学结合办学模式的核心思想强调工作是学习的手段、工作是学习的内容、工作是学习的目的。实现工学结合的一般途径和相应机制包括:首先,办学机构应积极参与区域和地方经济社会的发展,并与区域和地方、行业等利益相关方建立起合作伙伴关系。其次,在成人教育与职业培训项目规划、课程设置、教学与评估等方面,应与用人单位、行业协会建立有效的合作和共同参与的机制。再次,发挥行业技能协会在成人教育与职业培训中的重要作用,并充分调动行业协会参与诊断市场和用人单位培训需求,开发相关培训项目和计划,为职业技术学院成人教育与职业培训提供智力支持。

四是转变职业技术学院成人教育和职业培训的传统教学模式,加强成人教育和职业培训与工作之间的联系。德国"双元制"的核心思想就是重视学习过程与工作过程的有机联系。但是,学习过程与工作过程的结合不能以牺牲学习者的学习过程为代价,足够的教学和理论学习也是十分重要的。要实现学习过程与工作过程的紧密结合,首先要重视理论和实践的有机联系,应以能激发学习者学习兴趣的方式安排理论知识的学习。其次,教育和培训的实训场所使用的机器和设备,应适合工作地点的需要,并尽可能使之与真实的工作场所相似。再次,应将成人的先前学习和工作经验视为学习内容的重要组成部分,对成人以前的学历和专业资格及工作经验予以承认。第四,对学习者工作过程及其工作成果的评价要与学习者进一步的学习相衔接。也就是说,在成人教育和职业培训领域应强化可反馈的教育文化而不是机械训练的封闭式、学院式的教育文化,这样才能真正提高教育和培训的质量以及学习者可持续发展的能力。

六、师资队伍建设的转型

师资队伍建设的转型就是要从重视专兼职师资队伍建设向真正提高专兼职师资队伍的专业化水平转变。

我国职业技术学院成人教育师资队伍主要由兼职人员组成,在数量和质量上都与职业教育和成人教育的改革发展要求不相适应。职业技术学院成人教育师资队伍建设在重视建设一支数量充足的专兼职师资队伍的同时,更应进一步提升专兼职师资队伍的专业化水平。

一是应提高成人教育和职业教育师资队伍的收入和社会地位,应将所有从事职业教育和成人教育的教师视为我国教师队伍的重要组成部分,并应享有与在普通教育领域工作的教师同等的待遇和社会地位。

二是在师资队伍建设上也应加强校企之间的合作。无论是初始教育还是继续教育,应该积极创造条件让教师在企业完成实习和相关的教学任务,以便教师尽快熟悉现代工作场所。创造条件并积极鼓励教师到企业做兼职工作,即允许从事成人教育和职业培训的教师和培训师有更多的时间参与相关企业、行业的工作。

三是继续充实职业教育和成人教育的专兼职教师队伍。在专兼职教师的聘用上,应吸引企业管理人员和工程师到职业技术学院参与学校管理、教学和培训工作;应当邀请在教育部门之外工作的熟练专业人员,到学校或培训机构讲课,使职业界与课堂建立更紧密的联系;应采用灵活的招聘方式,允许具备生产技能的人员进入职业教育与培训机构任职;鼓励具备良好实践技能的离岗人员进入职业教育与培训机构任职;鼓励职业教育与培训机构与行业间的交流与合作。这样,职业教育与培训机构的教师和培训师就有机会去企业更新知识,而企业的培训师也可以有更多的时间在职业教育与培训机构学习如何提高其教学技能。

四是进一步提升师资队伍的专业化水平。与其他职业一样,专业化是教师职业的基本要求。但是,由于我国职教师资和成教师资数量不足,以及必须吸收一定量的兼职教师这一特殊性,从总体来看,我国职教师资和成教师资相对于普教师资的专业化水平较低,专业化建设步伐也起步较晚,许多专兼职教师并不具备较为严格的专业教学资格,而且缺乏相应的专业培训。为了进一步提升职业技术学院成人教育师资队伍的专业化水平,首先,从事各个行业的技术和职业教育的教师必须具备相关的资格;其次,在技术和职业教育的机构中讲授普通课程的教师,除具有自己本专业的资格外,还应该对教学技术和职业教育专业课程的性质有所了解;第三,从事成人教育和职业培训的教师还应该掌握成人教育领域的相关知识和方法。

七、管理模式的转型

管理模式的转型就是要从注重管制向注重服务转变。

职业技术学院成人教育同样面临管理模式的转型,即从注重对学习者的管制向为学习者提供优质、高效服务的转变。

一是注重服务的管理模式,有利于缓解成人学习普遍面临的各种困难和障碍。调查表明,工学矛盾依然是制约我国成人参与继续教育和学习的主要障碍。这些障碍包括时间不便、地方不便、组织不善、教学不良,等等。[①] 此外,多数成人受访者认为我国成人学习支持服务体系建设滞后,从相关机构获得学习信息、建议与指导存在较大的困难和障碍。[②] 我国成人参与继续教育和学习所面临的各种困难和障碍,其中很大部分是由以管制为特征的传统管理模式所致。因此,包括职业技术学院在内的成人教育管理模式的转型势在必行。

二是积极实践与探索学分累积与转换制度,为成人终身学习与培训提供便利条件。从国家层面而言,建立有利于衔接和沟通各类教育的"跨教育领域且学习结果导向"的国家资格框架是世界发达国家的成功经验。从成人教育和职业教育办学机构的层面而言,建立和探索相应的制度与机制,重视对参与继续教育或培训的成人的学习经历和所获资格的转换与认可,构筑实现各类教育等值的途径,是职业技术学院义不容辞的责任。例如,德国的国家资格框架所指称的所有能力基本上都可通过学校、企业、高校以及职业教育和职业生涯等途径实现。英国的国家资格证书体系以能力为本位,而且不同级别资格之间相互衔接和沟通。澳大利亚的国家资格框架能够证明人们通过学习、培训、工作和生活所获得的知识和技能;能帮助所有学习者、雇主和教育与培训

---

① 何光全.中国成人学习调查研究[J].光明日报出版社,2013:42.
② 何光全.中国成人学习调查研究[J].光明日报出版社,2013:114.

机构进入资格体系。澳大利亚国家资格框架中的职业资格包括三种：普通教育(学校)资格、职业教育与培训资格和高等教育资格。相同级别的资格能够将不同种类的教育进行连接,允许人们从一种教育类型向另一种类型转换。同一类型的资格证书具有不同的层级,为人们职业生涯的发展提供了发展的通道。总之,以学分累积与转换制度为基础,构建终身学习通道的普遍国际经验值得我们充分借鉴。

八、促进成人学习方式转型

促进成人学习方式转型就是要充分利用现代通讯信息技术,从被动受教向自主性学习转变。

当今时代与世界,信息的获得变得越来越容易,信息变化速度越来越快,以至于传统的培训和教育方法根本无法适应。也就是说,在社会变革激增以及信息爆炸的时代,需要更新传统的教育方式和学习方式,特别是对成人而言,更应注重由学习者自己决定学习什么和如何学习的自主性学习。

现代通讯、信息、技术(简称 ICT)为自主性学习提供了条件和可能。在线学习、电子学习或在线环境中的学习为被视为一种建构性的学习模式,能够为自主性学习提供更多的机会。首先,因特网、远距离课程、聊天室、E-mail、电子传送等提供了增加学习者之间以及学习者与教师之间的互动机会,并为学习者提供了获取和刷新各种资源的更多机会。其次,与传统的被动受教的学习模式相比,基于信息、通讯、技术系统的学习模式,增强了综合性反馈、实践性与弹性,使得契约式的成人学习成为可能。再次,基于 ICT 系统的学习,强调从教师对学习的控制转变为教师和学习者共同分担责任。责任的转换可被视为学习转换的一种重要刺激,并激发学习者的主动性。最后,基于 ICT 系统的学习环境,使得信息获取的途径与速度更加快捷;为学习者获取前沿性、先锋性的观念提供了机会;为私人性的实验提供了重要的途径。[①] 总之,基于 ICT 系统的学习模式,为成人自主性学习提供了条件和可能。

职业教育和成人教育领域自主性学习实现的机制应注重以下几个方面的建设。首先,应让学习者参与学习目标过程的设计。自主性的方法强调学习者在整个学习过程中的重要性,因此,应该以协商的方式让学习者参与学习目标的设计和实现的决定过程。其次,让学习者参与学习经验的设计。应为学习者提供对正规的学习经验或非正规的学习经验进行批判质疑的机会。传统

---

① 何光全.自主性教育学的理论及实践[J].现代远距离教育,2012(6):20.

的教育和训练、管理体制,常常限制学习者的批判质疑。再次,让学习者参与学习评估。自主性学习强调学习评估贯穿整个学习过程,而传统的受教式学习往往将评估视为学习过程的终结。特别是职业教育和培训领域,为学习者提供评估和协商的机会,是加强针对性和实用性的重要教学设计。第四,学习资源的监管。自主性学习更加强调对学习资源的监管而不仅仅是学习内容。学习资源的获取更加强调以学习者为导向而不是传统的以教师为中心。最后,学习策略的改变。在职业教育与培训课程中,更需要一些特殊的学习策略,如增强学习责任、增强学习活动中的选择性、基于问题的工厂学习活动、团队学习和工作、成人学习行为、教师和学习者之间的循环反馈,等等。①

第四节　职业技术院校成人教育转型的典型案例

案　例

石家庄邮电职业技术学院成人教育转型的实践探索

一、石家庄邮电职业技术学院基本概况

石家庄邮电职业技术学院(原石家庄邮政高等专科学校,以下简称石邮学院)始建于 1956 年,是教育部批准的公办高职院校,隶属中国邮政集团公司,同时是中国邮政集团公司培训中心、中国邮政网络培训学院和中国邮政科技研发与服务支撑基地。学院是人社部批准的首批"国家高技能人才培养示范基地"、工信部确定的教育系统首家"通信行业职业技能鉴定实训基地"、教育部确定的"高校继续教育示范基地"、河北省政府确定的省重点建设示范院校。

学院目前有两个校区,现有各类教职员工 1100 余名,专业教师和专业技术人员 560 余名,其中教授、副教授等高级职称教师 190 余人,博士、硕士研究生 290 余人。拥有国家级优秀教学团队、省级教学名师、教育部教指委主任委员等。学院还聘有 120 余名邮电企业专家、国内外知名学者担任兼职教授。学院建有完善的教学楼、培训楼、图书馆、实验实训室、学术会堂、体育馆等教学培训基础设施,建有 67 个与企业生产实际相一致的校内实验实训室。

---

① 何光全.自主性教育学的理论及实践[J].现代远距离教育,2012(6):20-21.

石邮学院设有邮政通信管理系、金融系、速递物流系、电信工程系等9个系部,开设30余个专业,建立实施了面向企业基层的"订单式"、"定制式"人才培养模式,高职人才培养规模近8000人。学院成人教育年集中培训规模达2万人次,涵盖了邮政三大板块业务的经营、管理、技术应用等主要领域。网络培训学院注册学员95万人,学习点突破2.2万个,网上课件资源总量达4000门1万余课时,年访问量突破3500万人次,实现了运行体系全域覆盖、资源体系全业务覆盖和学习体系全员覆盖。学院建有中国邮政商函研究中心、中国邮政营销研究中心等20个研究与支撑机构,年承担科技项目50余项,为支撑中国邮政科技创新和可持续发展发挥了重要作用。

在长期面向邮政行业办学的探索实践中,石邮学院以"人才强邮"战略为指引,牢固树立主动服务企业的思想不动摇,紧紧围绕企业改革发展的中心任务,紧紧围绕邮政人力资源的建设要求,坚持高职教育与成人教育共举并重,积极探索实践服务中国邮政人才培养与发展的职业教育特色模式,努力支撑中国邮政转型升级和学习型企业建设,较好地实践了国家职业教育发展战略,走出了一条"企业办学校、学校为企业"的成功之路。

二、石邮学院成人教育改革发展的创新性探索

中国邮政集团是拥有近百万员工的大型央企,伴随邮政公司化改革和专业化改革的进程,业务不断创新、新技术不断应用,公司业务结构和生产流程发生了根本性变化,这对员工队伍素质提出了更高的要求。作为行业培训中心,在迎来发展机遇的同时,也面临着前所未有的挑战,即如何变革管理体制和运行机制,以适应成人教育深化发展的需要? 如何创新教育培训方式,以支撑大规模教育培训的开展? 如何激励培养优秀师资,以提升核心支撑能力,塑造可持续发展的培训品牌? 等等。面对这些挑战,石邮学院锐意改革,不断创新,从自身实际出发,围绕管理体制与运行机制、网络平台建设、品牌项目打造、在职学历教育、资源建设与管理等方面进行了创新探索,形成了一系列成人教育的实践成果。

1. 构建了融成人教育和高职教育职能于一体的管理体制与机制

石邮学院于1993年挂牌成立培训中心,成立之初,存在着对成人教育的战略定位还不清晰、职能管理还不到位、人员观念还不适应、激励考核机制还未建立等问题。当时的函授教育主要是沿袭全日制教育的培养方案,在职培训更多的是提供服务支撑,还没有形成核心能力。随着行业企业的快速发展,对人才培养和员工素质提升提出了更高的要求。石邮学院认识到,只有紧跟

企业发展,提升成人教育的核心能力,才能为企业提供有价值的服务,才能获得更多的资源投入和招生就业政策支持,从而带动高职教育的持续创新发展。为此,石邮学院首先从战略规划和管理架构上进行改革探索,逐步建立了融成人教育和高职教育于一体的管理体制和运行机制。

(1)学院领导班子"一岗双职",实现成人教育与高职教育并重发展

领导班子职责到位,就有了成人教育发展的推动力。石邮学院始终坚持主动服务邮政企业的办学宗旨,将成人教育作为学院的重要发展战略。学院领导班子全部兼任集团公司培训中心副主任,从领导职责层面的设计上,使成人教育和高职教育处于同等重要的战略地位。党委书记一把手直接抓成人教育发展战略研究,亲自带课题、带项目,同时兼任领导力研究中心主任,直接支撑中国邮政领导力体系建设。院领导班子成员都是培训师,均承担行业培训授课任务。领导重视和职能到位,形成了成人教育事业发展的内生动力。

(2)职能部门专业化,提升成人教育管理水平

管理职能到位,能有效推进成人教育工作的有序开展。随着成人教育事业的不断拓展,石邮学院相继设立了培训部,负责邮政在职培训规划、项目课程研发和师资培养等;设立中邮网院运管中心,负责远程教育培训和资源规划管理;设立成人教育部,负责员工在职学历教育规划与运行管理;设立职鉴办公室,负责职业技能鉴定标准制订和考核管理。这些职能管理部门的建立,有利于成人教育的专业化管理,有利于持续深入推进相关领域的成人教育发展。

(3)教学系部"双职双责",强化成人教育核心支撑能力

成人教育的核心能力取决于有一支专业化的教师队伍。作为高职院校,教学系部师资的职责主要定位在全日制教学,普遍存在着成人教育调用优秀师资难、师资能力与企业实际脱钩、考核激励缺失等问题。为了解决上述问题,石邮学院在常规的教学专业系基础上,又设了业务部,赋予其成人教育的业务发展职责,教学系主任同时是业务部主任,双职双责,形成了"一套人马"同时支撑成人教育和全日制教育的特色组织管理架构。以邮政通信管理系为例,该系同时是邮政业务部,其工作职责除负责邮政管理等10个高职专业的教育教学和人才培养外,还要对接培训部、中邮网院运管中心、成人教育部、职鉴办公室等四个职能管理部门,承担培训项目研发、远程培训策划、课程课件开发和授课等成人教育任务。

(4)将企业的职能机构建立在学院,拓展成人教育的支撑领域

在承担成人教育任务的过程中,石邮学院积极主动拓展支撑领域,强化功能建设,使企业将信息化支撑、业务研发、员工教育培训等职能延伸到学院,在

学院相继成立了中国邮政网络培训学院、中国邮政信息备份中心、商函研究中心、电子商务研究中心、职鉴办公室、技能竞赛基地等机构,承担了全网远程教育培训、后台信息化支撑、新业务研发和职业标准制订等支撑性工作,直接对口支撑邮政集团公司相关业务部门。这种功能的拓展,密切了与邮政企业的纽带关系,在促进成人教育发展的同时,也推进了高职教育人才培养模式的改革创新,实现了校企的深度融合。

2.探索建立了"教、培、研"联动运行机制

石邮学院集科技研发、在职培训和高职教育三项事业功能于一身,实行"数块牌子、多项功能、一套人马"的运行体制,形成了科研、培训和教学紧密结合、相互促进、共同发展的"教、培、研"联动运行机制。这种联动运行机制有效解决了科技成果如何向在职培训和高职教育转化,在职培训如何向高职教育辐射,以及如何通过"教、培、研"联动提升师资核心能力的问题,提升了科研与培训的内涵质量,促进了人才培养的针对性和实效性。

(1)科技研发支撑在职培训

企业新业务、新技术的推广上线都以科研为基础,较强的科学研究和服务支撑能力,能有效带动和提升职业培训的项目研发能力,对形成有知识产权的品牌培训项目产生积极的推动和催生作用。石邮学院以科技创新为引领,以系部师资为主体,在引领开发业务产品的基础上,汇集成功案例,策划培训项目,开发培训课程,使研究成果课程化、产品化和方案化。

(2)科技研发引领高职教育

石邮学院以企业需求为导向,注重科研成果向高职教育教学转化。教师在参与科研活动的同时,进一步掌握了企业对员工素质的新要求、业务技术发展的新思路,并及时将成果丰富到高职教育教学中,真正实现了专业与企业岗位对接、课程内容与职业标准对接、教学过程与生产过程对接、学历证书与职业资格证书对接,极大地增强了高职教育人才培养的前瞻性、针对性和实效性。

(3)在职培训辐射高职教育

石邮学院实施的大量培训项目,蕴藏着丰富的资源优势,不仅为石邮学院教师了解邮政企业实际、跟踪业务发展搭建了平台,而且便于将企业对员工素质的最新要求、业务发展和技术创新的最新成果、技能鉴定的最新标准等培训成果转化为高职教育教学内容,确保学生学习内容与企业岗位要求"零距离"。

(4)师资一体化支撑"教、培、研"

石邮学院在发展高职教育和成人教育过程中,始终将师资作为"教、培、

研"联动机制的主体,通过国内外进修考察、项目研发、承担在职培训任务以及到企业顶岗实践、挂职锻炼等途径,培育了一支能教学、能培训、能科研的"双师三能"专任教师队伍,教师在完成人才培养任务的同时,参与企业科学研究,从事培训项目开发,很好地完成了适应企业急需的科学研究和在职培训,提高了科研与培训的内涵质量。

　　3.建立了国际水平的邮政远程教育平台及完善的运营管理体系

　　中国邮政是网络型国有大型企业,近年来全面实施了公司化和专业化改革,员工队伍素质能力与现代企业发展需要不相适应的问题成为邮政发展转型的"困结"之一。面对"困结",实施大规模教育培训以提升员工队伍整体素质,必须解决三个问题:员工人数多、分布广,很多培训动辄上万人,甚至十几万人,培训任务繁重、培训成本巨大;员工工学矛盾突出;不同业务板块培训相互交叉、培训资源短缺。石邮学院为破解百万员工培训的这一难题,依靠自身业务技术研发力量,开发建设了中国邮政网络培训学院,构建了面向全员、覆盖全网的远程教育培训系统和运营管理体系,实现了由传统培训向现代培训方式的创新转变。

　　(1)从国家和企业发展战略的高度,进行中邮网院的顶层设计

　　石邮学院通过对国内外企业大学的标杆研究,充分认识到,企业要实现发展战略,必须构筑自己的智力平台,创建有效的学习机制,为员工终身学习提供支持,企业网络大学正是满足这种需求的最佳解决方案,它不单纯履行教育培训的职能,更是现代企业集团提升核心竞争力的战略工具。正是基于这一思路,石邮学院统筹规划了中邮网院的目标定位,将中邮网院定位为人才开发管理的平台、知识与智力资源的中心和企业文化培育与传播的阵地。高起点的定位明确了中邮网院的价值,是员工学习平台,是人才管理平台,是资源整合平台,是嵌入生产过程的信息化服务平台。

　　(2)面向企业管理和员工学习需要,构建中邮网院专业化、全覆盖的体系架构

　　中邮网院的体系架构设计,突出了为企业发展战略目标提供人才培训解决方案的思路和"以学员为中心"的理念,同时充分考虑了邮政企业管理和三大板块业务专业化经营的需要。一是搭建多通道、立体化的学习体系。设计了集岗位培训、职业技能鉴定、在职学历教育、知识与技能竞赛、知识资源服务、咨询服务、社会公众服务于一体的学习体系,全面服务员工学习发展。二是建立了分院制架构和两级中心的管理模式,实行学院和专业分院两级架构,全国中心和省中心两级管理。设置了邮政、银行、速递物流、职业鉴定和成人

教育五大分院,每个业务板块都有自己专有的培训平台,培训资源也实现了整合共享。建立了1个全国中心和31个省中心,全国中心面向邮政全网开展统一的教育培训,31个省中心按照区域需求开展本省范围的特色培训,有效解决了教育的普遍性和针对性问题。三是覆盖全国城乡的网络体系,建成了由"全国中心—省中心—学习点"组成的远程教育服务体系,使广大学员可以通过远程学习点和手机移动客户端,随时随地接收到中邮网院的学习信息。

(3)创新混合式、多元化的培训方式,为业务快速发展提供支撑

为了适应邮政三大板块专业化经营对教育培训支撑能力的新要求,中邮网院根据不同专业的培训特点和需求,针对培训内容的时效性和重要程度等要求,形成了各具特色的培训方式,如网上培训与集中面授相结合、网上学习与工作实践相结合、在线测试与集中考核相结合的混合式培训方式;在集中培训班同步录制课件,通过中邮网院快速推进大规模培训的"集中转远程"培训方式;在网上学习的基础上进行多轮在线测试练习的"以考促学"培训方式等。同时,为了确保培训效果落地,积极探索了基于微信、微博等新媒体手段的"学习运营"模式,通过精彩纷呈的活动策略设计,提升学员的参与度和趣味性,确保培训效果落地。针对基层员工的操作技能,在中邮网院搭建了与实际生产操作环境一致的模拟系统,成为新员工岗前训练和在岗员工技能提高的训练平台。

(4)发挥综合信息服务平台作用,为员工生产提供有效支持

中邮网院充分发挥信息化平台作用,在提供学习与培训之外,通过丰富的知识与智力资源库建设,对员工提供与生产直接相关的信息服务。如每月更新的"国外邮政动态"以及《中国直邮》、《邮政研究》等五本专业期刊,及时让员工了解到行业最新发展趋势和技术,推动生产创新;"邮政标准"和企业规章制度园地,让员工快速掌握企业规范,促进规范生产;来自基层的鲜活案例,快速复制形成生产力;搭建咨询服务平台,让员工与邮政业务专家直接互动,搭建员工社区化交流平台,让经验智慧充分发酵。同时基于微信、移动 APP 等方便快捷的信息传送渠道,更加拓展了中邮网院的服务领域和空间。

(5)完善的运营支撑体系,确保远程教育培训的专业化运行

当远程教育发展到一定阶段,要想持续地创新发展,必须在业务开发、资源管理、技术运维、绩效评估等方面做到专业化的支撑运行。在"全国中心—省中心—学习点"分层管理的远程教育培训运行体系中,石邮学院作为全国中心,专门成立了由项目开发、资源管理、技术支持、课件制作、Call-center 等部门组成的中邮网院运行管理中心,组建了一支近百人的业务、技术支撑团队,

建立了完善的运行管理规范,为全网远程培训运行、管理、技术等提供全方位的保障;31 个省分别构建了专人管理的省中心业务运行、技术运维的支撑机构,负责本省远程网运行维护、课件资源开发和远程培训的组织管理;基层学习点都配备了专兼职管理员,负责组织员工参加网上学习。

(6)全流程控制的质量管理体系,确保远程教育培训效果

石邮学院在远程教育的质量管理方面,做到了科学化、精细化和信息化,建立了以过程管理为基础的质量管理体系,实现了从课件开发、资源部署、培训实施、教学服务、过程监控到效果评估的全流程质量控制。一是制定了规范的远程培训开发流程和质量审核机制,确保培训项目开发与运行的质量。二是采用科学的评估手段、先进的技术监控策略和大数据分析技术,实现了对培训过程的全方位监控和学习数据指标的及时分析,对学员知识掌握程度以及工作行为改善等进行效果评估。建立了 400 号学员服务热线等专业化教学支持服务体系。三是通过专门的网管系统,对全国中心、省中心设备和网络运行状态进行集中监控和管理,保证了安全畅通、稳定可靠的远程教育网络环境。

4.构建了"三位一体"的岗位培训体系

岗位培训是持续提升企业员工适岗能力,打通员工职业发展通道的重要途径,同时也是行业院校服务企业发展的长效抓手。如何搭建企业分层分类的岗位体系框架,如何研究建立岗位素质标准及对应的课程体系,如何建设配套的管理制度与运行机制,使岗位培训体系真正服务于企业需要和员工职业发展,成为企业人力资源开发的重要工作任务。石邮学院经过多年的探索与实践,以岗位标准为依据,以满足员工职业成长为核心,分层次开发配置岗位学习资源,逐步形成了"岗位标准+个人成长阶梯+学习资源配置"三位一体的岗位培训体系建设模式,有效解决了邮政企业教育培训和学院成人教育发展的双向驱动力问题。

(1)搭建岗位培训体系框架

根据企业战略和业务发展要求,梳理企业管理、业务、营销、技术、生产等五大岗位序列,搭建可视化的岗位培训体系框架,按照急用先行的原则,分层次规划建设岗位培训体系。

(2)建立岗位能力素质模型,明确岗位能力素质标准

以岗位职责要求为基础,以企业战略和文化为导向,结合 BEI(行为事件访谈法)、岗位关键任务分解法等技术手段,获取岗位能力素质样本数据,建立岗位能力素质模型,以此作为岗位员工行为导向和岗位培训内容设计的重要依据。

（3）划分岗位阶段，搭建培训成长阶梯

按照岗位员工职业发展要求，将岗位培训划分为岗位资格性培训、适应性培训和提升性培训三个阶段，同时搭建岗位间晋级的阶梯。岗位资格性培训面向新上岗员工，重点培训岗位应知应会的基本知识技能；岗位适应性培训面向在岗员工，根据业务发展的新要求，开展新业务、新规范、新系统、新方法等内容的持续培训；岗位提升性培训面向具备岗位晋级的员工，开展转变观念、开阔视野、提升意识、改变行为等主题的培训。

（4）分阶段配置岗位学习资源，满足能力提升需求

根据岗位能力素质模型，分解岗位员工应掌握的知识能力点，将其归类合并成模块化的课程，形成岗位学习资源，并配置到岗位资格性、岗位适应性和岗位提升性三个不同的发展阶段上。员工在不同的岗位发展阶段，学习对应的培训资源，满足岗位能力持续提升的需要。

（5）建立岗位培训保障制度，提升培训内生动力

建立"岗位培训、考试认证、资格管理、适应性培训、晋级培训"的闭合式、标准化、常态化岗位培训模式，形成培训、考核、认证、上岗和待遇一体化的培训驱动机制，满足员工入职、上岗、转岗、晋级和素质提升等职业生涯发展的学习需求。

（6）组织岗位培训学习，持续提升适岗能力

采取"集中＋远程＋认证考试"的形式组织实施岗位培训与认证考试。通过中邮网院平台开展理念知识类课程的学习，采用集中面授形式组织方法技能类课程的学习。在获得认证证书后，员工参加后续岗位适应性和提升性培训，满足履岗能力持续提升的需要。石邮学院按照"岗位标准＋个人成长阶梯＋学习资源配置"三位一体的岗位培训体系建设模式，建立了涵盖邮政、速递物流、金融三大业务领域，五大岗位序列 100 余个岗位的培训课程体系。在岗位培训体系的架构中，针对邮政行业 60 余万生产岗位员工，构建了邮政员工职业技能发展认证体系，年培训认证达到 17 万人次。

5.打造可移植、可传承、可发展的品牌培训项目

石邮政学院充分认识到品牌的重要性，并把发展品牌培训项目作为提升核心竞争力的重要手段。品牌培训项目本身具有高标准规划、高水平研发、高质量实施的特点，通过一次性投入，提炼出可移植的方法论和工具流程，并有效应用于其他培训项目的研发，实现了品牌的移植、传承和发展。石邮学院在品牌项目的打造中，建立了集理念、师资、内容、技术、方法、制度等于一身的完整解决方案，提升了自身的支撑能力与价值内涵，也赢得了更广范围服务企业

发展的机会。

(1)品牌培训项目打造的模式

一是前沿的培训理念。培训理念是品牌培训项目设计的灵魂。石邮学院通过外派师资培训学习、参加课程认证等形式，不断扩展培训视野，提升培训理念。近年来，选派师资参加了 DDI(美国智睿咨询)、HAY(合益集团)等国际一流咨询机构的培训认证，同时，连年参加 ASTD(美国培训与发展协会)国际会议会展，及时将前沿培训动态和国际最新理念应用于培训项目的研究。

二是专兼结合的项目团队。项目团队要有多样化的特质，避免进入闭门造车的困局。团队中既有以高职院校师资为代表的教学设计专家和专职教师，也有丰富岗位实战经验的企业专家。同时，面向高端人群的培训项目，还有积极与国际顶尖的培训咨询机构合作，扩展外部视野，提升项目的品质与质量。

三是需求导向的课程体系。课程是品牌培训项目的核心。在课程开发前期，通过岗位标准研究、岗位任务分解、跟班观摩学习、岗位测评等多种形式，充分调研培训对象的岗位要求与学习需求，为开发出管用、实用、好用的培训课程打好基础。在课程开发期间，项目团队集中办公、专职作战、共同研讨、反复推敲，快速开发出培训课程，采取先试点、后推广的方式，面向该岗位组织小范围人员学习，经过多轮次的评估和去伪存真的迭代，真正开发出企业需要、学员满意的培训课程。

四是流程化的培训组织方式。针对岗位人群特点，制定不同的培训组织方式。面向一线岗位人员，考虑到其人员数量多、地域分散的特点，采取"远程学习＋集中授课＋作业提交＋考核认证＋网上分享"相结合的方式组织实施；面向中高层管理人员，采取"测评诊断—集中培训—行动实践—总结分享—内化提升"五段式的运行流程，形成在诊断测评中自省，在培训学习中提升，在行动实践中体验，在总结分享中成长的良性循环。

五是多样化的宣传推广。培训项目没有推广、没有学习，就没有效果和价值。要对品牌项目进行整体包装，设计形象标识和宣传载体，通过网络和纸介等多种媒体营销推广。同时，围绕项目内容开展网上交流互动、征文评比、案例学习以及微信学习等活动。为提高项目的推广范围，还会开设项目认证师资培训班，为企业培养认证师资，实现送教上门。

六是常态化的运行机制。品牌培训项目是在精雕细琢和反复锤炼中形成的。每个品牌培训项目均有其明确的学习人群和稳定的学习周期，通过项目常态化实施，充分发挥其服务于企业的长效价值。同时，品牌项目在实施中又得以完善和提升，并为其他品牌培训项目的研发提供模式和经验。

按照以上模式，石邮学院已形成领导干部培训、全国邮政支局长、营销人员、数据库商函 DMA、GLM 国际物流师认证、速递物流揽投人员等十余个品牌培训项目，开发出领导者思维方法创新、领导力塑造与执行力提升、战略制胜、赢在卓越等 20 余门精品培训课程，充分展现了学院支撑企业教育培训的核心能力，有力促进了企业业务发展与绩效提升。

（2）打造开发品牌课程——"赢在卓越"品牌课程案例

为了落实中国邮政集团公司提出的"着力建设员工队伍，着力提升服务水平"的要求精神，积极推进素质全面、爱岗敬业的员工队伍建设，提升邮政员工的服务意识和敬业精神，学院开发了"赢在卓越"品牌课程，并向邮政全员推广学习。课程开发的主要做法：

一是解析企业战略，准确把握培训需求。项目组与邮政集团公司总部各相关业务部门密切合作，多次召开集中研讨会，对课程设计的整体思路和导向进行深入的研究，确保课程的主旨符合企业战略要求。同时又从生产一线抽调各专业条线的业务骨干和内训师 20 余名参与课程设计，确保课程的内容符合企业生产实际情况。

二是深入挖掘鲜活案例，创新课程内容设计。项目组中 20 多位来自各业务板块和专业部门的集团级内训师耗时近一个月，深入企业一线，将员工身边最鲜活的服务案例进行精取提炼和总结，初步构建了涵盖邮政营业、投递、网运、营销、客服等多个邮政岗位的故事脚本。课程设计突破传统的说教模式，以视频故事为呈现载体，以正反案例作对比，使员工潜移默化地提升理念、掌握方法。这种创新性的课程设计方法，确保了课程内容贴近实战、案例真实可信、课程形式生动新颖。

三是整合社会优质资源，提升课程制作品质。在课件视频案例的拍摄和后期制作上，学院项目组整合社会专业公司指导拍摄并负责剪辑制作，保证了课件能够以精美的品质呈现给学员。在视频案例演员的选择上，从邮政内训师和劳动模范中按照立足岗位、本色演出的原则选取演员，保证了课件拍摄以最低成本达到了最真实生动的效果。

四是持续推进深化学习，提升培训效果。制作课程的远程学习课件，面向一线员工开展大规模远程自主学习；有效组织员工进行论坛交流、案例征集和行动学习计划制定等活动，推动课程深化学习，强化培训效果；举办课程师资认证培训，在重点培训项目中设置本课程的集中互动学习，助力课程在全网的学习推广，实现课程价值的最大化。

五是课程效果显著,学员反响热烈。"赢在卓越"课程整体包括网上远程培训、集中互动培训和课程师资培训等多个学习活动项目。课件上线不到一年的时间,就已有 69 万人参加了网上课程学习,5163 人参与案例征集活动,网上互动留言 3.1 万余条,课程好评率达 92%。学院还为各省邮政企业培训课程认证师资 202 人,支持各级邮政企业开展课程集中互动培训,有超过 10 万人参加了该课程的集中培训学习。

课程效果获得了邮政员工的广泛好评,江西省邮政公司廖某某在线学习感言中提到:"'赢在卓越'课程非常精彩,通过视频故事、正反案例对比的方式,使我们轻松地掌握了课程核心理念和技术精髓。感谢网院老师的精彩推荐! 看完这部教学片使我懂得,只有卓越服务才能赢得用户信赖,只有追求卓越才能更好地为客户创造价值,并体现自身价值。"四川省内训师黄某讲道:"我用两天的时间讲完了"赢在卓越"这门课,收到了非常好的反响,我从来没有收到过学员们如此热切眼神,从来没有过如此深的感触。课程结束时,掌声热烈,全体学员竟然起身向我表示感谢,学员们是那样的有意愿热烈参与其中,完全超出我的预想。非常感谢这门课程,感谢集团公司给了我们这个机会!"

6.创新建立了邮政特色在职学历培养体系

在中国邮政步入企业转型的关键时期,邮政业务发展方式逐渐由主要依靠增加资源配置,向依靠科技进步、员工素质提高和管理创新转变,在此过程中,基层员工队伍整体素质偏低就成为制约企业快速发展的最大问题。中国邮政 90 万员工队伍中,高中及以下学历占比达 66%。邮政集团公司制定了"全员文化素质提升计划",提出在三年内将基层员工专科及以上学历占比提升 5 个百分点的工作目标。石邮学院自身仅有一个专科层次的函授教育资质,且招生计划严重受限,根本无法满足企业改善员工学历结构的巨大需求。面临诸多困难,石邮学院积极探索适合邮政企业员工培养的新途径。经反复调研论证,确定了"合作办学、校企融合、统一实施"的邮政在职学历培养全新模式,为邮政企业探索了一条有效提升全员文化素质的道路,也为高职院校面向行业企业开展在职学历教育开辟了新途径。

(1)深入开展企业调研,切实解决企业难题

石邮学院深知面向邮政企业开展在职学历教育,不仅仅是为了提升基层员工的学历层次,更重要的是着眼于通过学历教育解决员工素质能力与岗位要求不相适应的矛盾。为此,石邮学院广泛开展企业调研,深入了解基层重点岗位对员工的素质能力要求,以及现有人员的综合素质与岗位标准的差距。

在此基础上,明确提出在职学历培养的工作目标,树立"企业需要什么,就为企业提供什么"的服务理念,把真正为企业解决实际问题作为培养工作的出发点和落脚点。

(2)紧密结合岗位需求,合理制定培养方案

石邮学院邀请邮政企业资深专家及合作院校相关领导,共同为基层员工量身定制培养方案。一是根据企业的不同岗位确定培养专业,并根据岗位的具体要求设置课程,把合作院校原有的专业方向和课程设置进行重新整合,剔除与企业岗位实际需求毫无关联的课程,增加具有较强针对性和实用性的邮政特色课程。二是在师资配备上,由合作院校优秀教师与经验丰富的企业内训师和企业专家共同承担授课任务,保证教学内容既有理论高度,又有实践经验。三是通过学历教育课程与在职培训、职鉴课程的对接,探索学历教育与非学历教育的融合与衔接,为员工参加不同形式的成人教育学习搭建起"立交桥"。

(3)完善组织管理体系,强化校企齐抓共管

为了切实保证邮政在职学历教育的培养效果,创新建立了"邮政集团指导、石邮学院与合作院校主导、各省公司和学习中心参与"的三级管理模式。邮政集团制定总体方案,指导组织实施;合作院校提供学习资源,组织开展教学;石邮学院统一组织协调,开发特色课程;各省邮政公司推荐选拔学员,督导学员学习;各省学习中心开展日常管理,提供支持服务。除此之外,石邮学院通过设立奖学金对优秀学员进行奖励,邮政企业也出台诸多激励政策,学费由企业和学员共同承担,对学有所成的职工从待遇和使用上优先考虑等,在企业中形成了"不学不行,不学不用"的长效机制,真正实现了校企紧密融合、齐抓共管的培养机制。

(4)邮政"大专化"培养项目案例

为了落实邮政集团"全员文化素质提升计划",自2008年下半年开始,石邮学院与北京邮电大学、中国人民大学合作,采取远程教育模式,面向邮政企业支局(行)长、城市营业人员、财务管理人员、投递骨干等基层员工,组织实施了"大专化"在职学历培养项目。

根据企业的不同岗位需求,"大专化"项目确定了邮政经济管理、邮政会计、物流工程(投递方向)等专业,并就不同专业开设了"邮政业务与管理"、"邮政储汇业务"、"邮政金融会计实务"、"投递质量管理"等19门邮政特色课程。特色课程的课件开发与教学实施均由石邮学院教师或企业内训师承担。同时,通过用远程培训课程对接"大专化"项目中部分相同或相近的课程,实现学

历教育与非学历教育的互通衔接。该项目创新实践了"院校主干课程与邮政特色课程相结合、院校教师与企业内训师相结合、学历教育与在职培训相结合"的基层骨干人才培养模式,并充分发挥了"人人皆学、处处可学、时时能学"的网络教育优势,有效缓解了企业基层员工参加在职学历教育的工学矛盾。项目实施以来,已累计培养12000余人,在一定程度上优化了邮政企业基层员工队伍学历结构,提升了员工文化素质。

7. 形成了以考促学、以赛促练的专业化竞赛模式

如何创造一种员工自觉学知识、练本领、争当岗位能手和技术标兵的氛围,如何为员工搭建展示自我、岗位成才的阶梯,实现员工培训从"要我学"到"我要学",是企业教育培训管理的一大难题。石邮学院近几年探索了以考促学、以赛促练的知识与技能竞赛模式,并充分发挥中邮网院的平台优势,形成了"集团总部业务职能部门牵头、学院相关系部专业支撑、综合职能部门对口支持、全院师生广泛参与"的联动机制,构建了涵盖竞赛策划、初赛复赛组织、现场决赛三个阶段的规范化、流程化、专业化的竞赛组织管理体系。

(1)全网竞赛统一规划,统一组织方案

为了抓好竞赛活动的策划与实施,石邮学院专门成立竞赛支撑小组,编写竞赛组织方案,制定技术方案、宣传方案和奖项方案,组织学习内容策划和试题命制等相关工作。策划方案主要有三个出发点,一是要达到"以考促学、以赛促练"的目标;二是涉及面广人多,全国一盘棋是重点,要充分发挥中邮网院的优势,强化学习培训,做到有学习、有考试、有竞争;三是要确保竞赛活动的公平公正和严肃真实。在此基础上,策划了网上学习、各省初赛、复赛和现场决赛共计三个阶段的竞赛方案,针对每个阶段都制定了详细的组织方案,并对各级企业的组织管理工作都提出了明确要求。

(2)初赛、复赛统一命题,统一环境搭建

在初赛、复赛阶段,针对知识竞赛,石邮学院的相关业务系部编制竞赛内容大纲、辅导资料,开发相应的课程,并部署在中邮网院推送给员工学习。组织命制试题库,各省员工自行登录进行网上答题。复赛由全国统一组织。为了保证复赛的公平公正,对考点设备要求、考场设置、监考要求、应急预案等全部进行统一安排布置。中邮网院专门成立竞赛支撑小组,建立了一套规范完善的按考场、分时段、错时登录、科学组卷、实时监控、热线支持的远程竞赛策略与流程。针对技能竞赛,石邮学院的相关业务系部针对大赛要求,编制技能竞赛标准和学习大纲,开发理论知识和操作技能学习课件,并部署到中邮网院供员工学习。在中邮网院集中搭建了全国统一的远程实操技能训练环境,为

各省统一配置操作终端设备,为各省初赛、复赛提供支撑。

（3）现场决赛统一标准,统一流程

现场决赛采取现场知识问答形式进行,为保证决赛的权威性、公平性和竞争性,石邮学院成立了赛务组、命题组、裁判组、统计组、技术支撑组等,完成赛务流程和会务流程制定、试题命制及考件制作、裁判员选拔与培训、搭建决赛环境、布置决赛赛场等认真细致的工作。决赛期间,配合现场组织,严格做好待考管理、考件管理、评判管理、申诉管理等工作。同时积极采用现代技术,提高竞赛效果。技能竞赛应用电子视频技术和局域网传输技术,将竞赛现场画面实时传输到组委会现场,实现对竞赛现场点对点的视频监控;知识竞赛利用中邮网院直播频道向全网进行实况转播。

（4）全国邮政代理金融业务知识竞赛活动案例

不断提高代理金融人员队伍素质,促进代理金融合规健康发展,才能确保邮政金融高效有序运行。2011年集团公司决定举办全国邮政代理金融业务知识竞赛活动,加快培养基层业务骨干人才,切实提高代理金融从业人员整体素质。竞赛分网上学习、网上初赛、网上复赛和现场决赛共计4个阶段。

一是准确把握竞赛活动目标,精心策划竞赛组织实施方案。此次竞赛涉及15万从业员工,规模大、范围广,石邮学院竞赛支撑小组经过反复研讨,策划了网上学习、网上初赛、网上复赛和现场决赛共计4个阶段的竞赛组织实施方案。

二是各省网上初赛有条不紊,中邮网院全力支撑经受考验。2011年6月底,中邮网院推出"邮政代理金融知识竞赛"专栏,部署课程和资料学习;7月底,2000余道试题库初步建成,根据对竞赛内容掌握程度的比例,科学设计组卷策略,生成5000多套试卷库。8月份20多天的时间内,31个省邮政公司15万人按照本省的时间安排,顺利完成了网上初赛工作,成功实现了管理人员、网点从业人员100%参加初赛的要求。同时根据初赛成绩和各省从业人员20%的比例选出复赛选手。

三是全国统一网上复赛,各省选手时空PK。2011年11月7日至10日,面向初赛选出的优秀选手,中邮网院成功组织了网上复赛。全国31个省公司的27223名选手参加。竞赛前期中邮网院全国中心和各省中心进行了精心的筹备,在方案制定、试题命制、题库策略、员工考试组织等方面开展了大量的工作。为了保证复赛的公平公正和顺利进行,对考点设备要求、考场设置、监考要求、应急预案等进行了周密的安排和布置。

四是现场决赛激烈角逐,中邮网院直播反响强烈。经竞赛活动领导小组对各省选手初赛、复赛的综合考评,12 个省的 36 名选手获得决赛资格。现场决赛采取现场知识问答形式进行,试题分个人必答题、集体必答题、限时题、抢答题及风险题。为了保证决赛的竞争性、严谨性和有序性,石邮学院制作了考件和答题标准,详细制定了现场决赛规则,编写了选手手册、裁判手册等。决赛分半决赛和总决赛两个环节。中邮网院直播频道的实况转播,在全国邮政员工中引起了很大反响。

8.构建了全网共建共享的资源体系

加强资源建设,满足大规模教育培训需求,为员工提供内容丰富、形式新颖的学习资源,是教育培训的一项重点工作。长期以来,企业培训资源建设存在两方面的问题:一是自主资源开发能力不足,造成学习资源短缺,外购资源不符合企业实际;二是企业各级教育部门都在建设满足自身需要的培训资源,但由于缺乏统一的建设标准和共享使用的平台,很大程度上存在开发水平良莠不齐、重复开发现象严重、不能集中优势开发等问题。这些问题的存在成为制约成人教育发展的一个瓶颈。邮政集团资源建设委员会常务办公室设在石邮学院,石邮学院充分利用这一职能,多措并举,加大资源开发力度,缓解了大规模教育培训需求与资源建设能力不足的问题,从根本上实现了从多头低水平开发、局部使用到集中优势开发、全网整合共享的转变。

(1)统一规划资源建设,引领资源开发

一是邮政集团资源建设委员会实行年度例会制,会前由常务办公室采用访谈、调查问卷等方式,面向各业务条线领导、各级教育培训管理人员和基层员工进行教材、课件等资源的选题调研,会上根据业务发展重点和员工岗位成才需要,制定近阶段全网教材课件资源建设规划和年度资源开发计划。常务办公室采用公布计划、明确标准、全网申报、择优遴选、专题立项开发的方式,集中优质的师资团队开发教材和课程。

二是在中邮网院平台,搭建了以岗位为基础的结构化的培训课程资源体系,明确了分类标准和层级,把现有的课程资源统一进行了配置,要求各省资源开发要以岗位体系为基础,避免重复建设,石邮学院重点开发全网性、标准化的核心培训资源,各省开发特色和体现自身优势的资源。截至目前,中邮网院形成了管理、业务、营销等 9 大类 64 小类的 3900 多门上万课时的课程。

(2)建立全网资源共享机制,提高资源使用效益

一是研究建立了《邮政远程培训课件制作标准》和《邮政远程培训课件质量规范》,在课件开发管理、内容组织、脚本策划、课件技术以及形式标准等方面形成了标准规范,为课件的全网共享打下基础。

二是中邮网院搭建了全网资源共享的平台,对全网课件资源进行归集、评估、发布与授权共享,并配套制定资源贡献的激励政策,调动了各省资源开发的积极性。2013 年通过分布式资源管理系统实现全网课程资源共享 1071门次。

三是建立了课件评优共享机制。资源建设委员会常务办公室开展常态化的评优活动,采取专家评选和学员在线评价相结合的方式,推荐优秀课件资源全网共享。在 2012—2013 年度全网课件评优活动中,139 门课件获奖。

四是提供了多种资源共享使用的途径。在中邮网院设置了资源中心、精e 课堂、优 e 课堂、内训师之家、中邮讲坛等栏目,通过搜索引擎,实现了资源的快速准确查询与共享学习。

(3)拓展资源含义,为员工提供丰富的资源服务

突破"资源就是课程"的传统认识,中邮网院将资源分为知识、智力与数据资源三类,形成了上千个案例、1246 个制度、315 个标准、5.3 万册图书、2263篇期刊文献、23 期高端讲座等丰富的资源体系。在知识资源建设方面,除了课程资源,在中邮网院设置了企业文化、邮政礼仪、邮政文苑等文化类栏目,传播了企业文化和企业精神;设置了数字图书馆、期刊苑、业务规章制度、案例分享、邮政标准等知识类栏目,汇聚了企业知识资源。在智力资源建设方面,设置了内训师之家、专家咨询等栏目,有效发挥企业智力资源作用。丰富的知识与智力资源建设,激发了学员的学习兴趣,调动了学习的积极性。同时在数据资源方面,形成了远程教育专业化的数据、模型和工具,为人力资源决策提供支持,为行业远程教育发展提供借鉴。

9.推动成人教育成果转化促进高职教育发展

高职院校在人才培养方面,如何建立与企业岗位要求相衔接的动态专业建设机制,如何根据岗位标准进行课程改革,最为关键的是建立校企融合,形成使人才培养工作与服务企业功能紧密结合、相互促进的有效机制。石邮学院积极推动在职培训、职业鉴定、科技研发的成果向高职教育延伸,及时将培训课程、科技研发、鉴定标准等成人教育成果反哺高职教育,实现了高职教育与企业需要的高度融合,有效解决了高职院校"所学"与就业岗位"所需"不相适应的问题,极大提升了高职教育人才培养的针对性和实效性。

(1)专业设置与企业岗位的一致化

石邮学院始终把满足企业发展要求作为高职教育的出发点和落脚点,每年通过教师下企业实践、邮政企业双选会、举办各类培训班等途径,调研学生就业岗位的职业素质和能力需求。按照"业务大类＋基层相近岗位群"的专业

设置原则,建立了随需而变的动态专业建设机制,同步进行专业增设和调整,并对应完善人才培养方案和培养目标,形成了覆盖行业三大板块主要岗位群的专业体系。目前,学院的专业体系已覆盖了邮政三大板块所有业务,占比达85%。

(2)课程内容与岗位需求的一致化

石邮学院鼓励教师广泛参与培训、科研、企业工程实践等项目,教师在为企业提供各种服务的同时,及时将研究成果应用于高职课程和教材建设。一是注重将培训成果及时转化为高职教育内容,专业课程体系中,50%以上的专业课程由成人教育成果转化而成。以邮政通信管理专业为例,25门专业基础课与专业核心课程中,80%的课程融入了企业培训内容。二是及时将邮政类科研项目研究成果转化为高职教育的教学内容,如国家邮政局课题"邮区中心局生产作业组织标准化和规范化"直接转化为高职教育课程"邮政组织与管理"、国家邮政局课题"邮政业务结构优化"直接转化为高职教育课程"邮政业务与管理"等。三是在全面支持邮政企业职业技能鉴定和考评工作中,学院教师掌握了职业技能鉴定的规范与要求,并将技能鉴定的标准和教材课件运用于高职教育,各专业设置了与邮政职业技能鉴定一致的课程,一些实训教材直接使用职业技能鉴定教材,毕业生在获得高职院校学历证书的同时,还获得了岗位要求的邮政营业员和邮政储汇员等职业技能鉴定证书,职业鉴定通过率达100%,有效提升了学生就业后的适岗能力。

(3)校内实训环境与企业生产环境的一致化

石邮学院充分发挥承担邮政业务和技术培训的优势,及时将邮政新业务推广、新技术应用等实训系统全方位应用到高职教学中。按照企业生产过程建设仿真的实训环境和真实的业务系统,将邮政营业、邮政储蓄汇兑等企业实际的操作系统以及小型机设备等应用于高职教学,建设了50余个覆盖企业生产作业、经营服务等环节,校企同步的校内实训环境,实现了企业真实环境向高校教学的移植,形成了符合企业岗位要求的实训能力特色与优势,使学生在顶岗实习阶段就能很快胜任就业岗位工作。

(4)教师队伍的一体化

石邮学院在发展高职教育和成人教育过程中,始终将"师资"作为一体化的主体,以"双师三能"(教师、培训师,能教学、能科研、能培训)的标准要求专业教师,坚持一套人马,资质兼备,有利于成人教育的成果及时转化到高职教学。同时,学院还大力增强兼职教师队伍力量,依托行业办学优势,从邮政、通信及其他企业聘任专业技术能手和业务骨干担任学院的兼职教师,参与实践环节的教学,充分发挥其在学生实践技能培养中的重要作用,提升了高职学生的实践能力,有力促进了高职教学水平。

10.建立了促进成人教育发展的激励与考核机制

成人教育的对象为企业领导干部和员工,他们工作在企业一线,具有丰富的实战经验和解决实际问题的能力,因此承担成人教育任务对学院教师来说具有很大难度和挑战性。为了使学院优质教育资源向成人教育倾斜,鼓励教学系部和优秀师资从事成人教育项目策划、课程开发及教学改革,石邮学院制定了相应的激励措施和考核手段,激发了管理干部和教师的潜能干劲,提升了学院成人教育的核心能力。

(1)制定教师激励措施

提高成人教育教学课酬系数,培训课酬是高职学历教育的 2.5 倍;评选培训师和高级培训师,并享受专业人才津贴;将承担培训课程纳入教师专业技术职称评聘和工作考核的加分条件;选派师资优先参加国内外相关领域高端培训和到企业挂职锻炼,了解前沿理论、掌握业务发展动态并提升实战能力;对从事成人教育的干部给予职位晋升等。

(2)制定部门绩效考核办法

对业务职能管理部门和教学系部分别进行考核,在给教学系部的绩效考核指标中,除了下达教学工作量、专业建设、课程建设、学生培养质量等高职教育人才培养指标外,还同时制定了策划培训项目、开发培训课程、制定远程课件、承担科研课题等成人教育绩效考核指标,指标占比达 40%。通过绩效考核促进业务管理部门和教学系部建立纽带关系,推动成人教育工作拓市场、增效益、出成果、上水平。

(3)制定学员参加教育培训的激励措施

激励学员参加培训学习的具体措施包括:密切联系企业需求和员工职业发展需要,提高成人教育项目的适应性;强化培训课程开发,创新课件形式,提升课程的生动性、实用性,激发学习者兴趣;运用现代信息技术,创建全覆盖的网络学习平台,缓解员工的工学矛盾;建立培训激励机制,实行岗位培训、持证上岗和证书有效期制度,将培训合格情况纳入人力资源管理系统,与岗位人员上岗、晋升以及年度绩效考核挂钩;实行岗位培训合格证书与邮政职业资格证书双向互认,岗位培训核心课程与在职学历教育课程互认免修免考制度;建立员工学习档案和学习积分管理系统,实现学习积分管理、证书互认、学习成果评优、排名奖励和奖学金激励等;开展岗位知识技能练兵比武等学习竞赛活动,以考促学,以赛促练,对获得名次的选手给予荣誉、奖金和用工身份转换等激励。激励考核措施越到位,学员学习的积极性越高,成人教育的效率效果就越好。

(4)支撑企业建立员工教育培训激励考核机制

员工培训与企业人事制度挂钩越紧,激励力度就越大。学院积极配合邮政集团及其控股公司,制定与成人教育相配套的人事制度,建立健全培训、上岗、转岗、晋升、考核、工资待遇一体化的激励机制,全面搭建起员工岗位培训和持证上岗管理体系,使员工学习结果对接岗位要求并有考核有应用,解决了企业办培训、员工参加培训的驱动力问题。例如,学院支撑邮储银行构建起岗位资格认证体系,该体系划分为两个学习考核阶段,即岗位资格性培训及考核、成人教育及考核。其中岗位资格性培训及考核分为初、中、高三级,初级为合格性考核,相关员工必须取得初级岗位资格证书并持证上岗;中、高级考试为选拔性考核,与员工岗位职级晋升挂钩。成人教育及考核要求取得岗位资格证书的员工,以2年为一个周期,必须参加成人教育相关培训课程学习并通过考试,员工所持该岗位、该级别的证书才能保持有效。

三、石邮学院成人教育改革发展的经验与成效

(1)成人教育与高职教育一体化的管理体制和运行机制,有效解决了高职院校资源有效配置、师资能力培养、考核激励到位、校企深度融合等深层次问题,实现了成人教育与高职教育并驾齐驱、良性互动的发展格局,激发了办学活力。

为了更好地服务行业企业人力资源开发,促进企业转型发展,石邮学院确立了成人教育与高职教育并重发展的理念,通过建立"学院领导—岗双职、职能部门专业化管理、教学系部双职双责"的组织管理体系,实现了五个"一体化",即管理体制一体化、机构设置一体化、师资一体化、教学内容一体化和资源使用一体化。这种管理体制开创了高职院校成人教育发展的新局面,形成了成人教育与高职教育并驾齐驱的良性发展格局,激发了办学活力。

(2)构建了集岗位培训、职业鉴定、在职学历教育、知识技能竞赛以及知识资源服务于一体的综合性教育培训远程平台,创新了成人教育模式,破解了百万员工教育培训难题,也为高职院校服务行业企业拓展了更大的舞台和空间。

石邮学院依靠自身业务技术力量构建了具有邮政特色的远程教育培训系统及管理体系,从根本上找到了适合邮政集团"覆盖全网、覆盖全员、覆盖全业务"的大规模、高效率教育培训的新途径,有效克服了教育培训资源有限与员工培训需求量巨大的矛盾,解决了庞大而分散的员工队伍与集中培训所需巨

大成本的矛盾,增强了培训能力,提高了培训效益,形成了大型企业网络教育的完整解决方案,成为企业创新教育培训模式、构建学习型企业的一大亮点,其理论体系和成功经验对于远程教育的发展具有重要的价值贡献。

（3）"教、培、研"联动运行机制,有效解决了科技成果向在职培训和高职教育的转化、在职培训向高职教育的辐射以及教师"一身三责"核心能力提升的问题,强化了校企融合,推动和引领了高职教育和在职培训的内涵发展。

石邮学院集科技研发、在职培训和高职教育三项事业功能于一身,实行"数块牌子、多项功能、一套人马"的运行体制,形成了科研、培训和教学紧密结合、相互促进、共同发展的"教、培、研"联动运行机制。这种联动运行机制有效解决了科技成果向在职培训和高职教育的转化、在职培训向高职教育的辐射以及教师"一身三责"核心能力提升的问题,强化了校企融合,推动和引领了高职教育和在职培训的内涵发展。

（4）"岗位标准＋个人成长阶梯＋学习资源配置"三位一体的岗位培训体系,有效解决了企业教育培训的驱动力问题,促进了企业与员工的共同发展,同时也为高职院校提供了成人教育的"木本"业务,成为服务企业发展的长效抓手。

"三位一体"的岗位培训体系建设模式,解决了邮政企业教育培训和学院成人教育发展的双向驱动力问题。一方面,岗位培训为员工搭建了岗位成才和职业发展的通道,使员工晋级有阶梯、学习有资源、转化有衔接,有效解决了教育培训驱动力问题,实现了企业与员工共同发展及教育价值的最大化。另一方面,在长期支撑企业开展岗位培训中,石邮学院持续跟踪企业需求,不断完善体系内容,推动了学院研发能力和师资水平的持续提升,同时,也为自身提供了服务企业发展的长效抓手,形成了学校成人教育的"木本"业务。

（5）建立了"统一规划、分级建设、全网共享、定期评优"的培训资源建设管理机制,为企业员工提供了内容丰富、形式新颖的学习资源,也促进了高职院校共享企业培训资源,提升了人才培养的针对性。

石邮学院将资源建设作为教育培训的核心能力,建立了"统一规划、分级建设、全网共享、定期评优"的资源建设管理机制,加大了资源开发力度,有效缓解了大规模教育培训需求与资源建设能力不足的问题,也从根本上实现了从多头低水平开发、局部使用,到集中优势开发、全网整合共享的转变,为企业员工提供了内容丰富、形式新颖的学习资源,也极大地提升了邮政资源建设的整体能力和水平。

石邮学院的特色职业教育模式以及成人教育改革发展的创新实践成效,

引起中央领导关注和关心,2010 年时任中央政治局委员、国务院副总理张德江做出重要批示、给予充分肯定;在教育部主办的"2011 年继续教育数字化学习资源共享与服务成果展览会"上,时任中央政治局委员、国务委员刘延东高度评价:"中国邮政,你们做得很好!"该模式还获得国家主管部委和各类权威机构的肯定和鼓励,于 2010 年被教育部确定为"高等学校继续教育示范基地"、获人力资源与社会保障部"国家技能人才培育突出贡献奖";于 2011 年获美国培训与发展协会(ASTD)"卓越实践奖"、获中国邮政集团科技创新一等奖;于 2012 年获中国邮政集团全国邮政企业管理现代化创新成果一等奖、获全国通信行业企业管理现代化创新成果一等奖;于 2013 年初获河北省教学成果一等奖。2014 年获得国家教学成果二等奖。同时新华社、中央电视台、《光明日报》、《中国教育报》、《中国高等教育》、《中国远程教育》等高端媒体和学术刊物都进行了专题报道,实践经验丰富、学术价值可观、社会反响强烈。

第五章　独立设置成人高校教育转型发展

第一节　独立设置成人高校教育的兴起与发展

独立设置成人高校教育是我国高校成人教育的重要组成部分。它是指按照国家规定的设置标准和审批程序批准举办的,通过全国成人高等学校统一招生考试(成人高考),招收普通高中或同等学力的在职从业人员为主要培养对象,利用函授、业余、脱产等多种形式对其实施高等学历教育的学校,包括广播电视大学、职工大学、业余大学、职工医学院、管理干部学院、教育学院等。我国成人高校教育发展有着深远的历史因果,是中国书院教育、癸卯学制的传承与借鉴,在先后经历了解放初期肇基发展、社会主义建设时期规划发展、"文革"中停办、改革开放后的全面发展、新世纪的转型发展等阶段后,如今进入了新一轮的教育创新与转型发展阶段。

一、独立设置成人高校教育兴起的历史溯源

我国成人高校教育源远流长。春秋时期诸子百家各学派的开门讲学、著书立说、广招门徒,不仅形成了百家争鸣的繁荣局面,还在客观上肇启了我国成人高校教育的雏形,孔子儒家学派的"弟子三千、贤人七十二"就是明例。其后,自唐代兴起至清代趋于衰落,延绵了一千多年的中国书院教育,近代中国的教育变革等,都对我国独立设置成人高校教育的兴起与发展产生过重要影响。特别是新中国成立后,党和国家的教育改革与创新,把我国现代独立设置成人高校教育引入了一个跨越式发展的新阶段。

1.中国书院教育的传承

从历史视阈上看,我国现代独立设置成人高校教育当是中国书院教育的传承与光大。书院教育是中国古代成人高等教育的一种主要形式。先秦时候孔子兴办私学,可说是书院教育之雏形;汉唐时候的精舍,可说是书院教育的

前身。到公元 10 世纪中叶的宋代初年，书院才作为一种教育机构而真正兴起，并很快出现了书院教育发展的第一个高潮；到了南宋时期，随着理学的兴起，又出现了书院教育发展的第二个高潮；到 16 世纪的明代中叶，随理学的又一次活跃，再出现了书院教育发展的第三个高潮。在这三个高潮生成与发展的过程中，书院教育的社会组织体系、办学运行机制、使命与责任也不断完善与健全，所蕴含的特色也日益凸显。特别是它的独立自主的办学性质、成人为本的育人理念、和而不同的学术精神等鲜活个性，都对后世成人教育的发展，尤其是现代中国独立设置成人高校教育的产生与发展，有着庚继与传扬的重大意义。

一是办学结构与格局的传承。尽管中国书院教育具有私办、官办、私办公助等多种办学形式，但它却是一个具有独立办学主体的社会机构，既不从属于某种官学机构，也不是某些社会团体的附庸，而是一种以成人为主要对象的古代高等教育。正是这种独立主体的性质，不仅确立了它在当时的社会地位与社会价值，更使它传承千年而不衰，流芳百世而愈彰。以古论今，这对我国独立设置成人高校教育体系建设有着重大的传续意义，显示了现代成人高校教育只有作为一个独立办学主体，才能在社会教育体系中树立起"崛起者"形象，才能真正赋予它促进人的"全面发展"的使命、推动社会经济发展的责任。

二是办学目标与职能的传承。中国书院作为教学机构与学术研究机构的综合体，它强调成就道德人格为教育的最终目标；重申进身朝政以实行推己及人的外王之道，或者在朝野上依社会良心议论朝政、令国家朝政纳于正规、人民能安居乐业是教育的社会责任。上述目标与责任，在某种意义上，不仅廓清了现代成人高校教育的内涵精要，初基了成人高校教育的范畴边界，还从实践的视角阐释了成人高校教育的基本概念与发展目标，从而描绘出中国成人高校教育的主流轮廓，大致明晰了现代中国独立设置成人高校教育发展的走向。

三是办学学风与教风的传承。书院教育倡导纯粹而真的师生关系，要求老师教导学生，不仅要重在传授知识，更要重在动之以情，说之以理，更重以身作则的人格感召。同时，还强调要体现学术的自由精神。

四是提倡学术创新，否定死守陈说。要求无论教者与学者都要自由发挥、勇于创新，即使是讲授传统经典，亦着重从中发掘新的义理，而非死守旧说。书院教育的学风与教风，不仅注重人文精神，还特别重视以礼乐精神为核心的人文教养，通过道德教育、礼乐熏陶，从道德和艺术入手，进行人格理想和人生境界的培养，从而使人不断地从动物状态摆脱出来，升华到一种高尚的精神世界，更凝练为现代成人高校教育的秉性所在。

2.近代中国教育变革的借鉴

可以说,近代中国的教育变革为现代独立设置成人高校教育的发展提供了重要的实践借鉴。面对中日甲午战争后外国列强瓜分中国,中国社会从半殖民地沦为殖民地的严重危机,清政府为了维护封建统治,缓和民族与阶级矛盾,在形势迫使下,不得不在一定程度上实施一些"新政",其中教育制度的变革首当其冲。清政府于1904年1月13日颁布的《奏定学堂章程》,称为《癸卯学制》。《癸卯学制》的颁布以及随后所实行的一系列措施产生的影响是十分深远的,它不仅是中国第一个由中央政府颁布在全国范围内实行的法定近代学制系统,结束了封建科举制度,奠定了中国现代教育的基础,打破了儒家经典一统天下的局面,标志着近代新式教育制度的确立,还在某种程度上为我国现代独立设置成人高校教育的发展提供了历史借鉴。

一是办学格局上的借鉴。《癸卯学制》主要划分为初等教育、中等教育和高等教育三段七个等级。第三阶段为高等教育,又分为三级,包括高等学堂(三年)或大学预科、大学堂(三年至四年)、通儒院(相当于现在研究院)。其中《奏定高等学堂章程》规定,普通中学堂毕业愿求深造者入焉,以教大学预备为宗旨,以各学皆有专长为成效,三年毕业。高等学堂学科根据大学堂分科的需要,分为3类:第1类为升入大学经学科、政法科、文学科、商科做准备;第2类为升入大学格致、工科、农科做准备;第3类为升入大学医科做准备。光绪三十一年十二月,清政府曾对《癸卯学制》作了修改,通令全国设立半日学堂,专收贫寒子弟,不取学费,不拘年岁。这种层级式的、多学科共行的办学新体制,对于我国现代独立设置的成人高校教育学制的各种特征的形成有着以古启今的意义。这些特征包括有脱产也有业余,多以专科层次为主,专业较丰富,涉及理工类、文史类、艺术类等。

二是办学形式上的借鉴。《癸卯学制》还提出了设置实业学堂的要求。认为农工商各项实业学堂,以学成后各得治生之计为主,最有益于邦本。要求就各地方情形,审择所宜,亟谋广设。如通商繁盛之区,宜设商业学堂;富于出产之区,宜设工业学堂;富于海错之区,宜设水产学堂;余可类推。实业学堂分初等、中等、高等。其中,高等实业学堂分农业、工业、商业、商船4类,相当于高等学堂(大学预科)程度。预科1年毕业,本科除农业学堂的农学科4年外,余均3年毕业。这种强调多样化与务实化的办学形式,对于我国现代成人高校教育的专业设置和社会需求结合较紧密,专业调整较灵活,授课形式和时间符合考生工作、生活作息安排等特色的产生,有着古为今用的韵意。

3.新民主主义时期的奠基

新民主主义时期为我国独立设置成人高校教育奠定了发展基础。尤其是中国共产党在新民主主义时期的不同历史阶段提出的新民主主义教育纲领、进行的各种教育活动、开办的各类学校,都为现代独立设置成人高校教育的生成与发展奠定了现实基础。

在党的创建时期,为了学习和传播马克思主义、培养党团干部、开展工农运动,中国共产党先后开办了一些培养革命干部的学校。有湖南自修大学、湘江学校、平民女学等。国共合作后,为了适应形势发展要求,进行北伐战争,中国共产党又积极开展并参与农民运动讲习所、上海大学、黄埔军校等高级革命干部学校的建设。这些学校在短短几年内培养了近万名干部,其中不少人成为我党我军的优秀领导者和各方面的骨干力量,中国共产党建党初期创办的学校和国共合作创办的学校,不仅为当时农村革命根据地的干部教育打下了基础,同时也表明,党已开始认识到专业化人才培养的重要性,并在革命实践中积极发展工农教育的同时,不断探索发展成人高等专业教育的道路,这在客观上为我国现代独立设置成人高校教育的发展积累了重要经验。

在土地革命时期,为了培养根据地急需的各类干部,党在苏区开办了多类干部学校和干部训练班,主要有红军学校、红军大学、苏维埃大学、马克思主义大学、中央农业学校、中央教育干部学校、通讯学校、高尔基戏剧学校、闽瑞师范、军医学校等。上述高级学校的建立与发展,虽然时间不长,只有五六年时间,但却确立了为革命战争和阶级斗争服务的高等教育体制,积累了大量的专业教育经验,为以后革命根据地教育打下坚实的基础。这也意味着,党对专业化的成人教育有了战略性的认知与把握,充分认识到多样化、多层化、多元化的成人高等专业教育,对革命事业发展的紧迫性,发展成人高等专业教育开始成为党的教育工作重心,这就在某种程度上为我国现代独立设置成人高校教育的发展奠定了实践基础。

抗日战争时期,党提出了抗战教育方针,在要求培养大批抗日干部的同时,强调提高人民的民族文化与民族觉悟,以民族精神教育新的后代的重要性,确定了培养工农知识分子的解放区教育发展的总目标,培养专业人才的干部学校在各抗日根据地教育中占有重要地位。其中著名的有抗日军政大学、陕北公学、华北联合大学、鲁迅艺术学院、泽东青干校等,此外,还有中央党校、民族学院、白求恩卫生学校、抗战建国学院、江淮大学等。尤其是1941年由陕北公学、中国女子大学、泽东青干校等合并,成立集工、农、文、理、医、艺综合性的延安大学,标志着党的新民主主义教育思想的成熟,具有中国特色的成人高等教育实践初步完成。上述这些实践不仅为三年解放战争时期的教育所继续,也构成了新中国建立后独立设置成人高校教育发展的现实基础。

二、独立设置成人高校教育的全面发展

从新中国成立之初到 20 世纪 90 年代末,我国独立设置成人高校教育在经历了长期的理论探索与社会实践后,进入了一个全面发展的新时期。在这个时期内,经过社会主义建设时期的肇启、改革开放时期的跨越、新世纪的转型,使得我国成人高校教育完成了由补习化向专业化、非学历教育向学历教育,社会化向国家化的全面发展,奠定了未来我国成人高校教育创新发展的基石。

1.社会主义建设时期的肇基

社会主义建设时期,党和国家把成人高校教育纳入了"教育为无产阶级政治服务"的战略框架之内,作为巩固新生的人民民主专政政权以及恢复和发展国民经济、提高广大人民群众思想政治意识的重要路径。为此,中央政府加快了成人高校教育制度建设的进程,相关成人高校教育制度与举措不断推出,实现了我国成人高校教育的肇基发展。

新中国成立之初,早在 1949 年 12 月,国家教育部就召开第一次全国教育工作会议并制定了《工农速成中学实施方案》。1950 年 9 月,第一次全国工农会议明确了工农教育的实施方针。同年 10 月,政务院又发布了《关于改革学制的决定》,指出"我国原有学制有许多缺点,其中最重要的是工人、农民的干部学校在学校系统中没有应有的地位"。随后,《中国人民政治协商会议共同纲领》提出有计划、有步骤地实行普及教育,加强劳动者的业余教育和在职干部教育。这些相继出台的成人教育方针政策,在全国人民积极参与和各级政府的强力推动下,开创了我国成人高校教育发展的新局面。首先,第一次从国家视野提出了成人高校教育发展问题,开了我国成人高校教育国家制度建设的先河。其次,推进了成人高校教育社会组织体系建设进程。此时,教育部成立了社会教育局,政务院文化教育委员会成立了"干部文化教育局",还有"全国职工业余教育委员会",以及各地相应组织机构纷纷成立。此时,我国已有业余高等学校 156 所、干部文化业余学校 3546 所、干部离职文化学校 256 所,翻开了我国成人高校教育发展的新篇章。

社会主义建设时期,我国成人高校教育又有了质的发展。一是办学层次实现了业余与专业教育同步。随着社会主义建设事业的发展,党和国家开始把专业化的成人高校教育纳入国家教育体系,从 1955 年伊始,在《教育部关于

在北京师范大学办理高等师范函授部的指示》、《教育部关于夜大学仍应继续办下去并立求办好的批复》、《教育部关于加强全日制高等学校和中等专业学校函授、夜大学教育工作的通知(草案)》、《关于全日制学校举办函授、夜大学备案问题的通知》等系列国家政策制度的推进与引领下,北京电视大学、北京农业函授大学、江西共产主义劳动大学等一批独立设置的成人高校教育相继成立,标志着我国成人高校教育开始了由业余教育向专业教育的转型发展。二是教育形式实现了学历与素质教育的并进。在党和国家的大力倡导与推进下,全国许多省市区相继成立了独立设置的区域成人高校,冠以"某某业余学院"或"某某职工业余大学"、"某某专科学校"等名称,具有颁发国家承认的大专文凭的资质。学校主要开展大专学历教育和技术培训,重点开设机械、模具、电子、机电一体化等工科专业,基本职能是为广大一线职工开展补文化、补技术、补学历等补偿教育。据教育部 1965 年不完全统计,全国此类学校已达4000 余所,学生 89 余万人。这些都确立了我国独立设置成人高校教育发展的新格局。

2. 改革开放时期的跨越发展

自 1978 年起,乘着改革开放时代大潮,党和国家把成人高校教育推向了新高峰,把创造性与社会性作为成人高校教育发展的主旋律,具有中国社会主义特色的成人高校教育体系得以构建,进而迎来了中国成人高校教育世界性的跨越发展。

一方面,国家创造性地发展了独立设置成人高校教育的策略。改革开放后的短短几年中,国家《关于教育体制改革的决定》、《关于改革和发展成人教育的决定》、《中国教育改革和发展纲要》以及《进一步改革和发展成人高等教育的意见》、《教育部关于大力发展高等学校函授教育和夜大学》等一系列政策制度的集中落地,不仅在国家层面上成立了由国家教委牵头的"成人教育指导协调委员会",指导协调全国各省市区成人教育发展,同时还在国家教委成立了成人教育司,在各省市区成立了"成人教育委员会",指导各地成人教育工作。各地方教育部门专设成人教育处、科、股、办,形成了从中央到地方相对独立的成人教育管理体系。更重大的是在世界范围内,首创了具有中国特色的"成人高校招生考试制度",肇启了我国成人高校教育国家制建设的范例,更是把"两条腿走路"教育思想,升华为"放之四海而皆准"的国家教育制度,铸造了我国成人高校教育的新辉煌。据有关统计,在 1988—1998 年的十年间,参与成人高校本、专科教育的学员有 2149.21 万人,参与远程网络本、专科教育的学员达 409.72 万人,其中参与独立设置成人高校教育学员的占很大比例,创造了世界成人教育的奇迹。这些都是包括发达国家在内的世界各国不可能达到的高度,从而确立了我国成人高校教育在国际成人教育领域内的标杆地位。

另一方面,国家把独立设置成人高校教育的社会化作为发展的主导方向。国家为了满足广大社会和广大人民群众接受高质量教育的需求,从 20 世纪80 年代到 90 年代期间,先后颁发与实施了以《中国教育改革与发展纲要》、《中央广播电视大学试行方案》、《高等教育自学考试制度》、《关于成人高等学校设置的暂行规定》等推进独立设置成人高校教育社会化的政策与制度,把社会发展的需求与独立设置成人高校教育发展对接起来,使广泛性与社会性成为独立设置成人高校教育发展的主流话语,由此,我国独立设置成人高校教育内涵不断深化,专业设置不断更新,由过去单一的工科向文科类、管理类、财经类等多类型方面扩张;人才培养的结构持续优化,由培养技能性人才向培养专业性人才发展;发展目标也由为企业或行业发展服务向为社会经济发展服务变迁。与此相适应,独立设置成人高校教育的外延也不断拓展,由过去单一的干部或职工教育向社会教育发展,办学范围涉及社会经济方方面面,包括行政管理、公安政法、财经管理、机械纺织、化工电力、新闻宣传、民航交通、教育科技、煤炭石油等。据国家统计年鉴相关数据显示,1991 年,我国独立设置的成人高校有 1256 所,其中,广播电视大学 42 所、职工大学 776 所、农民高校 5所、管理干部学院 175 所、教育学院 254 所、独立设置的函授学院 4 所。1991年成人高等学历教育在校生为 140.60 万人,其中独立设置成人高校的学员占近 60%。这种多样型、广泛性、规范化的社会教育体系的构建,不仅使独立设置成人高校教育嬗变为推进"社会进步、经济贡献、人才培养、科学进步"重要力量,还在某种意义上把独立设置成人高校教育蝶化为国家实施"民心工程"、"民生工程"、"民主工程"的时代载体,展示了我国独立设置成人高校教育跨越发展的雄浑气势。

3. 新世纪的转型发展

进入新世纪,随着我国社会转型不断加快,经济增长方式转变持续提速,高等教育大众化已成为时代潮流,成人高等教育学历补偿教育任务的基本完成,我国独立设置成人高校教育开始进入一个为社会经济建设和人才提升服务的初级转型发展阶段。这个初级转型阶段主要反映在两个方面:

其一,发展方向发生新变迁。进入 21 世纪,党和政府全面推进成人教育转型发展,通过出台《面向 21 世纪教育振兴行动计划》、《2002—2005 年全国人才队伍建设规划纲要》、《中共中央关于进一步加强人才工作的决定》、《2003—2007 年教育振兴行动计划》等政策方针,强调构建终身教育体系,形成全民学习、终身学习的学习型社会,促进人的全面发展,当是 21 世纪中国成人教育发展的新目标。在此新形势下,我国独立设置成人高校教育发展方向发生重大转变。直面成人高校教育总体需求呈现稳定或略有下降的趋势,独立设置成人高校教育坚持践行"从学历教育向终身教育转型是成人高等教育未来发展的重要生存空间"的办学理念,双轨同进,在把为我国产业升级和经济结构调整要求培养各级各类技能型人才作为现实目标的同时,又将"构建现代国民教育体系和终身教育体系,建设学习型社会,全面推进素质教育,增强国民的就业能力、创新能力、创业能力,努力把人口压力转变为人力资源优势"作为发展的远景目标。在 21 世纪的前十余年间,我国独立设置成人高校经历了从孕育转型、实践转型到基本完成转型的过程。

其二,发展方式出现新势态。21 世纪以来,党和国家《2003—2007 教育振兴行动计划》、《中共中央关于构建社会主义和谐社会若干重大问题的决定》、《国家教育委员会关于改革和发展成人教育的决定》、《国家中长期教育改革和发展规划纲要 2010—2020 年》、《国家中长期人才发展规划纲要(2010—2020)》等一系列大政方针的相继出台,大大促进了我国独立设置成人高等教育发展方式的转变。一是把学校由专业技术人才培养基地转变为"区域内成人中高等学历教育的重要载体、职业技能培训的整合平台、社区教育的主要场所和市民终身学习的指导中心",不断提高广大劳动者的思想道德素质和科学文化素质,使经济和社会的发展具有更加坚实可靠的人才基础。二是把学校由市场服务窗口转变为推进社会经济发展的重要力量。从我国的国情出发,坚持直接有效地为社会主义建设服务的方向,把全面提高劳动者的素质作为根本目的,以人的全面发展推进社会经济的全面发展。由此,涌现了一批以井冈山学院、延安学院、上海浦东学院为代表的新型的独立设置成人高校,同时,各省市区的社区学院也如雨后春笋般出现,其中上海、北京、西安等地区发展尤为蓬勃,成为我国独立设置成人高校教育的新格局。

三、独立设置成人高校教育发展的未来趋势

细检我国独立设置成人高校教育兴起与发展的历史脉络,可以说,中国传统教育文化思想传承与近现代我国成人教育变革探索的承合与链接,不仅铸就了我国独立设置高校教育发展的早期辉煌,还大体上廓清了它的现时与未来发展的基本趋势。

1."行业发展与社会转型同步"的目标趋势

目前,我国正处在社会转型的攻坚阶段。在这一阶段中,我国在社会体制

转轨、政治体制改革、社会阶层分化重构、社会发展阶段转变以及城乡文化变迁等重大方面发生了急剧变化,但也呈现出高度的复杂性与长期性特征。一是我国社会主义市场经济体制虽然基本确立,但市场规范和调整的任务十分艰巨;二是尽管我国新城市战略全面推进,城市化水平显著提高,但城市发展战略还须调整充实;三是我国从农村社会向工业社会转变任重道远,产业结构正处于调整与升级阶段;四是人民生活水平虽然有了大幅度提高,但与全面迈进小康社会的目标还有较大差距。从实践而论,这种差距的产生固然有社会经济的因素,但人力资源开发的滞后也是重要原因,加快我国人力资源开发应是消弭这种差距的关键。为此,国家相继出台了《国家中长期人才发展规划纲要(2010—2020年)》、《国家中长期科技发展规划纲要(2006—2020)》、《国家中长期教育改革和发展规划纲要(2010—2020)》等重大战略,并要求独立设置成人高校教育在其中扮演重要角色。也意味着,"行业发展与社会转型同步"将是独立设置成人高校教育未来发展最为基本的走势。

具而论之,"行业发展与社会转型同步"的目标趋势,主要表现在"开放性与权威的高度统一"方面。独立设置成人高校教育发展应是一种开放性的社会实践,在这个实践过程中,发展形式是多样的,发展目标是多元的,发展范畴是多层的,社会所有从业人员或相关利益链的人群均可根据自己的实际需求,参与相适应的独立设置成人高校教育,进行开放性和持续性的学习。同时,独立设置成人高校教育又是一种具有国家权威性的教育体系,是国家各级政府以及相关行业主管部门主办的,或由国家政府批准注册、相应社会团体主办的、规范化的教育实体。无论是学校的管理体制与办学方式,还是育人目标或证书颁发,无不是国家意志集中与鲜明的体现。这也表明,在独立设置成人高校教育的未来发展中,将权威性贯通于开放性之中,才能张扬独立设置成人高校教育应有的自尊与自重;而开放性又为权威性提供广泛的社会基础,突出独立设置成人高校教育必有的襟怀与雄阔。唯有如此,独立设置成人高校教育才能把自我发展目标纳入社会发展总体架构之内,推进行业性与社会性的融合,寻到自己现实与未来发展的坐标,实现推进自我转型发展向推进社会转型发展的目标转型。

2."整体转型与专项改革共进"的方式趋势

时下,我国以"新工业化、新农业化、新城镇化"为引领的新经济时代已经到来,传统产业与知识经济、虚拟经济和网络经济、新兴科技与新兴产业的对接,已成我国社会经济发展的主流趋势。国家在全面推进新工业化与新城镇化的过程中,加快了以农业产业化和农村工业化为主体的农业现代化进程,同时,我国的汽车船舶、钢铁煤炭、电子设备、装备制造、有色金属、建材石化、轻工纺织等重点行业的产业结构调整也不断升级,企业技术改造与兼并重组进入新阶段。显然,国家经济结构调整、经济增长方式转变的全面加速,不仅对职业素质与岗位技能提出更高标准,也表明我国现有的 1.2 亿从业人员的综合能力必须有一个质的提升。依据《我国国民经济和社会发展"十二五"规划纲要》《"十二五"国家战略性新兴产业发展规划》《国家"十二五"科学和技术发展规划》的相关要求,提高广大从业人员的从业技能与能力,整体提升各类职业队伍的岗位能力和基本素质,为我国生产方式转变和企业转型升级提供高素质人力资源,将是我国独立设置成人高校教育不可旁贷的责任。

实践表明,我国独立设置成人高校要完成"整体提升从业人员综合素质"的社会责任,积极推进"整体转型与专项改革共进"的发展方式是理性选择。这种共进,一是通过推进整体性和全局性的改革,促使独立设置成人高校,特别是行业性的独立设置成人高校,能真正跨越传统学校教育的屏障,重新确立"以时代使命为引领、以国家责任为主导、以行业发展为基础"的办学宗旨,着力改变以往的学校发展与社会发展差异、个体目标与整体目标相悖的"各自为战、独步发展"的窘况,聚集一种整体性的发展合力与改革活力,让"从学校走向社会"成为独立设置成人高校教育发展的方式传递,最大化显现独立设置成人高校的优势与价值。二是要以精细化的态度,围绕分类改革,有针对性、总体性地推进一种既与社会经济发展相适应,又与学校、行业发展要求相呼应的专项改革,重点统筹协调学校的管理体制、人事制度、育人体系、教学管理、资源布局等的专项改革,尝试推进学校与政府、行业、社会、市场、其他社会系统外部联系的专门改革,使之成为学校转型发展的重要构成。以上两种方式的珠联璧合,将形成一种整体转型与专项改革协同推进的良性机制,保障独立设置成人高校教育转型的和谐、健康发展。

3. "品牌打造与优势设计并重"的行为趋势

2012 年《国家人口发展战略研究报告》的调查显示,进入新世纪,我国人口结构发生变化,在劳动年龄人口开始下降的同时,城市人口持续增长,社会"人口红利"优势逐步消解。自 2000 年起,我国劳动年龄人口增速平均每年减缓 1 ‰,预计到 2015 年将转为负增长。2011 年我国 15～64 岁劳动力人口的比重首次出现下降,为 74.4 ％。另据经合组织预测,2010—2015 年间,我国20～24 岁经济活动人口将由 2010 年的 9697 万缩减为 8241 万。同时,随着城镇化的持续推进,2011 年我国城镇人口首次超过农村人口数,到"十二五"末城镇化达到 51.5 ％的高点。从发达国家的经验上看,当劳动力供求转变时,劳动力价格会迫使企业在转向产品创新和产业升级的同时,更注重提高就业岗位的质量和从业者的人力资本含量。这也表明,我国社会经济发展对人才的要求将出现重大改变,拥有多样性技能和多类型职业资格证书的从业者将处于优势位置。根据《国家人口发展"十二五"规划》《国家新型城镇化规划(2014—2020 年)》《国家"十二五"时期文化改革发展规划纲要》的相关要求,我国独立设置成人高校教育在培养从业者多技能与多职业资格格局中,将承担起更大、更多、更高的社会责任。

可以说,"品牌打造与优势设计并重"无疑是独立设置成人高校教育履行社区责任的行为趋势。它强调独立设置成人高校教育要注重品牌效应,把品牌建设作为学校与社会、市场、民众建立的持久稳定互需关系的桥梁,根据社会人才标准的发展与人们自身需求的变化,对现实与未来转型发展进行既具有社会视野又重视本土实际的规划与描绘,使自身的转型发展与社会的转型发展趋势保持高度的一致,以此让全社会对独立设置成人高校教育及其所提供的社会教育服务(包括附加在服务上的理念、文化、科技等)有着更为广泛的共识与认同。与此相对应,它也认定独立设置成人高校教育要从优势意识的界面,既厘清现实发展的状况,又匡正以往发展中的缺失,设计出一种"人无我有、人有我优、人优我特"的品牌优势,在品牌打造与社会需求对接的行进间,克服社会转型带来的种种挑战,突破自身办学条件的种种限制,打碎人为行业藩篱的重重羁绊,充分发挥自身灵活性、多样性、实用性种种优势,在不断满足社会日益高涨的教育需求的同时,让"和而不同、同而不群、群而不类"成为我国独立设置成人高校教育转型发展的主导语言传递。

第二节　独立设置成人高校教育的机遇与挑战

时下,我国社会发展正处于一个机遇与挑战同行、发展与困难共存的战略机遇期。中国社会转型发展、经济增长方式调整、中华民族文化复兴、现代科技飞速发展、教育创新持续深入等最具鲜活特征的革命性变革,正汇聚为一股充满激情与理性的时代大潮,开创了中国社会主义建设的新时代。直面这些最富有创新意义的社会变迁,我国独立设置成人高校教育作为推进人的全面发展和社会经济发展的重要力量,必然身置于其中,当以一个"教育拓荒者"的姿态,去迎接前所未有的发展机遇和来自方方面面的严峻挑战。

一、独立设置成人高校教育的机遇

我国独立设置成人高校教育的转型发展，离不开社会、经济、科技、教育、文化发展的回应与支持，也正是这些回应与支持，给中国独立设置成人高校教育的转型发展带来了前所未有的机遇，为之实现办学理念、发展目标、育人模式、服务方式的现代转型，提供了必要的前提与支撑。

1.社会转型推进发展目标转型

21世纪中国社会转型的加速，给独立设置成人高校教育带来了前所未有的发展机遇。就中国社会转型的本质而言，它并不是经济基础为了摆脱上层建筑的桎梏而产生的急风暴雨式的革命性变革，而是上层建筑为了顺应经济基础的发展而进行的有序调整与改革。具体表象也不是以暴风骤雨式的阶级斗争为主线的社会形态变更，而是以全面建设"社会主义和谐社会、小康社会、学习型社会"为主线的社会体制与机制转型，其核心就是要通过推进农业化社会向工业化社会、计划经济社会向市场经济社会的转型，泽被全体人民大众。如果我们以社会学的视角对当代中国转型的蓝图目标进行深度分析，就可以清晰地发现，无论是建设和谐社会、小康社会，还是建设学习型社会，归根结底是张扬"人"的变化与发展，不是突出"人"在社会结构中位置的变化，就是强调"人"在社会结构中角色的变换，或是肯定"人"在社会结构中生存环境的变迁，演绎了"人"作为在社会主体发展的行进脉络与思辨历程。而如何使"人"尽快地适应社会地位的变化、社会角色的变换、生存环境的变迁，承担起新的社会责任，发挥新的社会作用，展现新的社会价值，这在某种意义上，就成为社会转型带给我国独立设置成人高校教育最具时代意义的发展目标转型机遇。

这种发展目标转型机遇在整体上表现为，在社会转型的过程中，独立设置成人高校作为与社会经济发展联系最为紧密的教育类型，将积极回应社会转型的需求，直面全国数以亿计从业者的发展需求、学习需求、提升需求，审时度势，加快实现教育体制与管理机制的转变，卓有成效地发挥自身的先导性、基础性、战略性作用，推动自我转型发展与社会转型的同步，良好体现成人高校教育以促进"人"个体发展为逻辑起点，以推进"人"的整体发展为演进空间，从而实现以"人"的转变推进社会发展的转型终极目标。同时，这种机遇在具体形态上则表象为，面对社会转型引发的巨大变化，我国独立设置成人高校教育既要对诸如私营企业主、个体工商户、三资企业的科技和管理人员、农民工等新的社会阶层和群体，进行普适性的高端社会培训与专业性教育，使他们的基本素质与新身份相适宜。搭建以培养造就一代社会新人为己任的社会教育服务为新平台,进而实现自身办学目标与办学结构的转型发展。

2.经济调整促进体系结构转型

时下,我国经济转轨正进入一个攻坚阶段,其主要特征有三:一是强调要充分发挥市场作用,应尊重市场规律,充分释放市场的活力;二是要求在经济全球化的新形势下,进一步加大企业开放性,提高企业开放的层次,扩大企业开放的领域,注重企业开放的质量和效益,以此来提高企业的影响力;三是突出要培育企业竞争新优势,加快技术创新、人才创新、产业创新等生产要素创新,形成科技和人才这两翼并举的创新模式,加强企业的竞争力。这些特征不仅从根本上改变我国"物质高投入、行政高干预"的经济增长模式,更重要的是,它将进一步改变我国社会经济成分构成,有力地巩固国有经济与民营经济共同发展的新格局,并由此变迁社会就业结构。这也意味着,当前及今后相当长的一段时期内,各类中小民营企业在中国人才市场需求总量中将占有重大份额,市场人才需求格局将不可避免地出现新的动态变化。据劳动和社会保障部公布的全国 104 个城市劳动力市场 2012 年一季度职业供求状况信息:从用人单位上看,企业用人将在市场人才需求中占主体地位,所占比重达到 95.1%,其中私营及个体企业、股份制企业的用人数占多数,所占比重分别为 38.3% 和 22.1%,而机关事业单位及其他单位的用人需求仅占 3%;从供求关系上看,用人需求主要集中在批发和零售贸易、餐饮业,制造业和社会服务业三大行业,高技能人才依然供不应求,其中技师、高级技师、高级工程师和高级工人缺口最大。

显然,这种新形势将给我国独立设置成人高校教育带来了结构转型机遇,由过去封闭式的办学结构向开放式办学转变。一是有利于社会化办学结构体系的构建,成立由本省、市、区所有独立设置成人高校和各级政府主管部门参与的"独立设置成人高校协会",作为独立设置成人高校进行人才培养与社会协作的平台,进一步在发展导向、品牌宣传、生源组织、引资融资、市场信息等方面进行更为广泛的合作,为独立设置成人高校教育转型发展提供有价值的运作指南。二是有助于开放式人才培养资源社会调节机制的建立。独立设置成人高校通过开放化的优化、重组、协调,能有效盘活现有的资源存量,发挥资源集聚优势,实现学校教育资源和社会教育资源的超时空整合,充分利用社会资源为学校转型发展服务。三是有益于社会化人才培养就业信息预警机制的建立,有利于独立设置成人高校在更为广泛的社会与市场范围内,建立起能综合反映全国和本地区校本毕业生就业率、就业缺口和就业方向等三项状况的一系列指数模型,及时提供较为准确、完整和具有前瞻性的就业信息,为独立设置成人高校的人才培养结构的转型提供重要依据。

3.教育创新推动教学机制转型

自 1999 年 6 月,中共中央、国务院出台了《关于深化教育改革 全面推进素质教育的决定》后,中国教育进入了以实施"素质教育"为核心的第三次创新。它以提高国民素质为根本宗旨,以培养学生的创新精神和实践能力为重点,几乎涉及教育领域的方方面面,包括教育体系、教育结构、教育观念、教育方法、教育手段、课程教材以至教育的时间和空间等,目的是造就"有理想、有道德、有文化、有纪律"的全面发展的社会主义事业建设者和接班人。这种以素质教育为主导的教育创新,无疑为独立设置成人高校教育的教学机制转型带来新契机。

此教学机制转型主要反映在三个方面。

一是形成新的教学管理机制。通过新的教学管理机制作用,调动教与学双方的主动性,增强教学效果。一方面,更深入地了解学员的学习动机、能力、兴趣,因势利导地培养学员良好的自我学习习惯,引导学员树立正确的学习观,明确学习目的,端正学习态度,形成刻苦钻研,积极进取的好学风。另一方面,更有效地加强对教师教学状态和教学能力的监控和评估,加强教师职业道德教育,培育良好教风。要根据教师个体的不同特点,制定相应的提高教师教学能力的目标,以更好地提高教师的教学质量与效果。

二是建立新的课程设置机制。根据基本质量规格和校本教育特色相结合、统一性与多样性相结合、适应性与超前性相结合的原则,建立校本新课程设置机制,并随着社会经济发展的要求,更新、调整和充实原有课程结构与内容,确保教学内容的超前性和先进性,突出课程的实效性、时代性、多样性,让学员及时了解国际国内的新技术、新理论、新知识,新方法、新信息,以全面培养学员的创新思维和实践能力,大幅提升教学质量。

三是生成新的教学过程监控机制。一要进一步加强教学督查的力度,建立符合社会经济发展与学校实际情况的,可操作性强的校本教学评估体系,全面评估教学质量,不断完善教学规章制度建设,采取有效措施,激励优秀教师强化教学工作能力。二要进一步完善和健全教学督导和评估机制,全方位开展学校教学督导工作,对教师课堂教学实行不定期听课制,对学校教学实行全程评价,实行教学事故追究处罚制,严肃教学工作纪律。三要进一步强化对学校考试考核的监控体系,组建精干考试监考队伍,打破情面,严格执行考试纪律,切实端正考纪考风。

二、独立设置成人高校教育的挑战

我国独立设置成人高校教育转型发展在面临前所未有的机遇的同时,也必须清醒地看到所面对的严峻挑战。挑战的严峻性既来自历史的惯性,也有现实的因果,既来自外部的矛盾,更有源于内部的问题。在这些林林总总的挑战中,对我国独立设置成人高校教育转型发展影响最为严重的挑战,主要是有三:

1. 国家制度缺失引发的生存性挑战

挑战首先来自国家成人高校教育制度建设的缺失。在风云变幻的中国社会转型过程中,就独立设置成人高校转型发展而言,强而有力的国家法律制度的保驾护航当是不可或缺的决定因素。然而,受历史惯性与现实因素的双重作用,我国成人教育法制建设明显滞后于独立设置成人高校教育转型发展的实践要求,导致整个转型发展在激烈的社会、市场、国际竞争中总是落于下风,引发严重的生存挑战。

一是国家成人教育制度建设的针对性的局限导致转型发展基础虚化。进入新世纪以来,国家和政府层面上关于独立成人高校教育发展的目标、任务、要求,以及方法路径的具体化制度建设日渐稀疏,整体上显得空泛有余而针对性不足。这种制度建设的泛化性,不仅导致整个成人高校教育转型发展的定位模糊、目标迷惘,甚至沦落为满足市场需求的功利性附属品。更要紧的是这种国家制度建设的弱化,必将连带国家职能的泛化,使国家从独立设置成人高校转型发展的组织者、主导者、推进者,蜕变为引导者、协调者、支持者,陷独立设置成人高校教育转型发展于主体不明,甚至主体缺失的尴尬境遇,失去应有的"底气"与"蕴义",造成基础性危机。这种危机可以从近十年来国家对独立设置成人高校教育的经费投入的变化中得到印证(见图5-1),从绝对数量上看,国家投入确有增长,但细分之下,就不难发现,这些有限的增长被数百所独立设置成人高校这个大分母除一下,落到每所学校名下的增长数量就极为有限,况且国家投入资金的六年总和仅70多亿元,这与国家一次性就拿出100亿资金投入高职教育的慷慨气势不可同日而语。

二是国家成人教育制度建设的权威性不足导致转型发展主体弱化。进入21世纪之后,在国家《政府工作报告》、《国家社会经济发展规划》等国家权威性的文献中,"成人高校教育"一词已逐渐销声。在《国家中长期教育规划纲要》中,也只是对"成人教育"一笔带过,并没有提及独立设置成人高校教育问题。成人高校教育在这些纲领性或权威性的文件中的消解,必然导致独立设置成人高校教育转型发展丧失其本应有的社会地位与影响力,造成转型发展所必

资金投入(亿元)

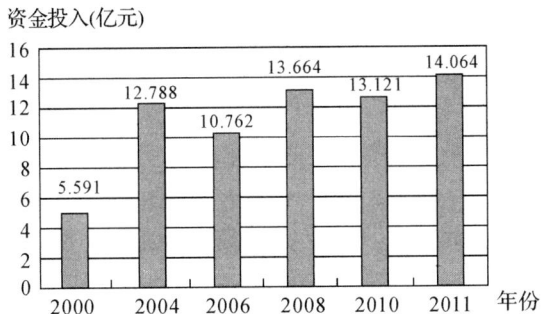

图 5-1 独立设置成人高校资金投入变化

要社会环境的持续恶化,更由于国家权威文献的广泛宣传与全面推广的缺失,人们鲜能了解独立设置高校转型发展的意义、价值和成果,难以达成应有的社会共识,以至失去应有的社会基础与社会支持,带来转型发展主体的弱化危机。这种弱化可以从 1998 年到 2013 年之间我国独立设置成人高校的急剧数量变化中得到强烈感受,短短 15 年间,独立设置的成人高校数量就以几何级数下滑近70%(见图 5-2),这种转型发展主体的急剧衰弱,不可不谓危机极其严峻。

学校数(所)

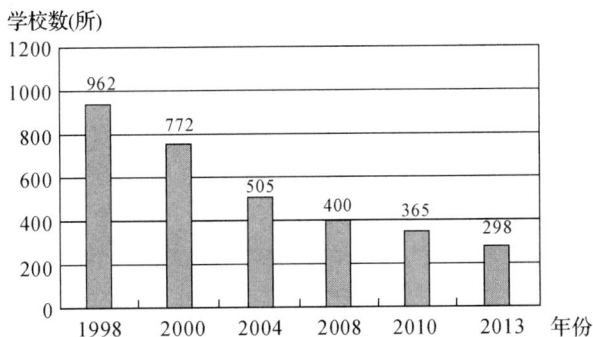

图 5-2 独立设置成人高校数量的变化

2.市场机制缺陷引起的发展性挑战

严峻挑战还来自市场竞争机制的缺陷。在市场经济条件下,不同品牌和层次的高等教育和成人高校教育的竞争日趋激烈,建立一种适应市场竞争的机制与策略,当是我国独立设置成人高校发展的重中之重。然而,受历史与现实因素的制约,必要的市场竞争机制始终没能健全与完善,存在诸多硬伤,引发社会、市场、民众的质疑与诘难,以至于独立设置成人高校在市场竞争中长时间处于被动窘况。

　　一方面,我国独立设置成人高校教育的初始定位就显得长远性与兼容性不足。尽管国家和政府不断强调成人高校教育是我国高等教育的重要组成部分,在整个教育事业中,它与普通高等教育同等重要。然而在发展实践过程中,它只是作为普通高等教育的一种补充形式,主要任务是对受"文革"影响而耽误了的一代人进行学历补偿教育,并没有真正作为一种新型教育形式定位于社会。在计划经济体制下,这种"学历补偿"性质的教育,由于政府的大力倡导和推动以及整整一代人对高等教育学历文凭的渴求,曾在一个时期内得到了长足的发展。而这种发展同时也导致了"学历补偿"成为独立设置成人高校教育的发展原点和主要行进空间,所举办的函授、夜大学、业余制、全日制脱产等等办学形式都是围绕着这个原点来设计运行的。这也意味着,我国独立设置成人高校教育迄今尚未构建具有整体性的、个性特色的、与市场经济接轨的办学机制,充其量只是附着在普通高等教育体系上的"另类教育"。这种状况随着"学历补偿"任务的基本完成,教育对象主体的变更,必然会造成独立设置成人高校在市场教育需求中的比重降低,更会由于社会回报的持续低迷,导致转型发展失去必要的物质支撑,难以为继。我们可以从图 5-3 中得知,近五年来,独立设置成人高校教育的社会事业收入都在一个低水平层面上徘徊,2010年的校均事业收入仅为 1650 万元左右。这对转型发展而言真可谓杯水车薪。

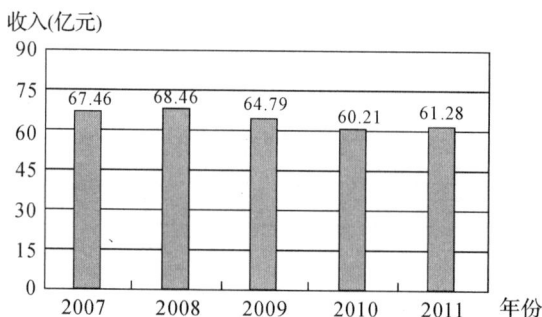

图 5-3　独立设置成人高校事业收入的变化

　　另一方面,独立设置成人高校在办学体制、办学定位、办学模式上的"路径依赖"现象普遍。举凡有独立设置成人高校教育以来,政府教育主管部门就根据国家成人高等教育的办学体制、定位与模式,设定了"保证毕业生达到相当于全日制高等学校同类专业的水平"的办学质量标准。长期以来,政府各级教育主管部门和所有院校的教学管理机制、专业设计、课程设置、教学方式、学生管理等均围绕这个标准设计和运作。而在长时期的运作过程中,这种状况又不断得到强化与刺激,形成了与办学体制、办学定位、办学模式相互作用、相互依存、相互制约的定势联系,在此状态下构建适应市场竞争要求的发展机制,就难以摆脱"牵一发而动全身"的困顿,致使在与其他类型教育的横向比较中,在相应的层次与行业内,独立设置成人高校毕业生在基本素质上不如普通高等教育学生,在职业技能上比不上高等职业教育学生,除了手中握有一张国家承认的学历文凭外几乎身无长物,导致市场认同率持续下挫。而失去了市场的认可,独立设置成人高校教育市场需求的逆转也就不可避免。这种状况从近年来我国独立设置成人高校在校学员数量变化中得到清晰表现(见图5-4)。

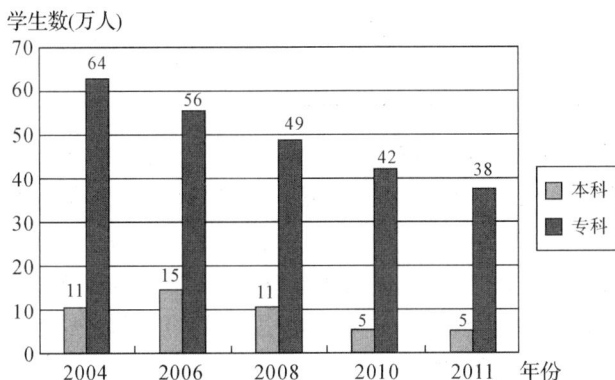

图 5-4　独立设置成人高校学生数的变化

3. 文化建设缺憾引来的创新性挑战

当然,更大的挑战源自于中华民族文化的伟大复兴。就本质而言,我国独立设置成人高校教育转型发展,应是顺应中国社会主义文化大繁荣的新形势,进一步发扬光大中国书院文化的优良传统,在教书育人与文化创造两个方面,有所作为、有所突破,尤其要把校本文化建设作为转型发展之根本所在。这就从"软实力"建设层面上,对我国独立设置成人高校教育转型发展提出了创新挑战。

其一,挑战要求独立设置成人高校教育在人才造就方面有所创新。要求学校顺应我国市场对人才的需求正由重学历文凭向重视人才综合素质方面转变的大势,及时调整人才培养方向,构建一种"学历文凭和岗位证书并重、专业理论与社会知识同行、职业技能与文化素质共存"的个性人才培养模式。不仅针对既往过窄的专业教育、过弱的文化陶冶进行全面加强,更需要以中国优良传统文化的传承,全面实施素质教育,让全体学员在学会做人、学会做事、学会做学问方面有所提升,这就要求独立设置成人高校必须拥有一支高水平的师资队伍,才能有所作为。但通过对表5-1显示的数据分析,不难发现,独立设置成人高校整体学历水平偏低,尤其是具有博士学历者比例远不能适应转型发展的要求,抓住机遇与迎接挑战还有很长的路要走。

表 5-1　独立设置成人高校师资队伍学历结构统计表

	博士	硕士	大学本科	大学专科以下	总数
2001 年	293	4392	68534	13702	87978
2004 年	1174	8073	68870	7948	86065
2006 年	585	9026	65893	5899	81403
2008 年	625	8601	40814	3160	53227
2010 年	770	8324	34169	2624	45887
2012 年					

其二,挑战要求独立设置成人高校教育要在文化创新方面承担更大的责任。吁求独立设置成人高校直面文化强国战略,以重廓成人高校教育文化属性、重铸成人高校教育文化价值、重构成人高校教育文化行为,为其不可旁贷的神圣使命与历史责任,变成人高校教育理论为文化思想、变成人高校教育机构为文化高地、变成人高校教育成果为文化基因,对改革开放以来成人高校教育学术成果进行理性梳剔,对其理论价值与文化涵濡进行百锻千锤,及时把原创性学术成果衍化为文化元素,同时,还须对未来成人高校教育学术成果的生成与集结,提出既重行业规范又蕴涵文化创新要素的追求,将成人教育的人才造就与学术造势,纳入文化强国战略架构之中,彰显独立设置成人高校教育的应有的文化价值与文化坐标。这也意味着,独立设置成人高校应有一支职称结构合理,且领军性人才队伍饱满的师资力量。然而,表5-2的相关数据显示,独立设置成人高校拥有教授资格的师资严重不足,以2010年为例,校均不到5人,这就意味着学校学科领军人才的不足,高端科研人才的缺失,且人才流失情况严重。独立设置成人高校要完成文化创造的使命与职能,可谓任重而道远。

表 5-2　独立设置成人高校师资职称结构统计表

	教授	副教授	讲师	助教	教员
2001 年	1699	22170	39556	20405	4148
2004 年	2005	23018	36383	19497	5162
2006 年	3008	15587	20158	4861	1632
2008 年	1971	15159	21159	11961	2997
2010 年	1734	13115	19053	9917	2068

三、独立设置成人高校教育转型发展要把握的重要关系

在机遇与挑战同行的关键时期,我国独立设置成人高校教育的转型发展作为一项社会工程,不可能独立于社会体系之外,必然要与政府、市场、经济、文化、科技、其他类教育等其他社会系统发生千丝万缕的复杂联系,这就要求独立设置成人高校教育在与其他社会系统多边互动的过程中,把握若干事关转型发展成败的重要关系,为转型发展营造一个宽松的社会环境。

1. 把握转型发展与国家战略的关系

诚然,把握好转型发展与国家战略的关系是独立设置高校教育抓住机遇迎接挑战的基础与前提。自改革开放伊始,我国就为了实现国家发展的总目标,在不同阶段推出了一系列指导国家各个领域发展的总方略,包括人才强国战略、可持续发展战略、科教兴国战略、建设创新型国家战略、依法治国战略、新型工业化战略、文化强国战略等,其任务是依据国际国内情况,综合运用政治、军事、经济、科技、文化等国家力量,筹划指导国家建设与发展。显然,这些国家发展战略不仅是独立设置成人高校教育转型发展的行进空间与动力源泉,更是其认知导向与思想基础。独立设置成人高校教育要完成自我转型发展的任务,就必须与国家发展战略保持高度一致,在国家战略实施过程中承担更为重要的角色。其中最为要紧的是要与国家发展战略保持"三个同步"。

一要实现发展认识的同步。独立设置成人高校教育要主动端正对转型发展的认识,不仅要充分认识转型发展在国家发展战略架构中的地位、作用、价值,更要深刻认识自我转型发展在国家发展战略中所承担的使命与责任,使转型发展始终围绕国家发展战略这个大目标,在"认识一致、政治同心、思想统一"的前提下,深入把握国家发展战略精髓与意义,以应有的历史担当精神,增强忧患意识、使命意识、创新意识;以更自觉的态度、更科学的精神、更有力的措施,把转型发展实际与国家发展战略要求相结合,使转型发展成为国家发展战略的重要构成。

二要实现发展目标的同步。独立设置成人高校教育要全面协调与适时调整转型发展目标,不仅在行业内对不同学校的转型发展目标进行统筹协调,让每一所学校的发展目标都与整体目标相对应,更重要的是要把整体转型发展目标与国家战略发展目标动态联系起来,根据国家发展战略目标的要求和需要,适时优化自身转型发展目标的方向、结构和内涵,实现两者之间的良性互动与深层交流,争取在国家发展战略结构中得到更多的理解和政策支持。

三要实现发展行为的同步。独立设置成人高校要紧扣"国家战略发展驱动,服务惠及民生"的主线,以走进社会、走进企业、走进社区、走进农村,服务国家、服务社会、服务市场、服务群众的"四走进、四服务"的发展行为,围绕"科教兴国"战略,促进转型发展与社会发展的相协调;围绕提升"人才强国"战略,促进转型发展与国家人力资源建设的结合;围绕"文化强国"战略,促进转型发展与建设社会主义文化强国的结合,努力将自我转型发展的优势,转化为丰硕的创新成果,转化为优良的社会品牌,转化为群众满意的教育服务。

2.把握转型发展与政府职能的关系

亦然,把握好发展转型与政府之间的关系,是独立设置成人高校教育能否抓住机遇和迎接挑战的关键所在。独立设置成人高校教育转型发展是以充分发挥学校培养人才、科学研究、传播知识、服务社会职能为根本目标的,具有明显的社会与经济的双重社会属性,这就决定了它的转型发展不仅仅是个体行为或市场行为,而是社会行为和政府行为。这也意味着,政府职能的发挥将在其中起着导向性和决定性作用。政府不仅是独立设置成人高校教育转型发展的引领者与调控者,更是它的组织者与推进者。因此,独立设置成人高校教育在转型发展过程中,要切实把握好与政府职能的"三个推动"关系。

首先,要推动政府按"服务政府"的要求,承担起独立成人高校教育转型发展领导者的责任,根据独立设置成人高校教育转型发展的现实要求,科学界定与合理设计相关的职能范畴、管理职能与权限、管理目标与方式进行,进一步明确政府在相关的政策法规制定、制度体系构建、管理机制设计、融投资机制建设、人才培养模式改革、招生就业机制变迁等方面的职能范畴,通过制定全局性的转型发展规划,为其转型发展提供方向性指导,协调它与社会、市场、机构、企业事业单位,以及内部的各种复杂关系,解决转型发展出现的各类新老问题与深层矛盾,进而建立起一种由政府主导、贴紧社会经济发展的转型发展机制。

其次,要推动政府以"透明政府"的姿态,担当起独立设置成人高校教育转型发展推进者的职能,运用各类媒体进一步加强宣传力度与舆论广度,广泛宣传独立设置成人高校教育转型发展的最新成果、社会价值与时代意义,引起全社会的高度关注和心理认同,形成新的社会共识,为独立设置成人高校教育转型发展奠定社会认识基础。

再次,推动政府以"积极政府"的形象,承担起独立设置成人高校教育转型发展组织者的职责。作为转型发展实践的积极参与者,政府既要加大人、财、物等多个方面,包括人才资源、政策资源、设施资源、经费资源等的投入,为转型发展提供必要的教育资源保障,同时,又要通过各种途径深入转型发展实践的各个层面和环节,建立上情下达,下情上传的互动平台,充分了解转型发展的困难与阻力,深刻了解转型发展的脉络与走势,深层把握转型发展的潜在问题与矛盾,通过政策导向、制度建设、机制运作等方式,适时对转型发展进行引导、调整、支撑、校正,确保转型发展的规范与和谐。

3. 把握转型发展与市场体系的关系

当然,把握好与市场体系的关系,对独立设置成人高校教育转型发展抓住机遇与迎接挑战有着重大意义。随着社会主义市场体系的不断健全与完善,我国独立设置成人高校教育转型发展已置身于一个更为开放和更大竞争的社会系统之中。这个市场体系庞大而多元,其中的商品市场、金融市场、职业市场、人才市场、技术市场等,与独立设置成人高校教育转型发展有着莫大关联。尤其是这些市场所共有的多维性、统一性、开放性、竞争性、有序性特点,将在很大程度上决定着独立设置成人高校教育转型发展的成败。在某种视阈上,独立设置成人高校教育的转型发展离不开市场体系的资源配置功能,只有通过市场竞争,才能实现转型目标与市场供求的连锁互动,进一步推进转型发展的认识转化、人才培养体系转变、资源配置机制转换,同时也使转型发展所需的各类资源得到更为合理的配置,进而强化转型发展的可持续性。这也表明,要把握好与市场体系的关系,我国独立设置成人高校教育加强与"三个市场"的互动至关重要。

其一,要加强与"招生市场的互动"。所谓与招生市场互动,要点是独立设置成人高校在对招生市场进行分析和预测的基础上,从招生市场的空间中明确自己学校的坐标,找到招生的努力方向,为学校争取到尽量多的市场份额。其中,进行市场调查分析是前提。学校有必要深入了解生源市场的现状、态势,分析招生的基本形势和发展趋势,掌握有关招生的基本数据,并进行必要的统计分析,提出科学的招生计划。同时,学校还必须了解人才市场的状况,了解社会、市场对人才的需求,尤其是各级各类人才的需求规格和标准,并根据相关要求充分发挥自己办学机制灵活的特点,适时调整本校人才培养的规格,设置专业,制定教学计划和教学大纲,安排课程和教材,以增强学校对生源的吸引力。

其二,要加强与"教育市场的互动"。这种互动强调"两个一致"。一是强调转型发展目标与教育市场趋势的一致。这种一致性,不仅要求独立设置成人高校教育转型发展能为教育市场发展提供更多的服务,不断满足市场日益增长的高质量教育需求。它还更强调学校要以"转型发展的根本目标是为了办人民满意的教育"为价值诉求,通过与教育市场的交流与互动,对校本教育资源进行重新配置,发挥现实资源、激活潜在资源、创造未来资源,形成一种学校转型发展与教育市场需求相匹配的互动情景。二是强调转型发展行为与教育市场需求的一致。倡导独立设置成人高校教育转型发展要根据社会发展和人们学习需求的变化,把开展各类型的社会化培训教育作为推进"校本转型发展"的重要平台,让所有学校都有可能根据自己转型发展的要求,选择性地开展各类社会化、市场化的教育服务,营造一种"人无我有、人有我优、人优我特"转型发展的市场竞争优势。

其三,要加强与"就业市场的互动"。在当前我国就业市场不断变化的形势下,建立动态的人才培养结构是互动的关键。这既是我国独立设置成人高校教育转型发展抓住机遇与迎接挑战的底气,亦是其内部各类要素进行重新整合的逻辑前提。因而,适时把学校人才培养结构向就业市场需求方向转变是关键。换而言之,就是学校要根据对全国和本区域市场就业总体趋势的预测,建立起一种校本市场就业预测机制,根据市场对不同专业人才结构的要求,适时调整人才培养规格与专业素质,进行分流与分层式人才培养,力图使学校培养人才的规格贴紧就业市场要求,形成一种"和而不同、同而不群、群而不类"的校本就业优势。

第三节 独立设置成人高校教育转型的路径与机制

我国独立设置成人高校教育转型发展是一项集社会性、科学性、开创性为一体的庞大工程,国内外既没有成功的经验可以借鉴,更没有现成的模式可以套用,必须以强烈的历史使命感和时代责任感,以更为宽阔的改革视野和创新思维、以坚韧的探索勇气和实践精神,在过去与未来、学校与社会、事业与国家的融合与对接中,通过摸索与探究、从指导思想、总体目标、基本原则、路径寻获、策略设计等方面入手,把独立设置成人高校教育转型发展由构想变成蓝图。

一、独立设置成人高校教育转型发展路径与机制的认知基础

我国独立设置成人高校教育转型发展作为一种实践性认知体系,思想认识的奠基是灵魂与核心。其中,指导思想、总体目标、基本原则的明确,有着极为重要的现实意义。

1. 转型发展路径与机制的指导思想

全面贯彻党的十八大精神,高举中国特色社会主义伟大旗帜,以马克思列宁主义、毛泽东思想、邓小平理论、"三个代表"重要思想和科学发展观为指导,尤其是要准确把握科学发展观的重大意义、科学内涵、精神实质和根本要求,以全面推进"人与社会的和谐发展"为己任,进一步解放思想、锐意改革、勇于创新、顺应潮流,切实增强贯彻落实科学发展观的自觉性和坚定性,大胆预测我国社会经济发展的大趋势,深入探究新形势下独立设置成人高校教育转型发展的新方向、新规律、新趋势,从必要性、可行性、紧迫性等界面上,以多元化视角进行充分剖析和详细论证,尝试着改变不适应独立设置成人高校教育转型发展的传统认识与陈旧观念,有效提升推进独立设置成人高校教育科学发展、引导独立设置成人高校教育和谐发展、促进独立设置成人高校教育可持续发展的能力与动力,着力解决独立设置成人高校教育转型发展中反映强烈的突出问题与深层矛盾,为独立设置成人高校教育设计一种富有成效与务实理性的转型发展策略,进而为其寻获一条充满生机与与时俱进的转型发展之路,为独立设置成人高校教育在新的起点上实现转型发展新跨越提供最为重要的思想意识支撑。

2. 转型发展路径与机制的总体目标

独立设置成人高校教育转型发展是一个蕴涵社会、经济、文化、科技、教育等要素的集合理念。它于国家责任和历史使命的视阈上所提出的自我转型发展思路,也不是一般意义上的教育改革创新,而是一种以提高自主创新能力与综合竞争能力为目标,基于国家发展战略架构之内的原始创新、集成创新和协同创新。它的总体目标有三:

其一,通过转型发展的实施,把独立设置成人高校教育锐化为本区域乃至国家高素质创新型人才培养中心。随着社会经济的高速发展,紧跟时代、履新使命、培养高新、尖、人才已成为我国成人教育事业发展最为迫切的社会责任。独立设置成人高校作为我国成人高等教育的重要基地,通过转型发展的设计与运作,把转型发展与"人才强国"、"科技兴国"等国家发展战略链接起来,充分发挥校本人才培养与人力资源开发的作用与优势,突出自我人才培养的时代特色和个性亮色,不断满足我国社会经济发展对高、新、尖人才的迫切需求。

其二,通过转型发展的深化,把独立设置成人高校教育衍生为本区域乃至全国成人高等教育信息与咨询中心。随着我国建设学习型社会和终身教育体系战略的全面实施,社会参与成人高等教育的办学机构与团体不断扩大,每年参加各类成人高等教育的人数持续增长，社会对成人高等教育的信息与咨询的服务需求也呈大幅上升趋势。独立设置成人高校教育作为我国成人教育的骨干阵地，应不负时代重托，通过细密调研，精心策划、科学运作，主动把校本的教与学、科与研与我国成人高等教育发展前沿联系起来，自觉把本校的转型发展资源转化为社会成人高等教育信息资源，倾情为本地区乃至全国的各级各类政府部门、办学机构、社会成员提供有关成人高等教育信息与咨询服务，使独立设置成人高校锐化为社会化的成人高等教育信息与咨询中心。

其三，通过转型发展的创新，把独立设置成人高校教育蜕变为本区域乃至全国成人高等教育理论研究中心。随着我国构建学习型社会战略的全面推进，成人教育理论研究与学术探索的先导性与战略性地位日益彰显，独立设置成人高校作为我国成人高等教育理论研究的重要园地，应在成人教育学科建设方面有更大的建树与作为。学校要以我国成人高等教育改革创新为原点，把理论研究与学术探索纳入转型发展框架之中，在所有领域内大力倡导和积极开展高层次的学术研究活动，力争获得有高水平的学术成果，填补成人高等教育学术空白和研究盲点，开创本区域成人高等教育理论研究新局面，使独立设置成人高校升华为本区域乃至全国成人高等教育理论研究中心。

3.转型发展路径与机制的基本原则

(1)公平性原则

坚持公平性原则是独立设置成人高校教育转型发展的基本原则。所谓公平性就是要求转型发展具有相对的平等性。这种相对平等性包涵两个方面诉求：一方面，强调外部转型发展机会公平。对于独立设置成人高校教育的转型发展，国家既要依据社会整体发展与稳定状况，又要根据独立设置成人高校转型发展的需求，对教育资源进行相对合理的配置，使独立设置成人高校能与普通高等教育、高等职业教育等的转型发展站在同一起跑线上。另一方面，在独立设置成人高校领域内，要在所有学校之间实现转型发展机会均等，既要满足不同学校个体转型发展的基本需求，给每个学校个体以公平的转型发展权、公平的教育资源使用权，消除学校个体之间存在的发展起点差异性，同时，又要给它们以同等发展机会，以满足它们提高转型发展能力的愿望，使转型发展机会均等成为业内的基本氛围。

(2)整体性原则

坚持系统性原则是转型发展构建的主要原则。独立设置成人高校教育转型发展要以整体的优化为准绳，协调行业内各个办学机构的相互关系，防止个体性问题变化为整体性的问题，尤其是在决策应对方略与发展路径时，应该将各个学校的特性放到整体中去权衡,以整体转型发展的要求来协调各个学校的转型发展,使学校个体发展成为实现整体转型发展重要元素。因而,尽管独立设置成人高校领域内的不同学校的发展经历、发展背景、发展条件、发展能力各不相同,转型发展的具体目标、需求和行为步骤也各有差异,但是,转型发展的对策与路径必须适用于整个群体。因此,在转型发展对策设计与路径选择中,要充分考虑不同学校个体转型发展的个性与差异,致力于形成一种既尊重个体差异,又着眼整体发展的战略框架,使之成为独立设置成人高校教育转型发展的共同道义和责任。

(3)匹配性原则

坚持匹配性原则是独立设置成人高校教育转型发展的重要原则。这个原则要求转型发展必须坚持"三个匹配"。一是转型发展的位置匹配,既要求独立设置成人高校转型发展不仅要在国家教育领域内找到自我发展的合适位置,更要在社会经济发展中找到自我发展的坐标,明确自我在国家社会经济发展战略中的排序。二是转型发展的视野匹配。它不仅要求从国家发展战略和民生民意的高度,来看待和推进转型发展,同时还要求以战略性眼光和思路来规划转型发展的路径与机制。三是转型发展的信息匹配。这要求独立设置成人高校教育通过建立各类上情下达、下情上传的绿色通道以及学术咨询机构,通过倾听广大成人高校教育工作者的呼声、广泛征询意见、充分协商协调、专家论证、技术咨询、决策评估等形式,实现学校转型发展与社会、政府、市场之间的信息交流与互动,让信息成为自我转型发展的动因与机会。

二、独立设置成人高校教育转型发展路径与机制的基本特征

独立设置成人高校教育作为一种规范化和制度化的社会体系,"动态发展"是其转型发展路径与机制最为鲜活的时代特征,尤其是它的社会服务功能的"三个转向"、办学增效功能的"三个并重"、学校管理功能的"三个互动",不仅是独立设置成人高校对我国社会转型发展的主动应答,更凝聚了独立设置成人高校教育转型发展的实验精神和创新主旨。

1.社会服务功能的"三个转向"

社会服务功能是独立设置成人高校教育转型发展路径与机制的基干。其诉求的是,促进传统社会服务方式向现代社会服务功能的全新变革,即"满足种种挑战(包括社会进步、政治变幻、经济增长、科技发展、人口增长、信息社会、闲暇社会、人际关系、意识形态、身体危机等)所引起的对教育的需求"。细而言之,就是要实现社会服务功能的"三个转变"。一是实现服务取向由注重

服务规模向注重服务规模、服务结构与服务质量并重方向的转向,在有效扩大服务供给、注重服务均衡发展、各类服务方便可及、人民群众比较满意的原则引导下,从源头上改变过去社会服务过程中出现的"服务规模与服务质量差异"、"服务结构与服务取向相悖"等重大问题。二是实现服务能力由单一的教育服务向教育服务、科技服务、经济服务、文化服务等多维方向的转向,以强烈的为国、为民的服务情怀,站稳服务立场,坚持"社会、国家、群众有所需,我就有所应"的服务情感,张扬独立设置成人高校教育的多元化社会属性和多样化办学职能。三是实现服务范畴由国内服务向国内与国际服务并举方向的转向,按照政府引导、公共服务带动、社会服务广泛参与的发展思路,加速独立设置成人高校教育"走出去、引进来"的"双向开放"发展。

就上述意义而言,独立设置成人高校教育社会服务功能的这"三个转向",虽然是对我国社会转型发展的积极回应,但同时也反映了人们对独立设置成人高校教育原有的服务模式和服务能力的不满,迫切要求其加速服务功能的变迁,实现由以往单项功能变迁的简单相加方式向功能变迁集聚与倍增方向的转化。这也从另一方面表明,"三个转向"是独立设置成人高校教育创新精神追求和改革蓝图的谋划。独立设置成人高校教育转型发展面对的是社会的方方面面,所承担的转型发展责任要求每一所成人高校都要以自身的服务、实力、品牌等树立自我社会形象,需要以自我特有的校本魅力去寻获转型发展的路径与机制,进而赢得社会、政府、群众与其他学校的肯定与尊重。

2. 办学增效功能的"三个并重"

办学增效功能是独立设置成人高校教育转型发展路径与机制的基根,它冀求在社会主义市场经济体制不断健全与完善的大势下,整体性的转型发展不仅需要行业内所有办学个体机构积极响应,且要求在整体统筹协调下,业内每一所成人高校都把自身现有的品牌优势、资源优势、特色优势整合起来,经过理性地梳理、归纳、升华,转化为一种整体性的市场开拓功能、形势研判功能、资源聚合功能、创新发展功能,集合起来成人教育的整体新型增效功能。然而,在市场经济规律的强力杠杆下,我国独立设置成人高校整体性办学增效功能,主要负载在学校个体的市场竞争机制、人才培养体系、教学管理模式、资源投入机制的变革上,有着一种个体学校办学增效功能优劣决定着整体转型发展的血脉情结,显然,这种血脉情结索求各成人高校在拥有自我办学特色的背景下,通过进一步加强与社会各方面以及学校之间的互动交流,扩大自我办学范围,优化办学环境,提高竞争能力,增强创新能力,形成既具有自我个性又注重整体情感的办学增效功能。

此办学增效功能的个性集中反映在"三个并重"上。首先,增效方式由外延式为主转向内涵式与外延式并重。它着眼于把我国独立设置成人高校教育过往的扩张办学规模、打造培训项目、提高收费标准等外延增效方式,变革为以优化办学结构、变更育人机制、改革教学体系、增强办学效能等为主体的内涵式增效方式,从本源上消解"生源大战"、"教育乱收费"等现象对转型发展的障碍。其次,增效方向由注重经济效益转向经济效益和社会效益并重。它希求在市场经济条件下,业内办学机构不再把增长经济效益作为转型发展的第一目标,要在重视发展经济效益好的学历教育的同时,对带有公益性的非学历教育给予足够的关注,摒弃过去"大利大干、小利小干、无利不干"的办学价值观念,在复杂多变的市场竞争中,为自我转型发展蹚出一条理性之路。再次,增效机制由关注效益转向效益与效率并重。它倡求一种在现有社会经济条件下,能最有效地使用教育资源,以满足转型发展的期望和需求的良性语境,进而根除过去独立设置成人高校教育转型发展实践中重效益而不重效率的突出问题,生成一种在办学规模与效益持续增长的同时,办学效率也能乘风破浪的意境,以满足转型发展日益增长的效率要求。

3. 沟通协作功能的"三个变迁"

沟通协作功能是独立设置成人高校教育转型发展路径与机制的基线。在知识经济与市场经济融合的时代,独立设置成人高校教育转型发展面对着一个开放而纷杂的社会。在这个动态社会体系中,独立设置成人高校教育转型发展最大的问题源自于沟通与协作,需要有强烈的沟通欲望与协作意识,既能斡旋于社会、政府、市场、团体、机构之间,甚至与国外集团、跨国公司等保持良好关系,不仅能与之进行各类物质资源的置换与聚合,更要与之进行多元信息的交流与互动,并从中创造发展机遇与发现合作机会,为自我转型发展寻到最佳位置与便捷通道,从根本上解决既往那种对外沟通协作不畅,不能在有限的时间与空间内达到效果最优化的弊端。而要达到这个要求,推进沟通协作功能的"三个变更"就显得愈发重要。

一是推进沟通协作功能目的的变更。在以往独立设置成人高校教育的沟通协作过程中,一些学校习惯性地把营利作为主要目的,并围绕这个目的进行对外沟通协作的设计与规划。诚然,这在市场经济条件下也无可厚非,但如果把营利作为学校对外沟通协作的主要目标,却存在着很大的后续性困厄,极易因过多地考虑眼前的利益而忽视了整体的发展,为了获得今日的利润往往会损害未来的利益。更要紧的是,由于对现实利益的过度注重,必然引发所沟通与协作的对象的不满,损害双方良好的合作关系,以至造成转型发展大好机遇的流失。

二是推进沟通协作功能取向的变更。这种变迁不仅要关注对外部的沟通协作,更强调要以行业内部为沟通协作的主导取向。认定行业内各学校之间沟通协作关系的缺失,是引发独立设置成人高校"各自为战"、"地摊式发展"现状产生的重要因素,也是各办学机构"互为对手"的恶性竞争的温床,必须将过去以外延为主的沟通协作向以内涵与外延并重的方向转进,通过成果共享、人才互用、课程互认、专业互动、项目协作等形式,为独立设置成人高校教育转型发展聚集实力、聚集能量,形成整体合力。

三是推进沟通协作功能行为的变更。既往,独立设置成人高校教育沟通协作总是以"跑部门、跑经费、跑项目、跑指标、跑生源"等为传统行为,这些行为虽然曾为学校的发展做出过积极贡献,但在转型发展的今天就显得落伍和陈旧,亟须以现代社会意识加以变革,即以"事业情感共鸣"、"发展心理共和"、"转型认知共识"、"政策方针共商"、"项目资源共享"等现代沟通协作行为,使独立设置成人高校教育与社会各方面,生成一种相互作用、相互浸润、相互支撑的正能量关系,为转型发展路径与机制的选择开辟更为宽广的田野。

三、独立设置成人高校教育转型发展路径与机制的设计

种种状况表明,当前我国独立设置成人高校教育转型发展正处于一个重要的战略时期和跨越阶段,所带来的种种挑战与困难无疑会给独立设置成人高校教育转型发展带来诸多不利影响。因此,要把独立设置成人高校教育转型发展的蓝图变为现实,就有必要从社会环境、发展生态,改革机制、评价体系、资源聚合等方面为之规划与设计最具实践价值的路径与机制。

1. 建立"多方联动"的社会环境

一个充满激情与理性的社会环境是我国独立设置成人高校教育转型发展的基石,而独立设置成人高校教育与社会、政府、行业、市场的"多方联动",可以说是这种良好社会环境构建的必要条件。

就社会和政府层面而言,近年来,党和政府高度关注独立设置成人高校教育转型发展问题。党的十八届三中全会《决议》提出的"试行普通高校、高职院校、成人高校之间学分转换,拓宽终身学习通道"之战略,2014年国家教育部等四部门印发《关于地方本科高校转型发展的指导意见》,明确国家顶层设计,出台改革试点的各项配套政策措施,制定了改革的时间表和路线图。这就深刻表明,党和国家已从教育发展战略的层面来认知成人高校教育转型发展的重要意义。与此相应,一些地方政府也把独立设置成人高校教育转型发展问题作为本地方高等教育创新的重要构成,急独立设置成人高校教育转型发展

之所急,想独立设置成人高校教育转型发展之所想,采取各种措施为之提供种种便利条件,合力共促转型发展的实现。可以断言,各级政府推出的这些策略与举措,就是要以"服务型政府、积极型政府、创新型政府"的新姿态,力图通过宏观指导、政策支持、行进调控等多种途径,为独立设置成人高校教育转型发展办好事、办实事、办大事,在推动独立设置成人高校教育转型发展与本区域乃至国家的社会经济发展紧密结合的同时,为独立设置成人高校教育转型发展营造一个适宜的社会生态。

从行业与市场层面上看,近些年来,许多地方的独立设置成人高校都把行业联盟或地区协作作为推进转型发展的重要平台,成立了以诸如"中国成人教育协会成人高等学校招生专业委员会"、"全国金融成人高校协作会"、"北京市地区成人高等学校协作会"、"京津沪地区独立设置成人高等学校协作会"为标识的"战略联盟",在这些联盟中,全国独立设置成人高校的力量凝聚在一起,以"区域性联合"与"整体性联合"的方式展开转型发展工作,使每所独立设置成人高校都能在行业发展的框架中找到自己的位置。当然,这种联盟式发展客观上还能优化独立设置成人高校的市场竞争环境,使独立设置成人高校从单一的市场生源竞争,走向多校化的人才培训素质能力竞争、市场服务竞争、行业信息竞争、社会信誉竞争,形成一种"以竞争促发展、以发展促竞争"的良性市场竞争机制。同时,独立设置成人高校还可以集全行业之力,以整体性的高质量竞争战略、差异优势竞争战略、集中优势竞争战略,与其他教育类型进行有力的市场竞争。以上内外两种市场竞争机制的糅合,就为转型发展搭起了不可或缺的立交桥梁。

2.建立"多边共进"的开放生态

独立设置成人高校教育转型发展作为一个教育创新工程,须以统筹业内发展和对外开放为基本战略,特别要把与其他类型成人高等教育的同行共进当作转型发展最有实践意义的根本动因。而今这个"多边共进"的开放生态正在形成中。

一是与普通高校成人高等教育共进。这种共进,要求独立设置成人高校充分利用它与普通高校成人高等教育"扯不断、理还乱"的行业关系,尤其是双方在管理形式、发展目标、育人方式、改革要求、教育创新等方面的共性,例如同为"成人高校招生考试制度"之行列、统归一个政府教育职能部门管理等,把既符合自我转型发展要求又能促进共同发展作为指导双方互动共进的基本准则,加强双方在成果共享、项目协作、资源交流、科研合作等方面的互助与协作,把以往单一性的市场生源竞争关系,转变为一种"开放合作、互利共赢"的良好情境。

二是与高职教育共进。目前,国家教育部的改革方向已经明确:国家普通高等院校1200所学校中,将有600多所转向职业教育,从根本上解决社会就业结构性矛盾的问题。这种共进,倡导独立设置成人高校教育要抓紧这个难得的机遇,在发展特点与育人特色方面,加强与高职教育的交流与借鉴,尤其对它具有中国特色的"坚持五个对接"的特点给予应有的关注,让专业教育与职业岗位对接专业课程内容和职业标准对接、教学过程和岗位过程对接、毕业证书和职业资源证书对接、成人高校教育与终身教育对接成为独立设置成人高校教育转型发展的主导话语方式。

三是与社会证书考试共进。这种共进,强调独立设置成人高校教育只有与社会证书考试携手合作,才能为自我转型发展开拓更为广阔的社会空间。社会证书考试所具有考试形式多样、考试目标多层、考试对象多元等特点,十分有利于独立设置成人高校教育转型发展内涵的宽阔和外延伸延。它所表现的既涉及各级政府职能部门、国家各行业职能部门,又连着无数办考机制和广大考生的"小窗口、大社会"的开放性特征,有裨益于独立设置成人高校教育跨越传统学校教育的围栏,重新确立"以推进社会发展为主导、以顺应国家发展战略为基础、以提升人的综合素质为目标"的转型发展宗旨,让自我转型发展不仅在校园内开花结果,更在全社会范畴内百花争妍,最大化彰显独立设置成人高校教育的优势与价值。

3.建立"多元并重"的引导机制

建立"多元并重"的引导机制,是独立设置成人高校教育转型发展的重要环节,决定着转型发展的方向与趋势。独立设置成人高校教育转型发展作为发展目标转型、发展方式转型、发展行为转型的共同体,迫切要求把转型发展引入色彩缤纷的成人世界,认真思索和适度把握我国成人教育发展的基本规律、基本特征和时代特色,了解和掌控成人教育领域中不同类别与形式的教育之个性,在总揽成人教育整体风貌的基础上,以高屋建瓴之势布局自我转型发展。建立"三相掉阖"引导机制也正是由此而发。"多元并重"引导机制的核心,就是从充分发挥转型发展的路径与机制的功能出发,引导独立设置成人高校教育在凝聚"内驱力、战略力、创造力"的多元维度中,实现整体驾驭自我转型发展的能力与水平的大幅攀升,坐实转型发展路径与机制的时效性与实用性。

"多元并重"的引导机制有着鲜明特色。一是坚持"以内涵发展为本"的引导理念。它认定内涵发展是独立设置成人高校教育转型发展的基础和支撑,更是自我转型发展特色形成的条件与前提。因而,在转型发展过程中,独立设置成人高校教育要确立内涵发展的主体地位,以学校精神文化内涵的发展为基点,以高素质师资队伍建设为抓手,以高质量学科建设为基础,以实用型人才培养为核心,在有效提升自我转型发展的内蕴软硬实力的同时,更营造一种"立足本土、面向社会"的转型发展的语境,充分体现独立设置成人高校教育转型发展的主体人格。

二是突出"以战略发展为根"的引导目标。它主张独立设置成人高校教育转型发展要有全局计划和策略,能做到胸怀全局,通观全局,把握全局,处理好全局中的各种关系,抓住转型发展中的主要矛盾,解决关键问题;同时注意了解局部,关心局部,特别是注意解决好对全局有决定意义的局部问题。要在广泛调查研究的基础上,科学分析、正确判断、前瞻预测国内和业内发展诸多因素的可能变化,科学预测转型发展可能的方式、方向、规模、进程和结局。其中最为重要的是转型发展不要盲目追逐社会热点,期望在短期内看到成效,而要从自我发展规划,从行业整体发展趋势中找准一个"痛点"去突破,形成"人无我有、人有我新、人新我特"的发展优势。

三是主张"以创新发展为魂"的引导行为。它强调要全面实施"以创新驱动发展"的战略,要求独立设置成人高校教育在转型发展过程中,一方面,要提高学科自主创新能力,瞄准国内外成人高等教育创新的趋势、特点进行自主创新。同时,要将优势资源整合聚集到战略目标上,力求在转型发展的重点领域、关键方向上取得重大突破,彻底改变独立设置成人高校正处于国家高等教育体系低端,转型发展受制于底子薄、能效低等各种现实因素的窘况。另一方面,要建立教育资源流动与转换机制,既要建立政府作用与市场机制有机结合的教育创新资源聚合机制,让市场充分发挥教育创新资源的调节作用,政府充分发挥引导、调控、支持等作用,与之相应,还要建立教育创新的协同机制,在政府、行业、机构的协同过程中,解决教育资源配置过度行政化、封闭低效、研发和成果转化效率不高等问题,使校本转型发展的积极性、主动性、创造性得到充分发挥。

4. 建立"多相同基"的评价机制

建立"多相同基"的评价机制是独立设置成人高校教育转型发展的要害所在,它指出,在独立设置成人高校教育转型发展中,尽管不同成人高校群体或个体在转型目标、转型方向、转型方式、转型行为等方面差异明显,但国家和社会对转型发展的评价标尺和基本要求却具有同一性和规范性。因此,对独立设置高校教育转型发展的评价,不能简单地把所属的成人高校进行三六九等的排队,或以某一个方面作为评价标准。而是既要评价不同学校个体的发展现状,又要注重个体学校的个性,以同一性的标准去反映不同学校个体特色,把规范性的评价目标融入对不同学校个体的发展评价中去。

"多相同基"学习评价机制,作为以转型发展内涵要素为依据的动态评价机制,有两个着力点。一是对有关学校进行发展性评价。这种发展性评价是面向未来的评价,是一种依据目标、重视过程、及时反馈、促进发展的形成性评价,主张在合理的评价环境中,用动态的、发展的眼光,对有关成人高校进行持续的评价。因此,发展性评价关注学校转型发展的背景与基础,关注持续发展行为表现与所获得的点滴业绩,注重发展过程,通过评价促进有关成人对自身转型发展进行反思。二是关注全体成人高校的个体差异,并根据这种差异确定个性化的评价标准、评价重点、评价方法。不是制订一个统一标准,然后将所有相关成人高校发展现状与之相对照,判定其优劣或是否合格,而是将相关成人高校的发展状况与原有的基础相比较,对不同发展阶段的相关成人高校有针对性地提出整改建议、改革目标、转型要求等,使相关成人高校在转型发展成果获得中不断完善自我。同时,发展性评价还突出相关成人高校在评价体系中的主体位置,强调所有成人高校的积极参与是把评价指标体系建立与评价内容确定的过程,蜕变为相关成人高校的自我发展、自我改革、自我创新的过程。

可以说,"多相同基"学习评价机制的建立,就是要通过评价杠杆的合理运用,全面贯彻独立设置成人高校教育转型发展的要求,科学而客观地监控相关成人高校在常态下的转型发展状况,充分发挥发展评价机制所具有的诊断、反馈和促进转型发展的功能,通过监控结果与信息反馈,使相关成人高校看到自身转型发展取得的成果与存在问题,并针对这些问题,探求转型发展的新方式、新策略、新路径,从而生成一种基本素质同一,却又各有特色与个性的转型发展人才新形态,最终达到转型发展的总体要求。

第四节　独立设置成人高校教育转型的典型案例

案　例

"办好百姓身边大学"办学模式实践与创新
——北京市八所独立设置成人高校办学转型的实践探索

一、转型的背景分析

进入 21 世纪后,知识经济的发展和科技进步的日新月异,深刻改变着人类社会的生产生活方式。公民的学习与创新能力日益成为民族振兴和人的全面发展的决定性因素。继续教育对人力资源水平和国家现代化建设进程的影响越来越广泛和深入,承载着前所未有的历史使命。党的十六大明确提出要"形成全民学习、终身学习的学习型社会,促进人的全面发展",为教育发展提供了新的契机。

北京作为首善之区,提出"大力推进首都学习型城市建设"、"绿色北京、人文北京、科技北京"的发展战略,产业结构调整转型、社会生活方式发生巨大变化,尤其是首都城市功能核心区(东城区、西城区)与拓展区(朝阳区、海淀区、石景山区、丰台区)常住人口达到1253.4万,占首都总常住人口的59.3%,人口密度与经济集聚度高,对包括教育在内的社会公共服务要求剧增,市民对教育的需求也向多元化、实用化、生活化、终身化转变。

北京八所地区性独立设置成人高等学校(以下简称八校,八所独立设置成人高校分别是:北京市东城区职工业余大学、北京市西城经济科学大学、北京市石景山区业余大学、北京市朝阳区职工大学、北京市海淀区职工大学、北京市崇文职工大学、北京宣武红旗业余大学、北京市丰台区职工大学),是由首都城市功能核心区与拓展区内各区政府举办的高等教育办学机构,属教育部高等教育设置序列。多年来它们主要承担学历教育任务,为推进首都高等教育大众化、普及化,促进教育公平做出了重大贡献。在新时期、新使命的背景下,同属首都核心城区的八校共同面临着传承创新、功能拓展、服务学习型社会建设的新挑战。基于此,自2006年起八校围绕地区性成人高校办学模式创新开展了持续的探索与积极有效的实践。经过系统思考与实践创新,走出了一条适应新时代、新要求,服务学习型社会建设,满足大众多样化教育需求,办好百姓身边大学的创新道路,特别在办学模式创新上,形成了首都核心城区地区性成人高校办学的特色,取得了明显成效。

二、转型需要解决的主要问题

(1)地区性成人高校的传统观念和办学定位不适应全民学习和终身学习现代教育体系建设的时代要求。

(2)地区性成人高校单一的以学历教育为主的办学模式不能满足经济社会发展带来的人民群众日益增长的多层次、多样化的教育需求。

(3)地区性成人高校固有的服务于学历教育的专业课程、教学方法、教学团队、服务方式难以适应同时开展学历、非学历、社区教育需求的变化。

(4)地区性成人高校受传统体制束缚,校际间相对封闭、缺乏整体统筹、资源配置低效,为八校所在首都核心区域提供教育服务的整体合力不强。

三、转型的实践探索

经过多年的实践与创新,八所独立设置成人高校创建了以"办好百姓身边的大学"为宗旨,"八校协作"为主体,"学历、非学历、社区教育三位一体"办学体系为核心,"专业课程模块化、教学方式多样化、教学团队专业化、服务方式人性化"为途径,"多元开放"网络服务联盟为依托的办学模式(见图5-5)。

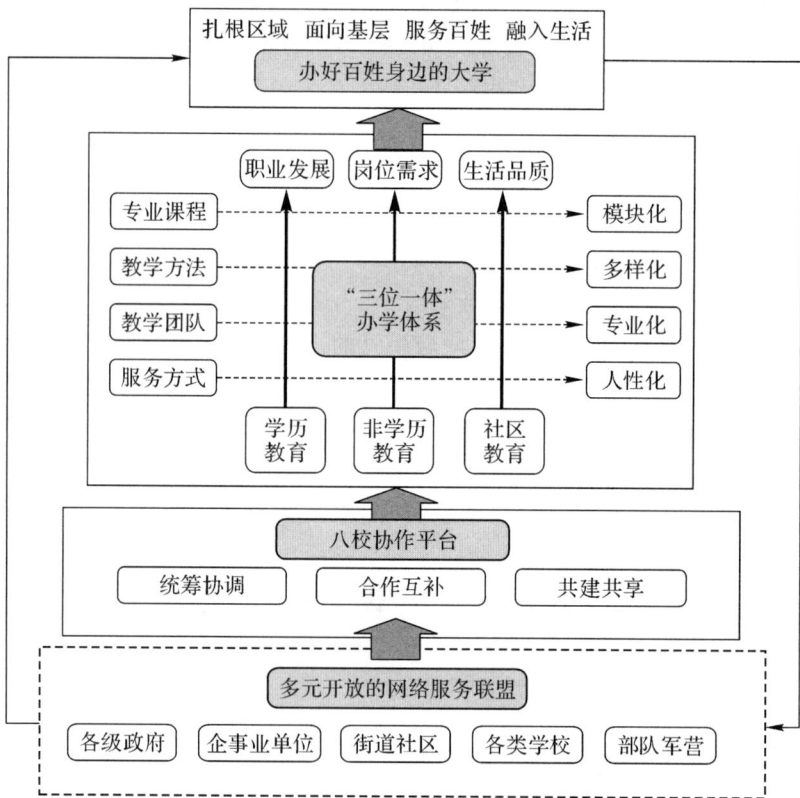

图5-5 "办好百姓身边大学"的办学模式

"办好百姓身边的大学"的办学模式体现了地区性成人高校将教育服务主动送到社区、企业、机关、部队、农村,为百姓提供便捷、直接、有效教育服务的比较优势,凸显了在服务地区经济社会发展、构建终身教育体系中难以替代的地位,解决了高等教学资源惠及百姓"最后一公里"问题。具体改革实践为:

1.确定了"办好百姓身边的大学"的办学宗旨

为解决传统观念和办学定位不适应全民学习和终身学习现代教育体系建设的时代要求的问题,八校明确了共同的办学宗旨——办好百姓身边的大学。充分利用首都核心区域的地缘优势,将学校发展与首都经济社会发展紧密结合;将基层、社区、普通百姓作为主要服务对象,特别是关注流动人口、残障人员、就业困难人员及老年人员的教育需求;将教育服务主动送到社区、企业、机关、部队、农村,为百姓提供便捷、直接、有效的教育服务。

在共同办学宗旨引领下,八校分别提出了"有其学、优其学,办百姓身边的大学";"办百姓身边的大学,为学习型城区服务";"建市民身边的大学,办百姓喜爱的学校";"办政府满意、企业高兴、百姓欢迎的大学";"教育成果惠及于民,办好百姓身边的大学";"服务区域,办好百姓身边的大学";"办好百姓身边的大学,服务区域经济社会发展"等办学理念与发展目标。

2.构建了"三位一体"的办学体系

为了解决以学历教育为主的办学模式不能满足多层次、多样化的教育需求的问题,八校拓展功能,构建了以学历教育为基础、以非学历教育为重点、以社区教育为特色的"三位一体"办学体系。

——以促进人的职业发展为核心的学历教育。八校紧密围绕区域产业结构调整、企业人才需求开设新专业,强化与企业的对接合作,助力人的职业发展。

近年来,八校共开设了服务首都核心区域经济社会发展需求的60余个学科专业和数百门课程。如东城区结合雍和科技园区人才需要开设了电脑艺术设计(三维动画方向)专业;针对区内酒店、楼宇服务人才短缺的需求,与港澳中心瑞士酒店、北方佳苑饭店、北京航腾物业管理有限公司、东旭佳业物业管理公司等企业合作开设了酒店管理、物业管理等专业。石景山区服务首都轨道交通快速发展、一线岗位专业技能人才紧缺的需求,与地铁运营公司合作开设了城市轨道交通运营与管理专业。西城区结合"环境优区"战略,开设了环境艺术设计专业。朝阳区主动服务中央商务区(CBD)建设,与CBD管委会合作设立电子商务、商务英语专业。崇文区适应奥运会需求开设了"应用艺术设计"专业,在奥运期间为社区形象设计提供服务。

——以满足岗位需求为重点的非学历教育。八校大力开展各类岗前、在岗、转岗和再就业培训,为专业人才开展提升职(执)业能力的继续教育培训。

近年来,八校每年开展培训项目百余种,培训8万余人次。如东城区针对不同层次的岗位需求,开展企业法律顾问执业资格、人力资源管理师、心理咨询师、物业管理项目经理、物业管理员、网页设计师、网络应用工程师、网络营销 SEO、调酒师、咖啡师、面点师、导游、小学教师英语口语、武警官兵计算机以及家政服务员等培训。西城区开展了公务员公共管理(MPA)、电子政务、注册会计师、企业职工素质教育培训等。石景山区针对首钢搬迁开展了职工转岗培训,为北京军区官兵提供军地两用人才培训。海淀区结合城乡一体化产业发展需求,为苏家坨镇车耳营村乡村旅游接待户提供旅游管理培训等。

——以提高生活品质为主导的社区教育。八校开展了丰富多彩、各具特色的文化休闲教育活动,开发了社区教育课程、教材、音像等各种学习资源,形成了多项在全市乃至全国都具有影响的社区教育品牌。

八校面向社区居民,组织开展了计算机、摄影、书法、绘画、舞蹈、音乐、健康养生、英语、礼仪、节能环保、法律常识、理财等学习培训;根据实际需要开发了数百种教材和普及性读本,如《四时五行话养生》、《市民法律常识》、《市民摄影基础》、《市民英语一百句》、《市民计算机口袋书》、《低碳生活妙招》、《戏曲鉴赏》、《心理疏导》、《家庭烘焙》、《花鸟写意》、《人与环境》等。八校还开展了各类社区文化教育项目与活动,如东城区的"国子监大讲堂"、"数字化学习室"和中老年计算机应用技能竞赛,西城区的"低碳环保大课堂"、"高雅艺术进社区",石景山区的"市民学习圈"、"书香家庭评选",崇文区的"手工艺术与绘画展",海淀区的"中关村学院体验学堂",朝阳区的"朝阳学习型讲坛"、"幸福养老大课堂"等特色活动。五年来有 10 个学习项目被评为"首都市民学习品牌"。

3. 实施了"专业课程模块化、教学方法多样化、教学团队专业化、服务方式人性化"等教学改革

为了适应同时开展学历、非学历与社区教育,满足多元学习需求的更高要求,八校从专业课程、教学方式、教学团队及服务方式等方面进行了改革创新。

——专业课程模块化。调优专业和课程体系,将专业课程模块化、菜单式,使部分学历课程可以满足非学历培训的需要。

如东城区的人力资源管理专业直接对应人力资源师考证要求和岗位技能要求,将企业人力招聘配置、培训开发、薪酬绩效等岗位划分为七大教学模块,既强化了学生实践能力,又帮助学生取得职业资格证书,还为企业可提供模块化培训。西城区社会工作专业重构实践课程体系,设定专业实践能力目标,划分能力模块,提高学生应用能力同时也利用不同模块开展社区工作者培训。

石景山区以会计专业实训体系教学成果为基础,一方面强化了学历学生实践能力,同时还利用该体系为首钢公司财务人员开展了 ERP 沙盘实训课程。

——教学方法多样化。采用工作流程嵌入、实训体系构建、情景模拟体验、网络教学等多种方式,提高学习应用效果。

八校积极探索课堂教学新方法,如"生产流程式教学"、"任务驱动式教学"、"情景式教学"、"体验式教学"等。八校还建设了多个校内外专业实训与培训体验基地,如会计专业 ERP 沙盘模拟实训室、工商管理专业企业经营决策沙盘实验室、咖啡师与调酒师工坊、创业就业沙盘模拟实训室、幼儿园模拟课堂、广告摄影体验室、汽修车间、数控车间、艺术创作工作室等。结合信息化时代的学习特点,八校探索了网上学习、移动学习等手段。面向学历、社区教育都开发了网上学习平台,共开设网络课程 7565 门,累计开发文本、音频、屏幕录制、视频、IP 课件等课程资源 31362 个,建立网上工作室、教师专业空间、学习交流群,采用网上互动、在线答疑、在线测试,手机短信、微信推送等方式,满足学生随时随地的学习。

——教学团队专业化。以"双师型"教师培养、教学团队建设为重点,打造具备良好师德、专业知识、培训技能和创新思维,适应学校功能拓展的师资人才队伍。

八校强化了人才队伍的建设,重点培养"双师型"教师,共有百余名教师取得注册会计师、律师、社会工作师、心理咨询师、网络工程师、注册咨询工程师、动画工程师、商业插画师、瑜伽师等 56 项资格证书,"双师型"教师占比超过30%,极大地促进了以职业发展为导向的办学水平提高。八校高度重视培育优秀教学团队,东城区的工商企业管理专业、崇文区的电子商务专业、朝阳区的学前教育专业、石景山区的会计专业、海淀区的学前教育专业、宣武区的艺术专业等 6 个教学团队获得了 2013 年北京市高等学校继续教育优秀团队。

——服务方式人性化。面向不同人群,以学习者为中心,提供个性化、便捷高效的学习支持服务。

八校针对不同类型学习者的需求特点,在提供常规学习服务的同时,还分别采取了小班预约上课、一对一辅导、一站式咨询服务等个性化手段。如建设"一站式"学习支持服务大厅,提供随时咨询、预约学习、现场指导以及心理咨询、法律咨询等服务;开设职业生涯规划、心理、法律等系列讲座;引入CETTIC 职业素质测评软件,提供个体分析指导;举办大型校园招聘会,开展一对一就业指导和就业推荐。八校尤其重视特殊人群的需求,为他们提供个性化的贴心服务。如为农民工提供跨专业免费选课、调整上课时间、无偿开放机房等服务;为残疾人工作者开设专业,量身定制授课内容和提供专门的服务;为残疾学习者提供方便学习的特殊服务;为有特殊情况学习者提供如照看孩子等便利服务;对家庭贫困学习者减免学费,配备学习用品;为社区老人、弱势群体提供志愿活动送教到家服务等。

4.搭建了"八校协作"的平台

为了解决校际相对封闭、缺乏整体统筹、资源配置低效的问题,八校搭建了协作平台,建立了"统筹协调、合作互补、共建共享"的工作机制。

(1)统筹协调

围绕着"办好百姓身边的大学",成立了八校校长协作会、副校长及教务主任联席会,制定了《北京地区性独立设置成人高校协作会章程》,经常性地开展工作研究和交流,分享各校建设的经验,共同研究拓展功能、开发资源、推进改革。

(2)合作互补

强化校际合作,联合举办成果研讨与论坛等活动,联合申报研究课题与项目,联合进行干部教师队伍培训,联合招生宣传,共享招生信息,联合开展教师技能竞赛等,共同扩大地区性成人高校的影响力与辐射力。八校依托各自的办学特色,相互补充,相互借鉴,共同发展。

(3)共建共享

共同开发教育资源,师资互派,质量互评,成果互认。如八校同专业教研室之间开展交流,共同编制专业教学计划、课程大纲、教材、实训体系建设等。

5.形成了"多元开放"的网络服务联盟

为了办好百姓身边的大学,八校发挥地处首都核心区域的地缘优势,在大范围内整合更丰富的资源,联合政府、企业、社区、其他办学机构等主体,形成了"多元开放"的网络服务联盟,实现从传统的封闭办学向整合区域内各类资源开放办学转变。

(1)联合多元主体,促进各种资源融合

如东城区与北京大学首都发展研究院、人力资源和社会保障部、北京便宜坊餐饮集团、方略博华文化传媒有限公司、东城区中小企业服务中心、北京航腾物业、东旭佳业等物业公司、重庆大学网络学院,西城区与中国人民大学网络学院,石景山与中粮集团、首钢集团,朝阳区与北京餐饮行业协会、北京东方妇女老年大学,海淀区与中关村高新科技企业、甘家口大厦,宣武区与"菜百集团"、北大青鸟集团,丰台区与中国兵器工业集团公司等企事业单位确立了全方位、多层次、多形式、长期持续、动态化的合作关系,聚集了资源,增强了办学实力,实现了合作共赢。

(2)开放各类资源,"请进来"、"送出去"

八校将课堂、课程等学习资源,教室、机房、实验室等场地设施对外开放,开展了"教师进社区"、"数字化学习进社区"、"送教进军营"、"社教资源基层行"等"送教上门"活动,将社区、文化场馆、企事业单位、军营等都延伸为学校的学习课堂。

(3)建立社区教育网络,延伸服务触角

八校在各区均建立了区、街、居三级社区教育网络,将教学资源、服务指导输送到街道、社区;搭建了全民终身学习网站,如"东城学习网"、"中关村学堂"、"朝阳在线学习"、"西城社区教育网"等,初步形成了面向全体居民的终身学习公共服务网络和资源平台,延伸了教育服务触角。

(4)探索"学分银行",强化学习动力

推行"市民终身学习成果认证制度",区域内各类学校之间初步建立了具备个人学习与终身学习的信息存储、学分认证、学分积累、学分兑换、学习信用管理等功能的学习成果认证系统,激励学习者不断学习。

三、转型发展取得的实践效果

"办好百姓身边的大学"的办学模式实践创新,增强了八校的办学活力和服务地区、服务社会的能力,满足了地区企事业单位及市民日益增长的多层次教育需求,促进了学习型城区建设,取得了良好的社会效益。

1.政府认可,百姓欢迎

八校已经成为地区政府认可和指定的继续教育基地、区域终身学习三级服务体系的枢纽、开展社区教育和建设学习型城区的重要支撑。每年有数十万市民走进校园参加学历的、非学历的、文化生活教育的学习活动。2008年以来,八校获得2项北京市高等教育教学成果一等奖、8项二等奖,有6个专业教学团队获得北京市高校继续教育优秀教学团队,有12位校长、副校长获得了北京市高校继续教育教学管理先进个人。中国教育报、中国青年报、北京电视台、北京日报、北京青年报、北京考试报、新华网、网易、搜狐网等多家媒体对各校办学特色和成果给予了300余次的报道。"送教上门"、"一刻钟学习圈"、"智慧社区加油站"、"幸福养老大课堂"、"数字化学习室"、"终身学习立交桥"、"助推农民工圆大学梦"、"大学生就业创业实训基地"等得到市民普遍称赞,被誉为"百姓身边的大学"。

2.彰显特色,形成品牌

办学模式的改革与创新使八校学历教育规模稳定,非学历教育、社区教育得到极大发展。各类学历教育校年均招生近 1500 人,各类培训校年均万余人次,各种形式的社会文化生活教育培训活动校年均 10 万人次以上,充分彰显了地区性独立设置成人高等学校的活力,形成了"扎根区域、面向基层、服务百姓、融入生活"特色。八校中有 3 个专业被评为市级特色专业建设点,有 16 项市级精品教材,东城、西城、朝阳、海淀成为全国社区教育示范区,同时还形成了多项在全市乃至全国都具有影响的社区教育品牌。由于加大了应用型人才培养模式的改革,学生在专业技能、应用技能、职业技能和实践技能等方面都有了较大的提高,很多学生在全国各类大赛中获奖,学生满意度明显提高。

3.服务需求,影响扩大

八校的办学模式特色,使其在整合社会各种教育资源具有显著优势,形成了成人高等教育、远程开放教育、职业技能教育、社会文化生活教育等多种教育形式并举的发展局面。通过课堂学习、网络学习、手机移动学习等多种手段和文字、图像、视频等多种形式的数字化学习资源的建设,为市民搭建起立体化、多样化的终身学习服务平台,不断提升了为基层、为行业、为社区服务的能力,初步满足了区域数百万市民随时随地的学习需求,八校为首都地区经济社会发展与文化建设服务方面的影响不断扩大,2011 年八校联合参展了全国继续教育数字化学习资源共享与服务成果展览会,得到参观者一致好评。

4.示范引领,推动发展

八所独立设置成人高校探索了在新时代背景下,大都市(中心城市)独立设置成人高等教育机构主动适应经济、社会、文化发展对人才培养需求,主动适应建设全民学习、终身学习的学习型社会发展需要,办好百姓身边大学的新模式,在推进国家现代化建设与小康社会、学习型社会的形成进程中发挥了积极促进作用,对全国直辖市和中心城市具有引领和示范意义。

八校自 2008 年以来参与国家级课题 5 项、市级课题 33 项,并有 27 项课题或社区教育项目获得了市级以上的奖项,并多次承担了教育部、北京市教委关于推进继续教育改革发展与构建终身教育体系、建设学习型城市等专项调研与课题,并在 2011 年 12 月全国继续教育工作会上做了《办好百姓身边大学,服务学习型城市建设》的会议交流。八校结合模式创新经验与案例,出版了《社区教育模式的理论与实践研究》、《大城市中心区学习型城区建设—北京市西城区的实践与思考》、《创新模式与人才培养》、《战略转型与模式创新》、

《数字化社区：信息时代社区教育发展的方向》等专著，为同类学校转型发展提供了有益的借鉴。

表 5-3 所示为八校办学所取得的主要成果一览表。

表 5-3　八校办学所取得的主要成果一览表

	获奖时间	奖项名称	获奖等级	授奖部门
成果曾获奖励情况	2008 年	北京市高等教育教学成果《社区学院人才培养模式——北京市地区性独立设置成人高等学校人才培养模式研究》	一等奖	北京市人民政府
	2013 年	北京市高等教育教学成果《立足首都、服务社区，办百姓身边大学——北京地区性独立设置成人高校办学模式创新》	一等奖	北京市人民政府
	2008 年	北京市高等教育教学成果《成人艺术教育工作室层级教学模式的构建》	二等奖	北京市人民政府
	2008 年	北京市高等教育教学成果《独立设置成人高校教学管理规范化研究》	二等奖	北京市人民政府
	2013 年	北京市高等教育教学成果《社区数字化学习服务体系创新实践》	二等奖	北京市人民政府
	2013 年	北京市高等教育教学成果《成人艺术教育广告设计与制作专业建设的创新与实践》	二等奖	北京市人民政府
	2013 年	北京市高等教育教学成果《艺术专业"德能兼备"人才培养模式创新实践》	二等奖	北京市人民政府
	2013 年	北京市高等教育教学成果《会计专业实训教学体系的建设与实践》	二等奖	北京市人民政府
	2013 年	北京市高等教育教学成果《突出应用能力提升专业化水平——学前教育人才培养模式创新与实践》	二等奖	北京市人民政府
	2013 年	北京市高等教育教学成果《"西城区市民终身学习成果认证制度"创新实践》	二等奖	北京市人民政府
	2008 年	政府委托项目优秀成果《东城区社区教育资源整合模式研究》、《西城区社区教育资源整合模式研究》、《朝阳区社区教育资源整合模式研究》、《石景山区社区教育资源整合模式研究》	一等奖 二等奖	北京教育科学研究院
	2009 年	北京市特色专业——北京市东城区职工业余大学电脑艺术设计专业	市级	北京市教育委员会
	2009 年	北京市特色专业——北京市崇文职工大学广告艺术设计与制作专业	市级	北京市教育委员会
	2009 年	北京市特色专业建设点(北京市海淀区职工大学军乐艺术专业)	市级	北京市教育委员会

续表

	获奖时间	奖项名称	获奖等级	授奖部门
成果曾获奖励情况	2009 年	市政府委托项目优秀成果《东城区社区教育中心建设研究》、《西城区社区教育学校建设调查研究》、《朝阳区社区教育中心建设研究》、《石景山区社区教育学校建设与评价研究》	一等奖 二等奖	北京教育 科学研究院
	2009 年	市政府委托项目立项课题《市民终身学习优秀品牌建设实践研究——以国子监大讲堂为个案》	一等奖	北京教育 科学研究院
	2009 年	市政府委托项目立项课题《北京市民终身学习成果认证制度研究》	一等奖	北京教育 科学研究院
	2009 年	市政府委托项目立项课题《北京市老年教育现状调研报告——石景山案例》	二等奖	北京教育 科学研究院
	2009 年 2010 年 2011 年 2013 年	首都市民学习品牌"国子监大讲堂"、"朝阳学习型讲坛"、"市民公益英语"、"市民学习圈"、"常青藤社区终身学习系统"、"四时五行话养生讲堂"、"家庭服务训练营"、"中关村学院体验学堂"、"智慧社区加油站"	市级	北京市学习 型城市 建设工作 领导小组
	2010 年	《东城区社区教育课程开发研究》	一等奖	北京市成人 教育学会
	2010 年	《东城区学习型社区建设现状调查研究》	一等奖	北京市成人 教育学会
	2011 年	全国成人教育优秀科研成果《东城区社区教育中心建设调查报告》	一等奖	中国成人 教育协会
	2011 年	《独立设置成人高校教师专业化的特殊性及其基于校本的发展》	二等奖	中国成人 教育协会
	2012 年	全国社区教育实验项目《北京东城区数字化学习社区建设实验项目》、《市民终身学习成果认证制度》、《以评促建创建学习型社区(居委会)实验》	优秀	中国成人 教育协会
	2012 年	全国首届社区教育特色课程《食疗与养生》、《二十四节气话养生》	二等奖	中国成人 教育协会
	2013 年	专著《社区教育发展模式的理论与实践研究》	二等奖	北京市教育 委员会 北京市教育 科学规划 领导小组

第六章 成人中等学校教育转型发展

第一节 成人中等学校教育的兴起与发展

早在 20 世纪初期,在共产主义小组的领导下,为了传播革命思想,提高广大工人的文化水平,北京、上海、武汉、广州等地就创办了工人学校、夜校、平民女校等学校。中国共产党成立后,在其领导下我国相继创办了各种干部学校、工人学校、农民学校。如 1923 年,毛泽东、李维汉、何叔衡等人创办了湘江学校。抗日战争时期,为了加强干部教育和职工教育,抗日根据地也建立了多所干部学校、职工学校、民众学校。1937 年,陕北公学在延安成立,招收年满 18 岁以上、有志参加抗战的青年。解放战争时期,在继续实行"干部教育第一"和开展职工教育的方针政策指引下,各解放区创办了各种干部学校和工人学校。到 1949 年新中国成立前夕,仅哈尔滨市就已举办各类工人业余学校 46 所,业余中学 1 所,共有 230 多个班,学员 1 万余人,占全市 61000 名工人的 16.4%。通过广泛开展职工教育,提高了广大工人的政治觉悟和文化技术水平,培养了大批推动地方工业发展的骨干力量。[①]

上述各类学校为新中国成立后成人中等学校教育的创办与发展奠定了良好基础,积累了有益经验。总体来说,新中国成立以后,我国成人中等学校教育共经历了创办与探索(1949—1965 年)、破坏与扭曲(1966—1976 年)、恢复与加强(1977—1986 年)、改革与发展(1987 年至今)等四个时期。

一、创办与探索(1949—1965 年)

1. 成人中等学校被纳入新中国学校系统

1951 年 8 月 10 日,政务院第 97 次政务会议通过了《关于改革学制的决

---

① 董明传,毕诚,张世平. 成人教育史[M]. 海口:海南出版社,2002:57.

定》，并于 1951 年 10 月 1 日由政务院公布施行，这是新中国第一个有关学制的文件。该《决定》开篇就指出："我国原有学制（即各级各类学校的系统）有许多缺点，其中最重要的是工人、农民的干部学校和各种补习学校和训练班在学校系统中没有应有的地位。"[①]新学制规定，实施中等教育的学校为各种中等学校，即中学、工农速成中学、业余中学和中等专业学校（见图 6-1）。中学、工农速成中学和业余中学应给学生全面的普通的文化知识；中等专业学校按照国家建设需要，实施各类中等专业教育。其中，工农速成中学修业年限为三年至四年，招收参加革命斗争和生产工作达规定年限并具有相当于小学毕业程度的工农干部和产业工人，施以相当于中学程度的教育。业余中学分初、高两级，修业年限各为三年至四年，均得单独设立，分别招收业余初等学校或业余初级中学的毕业生，或具有同等学力者，施以相当于初级中学或高级中学程度的业余教育。中等专业学校中，各类技术学校得附设短期技术训练班或技术补习班，师范学校得附设小学教师进修班。此外，各级人民政府为适应广泛的

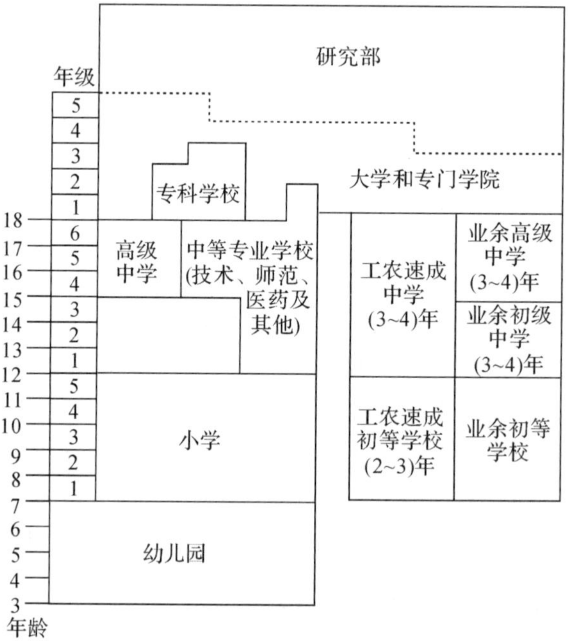

图 6-1　中华人民共和国学校系统图[②]

---

① 中共中央文献研究室.建国以来重要文献选编(第二册)[G].北京:中央文献出版社,2011:347.

② 中共中央文献研究室.建国以来重要文献选编(第二册)[G].北京:中央文献出版社,2011:352.

政治学习和业务学习需要,得设立补习学校和函授学校。正如周恩来在谈新学制时所指出的,"把工农速成学校和业余补习学校放在与其他学校同样重要的地位,是新学制的特点之一。"①新学制以法令形式确立了成人中等学校在新中国学校系统中的重要地位,规定了成人中等学校的性质任务,保障了成人接受中等学校教育的机会。

2.成人中等学校教育初成体系

这一时期的成人中等学校教育,从对象角度看,主要包括干部中等学校教育、职工中等学校教育和农民中等学校教育;从办学形式上看,则包括全日制、业余、半工(农)半读教育,成人中等学校教育也由此初步形成了体系。

(1)干部中等学校教育的创办

新中国成立之初,党和政府就高度重视干部教育。1949 年 12 月 23 至 30 日召开的第一次全国教育工作会议充分讨论了革命干部教育问题,提出要普遍举办工农速成中学,招收工农干部并将他们培养成知识分子。1950 年 12 月,政务院发出了《关于举办工农速成中学和工农干部文化补习学校的指示》,该《指示》指出:"工农干部是建设人民国家的重要骨干,但在过去长期战争环境中,他们很少有受系统的文化教育的机会。为了认真提高他们的文化水平以适应建设事业的需要,人民政府必须给予他们以专门受教育的机会,培养他们成为新的知识分子。为此,特决定在全国范围内有计划、有步骤地举办工农速成中学和工农干部,文化补习学校,吸收不同程度的工农干部,给予适当时间的文化教育,尽可能地使全国工农干部的文化程度能在若干年内提高到相当于中学的水平。"②教育部于 1951 年 2 月印发的《工农速成中学暂行实施办法》也指出:"工农速成中学的任务是:招收参加革命或产业劳动一定时间之优秀的工农干部及工人,施以中等程度的文化科学基本知识的教育,使其能升入高等学校继续深造,培养成为新中国的各种高级建设人才。其不愿或不宜升学者,可直接或经一定时期的业务训练后分配工作。"③在新中国成立之初的三年多时间里,我国创办了多所工农速成中学、干部文化补习学校,使大批从战争转入经济建设的干部,较快较好地适应了新社会环境的要求,担负起了社会主义经济建设的重任。

1953 年 12 月,中共中央发布《关于加强干部文化教育工作的指示》,指

① 何东昌.中华人民共和国重要教育文献(1949—1975)[G].海口:海南出版社,1998:108.
② 何东昌.中华人民共和国重要教育文献(1949—1975)[G].海口:海南出版社,1998:69.
③ 何东昌.中华人民共和国重要教育文献(1949—1975)[G].海口:海南出版社,1998:78.

出:目前开展干部文化教育的目的,在于使文化水平较低的干部逐步提高到相当于高小以至初中毕业的水平,以便有效地学习政治理论,钻研业务,完成各项工作任务;同时使一部分工农干部能够具备条件升学深造。县以上各级机关,应根据具体情况,有步骤地开办干部业余文化补习学校或文化补习班。依据指示精神,干部业余文化补习学校得到了快速发展。仅1955年,全国就有干部业余文化学校3500所,在校学生达130万人。[①] 这一时期,全国还办起了140多所农业合作干部学校,这些学校以政治教育为主,对农村合作社干部进行短期培训,有效地提升了农村干部的政治与文化素质。

(2)职工中等学校教育的创办

新中国成立以后,广大厂矿企业积极举办职工业余教育,有效地提高了职工的政治和文化素质,促进了社会生产力的发展。特别是自1953年起,工业化建设成为我国社会主义工业改造的奋斗目标,这就要求全国各条战线上的职工必须提高文化和科学技术水平,职工教育也因此必须从扫盲工作转移到提高职工的文化技术教育。为了实现这一转变,也基于工农速成中学的发展状况,高等教育部和教育部联合发布了《关于1953年工农速成中学招生工作的指示》。该《指示》指出:创办工农速成中学的目的是为了培养工人阶级出身的技术专家和领导骨干。他们要在三年之内授完普通中学(初中和高中)的基本课程,为直接升入高等学校打好基础。为了争取更多的产业工人入学,工农速成中学自今年起逐步实行"工人返还制"。产业工人入学后按原工资75%发给人民助学金。[②] 至1955年,工农速成中学在校生达6万人,为我国职工中等学校教育的发展发挥了重要作用。但与此同时,大批优秀工人脱产学习所造成的工学矛盾问题也日益显露出来。在此背景下,1955年,我国的职工中等教育作了相应调整:一是工农速成中学自1955年秋季起停止招生,职工学习改成业余学习为主;二是建立规范性的业余教育制度。1955年12月,高等教育部、教育部和全国总工会召开了全国职工业余教育会议,提出大力开展从小学到大学的正规的职工业余教育,努力提高职工文化水平和培养国家建设人才。会议指出,职工业余教育担负着两大任务,一是普遍地提高职工群众的文化技术水平,二是培养科学技术人才和管理干部。会议决定对中等以上业余学校采取"积极发展、力求正规、提高质量"的工作方针。[③] 1956年9月

① 董明传,毕诚,张世平.成人教育史[M].海口:海南出版社,2002:70.
② 何东昌.中华人民共和国重要教育文献(1949—1975)[G].海口:海南出版社,1998:225.
③ 《新中国六十年成人教育大事记》编委会.新中国六十年成人教育大事记[G].北京:北京工业大学出版社,2010:25.

16 日,周恩来在《关于发展国民经济第二个五年计划的建议的报告》中指出:"培养建设人才还必须发展业余教育,从职工中吸收有条件深造的人员参加夜校或者函授学校学习,逐步地培养他们成为高级和中级的专门人才。"①总之,在第一个五年计划期间,我国职工业余教育培养了大批毕业生,其中业余中等学校毕业了 820.9 万人,②使我国职工队伍的文化技术水平得到了很大提高。

1958 年 5 月 29 日,《人民日报》发表了题为"举办半工半读的工人学校"的社论,指出:"半工半读的工人学校是培养工人成为知识分子的重要形式。""工厂附设半工半读的学校,具有十分迫切的现实意义。"③1958 年 9 月,中共中央、国务院发布的《关于教育工作的指示》提出:"办学的形式应该是多样性的,即国家办学与厂矿、企业、农业合作社办学并举,普通教育与职业(技术)教育并举,成人教育与儿童教育并举,全日制学校与半工半读、业余学校并举,学校教育与自学(包括函授学校、广播学校)并举,免费的教育与不免费的教育并举。"④由于这类学校既不影响工人的生产和生活,又能让工人学到文化科学知识,一般高小毕业程度的工人,三年半就可以达到高中毕业的程度,从 1958 年开始,包括中学、职业技术学校在内的半工半读的工人学校在全国蓬勃发展起来。

(3)农民中等学校教育的创办

新中国成立之初,针对农民中文盲较多的情况,农民教育以识字扫盲教育为主。如 1949 年 12 月教育部颁布的《关于开展今年冬学工作的指示》指出:"冬学文化教育的内容应当以识字为主。""为了扩大冬学教育的效果,应当在冬学中有计划地建立识字组、读报组等类经常的组织,并选择条件较好的冬学组织有准备地在冬学结束以后转变为经常的农民半日学校,农民夜校或小学。"⑤1950 年 12 月,教育部颁发的《关于开展农民业余教育的指示》也指出,农民业余教育一般应以识字学文化为主,配合时事、政策教育和生产、卫生教育。

1958 年 4 月 21 日,《人民日报》发表了题为"大量发展民办农业中学"的社论,充分肯定了民办农业中学的意义和作用,认为它对于满足广大农民学习科学文化的强烈要求和小学毕业生继续升学的要求有重大的作用。同时,民

① 《新中国六十年成人教育大事记》编委会.新中国六十年成人教育大事记[G].北京:北京工业大学出版社,2010:28.
② 董明传,毕诚,张世平.成人教育史[M].海口:海南出版社,2002:72.
③ 何东昌.中华人民共和国重要教育文献(1949—1975)[G].海口:海南出版社,1998:833.
④ 何东昌.中华人民共和国重要教育文献(1949—1975)[G].海口:海南出版社,1998:859—860.
⑤ 何东昌.中华人民共和国重要教育文献(1949—1975)[G].海口:海南出版社,1998:3.

办农中的教育可以全面贯彻教育与生产劳动相结合的方针,为培养新型农民开通了道路。由此,从 1958 年开始,半农半读的农业中学在我国各地开始试验。1965 年 3 月 26 日至 4 月 23 日,教育部在北京召开全国农村半农半读教育会议,会议认为,实行半农半读教育制度是我国教育事业中一次深刻的革命。要扩大试办农业中学,积极试办半农半读中等技术学校。会议之后,全国广大农村掀起了举办半农半读学校的热潮,尤其是农业中学得到了迅速发展。1965 年,农业中学学生已达 113 万多人,与 1963 年比较,增加了三倍半。各地还试办了近百所半农半读中等技术学校。[①] 1965 年 7 月中下旬,农业部召开了全国高等和中等农业教育会议。会议报告得到中共中央批转后,农业部发出通知,要求高中等农业院校必须面向农村、面向农民、面向农业生产。据统计,1965 年全国 307 所中等农业学校中实行半农半读的有 220 所,其学生占在校生数的 52%。农业系统 160 所中等农业学校中的绝大部分学校还实行"学生从社里来回社里去"的办法。[②]

此外,这一时期,我国小学教师进修教育也获得了较快发展。1954 年,小学教师进修学校的学生数为 18.3 万人,1965 年则为 109.6 万人。[③]

综上所述,新中国的成人中等学校教育从无到有,获得了快速发展。以在学人数为例,1949 年,我国成人中等学校在校生有 0.01 万人,1952 年发展到 24.97 万人,1965 年则达 854.0 万人(见图 6-2)。

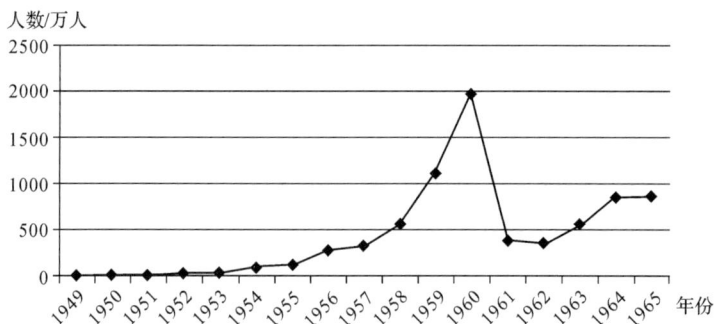

图 6-2 1949—1965 年我国成人中等学校在学人数[④]

① 何东昌.中华人民共和国重要教育文献(1949—1975)[G].海口:海南出版社,1998:1357.
② 董明传,毕诚,张世平.成人教育史[M].海口:海南出版社,2002:102.
③ 中华人民共和国教育部计划财务司.中国教育成就统计资料(1949—1983)[G].北京:人民教育出版社,1984:47.
④ 中华人民共和国教育部计划财务司.中国教育成就统计资料(1949—1983)[G].北京:人民教育出版社,1984:246.

3.着重开展成人中等文化教育

我国的成人中等学校教育分为成人中等文化教育和成人中等专业教育两大部分。工农速成中学、业余中学等成人中学实施成人中等文化教育,成人中等专业学校(含普通中等专业学校的进修班、补习班等)实施成人中等专业教育。由于新中国成立初期我国成人的文化水平相对较低,因此,这一时期的成人中等学校教育总体是以对成人开展中等文化教育为主。这在前述1950年发布的《关于举办工农速成中学和工农干部文化补习学校的指示》、1951年发布的《工农速成中学暂行实施办法》、1953年发布的《关于加强干部文化教育工作的指示》等文献中都有明显体现。另从在校学生数来看,这一时期的成人中学在校生规模大大超过了成人中等专业学校的在校生规模。1952年,成人中等学校在校生数为24.97万人,其中,成人中等专业学校在校生仅有0.07万人,成人中学在校生则为24.9万人。1965年,成人中等学校在校生数为854万人,其中,成人中等专业学校在校生为351.8万人,成人中学在校生则为502.2万人。[1]

当然,这一时期的成人中等学校教育毕竟处于初步探索阶段,再加上受到社会外部环境的影响,其发展有时难免会带有点盲目性,也因此会经历些波折和调整。比如,1953年还采取多种措施争取产业工人进入工农速成中学脱产学习,1955年秋季就因在职工人人数有限,大批抽调出去学习不符合现实等原因而停止招生,我国职工教育则改为业余学习为主。而受到"大跃进"运动以及三年自然灾害的影响,第二个五年计划期间,成人中等学校教育可谓大起大落。如图6-2所示,1959年在学人数为1116.2万人,1960年猛增到1974万人,1961年则急速回落为376万人。从1962年到"文化大革命"开始前,我国成人中等学校教育依照"调整、巩固、充实、提高"的八字方针,进行了治理调整。1963年1月9日,教育部发出《关于加强全日制高等学校和中等专业学校函授、夜校教育工作的通知(草案)》,指出,各部门和各地区应当按照"调整、巩固、充实、提高"的方针和"统筹规划、全面安排、分工协作、加强领导"的原则,根据需要和可能的条件,积极而又稳步地发展函授和夜校教育。1963年召开的全国职工业余教育工作会议也提出,要继续做好调整、巩固、充实、提高的工作,在巩固的基础上积极发展初等和中学程度的职工学校,办好业余中专

① 中华人民共和国教育部计划财务司.中国教育成就统计资料(1949—1983)[G].北京:人民教育出版社,1984:246.

和业余大学,组织各种短期技术班和各种单科班。① 可以说,这些整顿调整举措有效地提高了成人中等学校办学质量和水平。

二、破坏与扭曲(1966—1976年)

从1966年到1976年"文化大革命"期间,我国的教育事业遭到了严重破坏。成人中等学校教育的破坏亦十分严重,很多学校被停顿或关门,管理机构被撤销,职工教育、农民教育、半工半读教育、半农半读教育基本陷入了停滞,取而代之的是违背教育规律的"教育革命"。

1967年5月14日发布的《中共中央、国务院、中央军委、中央文革小组通知》指出:"为了坚决贯彻执行伟大领袖毛主席提出的'抓革命,促生产'的方针,有利于学生和工农群众相结合,更好地进行文化大革命,参加生产劳动,中共中央、国务院、中央军委、中央文革小组决定:一、实行半工半读的中等专业学校、技工学校和职业学校以及厂矿企业附设的半工半读学校的学生,都要回到原生产单位或本校,按照中共中央的有关规定,积极复课闹革命,同时参加生产劳动。二、厂矿企业附设的半工半读学校,有不少是名义上半工半读,实际上学生全日参加劳动,有固定的生产岗位。对这部分学生,可以根据生产建设的需要,在学生自愿的原则下,并经过群众评议,合乎学徒工条件的,可以转为学徒工,合乎正式工条件的,也可以转为正式工。不愿意转为学徒工或正式工的,可以继续半工半读,以学为主。对于他们的学习条件如校舍等,要作适当安排。关于学制改革问题,原则上应在斗、批、改运动中,放到运动后期去解决。三、中等专业学校、技工学校、半工半读学校以及职业学校的1966年应届毕业生(1965年毕业生尚未分配工作的,包括在内),根据自愿原则,现在即可按原有的分配办法分配工作。"②这三条决定,实质是解散中等专业学校、技工学校、职业学校以及半工半读学校。1967年7月18日,《人民日报》发表"打倒修正主义教育路线的总后台"一文,言辞激烈地批判"半工半读"和"两种教育制度"。文章说:"中国的赫鲁晓夫的半工半读,就是资产阶级的职业学校;'两种教育制度',就是资本主义国家的'人才教育'和'劳动者教育'的'双轨制'的翻版。""毛主席的'五·七'指示,是我们办教育的最高纲领。它正式宣判了中国的赫鲁晓夫所推行的'两种教育制度'的死刑,宣判了解放17年来他

① 《新中国六十年成人教育大事记》编委会.新中国六十年成人教育大事记[G].北京:北京工业大学出版社,2010:44-45.
② 何东昌.中华人民共和国重要教育文献(1949—1975)[G].海口:海南出版社,1998:1415.

所推行的反革命修正主义教育路线和旧教育制度的死刑。"[①]以此为标志,新中国成立以来的成人中等学校教育制度、思想和实践,都从根本上被否定了,以"五·七指示"为指导思想的扭曲化的教育却备受追崇。

1972年,在周恩来的努力下,我国成人中等学校教育有了一些转机,成人中等学校在学人数有81万人。[②] 1973年,邓小平恢复工作后,对教育进行了初步整顿,成人中等学校教育又有了发展。当年,成人中等学校在学人数有123.5万人。[③]

三、恢复与加强(1977—1986年)

"文化大革命"结束后,特别是十一届三中全会之后,党和政府从治理整顿教育入手,大刀阔斧地进行拨乱反正,从而开创了恢复治理我国各级各类教育事业的新局面。在这一背景下,从1977年至1986年,我国成人中等学校教育逐步得以恢复和加强。

这一时期,从学校类型维度来看,我国成人中等学校共包括成人中等专业学校、成人中学、成人技术培训学校三大类,每一类又包括不同类型的学校(见图6-3)。

从教育对象维度审视,这一时期的成人中等学校教育主要包括职工中等学校教育、农民中等学校教育和干部中等学校教育。

1. 职工中等学校教育成绩显著

我国成人中等学校教育的恢复与加强首先体现于职工中等学校教育方面。1978年3月18日,邓小平在全国科学大会开幕式上指出:"劳动者只有具备较高的科学文化水平,丰富的生产经验,先进的劳动技能,才能在现代化生产中发挥更大的作用。"[④]1978年4月22日,邓小平在全国教育工作会议开幕式上指出:"把我国建设成为现代化的社会主义强国,并且在上层建筑领域最终战胜资产阶级的影响,就必须培养具有高度科学文化水平的劳动者,必须造就宏大的又红又专的工人阶级知识分子队伍。"[⑤]可以说,邓小平有关培养具有较高科学文化水平的劳动者的集中论述,有力地推动了我国职工中等学

---

① 何东昌.中华人民共和国重要教育文献(1949—1975)[G].海口:海南出版社,1998:1418.
② 中华人民共和国教育部计划财务司.中国教育成就统计资料(1949—1983)[G].北京:人民教育出版社,1984:246.
③ 中华人民共和国教育部计划财务司.中国教育成就统计资料(1949—1983)[G].北京:人民教育出版社,1984:246.
④ 邓小平.邓小平文选(1975—1982)[G].北京:人民出版社,1983:85.
⑤ 邓小平.邓小平文选(1975—1982)[G].北京:人民出版社,1983:101.

校教育的恢复与发展。

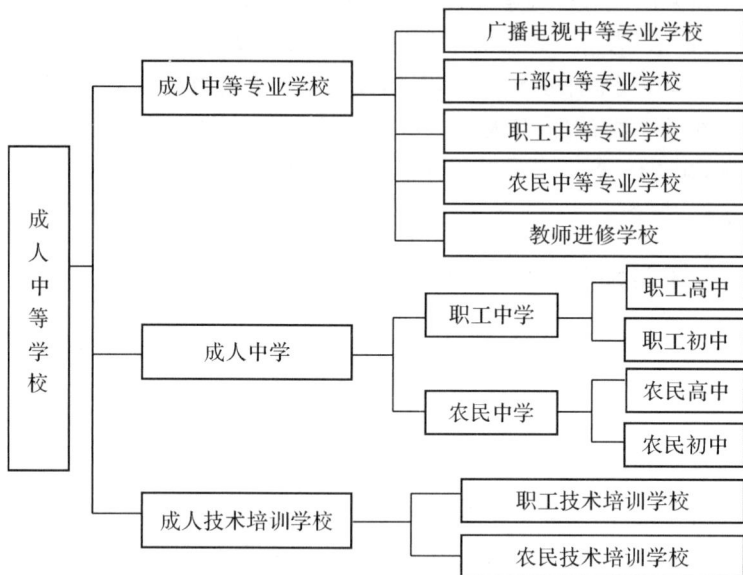

图 6-3　1977—1986 年我国成人中等学校体系图

　　1978 年 10 月 11 日,中国工会第九次全国代表大会在北京召开,大会通过的《中国工会章程》把"组织职工学科学、学技术、学文化、学经济、学管理,大力办好各种类型的职工业余学校"定为基层工会的具体任务。[①]　为了尽快恢复职工教育,1978 年 11 月,在对北京、天津等地职工教育进行实地调查的基础上,教育部召开了全国职工教育座谈会。会议认为,加强职工教育工作必须解决很多企业领导人对职工教育的重要性认识不足的问题,使职工教育排上日程,开展起来;要大力改革不利于职工学习的一些现行规定,理顺职工教育的领导管理体制。到 1978 年年底,许多职工学校恢复了正常的教学工作。据有关资料统计,该年全国职工中等技术学校有学员 2.77 万人,毕业 2.63 万人。[②]

　　1979 年 7 月 25 日至 8 月 6 日,中华全国总工会召开了职工业余教育工作座谈会。会议提出,加快发展职工业余教育,要以普及初中文化教育和在 1966 年以后入厂的青工中普及初级技术教育为主,并对具有中等以上文化技

　　①　《新中国六十年成人教育大事记》编委会.新中国六十年成人教育大事记[G].北京:北京工业大学出版社,2010:65.
　　②　董明传,毕诚,张世平.成人教育史[M].海口:海南出版社,2002:124.

术水平的工人实施业余的中等专业教育和高等教育。同年 9 月 14 日至 24 日,教育部在郑州召开了全国职工教育会议,这是党的十一届三中全会以后的第一次全国职工教育会议。会议以十一届三中全会精神为指导,提出为适应全国工作重点转移到社会主义现代化建设的历史性转变,大力开展职工教育,普遍提高工人的文化科技水平。会议指出,在几年内,要把提高"文化大革命"开始后参加工作的职工的政治、文化、技术水平作为职工教育的重点,力争在 1985 年前使实际文化程度不到初中毕业的,达到初中毕业水平;实际文化程度已达到初中毕业的,要继续接受中等专业或高中文化教育,在技术上提到中级或高级水平。1980 年 4 月 28 日,经党中央批准,全国职工教育委员会正式成立,作为组织领导全国职工教育工作的最高管理机构。可以说,在党的十一届三中全会的路线指导下,在贯彻这两次会议精神的过程中,以及在全国职工教育委员会的组织领导下,各地的职工中等学校教育在全面恢复的基础上取得了新的进展。据统计,1980 年全国共有职工中学(含高中、初中)20864 所(班),在校学生 290.65 万人,招生 141.86 万人,毕业 40.89 万人。[1] 全国成人中等技术学校共 43293 所,在校学生 296.27 万人,招生 152.22 万人,毕业和结业 51.97 万人。其中,职工中等技术学校共 14979 所,在校学生 201.35 万人,招生 101.2 万人,毕业和结业 42.22 万人。[2] 职工中等技术学校的招生数、毕业结业人数和在校学生数都在成人中等技术学校中占据绝对优势。

为了顺利实施国民经济和社会发展第六个五年计划,党中央和国务院把大力加强职工教育作为了一项战略措施。1981 年 2 月 20 日,中共中央、国务院颁布了《关于加强职工教育工作的决定》。《决定》明确了职工教育在新时期的重要地位和作用,提出了职工教育工作的方针、目标和措施,可以说是 20 世纪 80 年代初期我国职工教育发展的纲领性文件。《决定》指出:"职工教育是开发智力、培养人才的重要途径,是持续发展国民经济的可靠保证。""建设四个现代化的社会主义强国,需要一支广大的有社会主义觉悟、有科学文化知识、有专业技术和经营管理经验的职工队伍,需要一大批又红又专的专门人才。"当时,我国职工队伍的水平同现代化建设的要求远远不相适应。在文化方面,80%的职工没有达到初中程度,缺乏现代科学技术的基础知识;在业务技术方面,工人实际操作的技术水平低。鉴于此,《决定》提出,在 1985 年以前

---

① 中华人民共和国国家教育委员会计划财务司.中国教育成就统计资料(1980—1985)[G].北京:人民教育出版社,1986:100.
② 中华人民共和国教育部计划财务司.中国教育成就统计资料(1949—1983)[G].北京:人民教育出版社,1984:248-249.

使现有文化程度不到初中水平的职工有60%～80%达到初中毕业水平；使现有初中毕业文化程度的职工三分之一达到相当于高中或中专的水平。五年内，力争青壮年工人的实际操作技术水平普遍提高到1～2级，使高、中级技术工人的比重有较大增加。"职工教育除主要由企事业单位举办外，还要发动业务部门、教育部门、群众团体等社会各方面力量积极办学。要充分利用电视、广播、函授等教学手段，发挥全日制大、中、小学，技校力量，举办广播电视大（中）学、函授大（中）学、夜大学和各种地区性的职工夜校。"[1]1981年3月20日至26日，国务院在北京召开了全国职工教育工作会议，会议的主要议题是如何贯彻落实《关于加强职工教育工作的决定》。会议提出，职工教育是我国教育事业的一个重要方面。为了把职工教育尽快提高到一个新的水平，必须做到思想、计划、组织、措施四落实。与此同时，为了切实推动职工教育的发展，党和政府又先后下发了一系列指导性文件。1981年5月8日，财政部颁发了《关于职工教育经费管理和开支范围的暂行规定》。1981年6月29日，全国职工教育委员会、国家编制委员会、财政部联合下达了《关于加强职工教育机构的通知》。1981年11月18日，教育部发出了《关于职工初中文化补课工作若干问题的通知》。1982年9月9日，国务院批转了教育部《关于举办职工中等专业学校的试行办法》，对职工中等专业学校的招生对象、审批手续、学制、教学计划、考试、领导班子、教师配备等都做了相应规定，规范了职工中等专业学校的办学活动。1984年4月27日，国务院办公厅批转全国职工教育管理委员会、国家经委《关于加强职工培训，提高职工队伍素质的意见》，提出争取到1990年形成一支以中级技术工人为主体，技术等级结构比较合理，具有较高政治、文化、技术素质的工人队伍。在上述会议指导和相关政策支持下，我国职工中等学校教育展现出勃勃生机。"六五"期间，全国共有3000多万青年职工进行了初中文化、初级技术补课。[2]

总体来说，"文化大革命"结束后，特别是1979年全国职工教育会议以后，我国职工中等学校教育得以迅速恢复，并取得了显著成绩。这一时期的职工中等学校教育从规模和质量上都超过了"文化大革命"之前。另外，从各级职工学校情况来看，与职工小学、职工大学等其他级别的职工学校相比，职工中等学校的数量和在校生规模也都远超二者之和。例如，1984年我国共有职工大学850所，在校学生19.23万人；职工中等学校有26012所（含职工中等专

① 何东昌.中华人民共和国重要教育文献（1976—1990）[G].海口：海南出版社，1998：1900－1901.
② 中国成人教育协会.中国成人教育改革发展三十年[M].北京：高等教育出版社，2008：152.

业学校 1131 所、职工中学 24881 所),在校学生 427.96 万人(含职工中等专业学校在校学生 16.27 万人、职工中学在校学生 411.69 万人);职工小学有 3630 所,在校学生 17.57 万人。[①]

2. 农民中等学校教育快速发展

改革开放以来,伴随着党和国家的工作重点向经济建设转移,我国农村经济体制改革逐步展开,农业生产得到恢复和发展,顺应这一形势,农民中等学校教育也快速发展起来。

1979 年 11 月,教育部、农业部、共青团中央、中国科协联合召开了第二次全国农民教育工作会议。会议总结了新中国成立 30 多年农民教育工作的基本经验和教训,并提出了积极举办业余初中、广泛开展农业技术教育等今后农民教育的主要任务。在这次会议精神指导下,我国农民中等教育工作卓有成效。根据 25 个省、市、自治区的统计,1979 年冬至 1980 年春,参加学习的青壮年农民共 1978 万余人,其中业余初中班学员 92 万余人,业余高中班学员 9 万余人,各种技术班学员 212 万余人。[②] 1980 年 4 月 20 日至 25 日,教育部在北京召开了五七大学座谈会,会议确定将教育部门办的部分五七大学改办成农民技术学校。农民技术学校的任务是为农村社队培养具有一定文化科学技术水平的人才。招生对象是具有初中毕业以上文化程度的农村青年、社队管理干部和农民技术员。1980 年 10 月 22 日至 28 日,教育部召开了全国农民教育座谈会。会议指出,农村建立生产责任制后,农业生产迅速发展,农民十分需要学习文化和科学技术知识,农民教育要适应这一新形势。要广泛开展农业技术教育,认真办好县农民技术学校。1982 年 6 月,教育部印发了《县办农民技术学校暂行办法》。《办法》指出,举办农民技术学校是我国当前农村的实际需要。农民技术学校是属于农业(包括林、牧、副、渔、工等)中等专业教育性质的学校,其任务是为农村人民公社、生产大队、生产队培养具有相当于中等农业科学技术水平的人才。农民技术学校招收具有初中毕业以上实际文化程度的社队管理干部、技术员、有一定生产经验的农村青年和农民教育的教师。农民技术学校应使学生学习比较系统的农业科学基础知识和基本技能,培养和提高解决实施问题的能力。[③] 该《办法》颁布后,各地按照规定举办县农民技术学校,我国农民中等教育也由此提高到了技术教育的新阶段。1982

---

① 董明传,毕诚,张世平.成人教育史[M].海口:海南出版社,2002:345.
② 何东昌.中华人民共和国重要教育文献(1976—1990)[G].海口:海南出版社,1998:1879.
③ 何东昌.中华人民共和国重要教育文献(1976—1990)[G].海口:海南出版社,1998:2019.

年 11 月 17 日,农牧渔业部发出了《关于加强农民技术教育工作的通知》。《通知》指出,大力加强农民技术教育,普及农业科学技术,是我们面临的一项十分重要、十分紧迫的任务。从目前各地的经验来看,要着重搞好县、社(乡)、大队(村)三级的农民技术教育。县农业科学实验、推广、培训中心和农业技术学校(农干校)主要是对社、队干部和农民技术员进行技术和管理方面的培训。县、社农民技术学校相当于高中和初中阶段的农村职业学校,主要招收具有初中以上文化程度并有一定实践经验的青年,进行系统的专业技术学习。此外,还要办好农业广播学校,开展函授教育。"六五"期间,争取全国 70% 的县建立起农业科学实验、推广、培训中心、农业技术学校或农民技术学校。[①]

1985 年 9 月 17 日至 23 日,国家教委召开了 12 省市农民职业技术教育座谈会。座谈会着重研究了办好乡镇农民文化技术学校(成人教育中心)问题,认为办好乡镇农民文化技术学校(成人教育中心)是发展农民教育,培养农村各类技术人员的有效途径,也是促进农民教育发展的一个中心环节。农民教育的任务主要在县以下,而乡镇处于承上启下的特殊地位。[②]

另外,值得关注的是,1981 年 7 月 13 日,国家农委、中国科协、教育部、中央广播事业局联合举办的中央农业广播学校开学,其定位是以广播为教学手段的开放型远距离成人中等专业学校。第一期开办农业基础班,其课程着重讲解基础性的农业科学知识,相当于中等农业学校水平。由于覆盖面大、见效快等优势,到 1986 年,该校已发展到有 28 个省级和 2300 多个县(场)级分校,24000 多个乡镇基层教学班,在校正式学员达 83 万余人。[③]

总体来说,这一时期的农民中等学校教育进入了以文化教育为基础,以技术教育为重点,政治、文化和技术教育综合发展,学历教育与非学历教育并举,全日制教育与业余教育、半农半读教育共存的新阶段。特别是县办农民技术学校逐步由试验走向推广,乡镇农民文化技术学校在大部分地区建立起来,并初步形成了县、社(乡)、大队(村)三级办学的网络体系。据统计,1986 年我国共有农民中等专业学校 269 所,在校学生 8.4 万人;农民中学 9584 所,在校学生 64.17 万人;农民技术培训学校 27348 所,在校学生 336.43 万人。[④] 农民中等学校教育有效地提高了广大农民的素质,推动了农业经济的迅速发展,对农

① 中国成人教育协会.中国成人教育改革发展三十年[M].北京:高等教育出版社,2008:655-656.
② 何东昌.中华人民共和国重要教育文献(1976—1990)[G].海口:海南出版社,1998:2341.
③ 何东昌.中华人民共和国重要教育文献(1976—1990)[G].海口:海南出版社,1998:2446.
④ 国家教育委员会计划建设司.中国教育成就统计资料(1986—1990)[G].北京:人民教育出版社,1991:92-96.

村两个文明的建设发挥了重要作用。

3. 干部中等学校教育稳步推进

"文化大革命"结束后,鉴于社会主义现代化建设对干部素质提出了更高的要求,但广大干部文化和业务水平都难以满足这一需求的现实情况,我国采取了一系列措施纠正"左"倾错误对干部教育工作的影响,使干部中等学校教育从十年内乱的严重破坏中得到了恢复、重建和发展。

1980 年 2 月,中共中央宣传部、组织部颁发了《关于加强干部教育工作的意见》,提出了新时期干部教育的方针,并阐述了干部教育的地位和作用、目标和政策。《意见》强调,必须逐步建立以党校、专业干部学校为支柱的干部教育网,逐步实行正规的干部教育制度,使训练在职干部、培养优秀中青年干部的工作逐步经常化、制度化。该《意见》可以说是干部教育工作进入新的发展阶段的重要标志。

1982 年 10 月 3 日,中共中央、国务院做出了《关于中央党政机关干部教育工作的决定》。《决定》指出,当前要不失时机地抓紧培训干部,把干部教育工作经常化、正规化、制度化,力争在三五年内使中央党政机关干部队伍的政治、业务水平得到明显的提高。从干部队伍的现状来看,需要特别重视业务学习,提高业务水平。在中央机关里,现有文化程度不到初中毕业的干部,年龄在 40 岁以下的,必须在两三年内经过文化补课达到初中毕业文化程度;现有干部中已具有初中以上文化程度但缺少专业知识的,要在三五年内提高到中专、大专程度。

1984 年 12 月 29 日,中共中央批转了中央组织部、宣传部《关于加强干部培训工作的报告》,指出:"大规模地、正规化地培训在职干部,提高干部队伍的政治、业务素质和经营管理水平,是实现干部队伍'四化'的根本途径之一。"当时,全国 45 岁以下的干部约 1400 万人,其中,初中和初中以下文化程度的有500 万人左右。如果加上在"文革"期间上高中的,实际低于高中文化程度的人数还要多。不提高这批干部的文化知识水平,现代化建设将受到很大影响。鉴于此,该报告特别提出要"抓好初中和初中以下文化程度干部的文化教育和中等专业技术教育。"①

在上述政策的指导下,从"文化大革命"结束到 1986 年,我国干部中等学校教育得以稳步推进,并趋于经常化、正规化、制度化。据统计,1985 年全国

---

① 中国成人教育协会.中国成人教育改革发展三十年[M].北京:高等教育出版社,2008:619-622.

45 岁以下干部参加高中、中专学习的有 136 万人,毕业结业 47 万人。① 而且,此时的干部中等学校教育更加重视干部的业务学习,并逐步发展成以马列主义理论、党的方针政策和文化科学知识、业务知识为内容的综合教育,干部的业务素质也因此而有了明显提高。其次,干部中等学校教育的形式走向多样化。一是党校和干部学校开展干部中等教育。1984 年,全国有县以上党校 2754 所、县以上干部学校 4092 所。② 1986 年,全国共有干部中等专业学校 263 所,招生 2.1 万人,在校生 4.39 万人。③ 二是依托普通中等专业学校开展干部中等教育。1980 年 8 月 30 日,教育部、国家计委、财政部发布了《关于高等学校、中等专业学校举办干部专修科和干部培训班的暂行办法》。1984 年 5 月 15 日,教育部、国家计委、财政部又颁布了《高等学校举办干部专修科、中等专业学校举办干部、职工中专班的试行办法》。《办法》规定干部中专班招收具有初中毕业文化程度或同等学力,工作年限在 3 年以上的现职中青年干部。三是电视、广播、函授等学校进行干部中等教育。在这些学校的中专学员中,干部所占的比例也比较大。

综上,1977 年到 1986 年间,以职工中等学校教育、农民中等学校教育、干部中等学校教育为主体的成人中等学校教育得以快速恢复和加强,在数量规模、质量效益方面都取得了较大进展,并形成了多形式、多门类、多规格的办学体系,培养了一大批中级人才,为我国经济社会发展做出了重要贡献。以成人中等学校在校学生数为例,成人中等专业学校和成人中学在校生 1977 年为 235.9 万人,1982 年达到 1080.4 万人,1986 年为 364.19 万人(见图 6-4)。④ 1980 年,成人技术培训学校有在校学生 296.27 万人,1982 年为 326.39 万人,⑤1986 年为 442.38 万人。⑥

四、改革与发展(1987 年至今)

如前所述,改革开放以来,我国成人中等学校教育快速恢复和发展起来,但在发展的过程中,也暴露出办学与社会需要脱节、学历化倾向较严重、管理

① 冯俊.新中国 60 年干部教育培训工作的历程(2)[EB/OL]. http://theory. people. com. cn/GB/41038/10136387. html.
② 中国成人教育协会.中国成人教育改革发展三十年[M].北京:高等教育出版社,2008:620.
③ 董明传,毕诚,张世平.成人教育史[M].海口:海南出版社,2002:346.
④ 董明传,毕诚,张世平.成人教育史[M].海口:海南出版社,2002:337,345-347.
⑤ 中华人民共和国国家教育委员会计划财务司.中国教育成就统计资料(1980—1985)[G].北京:人民教育出版社,1986:101.
⑥ 国家教育委员会计划建设司.中国教育成就统计资料(1986—1990)[G].北京:人民教育出版社,1991:96.

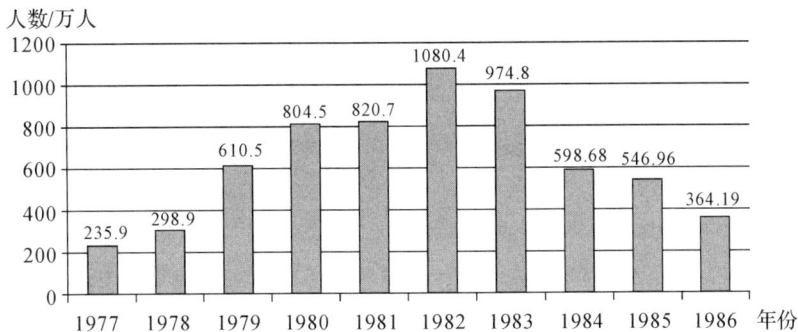

图 6-4　1977—1986 年我国成人中等专业学校和成人中学在校生数

体制相对落后、教学内容和方法不符合成人特点等问题。伴随着经济社会的发展和科学技术的进步以及整个教育领域的改革,自 1987 年起,我国成人中等学校教育也步入了改革与发展的历史新时期。这一阶段又细分为改革与发展的启动阶段(1987—2000 年)、改革与发展的深化阶段(2001 年至今)。

1.改革与发展的启动阶段(1987—2000 年)

1985 年 5 月发布的《关于教育体制改革的决定》指出:"有关干部、职工、农民的成人教育和广播电视教育是我国教育事业极为重要的组成部分,国家教育委员会应就改进和加强这方面工作,做出专门的决定。"根据这一精神,1986 年 12 月,国家教委、国家计委、劳动人事部、中央组织部和全国职工教育管理委员会联合召开了新中国成立以来的首次全国成人教育工作会议,会议讨论修改了国家教委提出的《关于改革和发展成人教育的决定》,国务院于1987 年 6 月批转了这一决定。在成人教育发展历程中,这是一次承前启后、继往开来的重要会议,《决定》则是一份里程碑式的重要文献。《决定》提出"一要改革二要发展的方针",并把"改革成人学校教育、提高办学效益和质量"作为成人教育的主要任务之一,从而为我国成人中等学校教育的改革与发展指明了路径和方向。1994 年 4 月 20 日,国家教委发布的《关于改革和发展成人中等专业教育的意见》,则提出了成人中等专业教育的具体改革措施。

(1)发挥多种办学功能

针对以往成人中等学校教育片面追求学历文凭的倾向,并基于社会发展的实际需求,发挥多种办学功能成为我国成人中等学校教育改革的重点任务。《关于改革和发展成人教育的决定》指出,成人学校要发挥多种功能。成人高等学校和中等专业学校既要办学历教育,又要办非学历教育,还可以承担函授和广播电视教育的教学辅导,有条件的还可以根据用人单位招工和录用干部的需要,招收应届高中、初中毕业生进行定向培养。广播电视大学和广播电视中等专业学校在进一步办好本科、专科、中专等学历教育的同时,积极地为岗位培训、继续教育等提供教学服务。① 根据这一要求,我国各类成人中等学校在办好学历教育的基础上,还举办了岗位培训、实用技术培训及各种短期业务培训等非学历中等教育。1990 年,全国共有 46591 所成人技术培训学校,在校生达到 1282.18 万人,有 1545.38 万经过培训结业的职工、农民回到生产第一线。② 1999 年,全国成人技术培训学校发展到 53.42 万所,在校学生达 7136.63 万人,共培训结业 10156.88 万人次。③

(2)突破单一培养规格,实行三种证书制度

为了适应经济社会发展对不同规格人才的要求,成人中等学校开始突破以往单一的人才培养规格,实行毕业证书、专业证书和单科证书三种证书制度,建立和完善学历文凭、技术等级证书、岗位资格证书并重的制度。其中,较早启动的是干部中等专业教育。1986 年 12 月 15 日,中央组织部、中央宣传部、国家教委印发的《关于加强干部中等专业教育的意见》就提出,要对干部中专教育进行改革,实行干部中专的毕业证书、专业证书和单科证书三种证书制度,并分别举办干部中专的全科班、专修班和单科班三种班次。④ 通过全科班的学习,达到中专教育培养规格要求,成绩合格者,可取得毕业证书;通过专修班学习与工作岗位相关的七八门的专业基础课、专业课和文化课,成绩合格者,可取得中专专业证书;通过单科班学习,在某一门课程上,达到成人中专学校同类专业、同一课程教学质量标准的,可取得单科证书。实践证明,三种证书教育的实行提高了干部队伍的整体素质,促进了干部的专业化。1987 年 4月 17 日,国家教委发布的《成人中等专业学校暂行条例》提出:"成人中等专业学校在办好全科班的同时,应充分挖掘潜力,根据实际需要,积极举办多种形式和不同内容的单科班、短训班,试办中专专修班,逐步开展岗位职务培训和实用技术培训。逐步实行成人中专的毕业证书、专业证书、单科证书三种证书制度。"⑤此外,《关于改革和发展成人教育的决定》中也明确提出,成人高等和

---

① 何东昌.中华人民共和国重要教育文献(1976—1990)[G].海口:海南出版社,1998:2630.
② 国家教育委员会计划建设司.中国教育成就统计资料(1986—1990)[G].北京:人民教育出版社,1991:96.
③ 教育部.1999 年全国教育事业发展统计公报[EB/OL].http://www.edu.cn/20010823/207270.shtml.
④ 何东昌.中华人民共和国重要教育文献(1976—1990)[G].海口:海南出版社,1998:2553.
⑤ 何东昌.中华人民共和国重要教育文献(1976—1990)[G].海口:海南出版社,1998:2599.

中等专业学校要突破单一的培养规格,对学员实行三种证书制度。一种是达到国家对高等学校本科、专科和中等专业学校学历规格要求的毕业证书;一种是达到相应学历层次单科知识水平的单科及格证书;一种是达到岗位必需的专业文化知识水平,在本行业从事所学专业工作范围内适用的专业证书。专业证书制度要随着岗位培训的开展,经过试点,逐步实施。于是,成人中等专业学校逐步试点并实行了三种证书制度。此举较好地减少了从业人员的工学矛盾,扩大了教育规模,加快了培训进度,满足了社会主义现代化建设对不同规格人才的需求。

(3)实行多形式、多渠道办学

《成人中等专业学校暂行条例》提出:"提倡地区与部门之间、普通中专与成人中专之间、各种形式的成人中专之间横向联合与协作,提高办学的整体效益。"[①]《关于改革和发展成人教育的决定》也要求:"要加强成人学校与普通学校之间,各类成人学校之间的横向联系和协作,发展多种形式的联合办学。一般以地区联合为主,也可以按系统联合。在能保证质量的各类成人高等、中等专业教育形式之间,要积极创造条件,逐步实现同一层次、同一专业的教学计划、教学内容互相沟通,学员在转学时学科成绩应相互承认。农村成人学校与农村的普通学校、职业学校应当互相沟通,也可以采取不同形式联合举办各种技术培训班或文化班。"在这些政策文件指导下,我国成人中等学校走上了改变封闭式办学模式,打破各类学校之间的壁垒,实行多种形式、多种渠道办学的发展之路。在干部中等专业教育方面,普通中等专业学校和各种形式的成人中等专业学校(职工中等专业学校、干部中等专业学校、农民中等专业学校、广播电视中等专业学校等)都按照主管部委和地区的成人中等专业教育计划招收干部学员,有的普通中等专业学校还举办了干部中专函授班。各行业、地区、部门之间联合举办干部中等专业学校,从而避免了在同一地区重复举办同类学校。在农民中等教育方面,逐步推行基础教育、职业技术教育、成人教育三教统筹,正规教育和非正规教育形成一体,全面规划,统筹安排,协调发展。一些地方的成人中等学校与职业学校加强联系和合作,不少学校挂两块甚至多块牌子,开展职前和职后的中等专业技术教育。广播电视、函授中等专业教育与中等专业自学考试也走向相互沟通、联合协作,发挥各自优势,并创造了新的办学模式。可以说,这种多种形式、多种渠道办学方式,有助于合理、充分利用教育资源,也有效地提高了办学效益。

---

① 何东昌.中华人民共和国重要教育文献(1976—1990)[G].海口:海南出版社,1998:2598.

（4）改革教育管理体制

这方面改革的主要方向是，健全充实各级成人中等学校教育管理机构，完善分级办学、分级管理的管理体制，扩大学校的办学自主权。其中，国家教委对全国的成人中等学校教育进行宏观管理和总体规划，协调中央业务部门与地方有关成人中等学校教育工作。有关部委要办好所属成人中等学校，并对本系统（行业）范围内各类成人中等学校的布局、专业设置、教学计划等方面进行业务指导和协调。省、自治区、直辖市及计划单列市教育行政部门，负责对全省（市）的成人中等学校教育进行全面规划、督导和指导，加强对各类成人中等学校的领导和管理，负责审批学校和专业，调整学校布局，确定教学计划和教材，检查评估教学质量和办学条件。与此同时，改革成人中等学校内部管理体制和运行机制，扩大学校的办学自主权。学校要改革人事制度和分配制度，逐步实行全员聘任制和结构工资制、校长负责制，建立岗位责任制、全员考核制，其中校长负责制是核心。为此，1995 年 4 月 17 日，国家教委印发了《成人中等专业学校校长岗位规范（试行）》，对校长的基本职责、基本素质和任职条件做出了明确规定。该文件的颁发，促进了成人中等专业学校校长岗位培训工作，也为校长达到任职条件提供了保障。

（5）深化教学改革，提升教育质量

针对在发展中出现的教学内容及方法不符合成人学员特点和要求的问题，深化教学改革，提升教育质量也成为成人中等学校教育改革的着力点。不少成人中等学校都把教学改革作为一项战略任务来抓，加强了教学改革的实验研究。为此，国家教委于 1995 年选择了黑龙江、上海、江苏、湖北四省（市）及电力部作为改革试点单位，要求这些省市改革教学方法，加强实践性教学环节，注重能力培养。其中，黑龙江省实行了"双轨同步改革"，电力部将河北电力职工中专校作为改革试点校，并取得了阶段性成果。其他省、自治区、直辖市和国务院有关部委教育行政部门，也都积极推进成人中等学校教改实验。有些学校还充分利用校办产（企）业、工厂、科研单位及社会的有关条件，作为学习理论知识和实践相结合、提高动手能力的实习基地。

教育评估也逐步成为提高成人中等学校教育质量的重要方式和手段。1990 年 10 月 31 日，国家教委发出了《关于开展成人中等专业学校评估工作的通知》。成人中等专业学校的评估工作自此在全国各地开展起来。据 1995 年不完全统计，全国 1900 多所成人中等专业学校参加评估，评估合格学校

1541 所,基本合格学校 375 所,不合格学校近百所。① 在此期间,有关学校主管部门为迎接评估,共投资 10 亿多元,用于改善办学条件,提高教学质量。在此次评估的基础上,国家教委又于 1995 年 5 月发布了《关于评选省、部级示范性成人中等专业学校的通知》,以进一步推动成人中等专业学校深化改革,完善办学条件,全面提高教育质量和办学效益。之后,各地陆续评选出上百所省级示范性成人中等专业学校,如上海市的徐汇区职工中专校、上钢三厂职工中专校、黑龙江省的黑龙江省农垦赵光职工中等专业学校、黑龙江省农行职工中等专业学校、哈尔滨铁路成人中等专业学校等。总体来看,通过开展评估和评优工作,改善了成人中等学校的办学条件,为进一步提高教育教学质量奠定了基础。

以上改革措施促进了我国成人中等学校教育事业的发展。据统计,2000年,我国共有成人中等学校 494130 所,毕业 95636213 人,招生 81579589 人,在校学生 66070655 人。无论是学校数、毕业生数、招生数和在校生数,都在成人学校中占据明显优势(见表 6-1)。

表 6-1　2000 年全国各级成人学校基本情况②　　　　　(单位:人)

	学校数(所)	毕业生数	招生数	在校学生数
成人高等学校	772	328877	512701	1117700
成人中等学校	494130	95636213	81579589	66070655
成人中等专业学校	4634	793245	533899	1692552
成人中学	3940	386597	451319	511641
成人技术培训学校	485556	93962241	80594371	63866462
成人初等学校	156839	4994482	4525177	511641

2.改革与发展的深化阶段(2001 年至今)

进入 21 世纪以后,随着经济、文化、信息技术的快速发展,我国成人中等学校教育的改革与发展也趋向深化。

(1)调整布局结构,加强协作沟通

1999 年 1 月 13 日,国务院批转教育部《面向 21 世纪教育振兴行动计划》提出:职业教育和成人教育要走产教结合的路子,调整学校布局,优化资产配置。根据行动计划的要求,成人中等学校也面临着布局调整。调整的主要任务是改变"条块分割"的现状,打破封闭式的办学模式和部门界限,优化成人中

① 中国成人教育协会.中国成人教育改革发展三十年[M].北京:高等教育出版社,2008:209.
② 中华人民共和国教育部发展规划司.中国教育统计年鉴(2000)[G].北京:人民教育出版社,2001:98－119.

等学校的布局,加强普通中专与成人中专、成人中专与成人中专、成人中专与普通中学的协作沟通。为此,全国不少职业中专、职工中专、教师进修学校等进行合并,成为融职前教育、职后教育于一体的综合性、多功能的职业学校,还有一些中等职业学校举办了成人中等职业学校教学班,从而进一步优化了教育资源配置,扩大了办学规模,提升了办学能力。据统计,2004年中等职业学校举办的各类成人非学历教育结业达780.35万人次,注册学生450.21万人。① 此外,自2003年起,《中国教育统计年鉴》将成人中等专业学校放在中等职业学校之中进行统计,成人技术培训学校改为职业技术培训机构进行统计,也可以说是对于成人中等学校教育布局调整、协作沟通的呼应和印证。2008年11月24日,教育部办公厅下发了《关于中等职业学校面向返乡农民工开展职业教育培训工作的紧急通知》,要求各地要以县级职教中心为主要基地,充分发挥农村成人文化技术学校、普通中学及其他培训机构的作用。在返乡农民工集中的地区,根据需要确定一批中等职业学校,组织返乡农民工就近接受职业教育培训。返乡农民工可以集中在县(市、区)职业学校学习,也可以依托有条件的农村成人文化技术学校、普通中学等场所组织教学。② 这成为成人中等学校、中等职业学校、普通中学及其他培训机构多方联合协作开展成人中等学校教育的典型例证。

(2)重视开展非学历教育

随着劳动力文化水平和对劳动者岗位技能和生产技术水平要求的不断提高,非学历中等教育特别是职业技术培训的社会需求趋于增加。在此背景下,成人中等学校在开展中等学历教育的同时,更加重视开展非学历中等教育特别是职业技术培训。《面向21世纪教育振兴行动计划》提出:"今后3~5年,使全国大多数农村地区义务教育阶段的毕业生或肄业生能够在从业前后接受一定方式的职业技术培训,包括'绿色证书'培训,使一部分人掌握一两项生产致富的实用技术。"③2005年3月17日,教育部印发的《关于实施农村实用技术培训计划的意见》提出:"2005—2007年,要在现有培训规模的基础上,努力扩大培训规模。全国农村实用技术培训人数逐年增长1500万人以上,农民培训率逐年增长5个百分点以上,争取到2007年农村劳动力实用技术培训人数

① 教育部.2004年全国教育事业发展统计公报[EB/OL].http://www.edu.cn/20050728/3144984.shtml.

② 《新中国六十年成人教育大事记》编委会.新中国六十年成人教育大事记[G].北京:北京工业大学出版社,2010:212.

③ 中国成人教育协会.中国成人教育改革发展三十年[M].北京:高等教育出版社,2008:631.

达到1亿人次,农村劳动力年培训率达到35％以上。"为此,"每个县要办好一所示范性职业学校,使之成为面向当地经济建设和社会发展的开放的、多功能的职业教育与成人教育中心。要继续办好乡镇、村成人文化技术学校,继续开展骨干学校建设活动,形成一大批技术引进、实验示范、教育培训、推广服务能力较强的学校,发挥其在农村实用技术和劳动力转移培训中的重要作用。"①在此背景下,我国成人中等非学历教育蓬勃发展。2005年,全国各种非学历中等教育结业人数达6743.87万人次,注册学生5283.76万人。其中:中等职业学校举办的各类成人非学历教育结业人数达809.68万人次,注册学生401.04万人;职业技术培训机构共培训结业学员5934.19万人次,注册学生4882.72万人。②

（3）加快现代远程教育发展

《面向21世纪教育振兴行动计划》提出实施现代远程教育工程,是在我国教育资源短缺的条件下办好大教育的战略措施。基于这一认识,2001年3月5日,教育部印发了《现代远程中等职业教育与成人教育资源建设项目开发指南》指出,现代远程中等职业教育与成人教育资源建设是教育部现代远程教育工程的重要组成部分,实施现代远程中等职业教育与成人教育资源建设项目对于促进职业教育的发展,加快职业教育信息化建设具有重要意义。要求各地认真组织落实现代远程教育工程,加快现代远程教育工程资源建设步伐,开展现代远程职业教育试点。到2009年,已经确定了106个职成教育网络课程和素材库开发项目。至2010年,中央农业广播电视学校已拥有广播、电视、互联网、卫星网、报纸、杂志、音像出版、手机短信、热线电话、文字教材等多种教学媒体资源,并形成了以中央农业广播电视学校为龙头,有省级农业广播电视学校39所,地（市）级校336所,县级校2184所,乡、镇教学班7323个,村级教学班4606个,农民科技教育培训中心2065个,覆盖广大农村的远程教育培训体系。累计开展实用技术培训达2.4亿人次;专业农民培训2335万人;农村劳动力转移引导性培训2154万人,职业技能培训1186万。③

（4）进一步深化教学改革

进入21世纪以后,我国成人中等学校进一步深化教学改革,提升办学效

---

① 教育部关于实施农村实用技术培训计划的意见［EB/OL］. http://www. eol. cn/article/20051014/3155620. shtml.

② 教育部. 2005年全国教育事业发展统计公报［EB/OL］. http://www. moe. edu. cn/publicfiles/business/htmlfiles/moe/moe_633/200607/15809. html.

③ 中央农业广播电视学校简介［EB/OL］. http://www. ngx. net. cn/about/201006/t20100622_7074. htm.

益和教育质量。其中最具代表性的当为学分制教学改革。2000年,宁波市教育委员会发布了《关于在成人中等专业学校实行学分制管理有关问题的通知》。《通知》指出,为了改革发展成人中等专业教育,使成人教育更加符合成人特点,提高办学效益和教育质量,决定在成人中等专业学校学生中实行学分制管理试点。在试点基础上,今后将逐步推开。2005年,上海市教育委员会发布了《关于加强本市成人中等专业学校招生和教学管理工作的通知》指出,成人中专可实行学年制、学分制或单科累计制等教学管理制度。

与此同时,成人中等学校也陆续开展了其他方面的教学改革。2001年9月,上海市教委决定在郊区试行成人中等学历教育与农业技术培训相衔接的新教学模式,目的在于鼓励农业劳动者学习科学、技术和文化的积极性,推动郊区各类技术培训工作,提高劳动者的整体素质,以此适应农业现代化建设的需要。而为了方便企业在职职工、外来务工人员、农村劳动者参加中等职业学校举办的成人学历教育,从2006年起,北京市部分中等职业学校开展了以"职业资格证书"与文化基础课为核心的成人学历教育教学模式改革试点工作。这种模式主要指学员参加劳动部(局)职业资格考试,取得相应的职业资格证书,同时参加成人中等学历教育必需的文化基础课的学习和考试,成绩合格者,即可取得同等职业学校成人中等学历教育证书。

第二节　成人中等学校教育的机遇与挑战

从1949年只有成人中等专业学校一种类型,在校学生100人,发展到2013年,共有成人中等专业学校、成人中学、成人技术培训学校几大类型,有中等学历教育在校学生289.28万人,接受中等非学历教育的学生4914.65万人次,①我国成人中等学校教育可谓是成绩斐然。而在新的历史时期,我国成人中等学校教育既面临着难得的发展机遇,也遭遇了比较严峻的现实挑战。

一、成人中等学校教育面临的发展机遇

1.完善终身教育体系、建设学习型社会的良好契机

自20世纪60年代提出以来,在联合国教科文组织和其他国际机构的大

---

① 教育部.2013年全国教育事业发展统计公报[EB/OL].http://www.moe.edu.cn/publicfiles/business/htmlfiles/moe/moe_633/201407/171144.html.

力提倡和推动下,终身教育、学习型社会的理念逐步深入人心,并成为不少国家的发展战略。在我国,1999 年国务院批转教育部《面向 21 世纪教育振兴行动计划》中提出:逐步建立和完善终身教育体系。党的十六大报告把"形成全民学习、终身学习的学习型社会"列为全面建设小康社会的基本目标,并提出"加强职业教育和培训,发展继续教育,构建终身教育体系。"党的十七大,特别是十八大进一步明确了完善终身教育体系,建设全民学习、终身学习的学习型社会的战略目标和战略部署。2010 年,中共中央、国务院印发的《国家中长期教育改革和发展规划纲要(2010—2020 年)》,也把"基本形成学习型社会,终身教育体系基本形成"作为至 2020 年我国教育改革发展的三大战略目标之一。可以说,完善终身教育体系、建设学习型社会的战略决策和奋斗目标,反映了我国社会发展的必然要求,也为成人中等学校教育提供了良好的发展契机。

终身教育是人们在一生各阶段当中所受各种教育的总和,是人所受不同类型教育的统一综合。它包括教育体系的各个阶段和各种方式,既有学校教育,又有社会教育;既有正规教育,也有非正规教育。而构建和完善终身教育体系,一方面是指从纵向和横向维度上积极发展各级各类教育。要满足全体社会成员在人生各个阶段的教育需求,必须大力发展包括幼儿教育、义务教育、高中阶段教育、高等教育和继续教育在内的各级各类教育,提高各级各类教育的参与率。另一方面是指着力搭建终身教育"立交桥",实现各级教育纵向衔接、各类教育横向沟通,促进教育系统与社会系统的协调发展。其中,成人教育是终身教育体系的有机组成,是终身教育的实践基础和重要标志。没有发达、成熟的成人教育,就不可能构建起真正意义上的终身教育体系,而成人中等学校教育既是成人教育不可替代的一部分,也是各级各类教育横向沟通、纵向衔接中的重要一环。因此,完善终身教育体系,必然会将成人中等学校教育含纳其中,并在学校教育与社会生活、教育领域与劳动领域、学历教育与非学历教育的沟通结合中,直接推动成人中等学校教育快速发展。

学习型社会又称学习化社会,关于其含义,英国学者贾维斯(Jarvis)认为:"学习社会曾是依附终身教育而来的一种理想。在此社会中,提供所有社会成员在一生中的任何时间,均有充分的学习机会。因此,每个人均得通过学习,充分发展自己潜能,达成自我的实现。"[①]我国台湾学者胡梦鲸认为:"所谓学习化社会是指一个人人均能终生学习的理想社会。在此社会中,学习者的基

---

① 高志敏,等.终身教育、终身学习与学习化社会[M].上海:华东师范大学出版社,2005:12.

本权利能够获得保障,教育机会能够公平地提供,学习障碍能够合理地去除,终身教育体系能够适当地建立。学习社会发展的目的,是要提供一个理想的学习环境,实现每一个人的自我天赋潜能,使其做一个自己想要做的人。"①我国《学习型社会建设研究》课题组认为:"学习型社会,指的是以社会学习者为中心,以终身教育体系、终身学习服务体系、学习型组织为基础,以形成终身学习文化为基本特征,能保障和满足社会成员学习基本权利和终身学习需求,从而有效地促进社会成员全面发展和社会价值得以充分实现,以及社会可持续发展的一种开放、创新、富有活力的新型社会。"②由此可知,学习型社会的核心内涵是全民学习、终身学习。其基本特征是学习是每个人的基本权利,教育面向全体社会成员开放,教育能满足人生各个阶段的、多样化的学习需求。从中可以解读出,在学习型社会中,学习和教育乃是社会的基本职能,学习成为全体社会成员的自觉行为和终身行动。每一个成人都有学习和受教育的权利,成人的学习和教育活动能够得到保障。这也就意味着,接受中等学校教育是成人的基本权利,社会应该也能够满足成人接受中等学校教育的需求,特别是通过构建终身教育、终身学习服务体系,成人接受中等学校教育将有效得到保障。有鉴于此,建设学习型社会创造了成人接受中等教育的巨大需求,成人中等学校教育亦将获得更好的发展空间。

2.走新型工业化、信息化、城镇化、农业现代化道路的时代要求

党的十八大报告提出:"坚持走中国特色新型工业化、信息化、城镇化、农业现代化道路,推动信息化和工业化深度融合、工业化和城镇化良性互动、城镇化和农业现代化相互协调,促进工业化、信息化、城镇化、农业现代化同步发展。""新四化"既是党中央对我国经济社会发展阶段性特征及发展任务的科学把握,也是深入推进现代化建设进程的重大战略决策。尽管对象、内容或方式上会有所差异,但是,走新型工业化、信息化、城镇化、农业现代化道路无疑为我国成人中等学校教育的发展提出了时代要求,提供了动力支持,也指明了发展方向。

2002年,党的十六大在总结我国工业发展和工业化经验的基础上,正式提出了走新型工业化道路的科学决策。针对我国工业化进程中存在的突出问题,党的十七大和十八大又相继做出了坚持走中国特色新型工业化道路的战

---

① 胡梦鲸.学习型社会的概念意涵和发展条件[J].成人高等教育研究,1997(4).
② 学习型社会建设研究课题组.学习型社会建设的理论与实践——学习型社会建设研究课题总报告[M].北京:高等教育出版社,2010:23-24.

略部署。所谓新型工业化,就是坚持以信息化带动工业化,以工业化促进信息化,就是科技含量高、经济效益好、资源消耗低、环境污染少、人力资源优势得到充分发挥的工业化。倘若说传统工业化强调在工业化进程中工业数量的扩张,新型工业化则是在保证一定数量规模的前提下,更注重在工业化过程中依靠现代科学技术提升工业质量。从根本上讲,新型工业化在于使推动工业化的要素由低科技含量、低素质劳动力、高资源消耗投入向高科技含量、高素质劳动力、低资源消耗转变。由此,如何扭转目前我国劳动力资源总体数量大但素质较低的局面,培养新型工业化所需的大量高素质劳动者,就成为摆在我国面前的一个重要问题。为了解决这一问题,旨在提高劳动者科学文化素质、培养中级人才的成人中等学校教育,自然责无旁贷。

信息化是指充分利用信息技术,开发利用信息资源,促进信息交流和知识共享,提高经济增长质量,推动经济社会发展转型的历史进程。在世界范围内,20 世纪 90 年代以来,信息技术不断创新,信息产业持续发展,信息网络广泛普及,信息化成为全球经济社会发展的显著特征,并逐步向一场全方位的社会变革演进。进入 21 世纪,信息化对经济社会发展的影响更加深刻。可以说,加快信息化发展已经成为世界各国的共同选择。在我国,党的十五届五中全会把信息化提到了国家战略的高度;党的十六大进一步做出了以信息化带动工业化、以工业化促进信息化、走新型工业化道路的战略部署;党的十八大报告则明确将信息化作为"新四化"之一,并提出信息化与工业化、城镇化、农业现代化同步发展。近年来,随着经济的高速增长,我国信息化也有了显著的进展,呈现出强劲的发展势头,并已成为推动我国经济社会变革的重要力量。新型信息化进程的推进,对我国成人中等学校教育的发展具有革命性的影响。比如,走新型信息化道路,必然需要培养大量信息化人才,国民的信息技术应用技能也有赖于教育培训来提高,成人中等学校教育在这方面能够有所作为。信息化特别是教育信息化的发展,可以让成人中等学校教育变得更为开放、灵活、便捷和高效,可以扩大优质教育资源的覆盖面,让更多成人中等学校特别是农村和边远地区的成人中等学校享受到优质教育资源,从而在促进教育公平的同时,实现教育规模和质量的同步提升。

就新型城镇化而言,十八届三中全会审议通过的《中共中央关于全面深化改革若干重大问题的决定》提出"坚持走中国特色新型城镇化道路,推进以人为核心的城镇化"。2013 年 12 月,中央城镇化工作会议首次在北京举行,会议指出:"要推进农业转移人口市民化。主要任务是解决已经转移到城镇就业的农业转移人口落户问题,努力提高农民工融入城镇的素质和能力。"可以说,农业转移人口市民化是衡量新型城镇化之"新"、之"质量"的关键标准,农民工的能力和素质及与之相关的教育培训则是影响其能否真正融入城镇,即能否实现"人的城镇化"的重要因素。由此,推进新型城镇化,必然会要求通过教育培训提升农民工的素质,推进农村富余劳动力向城镇转移,促进农业转移人口由农民转变为市民,而这正是我国很多成人中等学校所应承担的使命和职责。

2014年中央一号文件做出了新形势下推进农业现代化的总体部署,即要努力走出一条生产技术先进、经营规模适度、市场竞争力强、生态环境可持续的中国特色新型农业现代化道路。客观而言,工农城乡发展不平衡的矛盾突出,农业现代化发展滞后,是我国"新四化"建设中最薄弱的环节和短板。农业基础薄弱、物质装备水平不高、科技创新和技术推广能力不强、劳动力素质较低,则是制约我国农业现代化的瓶颈。立足于农业现代化的目标任务,针对制约现代农业发展的关键问题,我国亟待着力加强农业基础设施建设、加快农业科技进步、大力培育新型经营主体、深化农业农村体制改革。其中,针对农业劳动者的素质现状和农业现代化的基本要求,提升农业劳动者素质,加快培养有文化、懂技术、善经营的新型职业农民,使农业成为"进入有要求、经营有效益、收入有保障、职业有尊严"的行业,是解决农业现代化滞后问题、推动农业现代化的重要举措。而农业广播电视学校、农民科技教育培训中心、农民中等专业学校、农民文化技术学校无疑是新型职业农民培养的核心基地。

综上,走新型工业化、信息化、城镇化、农业现代化道路对我国工人、农民、干部等各行各业劳动者的素质提出了更高要求,对我国成人教育、职业教育的发展提供了重大机遇。作为推动"新四化"的重要力量,成人中等学校教育在培养技术工人、新型职业农民等中级人才方面应该也可以大有作为。

3. 深入实施人才强国战略的直接助推

进入新世纪以后,党中央、国务院做出了实施人才强国战略的重大决策。2002年,面对中国加入WTO后的新形势,为了保证建设有中国特色社会主义事业的健康发展,中共中央、国务院制定下发了《2002—2005年全国人才队伍建设规划纲要》,首次提出了"实施人才强国战略",对新时期中国人才队伍建设进行了总体谋划。2007年,党的十七大报告提出"更好实施人才强国战略"。根据这一要求,中共中央、国务院于2010年印发了《国家中长期人才发展规划纲要(2010—2020年)》,提出了2010—2020年我国人才工作的战略目标、总体部署和主要任务。党的十八大报告则提出深入实施人才强国战略,并把进入人才强国和人力资源强国行列作为全面建成小康社会和全面深化改革开放的目标。

人才强国战略是指,在建设中国特色社会主义伟大事业中,要把人才作为推进事业发展的关键因素,努力造就数以亿计的高素质劳动者、数以千万计的专门人才和一大批拔尖创新人才,建设规模宏大、结构合理、素质较高的人才队伍,开创人才辈出、人尽其才的新局面,把我国由人力资源大国转化为人才强国。人才强国战略共分大力开发人力资源战略、吸引和留住人才战略以及充分发挥人才资源作用三个子战略。其具体内容包括:以能力建设为核心,大力加强人才培养工作;坚持改革创新,努力形成科学的人才评价和使用机制;建立和完善人才市场体系,促进人才合理流动;以鼓励劳动和创造为根本目的,加大对人才的有效激励和保障;突出重点,切实加强高层次人才队伍建设;推进人才资源整体开发,实现人才工作协调发展;坚持党管人才原则,努力开创人才工作新局面。可见,培养造就规模宏大、结构优化、布局合理、素质优良的人才队伍是深入实施人才强国战略的重要目标和任务。在这其中,无论是专业技术人才、高技能人才、农村实用人才还是企业经营管理人才、党政人才的教育培训工作,都需要成人中等学校教育积极参与,甚至在开展农村实用人才培训等领域发挥主力军作用。

二、成人中等学校教育遭遇的现实挑战

理智地审视,目前,我国成人中等学校教育在获得良好的发展机遇的同时,也遭遇到了来自于内外部的多重挑战。

1.新增劳动力受教育水平提升的冲击

随着我国教育事业的快速发展,特别是九年制义务教育的巩固提高、高中教育的普及以及高等教育大众化的推进,我国劳动力特别是新增劳动力平均受教育年限显著提高。全国 15 岁以上人口平均受教育年限,1982 年仅为 5.3年,1990 年为 6.4 年。[①] 而截至 2009 年年底,全国 15 岁以上人口平均受教育年限接近 8.9;主要劳动年龄人口平均受教育年限为 9.5 年,其中受过高等教育的比例为 9.9%;新增劳动力平均受教育年限达到 12.4 年。[②] 2010 年,新增劳动力平均受教育年限则达 12.7 年。[③] 劳动年龄人口特别是新增劳动

---

① 15 岁以上人口平均受教育年限[EB/OL]. http://edu. people. com. cn/GB/8216/196960/12123786. html.

② 中国的人力资源状况[EB/OL]. http://baike. baidu. com/link? url=EwZKZrAHkWIAgnng-E7AVVqtN8dDdUBhxWVNyRXzrKcodtGROACHE_jtpgjnk4IArqWkYJ5zFaispepcR_4VIAK.

③ 教育部:今年将成立国家教育考试指导委员会[EB/OL]. http://www. jyb. cn/china/gnxw/201103/t20110329_422355. html.

力受教育水平的提升,直接冲击着我国成人中等学历教育的发展。以成人高中为例,如表 6-2 所示,2001—2013 年,我国成人高中的学校数、在校生数和毕业生数都呈现出明显下滑趋势,成人高中教育规模总体趋于萎缩,甚至面临着"生存"危机。

表 6-2 2001—2013 年全国成人高中发展情况①

年份	学校数(所)	在校生数(万人)	毕业生数(万人)
2001 年	1723	31.02	22
2005 年	974	21.81	12.41
2008 年	753	12.7	9.34
2010 年	654	11.5	9.02
2013 年	611	11.07	10.4

2.管理力量分散的制约

1987 年,国家教育委员会成立成人教育司,统管成人初等、中等和高等教育。1988 年,国务院批转国家教委"三定"方案,其中原成人教育管理部门成人教育司、高教三司以及高等教育自学考试指导委员会办公室合并为成人教育司(设全国高等教育自学考试指导委员会办公室合署办公),此举使得我国成人教育的管理机构趋于完善,也有利于成人教育的统一归口管理,推动了成人教育管理的规范化和制度化。但是,在 1998 年的教育部机构调整中,原成人教育司与职业教育司合并为职业教育与成人教育司,原成人教育司的大部分职能被分解到基础教育司、高等教育司、发展规划司、学生司等司局机构。这一调整也引发了全国自上而下的成人中等学校教育管理机构调整撤并,进而导致了成人教育管理力量的分散以至流失,甚至陷入了各自为政、"群龙无首"的局面。此外,不少成人中等学校属于部门或行业主管,这也在一定程度上造成了条块分割、多头管理、力量分散,缺乏对成人中等学校教育的科学统筹和规划。

3.办学定位偏差的桎梏

合理清晰的办学定位对成人中等学校教育的发展具有统领引导作用。办学定位不仅从宏观上概括成人中等学校的办学指导思想、办学理念,还对学校的办学形式、办学规模等做出方向性选择,是成人中等学校发展的方向标。但

---

① 数据来自 2001 年、2005 年、2008 年、2010 年、2013 年全国教育事业发展统计公报。

目前来看,办学定位模糊、偏差却是我国不少成人中等学校存在的突出问题,并直接阻碍着其发展。比如,就办学形式定位而言,成人中等学校教育可以分为学历教育与非学历教育、全日制与非全日制教育。从前述我国成人中等学校教育的历史演变可以看出,在发展初期,针对广大成人文化学历水平较低的情况,我国成人中等学校以开展"学历补偿"教育为主,这种学历补偿教育在特定历史条件下曾发挥了重要作用。然而,在义务教育普及化、高等教育大众化、成人学习需求多元化的今天,成人中等学校若仍固守中等学历教育的疆域,则无异于作茧自缚。另外,一些成人中等学校合并调整特别是成人中专与普通中专合并后,一方面有利于在终身教育背景下统筹办学,提高教育资源利用率,另一方面,却也引致了一些学校的成人中等教育地位旁落,甚至变成了可有可无的附庸。

4. 办学实力不足的困窘

办学实力不足是当前我国成人中等学校教育面临的又一严峻挑战。这主要表现为师资力量薄弱、培训规模偏小等层面。就师资力量而言,目前,我国成人中等学校校均教职工、专任教师数量都相对较少。从表6-3中的数据可以算出,2010年,我国成人初中的校均教职工数只有4.57人,校均专任教师仅2.75人;成人高中校均教职工7.13人,校均专任教师5.42人;成人中专校均教职工49.62人,校均专任教师33.13人。而且,成人中等学校特别是成人初高中专任教师职称、学历较低。专任教师以中级职称居多,高级职称人数所占比例较少。例如,上海市某成人中等文化技术学校有教职工9人,但其中高级职称教师仅有1人,中级职称教师6人。此外,培训规模偏小也是成人中等学校面临的一大困窘。2010年,我国中等职业技术培训机构校均培训量为380人次,其中,职工技术培训学校校均培训量最高,为1212人次,其他职业技术培训机构校均培训量为599人,而农村成人文化技术学校校均培训量仅为320人次。[①] 另据本研究调查,2013年,山东省某地级市共有6所成人中专学校,在校生却只有262人,有的成人中等学校甚至连续几年没有招生,已经基本形同虚设。

---

① 赖立,等.中国继续教育发展报告[M].北京:教育科学出版社,2012:69.

表 6-3　2010 年我国成人中等学校校数、教职工、专任教师情况①

	学校数(所)	教职工数(人)	专任教师(人)
成人高中	654	4664	3542
成人中专	1720	85346	56979
成人初中	1589	7255	4371

第三节　成人中等学校教育转型的路径与机制

承前所述,新中国成立至今,成人中等学校教育作为我国现代教育体系的重要组成部分,取得了骄人成就,为提高我国广大成人的学历水平和科学文化素质、推进教育事业的快速发展做出了突出贡献。但在发展的过程中,也暴露出诸如布局结构不合理、办学定位偏颇、体制机制不够完善、信息化水平低等问题。也正是这些问题,在很大程度上导致了我国成人中等学校教育难以适应新形势发展的要求,阻滞了成人中等学校教育功能的充分释放。基于此,在社会全方位转型的今天,在完善终身教育体系、建设学习型社会的时代背景下,我国成人中等学校教育亦面临着转型的迫切要求。唯有如此,成人中等学校教育才能抓住发展机遇,摆脱发展困境,获得更大的生存和发展空间。

一、扩展办学职能

在新的历史时期,我国成人中等学校应本着搭建终身教育"立交桥"、各类教育横向沟通、各级教育纵向衔接的原则,努力扩展自身办学职能,以更好地适应和满足经济社会发展及广大成人多样化的学习需要。

1. 大力发展非学历教育

完整意义上的成人中等学校教育既包括成人中等学历教育也包括成人中等非学历教育。通常情况下,成人中等专业学校、成人中学以开展成人中等学历教育为主,成人技术培训学校则开展成人中等非学历教育。在成人需求趋于多元化的时代,我国成人中等学校办学职能应逐步由单一走向多元。特别是面对成人受教育水平逐步提高、成人中等学历教育需求减弱而非学历教育

---

①　中华人民共和国教育部发展规划司.中国教育统计年鉴(2010)[G].北京:人民教育出版社,2011:2.

需求增加的态势,以往仅仅承担学历教育职能的成人中学以及成人中等专业学校,应在稳步开展中等学历教育的同时,大力发展岗位培训、职业资格证书培训等非学历教育。此外,成人技术培训学校特别是职工技术培训学校作为行业企业继续教育的主要承担机构,近年来的培训规模虽稳定增长,但培训量仍需扩大。因此,今后职工技术培训学校在专业技术人员培训、职工岗位技能培训、职业资格证书培训等方面需发挥主渠道作用,并积极开拓紧缺专门人才培训、高技能人才培训、进城务工人员培训等,以进一步扩展培训对象,延伸培训领域。

2. 探索推进社区教育

我国社区教育起步于 20 世纪 80 年代初期的青少年校外教育,2000 年,教育部启动了社区教育实验工作,2010 年,我国社区教育进入了内涵发展和深入推进的新阶段。近几年,农村社区教育展现出蓬勃生机,这在东部地区表现尤为明显。《国家中长期教育改革和发展规划纲要(2010—2020 年)》也提出:"加强城乡社区教育机构和网络建设,开发社区教育资源。"在此背景下,部分成人中等学校尤其是乡镇成人文化技术学校,充分利用自身地域优势和办学资源优势,加挂社区教育学校(中心)、社区教育分院等牌子,开展老年文化教育、新居民素质教育,有效地扩大了自身办学规模,拓展了办学空间,在提高社区居民素质、创建学习型街镇、推进新农村建设方面发挥了较大作用。今后,需要更多地区、更多类型的成人中等学校依托所在社区,以发展社区教育、创建学习型社区为抓手,积极开发社区教育资源,多渠道、多形式、多方位地推进社区教育,促进成人中等学校与社区教育资源共享。

3. 衔接沟通成人高等教育

为了满足完善终身教育体系、建设学习型社会的要求,我国成人中等学校教育也应通过实行弹性学制、学分制等方式,实现不同类别的成人中等学校、不同层级的成人中等学校乃至成人中等学校与普通学校之间的沟通衔接。特别是,成人中等学校可以通过建立现代远程教育学习中心、函授站、教学点、自学考试服务站等方式,和高等教育机构实行联合办学,适度服务于成人高等教育,满足广大成人就近接受成人高等教育的需求,实现与成人高等教育的衔接沟通。

4. 积极推广科学技术

就大学而言,社会服务是与人才培养、科学研究相并列的三大职能之一,推广科学技术乃是大学社会服务职能的重要体现。对于成人中等学校来说,也应秉承主动服务于社会、服务于广大成人的服务理念,积极承担新型、实用科学技术推广职责。具体来说,除了开展实用技术培训之外,成人中等学校还可以面向企业、农业等开展技术推广、科学普及和信息传播,为区域经济和社会发展服务。特别是面向农村的成人中等学校,更应本着农科教结合的原则,将人才培训、科技推广和经济发展紧密结合起来,从而形成科教兴农的强大合力,取得最佳的整体效益。近年来,有的成人文化技术学校建立农业科技服务部、农科实验室,就较好地拓展了成人文化技术学校的功能,促进了农科教结合项目的深入实施。

二、优化布局结构

1.优化学校布局结构

根据《面向21世纪教育振兴行动计划》的要求,1999年9月9日,教育部印发了《关于调整中等职业学校布局结构的意见》。自此开始,我国开始了中等职业学校布局结构调整工作,一部分成人中专与普通中专、技工学校、职业高中进行了合并或共建。此举的确收到了优化资源配置、提高办学质量和整体效益的效果。这方面的代表性案例当属成人中等专业学校。近年来,我国成人中等专业学校数量趋于减少,但招生人数、在校生数及毕业生数却不降反升。2005年,我国共有成人中等专业学校2582所,2010年减少为1720所;2005年,成人中等专业学校招生数为47.95万人,2010年招生数达到116.11万人;2005年,成人中等专业学校在校生为112.55万人,2010年在校生达212.40万人;2005年,成人中等专业学校毕业生有39.39万人,2010年毕业生则有48.81万人。这一方面说明成人中等专业学校仍可以满足成人对中专学历的需求,另一方面,也是成人中等专业学校打破"条块分割"局面、进行适当的结构调整的结果。今后,我国成人中等学校,特别是一些规模小、条件差、效益低、布局不合理的成人中等专业学校,将继续走调整优化学校布局结构之路。

具体来说,优化成人中等学校布局结构的主要实现形式有合并、联办、托管等。合并是指根据学校布局调整规划,将两所或更多的学校合并为一所学校,实现人、财、物等各个方面的统一领导,统一规划和统一管理。联办是成人中等学校与其他院校机构在隶属关系、投资渠道等不变的前提下,进行各种形式的合作,实现资源共享,优势互补,以达到共同提高成人中等学校办学质量和效益的目的。托管即委托管理,主要指优质学校托管相对薄弱的学校,以实现优质教育资源的共享,促进薄弱学校的发展。合并、联办、托管既可以在成人中等学校之间进行,也可以在成人中等学校与普通中等专业学校、成人中等学校与技工学校、成人中等学校与职业高中等之间进行。只是,成人中等学校与普通中等专业学校、技工学校、职业高中等进行合并、联办或托管,其目的是加强教育资源的统筹协调和综合利用,以更好地满足社会经济和广大成人对于成人中等学校教育的需求,促进成人中等学校教育的发展,绝非因此而弱化成人中等教育的地位,减少成人中等教育规模,降低成人中等教育质量,甚至致使成人中等教育陷入有其名而无其实的境地。直言之,合并、联办、托管的根本目的是促进而非阻碍成人中等学校教育的健康协调发展。此外,成人中等学校、行业、企业、社会组织、科研机构等可以通过合并或联办等方式,组建成人中等教育集团,走集团化办学之路,以此推进城乡、区域合作,优化教育资源配置,扩大教育规模,促进教育链与产业链有机融合。

2. 优化专业布局结构

除优化学校布局结构外,在今后的发展中,我国成人中等学校教育还面临着优化专业布局结构问题。这主要表现在,随着经济发展和科学技术的进步以及产业结构的调整,各行各业对人才的需求不断变化,一些新兴的产业和职业岗位不断出现,成人中等学校应依据经济社会发展需求及自身办学条件,及时调整优化专业布局结构,逐步减少甚至取消一些陈旧落后、社会需求量小的专业,及时增加一些新兴的、适应行业企业需求和区域发展需求的专业,健全专业随产业发展动态调整的机制,重点提升面向先进制造业、现代服务业、现代农业、战略性新兴产业等领域的人才培养能力。例如,为服务于社会主义新农村建设,推进农业现代化,成人中等学校应适度加强涉农专业建设,加大培养适应农业和农村发展需要的专业人才力度,积极参与培养有文化、懂技术、会经营的新型职业农民。与此同时,应对一些基础条件好、特色鲜明的专业进行重点建设,集中创建成人中等学校优势特色专业,打造并不断增强专业集群优势。

三、创新人才培养模式

深化教学模式改革,创新人才培养模式,是我国成人中等学校教育转型的主要任务之一。本研究认为,我国成人中等学校教育人才培养模式改革与创新应从以下方面着手:

1. 全面推行学分制

成人中等学校教育应全面推行弹性学制和学分制度,设立模拟、借鉴银行功能特点的"学分银行",建立学分累积与转换制度,并以学分为媒介实现不同类型学习成果的互认与衔接,从而充分发挥学分银行开放、灵活、自主和全民性的特点,将成人中等学校教育面向所有有需求的成人开放,打破学历教育与非学历教育之间的壁垒,实现不同教育形式之间的资源共享。

2.探索"学历教育+技能培训"人才培养模式

这种模式旨在将学历教育与职业技术培训相衔接、学历证书与职业资格证书相融通、知识学习与能力培养相并重,可以说是成人中等学校教育比较理想的人才培养模式。为了实施这种人才培养模式,在课程设置上应力求同时开设文化基础和职业技能培训模块课程,或者将通过职业技能培训与学历教育取得的学习成果认定折合成相应的学分,通过学分的累积与转换,获取成人中等学历证书和职业资格证书"双证书"。还应基于培养实用型、技能型、复合型人才的原则,通过建设实训基地等方式,加强实践教学资源的开发与利用。在师资配置上,则通过加强教师培训、聘任(聘用)有实践经验和技能的专兼职教师等举措,努力打造"双师型"师资队伍。

3.倡导体验式、项目式、案例式教学

教学方法创新是人才培养模式创新的核心。今后,应倡导成人中等学校更多地采用体验式、项目式、案例式教学等适宜的教学方法,引导成人积极主动地学习,提高教学效果。简单而言,体验式教学是指让学习者在真实或者模拟的情境中,通过直接体验构建知识、技能和价值观的一种教学方法。项目式教学法是通过实施一个完整的项目而进行的教学活动,其目的是把理论教学与实践教学有机结合,充分发掘学习者的创造潜能,提高学习者解决实际问题的综合能力,这正与广大成人的学习需求相契合。案例式教学是以教学案例为载体,基于一定的教学目标,选择一定的教学案例从事教学。它在调动成人学习者的积极性,加深学习者对重要观点、原理的理解,提高学习者解决问题的能力方面,具有明显优势。

具体以体验式教学为例。当今社会发展的一个重大进步表现是从商品经济到服务经济,进而发展到体验经济。《体验经济》一书的作者、美国麻省理工学院教授 B.约瑟夫·派恩(B. Joseph Pine)指出:"阅读的资讯,我们能学习到百分之十;听到的资讯,我们能学习到百分之十五;但所经验过的事,我们却能学习到百分之八十。"[①]由此可见"体验"在学习中的重要性。体验式教学的基

---

① 王国强.体验式学习理论及其对成人教育的启示[J].河北工业大学成人教育学院学报,2008(3).

本过程包括具体体验、反思观察、抽象概括、行动应用等四个环节。体验式教学摒弃了传统教学以知识传递为主的外在输入式思路,采取以学习体验生成为内在主线的内发创生式思路,强调学习主体的主动性、学习的过程性、学习过程的情境性及学习目的的实践性,因而更加符合和适应成人的学习特点。2011 年,中关村学院率先建立了"中关村学院社区教育体验学习中心",开展体验式教学,并收到了良好效果。目前,已有更多社区学校、电大等开始采用体验式教学,并逐步在成人中等学校中推广应用。

四、深化管理体制改革

管理体制是成人中等学校教育发展的制度保障。近年来,我国在成人中等学校教育管理体制改革方面取得了明显成效,但仍存在条块分割、政府干预太多等弊端,并严重制约着成人中等学校教育的发展。鉴于此,深化管理体制改革,消除发展的制度阻隔,是我国成人中等学校教育转型的必然选择。

1. 尽快成立跨部门协调机构

《国家中长期教育改革和发展规划纲要(2010—2020 年)》中提出:"政府成立跨部门继续教育协调机构,统筹指导继续教育发展。"从成人中等学校教育角度而言,目前,我国成人中等学校教育管理各自为政、政出多门的现象仍比较突出,无论是中央政府各部门、各行业部门之间,还是中央教育主管部门、地方政府和教育行政管理部门内部,都不同程度地存在部门分割、管理分散等局面,并由此导致了办学效率低、办学资源浪费、管理成本增加。由此,为深化我国成人中等学校教育管理体制改革,就必须贯彻"统筹有力"原则,尽快成立跨部门的协调机构,以统筹指导我国成人中等学校教育的发展,最大限度地减少由于管理部门林立而造成的扯皮和内耗。

2. 切实转变政府职能

切实转变政府职能是成人中等学校教育管理体制改革的一个重点和关键。本研究认为,各级政府应切实履行对成人中等学校进行统筹规划、政策引导、监督管理和提供公共教育服务的职责,改变直接管理成人中等学校的单一方式,转为综合应用立法、拨款、规划、信息服务、政策指导和必要的行政措施,减少对成人中等学校不必要的行政干预。具体来说,就是政府要由主要依靠行政权力进行管理转为通过法律法规手段进行管理,由主要依靠行政等级关系和权威管理方式转向主要依靠拨款等财政手段进行管理,由事无巨细的管理转向宏观统筹规划,由单纯依靠行政命令转向加强对成人中等学校的政策指导和信息服务。唯有如此,我国成人中等学校才能真正从行政束缚中解放出来,激发成人中等学校的办学活力,增强成人中等学校的市场适应力和竞争力。

3.进一步简政放权

"简政放权"是《国家中长期教育改革和发展规划纲要(2010—2020 年)》在深化教育管理体制改革方面的又一重点。此处所指的简政放权,就是减少和规范对成人中等学校的行政审批事项,推进中央向地方放权,政府向学校放权,进一步落实和扩大成人中等学校的办学自主权。从中央向地方放权的角度,主要是扩大省级政府教育统筹权,比如省级政府促进省域内成人中等学校合理布局、协调发展、资源共享等。对于成人中等学校来说,这主要表现为,扩大成人中等学校在办学模式、育人方式、资源配置、人事管理、专业设置、合作办学以及社区服务等方面的自主权。比如,成人中等学校实行校长负责制,校长全面负责学校的工作。成人中等学校可以结合自身发展实际,合理设置内部管理机构。总之,只有进一步简政放权,依法保障成人中等学校充分行使办学自主权,才能使其逐步建立起适应经济建设和社会发展需要的自我发展、自我约束的运行机制。

4.积极培育教育中介组织

教育中介组织是指介于政府、学校和社会之间,遵循公开、公平和独立原则,参与各种教育活动、促进教育发展的公益性社会组织。[①] 教育中介组织主要包括行业协会、专业学会、教育基金会、专业评估委员会、学校董事会、考试委员会、资格与证书鉴定委员会等。教育中介组织一般扮演三种角色:在协调政府和学校的关系时,它是一个缓冲器,可以减少政府和学校之间的矛盾和冲突;在协调与学校的关系时,它是一个服务器,可以维护学校利益,提供咨询、评估等服务,保证学校健康发展;在处理与社会的关系时,它是一个交换器,可以使学校与社会的各个方面不再像过去那样直接发生联系,而是通过教育中介组织发生联系,教育中介组织成为各方面相互联系的一个平台和媒介。[②]总的来说,教育中介组织主要通过教育评估、咨询、鉴定、监督等方式,推动教育管理的科学化、民主化,并已成为现代教育管理体制不可或缺的组成部分。

随着社会的发展,教育中介组织在教育公共治理中的作用将愈加凸显,培育成人中等学校教育中介组织也就更具必要性和迫切性。比如,为了加强对

---

① 范履冰,曾龙.论教育中介组织的角色和作用[J].国家教育行政学院学报,2011(8).
② 范履冰,曾龙.论教育中介组织的角色和作用[J].国家教育行政学院学报,2011(8).

成人中等学校教育的协调管理,可以培育有关成人中等学校教育规划、教育基金、教育评估、教育专项计划监督的中介组织;为了加强中介组织的教育决策咨询功能,可以培育专业的成人中等学校教育咨询组织、学术研究和教育咨询并重的中介组织;为了加强中介组织的信息服务功能,可以建立提供专门信息服务的教育中介组织。此外,还可以根据行业和服务的不同领域,积极培育成人中等学校的行业协会和专业学会。

五、加快推进教育信息化

教育信息化是信息化的有机组成部分,加快推进教育信息化是我国教育改革与发展的重要任务,也是成人中等学校教育转型性变革的主要路径。总体来说,成人中等学校教育信息化建设应以硬件建设为基础、软件建设为核心,以推广应用为根本目的。

1.加快教育信息基础设施建设

教育信息基础设施建设是成人中等学校教育信息化的基础和前提。无论是从社会还是以成人中等学校自身的需求来看,我国成人中等学校都迫切需要加快信息化基础建设,进一步改善教育信息化环境,加快终端设施普及,构建高效实用的数字化教育基础设施,切实推进数字化校园建设。与此同时,加强数据、资源与服务的规范化建设与管理,促进信息系统互联互通,构建覆盖各类成人中等学校的远程教育网络。特别是,目前我国成人中等学校教育信息基础建设不均衡、城乡差距大的问题仍比较突出。2012 年,我国共有农村成人文化技术培训学校 100009 所,注册学生 31760829 人次,教学用计算机有230500 台,多媒体教室座位数为 310113 个。[①] 校均教学用计算机 2.31 台,校均多媒体教室座位数 3.1 个,每百名学生拥有计算机台数 0.73 台,每百名学生拥有多媒体教室座位数 0.98 个。此外,很多成人中等学校都没有自己的校园网。这显然是难以满足教育信息化的基本要求的。因此,成人中等学校,特别是相对落后的农村和边远地区成人中等学校的信息基础建设迫切需要加强,比如增加计算机台数、配备多媒体远程教学设备、推进宽带网络接入与网络条件下的教学环境建设等。

2.加强优质数字教育资源开发与应用

开发和应用优质数字教育资源是当今成人中等学校教育发展的必然趋

[①] 中华人民共和国教育部发展规划司.中国教育统计年鉴(2012)[G].北京:人民教育出版社,2013:126,463.

势,也是我国成人中等学校教育所面临的一大重任,尤其是应充分发挥骨干学校和教师的作用,探索建立系统推进基础性资源和个性化资源开发应用的新模式。

首先,加快网络课程开发与应用。网络课程是信息时代条件下新的课程表现形式,是通过网络表现的某门学科的教学内容及实施的教学活动的总和。它包括按一定的教学目标、教学策略组织起来的教学内容和网络教学支撑环境。其中网络教学支撑环境特指支持网络教学的软件工具、教学资源以及在网络教学平台上实施的教学活动。网络课程具有开放性、共享性、交互性、协作性和自主性等特征。近年来,一些成人中等学校通过自主或联合等形式开发了一批网络课程,但客观而言,已有的网络课程存在整体不够丰富、低水平重复建设、共享性差等亟待解决的问题,因此,网络课程的数量和质量建设需要同步加强。值得关注的是慕课(Massive Open Online Course,MOOC),即大规模开放性在线课程,是当前风行于发达国家的一种新型网络课程,其开放、大规模、灵活性等特征有助于扩大我国成人中等学校优质教育资源的覆盖面,适应成人多样化的学习需求,促进成人中等学校教育数字化进程,因而,成人中等学校应深入研究 MOOC 对成人中等学校教育的影响,鼓励和支持有条件的成人中等学校尝试开发和应用 MOOC。而在以视频为主要载体的微课程方兴未艾,国家开放大学也已推出 5 分钟微课程并获得了良好社会反响的今天,包括中央农业广播电视学校在内的成人中等学校亦不可置身于外,而应充分利用微课程主题突出、短小精炼、使用方便的优势,探索开发和应用微课程,满足成人学习者多样化、短平快的学习需求。

其次,搭建教育资源公共服务平台。搭建以学习者为中心、融合校内外学习、支持个性化与开放式的教育资源公共服务平台,提升已有教育资源公共服务平台的服务能力与水平,构建教育资源云服务框架,促进优质教育资源的普及和共享,也是成人中等学校优质数字教育资源开发与应用中的重要内容。例如,中央农业广播电视学校已建成了覆盖全国的农村远程教育平台,由于具有教育教学手段先进、教学资源丰富等优势,农业部已利用该平台开展了大规模的农业专业技术人员知识更新培训。

再次,推进网络学习空间建设。网络学习空间是促进成人中等学校数字教育资源共建、共享与应用的前瞻性探索。利用网络学习空间可以形成新的教师研修形式、教学方式、学习方式、师生互动、生生互动方式。因此,成人中等学校应积极探索网络学习空间建设,将"网络学习空间人人通"扩展到成人中等学校,推进网络学习空间在成人中等学校教育资源共享、教师研修、互动教学、教学管理等方面的应用。

3. 推进教育管理信息化

教育管理信息化是成人中等学校教育信息化的重要组成部分,加快推进教育管理信息化对于提高成人中等学校教育服务学生、教师和社会的能力,提高成人中等学校教育监管和科学决策水平具有重要意义。一方面,成人中等学校应加快建立信息管理系统,制定学校信息管理要求,促进成人中等学校管理信息化和规范化。另一方面,应着力推进政府教育管理信息化,提高管理效率。当前,教育部及省级教育行政部门应分别建立国家和省级数据中心,实现成人中等学校教育学生、教师、学校资产等数据入库,形成集中统一和数据共享的基础数据库,并通过系统应用实现数据动态更新。总之,尽快建设覆盖全国成人中等学校的信息管理系统,加快学生、教师、办学条件等信息管理系统的应用与服务,是我国成人中等学校教育管理信息化的重点和关键。

为了加快成人中等学校教育信息化进程,还应着力开展成人中等学校教师及管理人员的信息技术培训,提高成人中等学校教师和管理人员的信息技术应用能力和水平,倡导教师和管理人员运用信息化手段进行教学和管理。

第四节　成人中等学校教育转型的典型案例

案 例

宁波镇海区澥浦成人学校转型发展的实践探索

宁波市镇海区澥浦成人学校创办于1982年,是面向当地党员干部、社区居民、企业职工、外来务工人员及农村各类人群的一所基层成人学校。30多年来,学校立足基层、扎根农村、紧贴市场,针对本区域的各类人群,开展特色化的农技、家政、劳动技能、外来骨干班培训,从这里走出了一批批种植能手、家政明星及企业骨干。学校先后被评为浙江省示范性农村成人学校、宁波市高标准成人学校、浙江省基层党校示范点、宁波市先进示范基层党校、宁波市农业培训先进单位等。该校的"精品瓜菜良种良法培训与推广"、"绿色证书"先后被评为宁波市优秀培训项目和品牌培训项目。该校2008—2010连续三年被评为"镇海区定点培训机构先进单位",2011年度被评为"宁波市农村劳动力培训先进集体"。

一、以"三方面"工作推进学校创新发展

随着社会经济的快速发展,人们的生活水平和生活质量不断提高,终身教育的理念在广大市民中逐步形成,大家对教育的认识、理解与需求都发生了变化,一次性的学校教育早已被贯穿终身的各类提高教育、技能教育以及休闲教育等所替代。希望参加各种各样技能培训与业余进修的人也越来越多,所以教育的面就越来越广、教育对象也越来越多,其主要目的就是为了提高自身的综合素质。

然而,现代教育改革的大气候对成人学校的发展是机遇更是挑战。在这激烈的市场竞争中如何适应转型,关键仍然在于如何提升服务水平,而坚持正确的办学理念又是提升服务水平的关键。

农村成人学校立足点在"基层"。对于新时期的农村成人学校,如何开拓创新,转型发展,拓展自己的教育服务功能?镇海澥浦成人学校主要从三个方面去推进。

1.克服成规,开拓进取

"成规"原词应该是"墨守成规"。战国时墨翟善于守城,故称善守为墨守;成规的意思是现成的规矩、制度。"墨守成规"指思想固执保守,守着老规矩不放,不思改革进取。"成规"也指现行的或久已通行的规则和方法。做成人教育工作,千万不能守着老规矩不放。成教工作是不断发展变化的,一定要善于改革,不断进取;要善于根据社会发展的需求,并结合实际不断开拓教育培训思路。

如在职业技能培训方面,他们经过调研着重做好"六个合作":

一是做好与高职院的合作,推进化工技能项目培训由合格证书向高级工、技师方向发展,努力提升化工企业一线员工的安全意识和技能水平。

二是做好与区妇联的合作办学模式。通过合作,一方面促进"镇海月嫂"的发展,另一方面提升"海田阿姨"的品牌,达到优势互补,促进社会效益进一步提升。同时要确保"海田阿姨"特色品牌规范成长。为此,需要做到:(1)要运作好商标,积极打造市级品牌商标;(2)要拓宽培训内容,尤其是要做好专项技能提升,如月婴嫂、护工培训争取中、高级发展;(3)尽可能维护好"海田阿姨"网,为顾主与阿姨搭建有效的交流平台。

三是要做好与司法部门的合作。为了有效破解社区矫正集中教育难题,确保教育的系统性与规范性,该校与镇海区司法局合作,在校内设立了全市首个"学院式"社区矫正教育基地。教育基地秉着"以教育矫正为主,以管理帮扶

为辅"的宗旨开展对社区矫正人员的教育、培训、劳动、帮扶工作,努力发挥集中教育、技能培训与心理矫治三大功能。

四是做好与区红十字会的合作。在推进石化区一线操作工及机关干部救护技能培训的基础上,下一步要进一步拓展,即要扩大到面上,把救护作为一项每个人日常生活的基本能力来抓。

五是进一步做好与石化区的合作。促使化工应急技能培训内容进一步扎实稳步推进,尤其是针对化工企业特点,重点针对出了事故如何逃生开展实操性培训与训练,并争取将这一项目作为一特色项目进行培育。

六是做好与政府各部门的工作合作。成人学校工作也是为政府工作服务的,所以在平时的工作中,要围绕政府的工作目标如何与百姓的需求相结合开展研究,要考虑如何通过培训带动就业,不断提高各类人员技能素质的提升。在打造了"海田阿姨"品牌的基础上,进一步谋划"海田大叔"的培训品牌。

2. 克服经验,创新发展

所谓"经验"就是对于客观存在的事物发展变化的内在规律的认识。它是从积累的实际经历的过程中总结出的对事物和事物发展的判断。分为直接经验和间接经验,直接经验就是从自己经历的过程中总结出来的,间接经验就是其他人总结出并教给你的。

由于经验是通过自己或他人实践而总结出来的,具有一定的科学性和示范性,尤其是通过自己的实践总结出来的,更会有一定的思维定式。所以经验一旦形成,就会逐渐形成一种固定的、排他性的思维。所以解放思想、改革创新最难的就是要改自己,向自己开刀。

其实创新关键要体现在"新",就以农业培训为例,瀤浦成人学校从调查研究到多年的实践探索,可以说具有一定的成效;其中对培训的网络营造、基地创设、服务机制的构建、培训方式的运用等方面都进行了重点探求,体现了一定的理论与实践的创新,对市郊农村农民的增产增收具有一定的作用。但对照新形势,对照现代农业的发展要求,深感差距还较大,还停留在蔬菜新品种的试种、推广阶段,对农民增收虽有积极作用,但也有许多问题难以解决,如同一地块,重复种植同一作物(不论是西瓜、青瓜还是番茄等)导致的病虫害、土壤还熟等问题都有待于镇海瀤浦成人学校引导农民去解决。为此,传统的培训经验可能就要改变,需要有新的理念,新的思路。尤其是农业生产中某一作物产量达到一定程度后要想继续提高是很不容易的,如何突破常规,是镇海瀤浦成人学校需要深入研究的。瀤浦成人学校通过多年的探索,形成了自己的培训模式,即"七步法引农创新促双增"。在这一过程中,镇海瀤浦成人学校做到了把"院所资源"直"接""农家乐园",为农业增益、农民增收发挥了直接作用。该"模式"是"基地成人学校加院所"。合作的目的,就是要通过成人学校这一桥梁与纽带,把高等院校、科研院所的现代农业科研成果直接"接进"农家乐园,并通过专家的技术直接指导农户的生产管理,从而提升了产业结构,提高了农民的素质,增加了农民的收益。主要做法:一是把专家请进来;二是把新成果引进来;三是把新模式试起来;四是把新技术引进来。

3.立足现实,探索发展

现实是基础,需求是展望,而"立足现实思维",就是要从当下的工作实际出发,科学地思考未来的发展,要用发展的观念来探索未来的需求。成人教育的发展同样离不开这一原则。新时期要更好地拓展教育服务功能,主要应坚持"求实、创新、服务、和谐"的思路。

（1）求实

求实就是要坚持一切从实际出发、实事求是、不断探索办学的规律。

首先,要根据本地经济和社会发展的实际来决定镇海澥浦成人学校的办学思路、培训模式。如从镇海农村发展的特点分析,蔬菜种植是重点之一,镇海澥浦成人学校就尝试过开展精品瓜菜良种良法的培训与推广,结果是:富了一方百姓(提高了农户的科技素养;推广了一批精品瓜菜;培养了一批农业致富带头人和精品瓜菜种植示范户;形成了一批规模基地),活了科研成果,成就了学校发展(在培训过程中学校积累了经验,创新了成果;学校赢得了群众的信任,获得了一些荣誉)。

其次,从学历教育方面分析。2005年就开始办成人高中就是镇海澥浦成人学校从实际出发的结果。当时该校相对较偏,师资人员较缺,生源难组织,招大专学历班有困难;但成人高中,对象以本镇农村中、青年人为主(尤其是中年人,大多是初中为主),生源相对有保证,结果获得了成功。

（2）创新

创新就是要深入调研,不断开拓,善于走他人还没走过的路、做他人没有做或没有做好的事。

创新是一个民族的灵魂,是一个民族不竭的动力。创新对于民族和国家如此重要,对一个学校同样重要。镇海澥浦成人学校在办学思路和办学模式上敢于创新。只有大胆创新,才有可能不断提升、不断发展。该校近几年所开展的各个项目,如"外来骨干班"、"精品瓜菜良种良法的培训与推广"、"海田阿姨"的品牌建设、化工应急救护技能等都是针对实际需求而创新发展的结果。

下一步的创新发展要充分考虑利用信息技术和网络平台,将现代信息化技术广泛用于普通的社区教育与终身教育过程中。要在社会文明、公共道德等方面的建设中充分发挥成人学校与各村(市)民学校的相互互动,尤其是要利用各种资源努力构建"信息双向交互平台",使有限的资源通过网络平台发挥最大化的效益,使社会的每一成员都有机会接受高品质的教育展示和现代化科技成果。

(3)服务

服务就是要坚持服务意识;服务是目的,服务是宗旨。要在服务区域内力争营造"人人有学习机会、处处是学习场所、事事为服务对象"的良好氛围。

经济发展了,生活质量提高了,对教育的需求及对教育服务的要求也越来越高。为此,镇海澥浦成人学校在服务上动了脑筋,出了思路。

一是建立了一个多层次、广内容的服务菜单,以便使各类人群可以选择适合自己学习的内容。当然这个服务菜单是在调研的基础上根据群众的需求所设计的,而不是自己在办公室想出来的。

二是建设了较为完善的服务设施和良好的服务网络。加强各村民学校、市民学校的设施、队伍建设。

三是养成了一颗热情、诚信服务的心。干任何事情,都要抱有一颗诚信之心,哪怕你是为了他人的利益。

总之,通过镇海澥浦成人学校的真诚服务,优化培训资源、扩大培训范围,为社区居民的学习、休闲、健身搭建服务平台,为广大村民、市民参加各类学习培训和文化休闲创造理想场所。

(4)和谐

和谐就是要在工作中营造一种人际关系、工作关系的和谐局面,形成干净干事、昂扬向上、奋发有为、生动活泼的良好氛围,这既是完成工作任务的需要,也是镇海澥浦成人学校为之奋斗的目标。

要创建和谐环境,首先要做到依章办事,这是实现和谐的保证。要增强法制观念,遵守国家的法律法规和教育行政部门的规章;要根据国家法律法规和行政规章制定学校的规章制度,对现有的制度必须严格执行,并在实践中不断修改和完善;对学校布置的各项工作必须不折不扣地完成,要强调政令的畅通和工作的效率和效能。充分调动全体人员工作的积极性、主动性和创造性。其次,要创建和谐环境,还必须加强职业道德建设,这是实现和谐的基础。要按照《中华人民共和国教师法》、《中小学教师职业道德规范》及教育部门的要求,不断加强师德建设,不断提升师德水平。学校领导要以身作则、率先垂范,自觉地将自己置身于群众的监督之下。要尊重每一位教职工,切实维护好每一位教职工的合法权益,关心职工的生活,努力为大家排忧解难。要倾听大家的意见,不断改进工作;教职工要树立"校兴我兴、校荣我荣"的主人翁思想,主动关心学校工作,积极完成工作任务,同时对学校工作提出建设性的意见或建议;教师要尊重和关心每一位学员,尽力解决他们在生活上、学习上、思想上遇到的问题和困难,努力成为他们的知心朋友,从而建立良好、互动、和谐的关系。

二、以"三个抓手"推进学校特色发展

乡镇成人学校是面向基层百姓、传播精神文明、提升广大市(村)民能力素质的一所综合性的基层培训学校。澥浦成人学校本着"崇实服务"的办学宗旨,坚持"求实、创新、服务、和谐"的办学思想,坚持以科研为引领、服务为宗旨、技能培训为重点、学历教育为补充的办学思路,真正从当地社会经济发展的现实需求出发,把成人学校办成一所多功能、综合性、公益性的区域社区教育服务中心。同时通过"三个抓手"做实了学校服务,形成了"六个特色",提升了学校在社会上的影响力。

1."三个抓手"扎实学校发展基础

成人学校面对的对象年龄跨度大、职业分布广、人员情况复杂,所以要促进学校发展,一定要找准切入点,以便为推进学校工作的有效发展扎实基础。镇海澥浦成人学校主要把握好了"三个抓手"。

(1)以项目为抓手,找准工作切入点。成人学校工作千头万绪,不能面面俱到,胡子眉毛一把抓,而要根据实际,从繁多的工作中找到利于学校发展的重点项目作为切入点,围绕项目设计目标、制订计划并深入细致地开展工作。如他们近年来的农业培训就是通过中星草莓基地的建设,外来新市民的教育就是通过"外来骨干班"的以点带面模式,化工企业一线员工的素质培训就是利用应急处置技能培训,引导女性的就业就是通过"海田阿姨"家政服务培训等作为抓手,使学校的每一个阶段都会有一定的发展规划,促进了学校的发展。

(2)以服务为抓手,保障工作落脚点。要使工作出成效,项目选对了还不够,关键还要做好服务,只有热心服务、真诚服务,为群众的需求真心服务,老百姓才会支持成人学校的工作,最终才能确保项目的完成。这几年,他们开展的农业实用技术培训,就是以促进土地增效、农民增收为目标的,所以群众的参与积极性高,开展的"精品瓜菜良种良法培训与推广"、"草莓——瓜菜双增栽培模式培训与示范推广"等项目都取得了理想的成效。

(3)以科研为抓手,提升工作规范性。把工作当作课题,围绕工作做课题,通过课题研究反过来促进工作的提升,是他们工作的又一大亮点。课题研究有利于工作思路的开拓、工作的规范,对成教工作不断上新台阶、出新成效大有益处;有了课题,镇海瀚浦成人学校就会围绕课题去动脑筋、想办法,考虑如何把工作做好。同时课题的完成还对提高自己的理论水平有促进作用。近几年该校被市级以上立项的规划课题、实验项目及农科教项目达 16 个,为成人学校的科学发展奠定了基础。

2."六个一"彰显了成人学校的发展特色

经过多年努力,该校的发展有了一定成效。着重体现在通过"六个一"入手形成了六大特色。

特色之一:促进致富,提升品质,农民培训实效显著。近几年该校针对本镇农业特点和产业发展规划,从观光农业、休闲农业和特色农业发展的角度,在认真规划设计培训内容的同时,积极发挥带头人的作用。如中星草莓基地的发展就离不开陈善忠的作用,他带头种了 40 个大棚,40 多亩地,带动了村里 32 户农民,使中星草莓基地由最初的 10 多亩发展成为现在的 400 多亩,成了远近闻名的新兴农业休闲基地,由原来种植品种单一、管理技术落后、栽培模式粗放、经济收益社会效益都不高等发展成现在基地内一年四季蔬果飘香。除了草莓,还种有甜瓜、番茄、桑果、甘蔗、紫薯等作物。基地还提供采摘、烧烤、农家菜、垂钓等多个娱乐项目。农民收益也大大提高,由过去单纯的草莓收益亩产 1.3 万元左右,发展到现在的"草莓—瓜菜"及其他多种经营的亩产 2.5 万元以上,提高了农民的技能,鼓起了农民的口袋。可以说通过一个基地,带动一个区域农业增效农民增收。该校在农业实用技术培训过程中免费为农民送种子的模式在《浙江日报》《东南商报》《今日镇海》报、镇海电台、电视台及省政府网、人民网、浙江在线、网易中心、中国网都进行了宣传,得到了社会的充分认可。该校近几年还主持开展了三项农科教项目的研究,帮助农民开展了多项农业科技项目试验,为当地农业科技的发展发挥了应有的作用。

特色之二:立足区域,服务地方,"海田阿姨"受热捧。从 2011 年开始,镇海瀚浦成人学校通过"一个项目"——即"海田阿姨"家政服务员培训,引导了一个产业向健康目标成长。在农村,"4050"人员就业一直是个难题,特别是妇女,要找到合适的工作不容易。2011 年在市场调研的基础上,该校通过努力,开设"海田阿姨"培训班,一方面帮助未就业农村妇女上岗,另一方面提升原有家政人员的服务水平,增加她们的收入。在组织培训及后续管理的过程中,如何确保家政人员服务做到"勤劳、朴实、诚信",做到让雇主放心、满意是一个唯题。三年多来,镇海澥浦成人学校工作认真,服务热忱,从没出现负面投诉。2012年,由中组部党员教育中心、浙江省委组织部和宁波市委组织部联合摄制的大型电教片《和村三十六法》,其中"海田阿姨"为主题拍的专集,就是反映该校培训的"家政服务员"。该项目已被列为学习贯彻党的十八大精神的精品教材,在全国公开推广。

特色之三:注重引导,热心服务,搭建"外来骨干"辐射平台。由于外来人员比较多,而通过成人学校逐一开展外来新市民的培训又适应不了需求,为了能扩大对这一群体人员的教育培训受益面,该校从2008年开始就专门成立了一个"外来务工人员骨干班",通过"以点带面"的"午餐教育"模式开展工作。经过六年多的努力,经镇海澥浦成人学校培训的骨干成员都担负起了辐射式培训的任务,即通过培训学习,学校承担起了对自己"四个身边"的人员(包括企业、车间、班组甚至家庭)进行宣传引导的工作,对推动镇海区外来务工人员的培训发挥了积极作用,社会影响较大。通过骨干班培训,像刘军、全泽彬、史春友等绝大多数的骨干成员都真正成了企业的骨干。

特色之四:围绕目标,区镇联动,积极创新服务形式。由于具有特殊的区域特点,即国家级石化经济开发区毗邻镇海,其下属又设有专门的培训机构,镇海澥浦成人学校就积极主动与其沟通对接,从自身特点出发,配合镇政府做好区域联动工作。2008年通过调研,从化工区的特点出发,配合化工区安监局专门开设了一个项目,即"化工应急处置技能"培训,培训过程中由化工区安监局组织生源,该校组织教学,区人社局负责考核,同时还会同区红十字会把救护技能渗透到一线操作工的培训中,为化工企业一线员工提升应急救护处置能力提供了技能支撑。为了提升人才素质,还针对化工企业开设了一系列高技能培训班(如化工检验工高级工、助理采购师,化工总控工技师等),为整个石化区培养了一大批应急处置技术能手和实用的高技能人才,为区域内企业有效处置突发事件奠定了基础。

亮点之五:深入基层,深化服务,社区教育的健康发展。该校在引导推进社区教育过程中积极调研、深化服务,从提升人的素质,扩大参与面、促进健康生活角度搭建平台,着重做好"上引下传"工作。上引:即充分利用文化百科大讲坛、宁波市社区教育讲师团及有关科研院校等优势资源,为本区域的社区教育发挥积极作用。下传有两层意思:一层是将优势资源(高校、科研部门的专家教授)引进村、社区,为村、社区的广大村民群众健康休闲、文化生活及科学生产提供智力支持和信息宣传;另一方面将镇海澥浦成人学校的教育培训点下移,直接下到农村、社区、基层单位,把专家引到基层的区域中心,方便群众、方便百姓,使参与的人更多,面也更广。已经形成了"一村(社)一品"的发展目标,汇源社区被评为市学习型社区,四个村的项目被评为区社区教育品牌项目,另有六个社团被评为区"优秀社团";"健康平台"的作用得到不断发挥。

特色之六:针对项目,设置课题,科研培训双收。重视课题研究是该校的特色。课题研究有利于镇海澥浦成人学校工作思路的开拓、工作的规范,对学校教育、培训不断上新台阶、出新成效大有益处;有了课题,镇海澥浦成人学校会围绕课题去动脑筋、想办法,思考如何把工作做好,从而使培训工作更规范。同时课题的完成还对提高自己的理论水平有促进作用。近几年该校省级以上立项的课题与实验项目 5 个,市级以上立项的课题及实验项目有 7 个,市农科教项目 4 个;市级以上获奖的课题及实验项目奖项 19 个,获奖及公开发表的文章有近 40 多篇;学校自编教材 4 本,出版专著 1 本。

由于该校培训工作特色明显,成果显著,所以近几年被评为省示范性成人学校、省基层党校示范点、宁波市高标准成人学校等 10 多项荣誉。该校尤其是在农民培训方面特色亮点多,多次被评为市区农民培训先进基地。

总之,转型就是创新,创新是为了发展,作为乡镇成人学校的发展是以服务为基础的。为此,在工作中就要坚持"求实、创新、服务、和谐"的思想。"求实、创新、服务、和谐"是一个整体,相互联系,相互促进。只要镇海澥浦成人学校坚持这些正确的办学思想,一切从实际出发,根据事物的客观规律不断进行创新,努力营造民主、和谐的教育环境,就一定能够与时俱进,创造出不凡的业绩!

第七章　国外成人教育转型采撷

第一节　美国成人教育转型概况

一、美国成人教育转型的背景

近年来,随着各个方面的不断发展创新,例如 MOOC、全球化、政府和相关企业的战略合作关系的建立以及自主创业的增加,美国成人教育经历了巨大的转变。为此,美国成人院校机构无论是在角色、职责以及履行基本职能的方式都在发生不断的变革。21 世纪以来,美国成人院校机构已经在机构职能和服务对象两个方面发生了巨大的转变。20 世纪 80 年代末,美国出现了成人踊跃报名参加成人教育的盛况(美国国家教育统计中心,2009 年)①,成人院校机构不得不做出相应的策略调整。20 世纪 90 年代末,一般的收入群体有了更多的可支配资金,用来进行自我提升和大学进修。21 世纪初,随着一些世界性事件的发生和互联网泡沫的破灭,大多数成人院校机构在招生和收入两个方面开始走下坡路,对于一些非学分制及短期课程的打击更为明显。面对各种社会要素的驱动以及各种外部压力的挑战,美国成人院校机构掀起了一股转型的潮流,积极寻找自身的角色与使命,继续为美国社会经济发展服务。

---

① National Center for Education Statistics. (2009). Digest of education statistics. Table 199, Total fall enrollment in degree-granting institutions, by sex, age, and attendance status: Selected years, 1970 through 2019. Washington, DC: U. S. Department of Education, Institute of Education Science, National Center for Education Statistics. Retrieved from http://nces. ed. gov/progra ms/di gest/d10/ tables/dt10_199. asp.

二、美国成人教育的基本类型

一项由美国教育统计中心（NCES,2011）的调查表明,9400万的美国公民,相当于美国46%的成人人口积极参与到各项继续教育中去。然而,在这9400万成人中,仅仅只有4%～5%的人口注册了美国高等院校的继续教育。大约30%的群体参与了雇主提供的与工作相关的或专业机构提供的成人教育活动[①]。一般来说,美国成人院校机构主要包括三大类型。

类型1:社区学院

根据卡内基高等学校机构的分类,美国高等教育机构可以分为5大类:博士授予研究所、硕士授予的学院和大学、学术授予机构、专科和协会学院。在5大类型中,协会学院之中的社区学院在成人继续教育中扮演重要角色。社区学院成为美国继续教育市场的重要力量。其主要通过提供大量的实践导向的课程,保证18岁以上的公民获得教育权。美国社区学院在成人教育发展中做出了较为重大的贡献(见图7-1)。

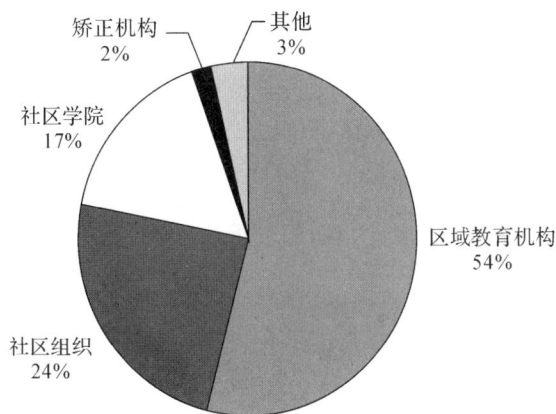

图 7-1　各类成人教育供应商的贡献比例

资料来源:ETS Policy Information Center(2008). Adult Education in America[R]. Volume 16, Number 1,2.

类型2:4年制的高等继续教育机构

美国高等继续教育机构具有优良的历史传统,溯源于美国《1862年赠地学院法案》,该法案支持教育机构免费提供农业和技术领域的实践教学。从该

---

① National Center for Education Statistics. (2011). Projections of education statistics to 2020. Retrieved from http://nces. ed. gov/pubsearch/pubsinfo. asp? pubid=2011026.

时起,这些教育机构提供的继续教育项目主要聚焦于农业和技术领域。20 世纪早期,赠地大学的继续教育项目无论是在地域和学术科目上都越来越广,然而,直到二战期间,赠地学院的继续教育项目才有了快速的发展。赠地学院是农工学院的性质,课程包括农业、工艺、军训等,也包括古典课程,但古典课程已退居次要地位,实用科学受到推崇,主要培养工农业方面的高级专门人才。农工学院是美国独创的,是为了应对经济发展、科技进步急需人才的迫切需要,客观上促进了美国高等继续教育的发展,同时也为美国工农业的发展做出了卓越的贡献。

类型 3:营利性高等教育机构

在成人院校机构中,营利性大学或学院的继续教育机构逐渐兴盛,这类机构又被称为"专属学校"(proprietary schools)。这类机构主要基于营利目标导向,由个体或公司进行运作。该类机构当前最有名的就是凤凰大学(University of Phoenix)。这类成人院校机构主要聚焦于工作群体和非传统型的学生,为学习者提供成本更低的密集型课程,例如管理、教师培训或信息领域等。在美国,大部分营利性成人教育机构提供所谓的"速成项目",即在短时期内通过集中性课程教学能够帮助学习者获取资格认证或学术学位。许多机构宣传,他们将积极考虑成人学习者的先前经验,帮助学习者在短时期内获得学术学位。例如,爱荷华州的汉密尔顿学院,强调其能够帮助学员在短时内获得学士学位。

三、美国成人教育转型的环境分析

社会持续动态变化导致美国教育政策、产业结构、人力资源结构等方面的调整与变革,美国成人院校机构无论是在执行角色还是服务受众等领域都发生了重大的转变。

1.教育政策发展:指明成人教育转型的方向

在美国成人教育发展历程中,1964 年的《成人教育法案》(Adult Education Act)颁布了美国具有深远影响力的政策条款。该法案明确指出各地方州要对成人院校机构提供财政支持。虽然该政策的执行一直遭受质疑,但是该法案明确了成人院校机构的服务内容,例如,各类成人基础教育、等同于高中学历的教育、英语作为第二语言(ESL)、各种就业培训等。如果说《成人教育法案》是美国一代人对成人教育的界定,那么 1998 年通过的《劳动力投资法案》(Workforce Investment Act),也包括《成人教育和家庭识字法》(Adult Education and Family Literacy Act)和《Carl E. Perkins 职业和技术教育法案》(Carl E. Perkins Vocational and Technical Act)则被看作美国成人教育政策的分水岭,其倡导成人教育机构应该有效整合起来,为成人和年轻人创设一个综合的、"一站式"的教育活动系统。该法案能够帮助地方和国家建立"一站式"的转介中心,更有效评估成人教育学习,从而更有效且直接地为成年人提供适当的学习干预措施。该法案的底线就是为了减少由于健康、贫穷以及教育获得等要素影响成人获得工作、维持工作或者是改进工作。2007年9月,当时的美国总统乔治·布什签署了"行政命令:加强成人教育(Executive Order:Strengthening Adult Education)",其目的是利用美国现有的教育政策服务好成人,包括新的美国人,提升识字能力、提升中学后教育和就业机会、扩大美国社会生活参与率等。该命令指出,美国各类成人教育机构应该根据自身特色,有效地为区域成人学习服务,提升政策的有效性。2009年,在奥巴马总统的国情咨文当中呼吁更多的职业教育、继续教育和高等教育机构为美国公民服务,该呼吁随后转化为《美国复苏与再投资法案》(American Recovery and Reinvestment Act of 2009)。该法案主要是为下岗或在职工人提供适切技能培训,从而帮助他们继续从事自身的职业生涯。

2.经济上行压力:拓展成人教育发展的空间

法国著名学者涂尔干(Émile Durkheim)指出:"教育转型始终是社会转型的体现和结果,要从社会转型的角度来说明教育的转型。"[①]现代教育发展与社会之间存在的良性活动关系决定了教育应该紧密结合社会发展的大环境。在社会发展环境中,经济要素占据重要的地位,其影响着产业结构调整、劳动力就业、教育发展空间等。通过贸易自由化,美国国内产品市场已经遭受国外竞争者的严重挤压,尤其是低工资的出口货物标准化的亚洲国家。因此,大多数典型的"福特主义工作"已经遭受威胁,许多制造业公司需要瘦身或流程再造。2001—2007年美国经济增长率和就业增长率均比20世纪90年代有所下降。如果说20世纪90年代的美国经济发展有较强的产业基础,属于产业性繁荣,那么2001—2007年则明显缺乏产业基础,可以概括为投机性繁荣,由此酿成了大萧条以来最严重的金融危机和二战以来最严重的衰退。虽然,最近几年美国经济有了复苏的迹象,但是美国劳动力失业率仍较为严重(如表7-1所示),滋生了许多社会不稳定的因素。

① 爱弥尔.涂尔干.教育思想的演进[M].李康译.上海:上海人民出版社,2003:231-239.

表 7-1　美国近几年来劳动力失业率变化情况(万人,百分点)

时间 分项	2013.6	2009.7— 2010.6	2010.7— 2011.6	2011.7— 2012.6	2012.7— 2013.6	2009.7— 2013.6
公民劳动力	15584	−108.7	−25.4	178.0	68.6	112.5
失业劳动力	1178	−23.0	−51.1	−126.3	−92.4	−292.8
失业率	7.6%	−0.1	−0.3	−0.9	−0.6	−1.9
男性失业率	7.3%	0	0.2	−0.6	−0.6	−1
女性失业率	7.8%	−0.2	−0.8	−1.2	−0.6	−2.8
白人失业率	6.6%	−0.1	−0.5	−0.8	−0.7	−2.1
黑人失业率	13.7%	0.4	0.9	−1.8	−0.7	−1.2

资料来源:转引自李云林.美国经济复苏期劳动力供求:结构、动力与政策[J].国际研究参考,2014(1):1.

在这样一个失业率较为严重的态势下,孕育了许多下岗失业工人的继续教育需求。这种需求的滋生无疑为美国成人院校机构开辟了较大的学习市场,拓展了机构发展的空间。2008 年的经济大萧条造成了学分制和非学分制课程招生人数的骤降之后,非学分制课程的招生情况开始趋于相对稳定。大部分失业人员不得不报名参加价格实惠的社区学院,学习生存所迫切需要的额外职业技能(Mullin,Phillippe,2009)[①]。同时,远程教育也得到了长足的发展,据 Sloan Consortium(Allen,Seaman,2013)所做的报告显示,远程教育机构的招生情况呈不断上升趋势,尤其在学分制课程的招生层面[②]。

3.人口结构调整:引领成人教育对象的变化

人口结构调整是成人教育工作者需要重点规划考虑的重要领域。美国社会从未出现过今天这种移民多样化态势,且国家来源增多。畅销书作家托马斯·弗里德曼(2007)指出,随着世界的交流变得越来越方便,我们的社会将会变得比以往任何时候都更加多元化。在长岛的郊区学校中,将民族告诫书分发给一个教室中 50% 以上的学生是很普遍的一件事,这些学生中语言种类繁多,有波斯语的、西班牙语的、菲律宾语的、印地语的、汉语普通话的[③]。在2006 年 UPCEA(University Professional Continuing Education Association)

---

① Mullin,C. M. ,& Phillippe,K. (2009). Community college enrollment surge. Washington,DC:American Association of Community Colleges. Retrieved from http://www. aacc. nche. edu/Publications/Briefs/Documents/enrollmentsurge_12172009. pdf.

② Allen,I. E. ,& Seaman,J. (2013). Changing course:Ten years of tracking online education in the United States. Retrieved from http://www. onlinelearningsurvey. com/reports/changingcours. pdf.

③ Friedman,T. (2007). The world is flat. New York,NY:Picador.

大会上,加州大学洛杉矶扩展分校的前院长 Robert Lapiner 指出,白人并不构成人种的大多数,这是有史以来出现在他所生活城市中的第一次①。美国的民族组成中,随着新移民人数的增多,使得少数民族所占的百分比上升,再加上国内的人口老龄化问题,使得美国的社会人口结构发生了前所未有的变化。2012 年 3 月在长岛大学召开的关于远程教育的学术研讨会上,Carol Aslanian 指出,到 2025 年,在美国大学校园里上课的少数民族学生将远远多于白人学生。与此同时,美国老龄化现象较为严重。Frank R. DiSilvestro (2013)指出,当前美国 65 岁以上人口达到了历史最高峰,而且这个数字正在快速增长②。Howden 和 Meyer(2011)指出,从 2000 年到 2010 年,18 岁以下人口增长率为 2.6%,其增长速度甚至慢于 18～44 岁人口增长率。与此相反,老年人口的增长速率较快,45～64 岁人口增长率为 31.5%,65 岁及以上人口的增长率为 15.1%,远远超过 45 岁以下人口的增长率③。Daniel Yankelovich 2005 年就预测到,人口老龄化对成人继续高等教育带来巨大挑战。为了扩大影响力,成人院校机构要不断扩大学习项目,以满足日益增长的成人的新兴能力诉求④。在未来的 20 年中,成人院校机构将具有很强的经济动因,为老年人提供更匹配的学习内容和材料。如果失去该机会,它们将面临失去一股新兴收入来源的风险。

为此,成人院校机构将要开设的课程必须要满足未来学生群体的独特需求,这种独特需求给成人院校机构的管理者带来了一定的挑战和压力。例如,需要开发与传授具有民族差异性、融合多元意识形态和学会包容的课程,以及关注占据美国人群中大多数的老年人和婴儿群体。成人院校机构需要更高的创造力和应变能力,其"魔法袋"需要变换出新的方法,以保证人种多样化的速度和增值性所孕育的需求得到满足,从而为新时代的美国人职业生涯提供服务。

4.信息技术变革:推动成人教育管理流程的再造

如今,正如人们所预见的那样,科学技术主导了成人教育领域的重大创

---

① University Professional Continuing Education Association. (n. d.). Join a formal network in your area of practice. Retrieved from http://upcea. edu/content. asp? pl=20&contentid=20.

② Frank R. DiSilvestro. Continuing Higher Education and OlderAdults: A Growing Challenge andGolden Opportunity[J]. New Direction for Adult and Continuing Education,no. 140,Winter,2013:79.

③ Howden,M. ,& Meyer,J. A. (2011). Age and sex composition:2010 U. S. Census Bureau Report. Retrieved from http://www. census. gov/prod/cen2010/briefs/c2010br-03. pdf.

④ Yankelovich,D. (2005,November 25). Ferment and change:Higher education in 2015. Chronicle of Higher Education. Retrieved from http://chronicle. com/article/Ferment Change-Higher/14934.

新。MOOCS(大规模的开放式在线课程)以及相关产业,已经成为各类教育的主流。MOOCS是践行高等教育民主化具有代表性意义的创新,它在传统高等教育基本使命受到严重挑战的时候,提供了面向大多数的普通群众而不是针对少数特权人群的教育途径。在备受瞩目的《经济学家》期刊中,不断有文章对美国高等教育进行辩论,主要针对是否高估了教育的作用、美国教育是否过时以及对国家的成年人是否有价值,并对高等教育的基本价值主张提出了质疑。在更传统的在线教育课程中,高校创建了将科学技术注入课堂教学的教学模型,以此来提高招生率和吸引更多的成人学生。据斯隆联盟在2008年的统计数据显示,远程教育以每年10倍于高等教育的速度在迅速增长①。这些戏剧性变化的最终结果要求目前从事校园在线课程教育以及引领创新教育技术新模式的成人教育工作者,在保证自身机构管理流程再造的同时,还要保证提供适切的教育课程。

目前,科学技术不但主导了教育创新、改变了教学和学习方式,而且从根本上改变了成人院校机构的运营方式。斯特麦斯高等教育市场(2007)及相关招生管理公司的统计数据表明,参与成人院校机构中搜寻各种信息的主要途径是运用互联网②。在短短的四五年前,社交媒体网站的出现对网站导航形成了巨大的冲击。例如,Facebook、LinkedIn以及Twitter等聊天工具为学生提供了交流与互动电子论坛,在此论坛中,学习者可以同另一个人或者是另一群人进行对话和交流、提出看法、分享生活趣事和照片、发表针对教授和课程的未经审查的各种观点等,这种社交媒体网站被迅速应用和传播。因此,美国成人院校机构开始增加社会媒体营销人员的配置,对他们进行数字媒体和市场营销的专业培训,以此来保证对新学员的网站吸引力。美国成人院校的主要课程活跃在Facebook和Twitter的相关页面上,通过开放性的课程理念,保持了一定的活力和吸引力。如今,在飞速发展的数字化教育市场中,社会媒体营销技术是成人院校机构保持持续竞争力的关键。

四、美国成人教育转型的行动策略

美国成人教育协会研究表明,在2011年高等教育招收的学生中,年龄在

---

① Allen, I. E., & Seaman, J. (2008). Staying the course: Online education in the United States. Wellesley, MA: SLOAN-C/Babson Survey Research Group. Retrieved from http:// sloanconsorti um. org/publications/survey/staying_course.

② Stamats Higher Education Marketing. (2007, May 7). FIT market research: Branding, image and strategic recruitment. Special Report made by Stamats Higher Education Marketing to FIT Board of Trustees. Cedar Rapids, IA: Author.

25 岁及以上的学生人数超过了 40％。为了应对当前社会环境的发展，满足成人学习者学术和职业发展方面的需求，美国成人院校机构积极转型，在持续动态变化中探寻新角色，力争发挥出更大的社会价值。

1. 转型理念：以创新为驱动力

为了应对国家经济的转变，成人教育工作者不得不担负起在成人教育中引领、创新高等教育的重任。2011 年，大学继续教育专业协会会长通过了一项名为抱负型新领导培养计划法案，旨在通过塑造下一代继续教育机构领导集体，实现将创新理念融入这一领域的伟大构想。同时，高等继续教育协会在 2012 年主题为"合作与合资：通向未来的关键"的年会上，强调了创业精神的重要性。成人教育机构的高级管理者在年度会议上讨论成功的继续教育机构领导者所应具备的基本素质，以及各继续教育机构会员协会如何找出解决目前所面对问题的最佳方案等相关话题。为此，成人院校机构积极探讨创新的关键领域，主要包括如下方面：

（1）成人院校机构必须能够掌握在线教育的各个方面，包括师资队伍建设、教育技术、在线学生的需求、远程教学和效果评估。来自斯隆联盟的追踪调查数据显示，学生在线上课人数呈激增趋势，这表明，远程教育显然是成人院校机构未来发展的重要方向。

（2）随着新兴国家开始不断地开展与美国大学师生间交流活动，或是购买西方国家的教育和培训资源，大多数的美国成人院校机构已经开始践行一种全新的理念，即全球性的教育和国际化的合作关系。

（3）2008 年的经济大萧条之后，成人院校机构开始建立与市政机构、政府机关、人力资源投资委员会以及美国劳工部的新型合作关系，即由相关企业和部门提供充足的资金，成人院校机构进行相关工作人员的技能培训和下岗职工的再培训，以此来帮助刺激萧条的经济。

（4）全国性的继续教育机构也为公司和企业提供运营和咨询服务，以帮助改善美国企业在全球的竞争力。

（5）美国人口数量和结构的转型对成人院校机构提出了新知识、响应性和创造性的要求，尤其是针对美国社会多样性提供的方案和课程方面。

2. 成人教育组织流程设计：以优化为指导理念

20 世纪 90 年代的经济波动对成人院校机构也提出了迫切要求，尤其是在改善、优化机构职能方面。成人院校机构职能的进一步发展和优化，直接反映在大学专业继续教育协会（UPCEA）内容的转变，从 2003—2007 年召开全国性年会大多数重点讨论财务管理和预算分配。单方面提供成人教育课程而不考虑其收益的成人教育时代将成为过去。自 21 世纪初开始，成人教育工作者不得不发挥其创业才能和经济头脑，来应对竞争激烈、瞬息万变的成人教育市场。这一时期国家发生的经济和社会层面上的大动荡，极大地影响了成人教育。特别是在 2008 年的经济大萧条以来，各成人院校机构需要在更大程度上实现自给自足，在成人教育方面保持更大的"独立性"，以应对由于国家捐款的减少造成的财政拮据。为了实现从学术模式向经济模式的顺利转型，成人院校机构变得更加精简、集中、精小。目前，除少数几个私立学院和较大的公立大学外，成人院校机构很少有曾经夸耀的图景——拥有 100 多名甚至更多的员工。近年来，即使是很精小的成人院校机构也不得不宣布裁员甚至倒闭。在此期间，由于资助的困境，许多高校对撤销下设的继续教育机构表现出矛盾心理。迫于上述种种压力，高校继续教育机构在全国范围内开始变得更加精简、更加敏捷，更重要的是，富有更多的创新和创造力。

各大高校，如俄亥俄州立大学和马里兰大学，缩减了它们的继续教育机构。例如，马里兰大学撤销了继续教育机构，学生夏季学期课程的学习被安排在教务办公室。纽约州立大学系统（SUNY）的校园内，超过 15000 名的学生被安排在教务办公室里学习。在这种态势下，继续教育机构相关的职能被并入到传统的学术领域中，或是被完全取消。这样一来，学校可以通过替代方案的方式降低成本，在国家财政预算缩减和招生人数下降的情况下保证一定的收入。校领导低估了经济萧条所带给校园和继续教育机构的大量机会。面对资源的萎缩和外部社会关系的不足，许多高校的领导者以牺牲创新和增长战略为代价，过分狭隘地强调成本控制。那些紧跟时代步伐、设法抓住新的发展机遇的高校，变得更加强大，而且收益可观。

3. 成人教育服务对象：关注社会现实需求

面对着经济上行压力以及顾客的转变，美国成人院校机构的服务对象有所改变，从传统的学历教育向补短教育转变，主要体现在三个方面：

一是注重劳动力教育与培训。与当地市级政府机构和劳动群体间建立合作关系，成为高等继续教育服务的重要组成部分。国家经济的衰退带来了极具破坏性的影响，创下了自大萧条以来的历史最高失业率。因此，美国联邦政府在 2009 年的《复苏与再投资法案》中明确规定，将数万亿美元投入到经济领域，其中包括 34.5 亿美元的预留资金，专门用来对工人进行在职培训。在《复苏与再投资法案》的资金支持下，国家开始为金融业的失业人群紧急拨款。2011 年，贸易调整援助和职业培训学院增设培训补贴课目，专门资助流离失所的工人,对他们进行新技术培训。在其中,成人院校机构发挥着越来越重要的作用。它们通过与政府、劳工投资委员会(WIBS)、劳动部门以及本地的雇主建立战略合作关系,积极响应国家对工人进行再培训的号召。许多大学继续教育机构与政府部门开发了一系列项目,建立了新的密切关系。通过政府和成人院校机构的共同努力,数百万的工人开始进入大学接受再培训科目,学习在新经济形势下谋生的技能。新经济形势,正如专家所预言的那样,是一种更注重知识型基础的经济形势,低技术含量工作逐步遁形。这种城市和联邦的合作伙伴关系,需要专业的成人教育机构在方案落实的过程中不断进行调整和创新。

二是推广企业教育。近年来,许多成人院校机构与企业、工厂建立密切的关系,积极推广企业教育。许多私人企业反映,原来许多工人技能培训主要外包给私营培训机构,这种外包暴露出部分问题,例如,培训迁移弱、培训效果较差。为此,成人院校机构开始吸引越来越多企业的眼球。它们积极与继续教育机构合作,对员工进行技能培训。随着继续教育机构服务能力的提升,它们通过互动式的合作关系与客户产生共鸣。例如,提供贾斯汀时间训练、扮演销售商等,从而以最快的速度和效率满足客户需求。纽约州立大学法明代尔州立学院2004—2005年创造了超过100万美元的收入。为了提升机构的服务能力,成人院校机构把企业的首席执行官纳入到咨询顾问角色,联合设计培训方案。许多机构不仅提供量身制作的培训课程,还拓展了其他的收入渠道,例如,租用实习生、新毕业生,以及提供专家教授咨询服务。作为回报,企业会及时缴纳培训所需的费用,成为积极参与的董事会成员,并慷慨地为机构提供大量必需的资金,用来装修教室,配备完善的教学设施。在区域经济发展的供应链条上,私营企业和教育部门开始彼此交织,站在对方的角度上考虑,继续教育机构主导和发展了这种合作关系。

三是为老年人提供适时服务。老年人教育一直是美国成人教育服务的一个重要范畴。伴随着老年人口剧增,成人教育服务紧迫感更强。为此,许多为老年人服务的学习项目增多。奥舍终身学习机构(伯纳德·奥谢尔基金会),总部设在旧金山,包括了116所普通和成人院校,是老年人学习最突出的支持者之一。该基金会旨在通过高等教育和艺术的支持提高生活质量。此外,它通过奥舍终身学习网络学习研究所(南缅因州大学),为经验丰富的老年人建立了一个国家终身学习资源中心。印第安纳迷你大学为老年人设置非学分课程,并在暑期设置100多个非学分班和15类自由选择的夜间学习活动,例如野餐、旅游和电影①。

4.成人教育功能拓展:加强国际合作

Ben Wildavsky 2010 年在其标志性著作《种族智慧:全球高校如何在对世界进行重塑》中指出,"由于全球性高校的蓬勃发展,国与国之间教育的界限已经变得不再明显……全球化力量对每一个经济部门产生重要的影响,导致了高等教育的激烈竞争和流动性"②。他进一步指出,"西方大学的角色更像在做生意——通过建立卫星校园的方式,与亚洲和中东地区的消费者进一步接触,同时与海外大学之间建立战略联盟,以确保双方保持学术和市场优势"③。对于高等继续教育机构而言,有关国际型教育中的机会从未像今天这样丰富和具有高回报率。名牌高校在全球范围内争相选拔优秀学生,通过在异地开办分校的办法进行国际合作,例如,在班加罗尔、卡塔尔和中国都有其开设的分校,这种方式一旦奏效,它们就可以为本校的学位课程招募到新的受众,从而保证其在全球性的高等教育扩展革命中获益。出于这种目的建立的大学、学院和教师变得方便化和国际化,例如,蒂什亚洲项目(Tisch Asia),纽约大学在新加坡注册成立的新加坡校区,就将新加坡文化融入到了它的艺术和电影教育中;或者,阿布扎比(Abu Dhabi),正如其官方网站上描述的那样,将自身定位于"一个全球性的大学……拥有一个集成的文科和理科学院"④。2013 年,卡耐基梅隆大学的校长 Subra Suresh 在一次演讲中说道,由于卡耐基梅隆大学在五大洲均设立了分校,可称卡耐基梅隆大学为"日不落卡耐基梅隆"⑤。近来,尽管来自一些大学的教师,例如,耶鲁大学、纽约大学,反对国际扩张的呼声强烈,他们担心国外的分校机构无法保证教学质量,但是,美国依然致力于将本国打造成国际教育"中心",或者是在全球范围内寻找合适的地理位置,以便建立更多的国外大学,招募到更多优秀的学生。大学未来的发展

① DiSilvestro,F.,& Merrill,H. (2012). Demonstrating the value of lifelong learning through outcomes assessment research. In C. Boden-McGill & K. King (Eds.), Conversations about adult learning in our complex world(pp. 271-286). Charlotte,NC:Information Age.

② Wildavsky,B. (2010). The great brain race:How global universities are reshaping the world. Princeton,NJ:Princeton University Press.

③ Wildavsky,B. (2010). The great brain race:How global universities are reshaping the world. Princeton,NJ:Princeton University Press.

④ New York University. (n. d.). New York University, Abu Dhabi. Retrieved from http://nyuad. nyu. edu/about. html.

⑤ Carnegie Mellon University. (2013). CMU welcomes President-Elect Dr. Subra Suresh. Retrieve d from http://www. cmu. edu/homepage/society-winter/cmu-welcomes-president-elect. shtml.

可能会进入到创造性的伙伴关系,例如,在马来西亚的约翰·霍普金斯大学和坡丹纳大学之间就建立了这种关系。总之,这两套方案将吸引国内和国外的学生学习相关知识技能以便未来留在本国,为国家的基础设施研究做出突出贡献①。

国际教育合作关系战略是由继续教育机构及它的领导者商议制定的,这与高等教育部门制定其他实践和创新举措的程序一样。2008年后,由于美国经济深受打击,国家无力支付新的企业培训和教育合同,然而,在金砖四国(巴西、俄罗斯、印度、中国)设立的国外大学,推广非学分制的咨询和培训工作,增加了创收机会,这在一定程度上推动了继续教育机构国际合作的方向。那些不像西方国家遭受承重打击的发展中国家,积极地追求建立与美国大学之间的教育培训合作关系。因此,通过将关键核心技术引入到发展中国家,以及将其转化换为生产力,成人院校机构将为这些国家创造巨大的利润。

第二节　欧洲成人教育转型概况

一、英国成人教育的转型发展

英国是现代成人教育的发源地,从1798年第一所现代成人学校建立算起,至今已有两百多年的历史。按照皮尔斯对英国成人教育发展的历史分期:1850年以前的成长时期、1850年到1900年的新探索时期、1900年到1920年的现代化时期、20世纪20年代后到二战前后的系统化时期。本节主要探讨所论英国成人教育系统化时期之后的改革与发展情况。这一时期是英国成人教育改革密集发生的时期,至今仍在持续。这一时期的重要改革议题诸如高等教育大众化改革、成人博雅教育改革、终身学习改革等。英国成人教育转型与发展呈现以下特征:

1.注重成人教育与经济和社会发展的综合调控和有效衔接

对成人教育的管理,英国政府最初采取"不干预、放任自治"的方针。成人教育主要依靠民间组织开展。自从《1919年报告》发布后,开启了政府干预成

---

① Jaschik,S. (2013,March 6). Classifying "education hubs." Inside Higher Ed. Retrieved from. http://www. insidehighered. com/news/2013/03/06/scholars-discuss-how-define-and-evaluate-education-hubs.

人教育的大门。政府通过大学拨款委员会专项资金支持大学开展成人自由教育。但不论是在强度上还是就手段而言都相对比较弱、比较单一。"不干预、独立自治"仍是政府管理的主导方针。1944年英国教育部成立,政府包括中央和地方教育当局都加大对成人教育的控制力度。《1944年教育法》规定,地方教育当局有提供适当的扩充教育的任务。此后,地方教育当局开始大力开展成人教育,其举办成人教育机构成为开展成人教育的主要力量。但在这一时期,成人自由教育仍占主导地位。随着20世纪60、70年代英国经济发展遭遇危机,国际竞争力下降,失业人数增加,政府开始缩减成人自由教育的支出,大力发展与经济更为密切的职业技术教育。撒切尔政府上台后,成人教育更趋于一种企业化,强调竞争和个体主义的实施理念。失业和社会不利群体的日趋突出,针对这些群体的就业和培训教育成为政府关注的重要议题,以减弱教育市场改革进程中引发的教育不公平。

随着教育和科学在社会发展中的作用不断增强,1964年英国政府把原教育部改名,成立教育和科学部,发挥教育和科学在经济和社会发展中的整体职能。1973年政府颁布了《就业与培训法案》,规定成立人力资源服务委员会,统管全国的就业和培训服务。为了把教育和就业更有机地结合起来,1995年英国政府更是把教育部和就业部合并,成立教育与就业部。原就业部的就业服务、职业培训及资格认证、企业教育职能划转进新成立的教育与就业部,体现了政府把教育和直接反映社会需求的就业衔接起来的意图。为了解决英国长期以来的技能短缺问题,英国政府于2001年将教育与就业部又改名为教育与技能部,并成立专门的学习和技能委员会协调和管理全国范围内的成人技能教育和扩充教育。为了突出科学研究和技术创新的作用和地位,把原教育与技能部一分为二,即成立儿童、学校和家庭部与创新、大学和技能部。其中后者负责管理大学和学院的成人继续教育和扩充教育。

由此来看,一直以来英国非常注重成人教育与经济和社会的综合调控和有效衔接。布莱尔领导的新工党政府追求建立协同(合作)政府的执政理念,最为有效地体现了英国成人教育的这一特色。协同(合作)政府强调将不同的组织进行调整,并跨越组织边界结成一个整体来实现政府日常工作目标。布莱尔理想的协同政府就是"一个跨组织的、将整个社会治理机构联合起来的治理结构,包括中央与地方政府、公共组织、私人组织以及志愿者团体,通过将这些机构联合起来实施整体战略,最后建成一个无缝隙的、以公民为中心的政府。"①

　　2.建立起相对完善的成人教育法律体系

　　英国是一个相对成熟的民主法治国家,各项工作的开展都严格按照法律实施,成人教育也不例外。完善的法律体系是成人教育依法办事的前提和基础。从具有准法律性质的《1919年报告》到《扩充教育与培训法案》(2007年),经过近百年的积累,英国已建立起相对完善的成人教育法律体系。《1919年报告》虽然不是一部法律,但在当时的成人教育领域却具有"大宪章"的性质。它比较早地提出了终身教育的思想。成人教育是"国家必需的,是公民身份不可分割的组成部分,因此它应该是普遍的和终身的。"该报告要求大学应建立专门的成人教育部门,由一名学术专家作为负责人。认为大学成人教育机构应该开展成人自由教育而不是职业性质的课程。这些要求奠定了英国乃至世界相当长一段时间大学成人教育的运行方式和办学理念。《1944年教育法》赋予地方教育当局管理扩充教育的权力和职责。1964年的《工业训练法》和1973年的《就业与培训法》开启了成人教育转向职业技能的新篇章。《扩充教育和高等教育法》又赋予扩充教育独立办学的权力和法人地位。

　　进入新世纪,《学习和技能法》(2000年)规定设立学习与技能委员会,负责全国范围内的成人教育工作。为了实施技能战略和教育改革,据不完全统计,英国政府相继颁布和实施了20余部法律和政策。这包括《学习和技能法》、《教育法》(2002年)、《高等教育法》(2004年)、《扩充教育与培训法案》(2007年)、《教育和技能法》(2008年)等。成人教育的机构和部门通过正式的法律设立和定位。《学习和技能法》不仅规定设立了学习和技能委员会,并在各个地区设立相应的47个地区委员会,还设立了一个新的成人学习督导部门,负责19岁以上国民的扩充教育督导工作。《教育法》(2002年)提升了学习与技能委员会的战略地位,赋予其重组扩充教育的职责。

　　作为成人教育法律体系的主要组成部分,英国政府还委托相关部门或独立的委员会出台调查报告,指导成人教育的政策制定和实施。一些法律、法规的建议是对调查报告提出的建议的落实和执行。比如成立学习与技能委员会正是1999年出台的白皮书《学会成功:16岁以后学习的新框架》所提出的建议。2006年发布的《里奇报告》制定了英国2020年的成人技能教育的战略目

----

　　① 曾令发.合作政府:后新公共管理时代英国政府改革模式探析[J].国家行政学院学报,2008(02):96.

标,进一步刺激了新一轮的技能战略和改革。

3.提供灵活多样的办学形式,满足了成人个体的多元化需求

在英国没有专门提供成人教育的机构。提供成人教育的机构也是多种多样的,主要包括:中学内设的第六学级,第三级学院和扩充教育学院,不同性质的成人与社区学习机构如社区中心、图书馆和博物馆,大学和其他高等教育机构,工作场所学习,工会部门,私人培训机构,监狱以及志愿者机构如工人教育协会和老年人大学等。英国成人可以根据自己的需求选取不同的教育和学习机构以获取教育和学习机会。

在高等教育方面,从20世纪60年代《罗宾斯报告》发布开始,英国就启动了迈入高等教育大众化的改革进程。该报告重新界定了高等教育的内涵,主张高等教育不仅仅指大学,还应包括技术学院、扩充教育学院及师范学院等。随后英国先后创办了10所区别于牛津、剑桥等古典大学的新型大学,建立了30多所多科技术学院以增加面向各个阶层、非传统的高等教育和高等职业技术教育。拓宽参与(widening participation)政策开始成为高等教育领域一个重要论题,并在新工党执政期间成为大力倡导的教育主题。拓宽参与的主要议题就是增加弱势群体、少数族裔家庭等社会不利群体的高等教育入学率,保障高等教育公平。以拓宽升学(Access)课程为例。通过在大学或扩充教育学院开设升学课程,搭建起大学和扩充教育学院之间拓宽入学的桥梁。为了增加学术课程的入学份额,很多大学还设立了夏季学校。利用ICT技术服务于扩宽参与政策也是常用的增加入学的手段。1969年创办的开放大学就是拓宽入学途径的成功例子。进入新世纪,产业大学及其相配套的学习服务、咨询机构的创建也促进了英国成人入学的机会增加。其他满足不同多样化需求的举措还包括2001年设置的基础学位,就是为解决本国劳动力市场出现的中高级技术和管理人才短缺的问题而设置的。

4.注重成人教育的督导和质量保障

成人教育督导和质量保障是英国政府对成人教育的一种监督和质量控制机制。英国督导制度长期以来形成了"督导过程公开、透明,专业的督导队伍以及权威的法定权利"[①]的特点。英国成人教育的督导最初是由皇家督学团进行的,主要督导对象是接收资助的英国大学成人教育。随后,《1944年教育法案》规定皇家督导团的督导范围扩大到扩充教育领域。2000年,由《学习和

① 朱坚,等.监督与保障:英国教育法律对教育督导制度的影响[J].教育科学研究,2010(10):70.

技能法》规定设立的成人学习督导团（Adult Learning Inspectorate）开始负责除高等教育之外的成人教育督导工作。它是一个独立的非政府机构。其主要督导对象包括为 18 岁以上国民提供教育的办学机构，为 19 岁以上国民提供劳动培训的办学机构和社区教育学习机构。2007 年成人学习督导团与原教育标准办公室重组成立新的教育标准办公室，并由新成立的教育标准办公室负责成人学习督导团的督导工作。对英国的大学成人教育而言，目前主要由成立于 1997 年的高等教育质量保障局负责。

以扩充教育的督导为例，英国教育标准办公室主要对扩充教育和技能培训机构的结果进行督导评估并发布质量报告，根据一些关键要素等级来决定扩充教育提供单位的总体培养效果。督导评估的结果分为四个等级：第一级为优秀；第二级为良好；第三级为满意；第四级为不足。另外还附设了一个"总体效能等级"，具体包括：提高的能力；学习者的成效；教育机构的质量；领导和管理。[①] 英国督导机构及组织的权力和职责都由相关法规确定。比如当前的教育标准办公室的职责就是由《2006 年教育和督导法案》加以规定的。督导工作的组织开展遵循一定的督导框架，并定期对这一框架进行更新。现行的督导框架是 2012 年发布的《扩充教育和技能培训共同督导框架》。

二、德国成人教育的转型发展

1. 德国成人教育转型发展的历程

在德国[②]，成人教育又被称为继续教育或扩充教育。其历史可以追溯到 19 世纪手工业行会的学徒培训和教会开展的大众教育。比如 1832 年建立的人民图书馆，就是一个阅读团体。再有至今仍在运行的 Kolping House，目的就是为青年旅行者提供宗教、专业和政治知识。德国现代成人教育在魏玛共和国时期初步成形。1919 年魏玛政府制定的《魏玛宪法》规定：成人教育或继续教育是政府的责任，民众教育制度应以民众高等学校（又称为成人教育中心）为主，由共和国、州和社区共同主办。魏玛政府还专门成立了一个科学、艺术和民众教育部来管理这一类机构。民众高等学校随后进入一个迅速发展的阶段。但由于希特勒上台以及随后的二战影响，民众高等学校受到严重冲击，其活动基本处于停滞状态。

战后，德国成人教育迅速复苏。在一些联邦州建立了地区成人教育协会。

---

① 杨娟等.英国继续教育督导框架与实践[J].现代教育管理,2013(6):119.
② 本文所提的德国在统一前均指原联邦德国。

加上 1952 年德国市政会议推出《地区文化工作的指导条例》，建议民众高等学校加强制度化建设，解除纳粹禁止教会、工会等其他机构举办成人教育的禁令。推动成立全国性的民众高等学校组织——德国民众高等学校联合会，作为管理成人教育的民间组织。夜间民众高等学校数量达到空前的 1023 所，还设立了 2835 个分支机构。[①] 德国教育委员会于 1960 年发布一份文件——《德国成人教育的现状与任务》，提出由各州提供成人教育的经费，倡导成人积极参与学习，鼓励投入教育，以期降低成人教育学习费用。这份文件虽被视为在德国成人教育史上具有转折点意义，但这一时期德国并未改变主要由民间组织或社会团体举办成人教育的状况。成人教育在国家、各州仍处于边缘位置，其管理机构和办学机构很少，政府政策和经费支持也比较少；成人教育还未纳入国家和各州政府的法律、法规视野内，缺少法律保障；政府、社会各界对成人教育的重要性认识不到位。[②]

20 世纪 70 年代初，德国进入全面教育改革时期。政府推出一揽子涉及范围广泛的教育改革计划，包括德国教育审议会的《教育结构计划》（1970 年）及其具体细化、落实的报告《教育总计划》（1973 年）。改革的一个重要原则就是以终身学习来开展教育改革与规划。终身学习被视为社会、科技和经济发展的一个关键概念。此次改革还把成人教育正式纳入国家整体教育体系。它与初等教育、职业教育和高等教育统称为教育的四大支柱。成人教育更多地指向职业的进修教育和训练，包括进修转岗培训和传统成人教育。这次改革被视为德国成人教育制度化、专业化的开启标志。成人教育逐步纳入联邦和各州的社会发展规划中。各州相继出台关于成人教育的法律法规，宣布成人教育是本州的责任和义务，给予其发展相应的补助和支持。比如 1953 年，北莱茵—威斯特法伦州就制定了第一个德国州立成人教育法律，对成人教育给予补贴。随后下萨克森州（1969 年）、黑森州（1974 年）相继颁布成人教育法律。至今，德国已有 13 个州制定了成人教育的法律。联邦通过 1969 年颁布的《劳工促进法》也以法律形式规定对职业进修、转岗培训等有助于个人职业能力提升的项目和活动提供资助和补贴。

这一时期成人教育改革的一个发展趋势是赋予联邦更多的教育管辖权，加强联邦与州之间的沟通和合作。根据 1969 年《联邦基本法》的补充规定，联邦和各州可以根据协议在教育计划、科研设施和项目等方面展开与外区域进

① 黄富顺.比较成人教育［M］.台北：五南图书出版股份有限公司,1988:223.
② 庞学铨,克劳斯·迈泽尔.中德成人教育比较研究［M］.北京:中国社会科学出版社,2004:290—291.

行合作。联邦教育及研究部在原先与教育无关联的联邦科学研究部基础上建立。作为联邦的众多部门之一,联邦教育及研究部下设八个部门,其中就有第三部门——职业训练、终身学习(Vocational Training;Lifelong Learning,Ⅲ),全面负责成人教育工作。其他成立的协调部门还有 1970 年建立的联邦—州教育规划和教育研究促进委员会(2007 年改组为科学联合委员会)。它是涉及联邦和各州教育规划、研究促进、实验试点开发以及教育经费预算建议等问题的常设性论坛,其代表来自联邦政府和各州政府。根据《基本法》,各州在原则上拥有教育立法和行政管理的最高权限。联邦一级的管理权限只有《基本法》明确赋予的管辖权,主要包括校外职业继续教育和转岗培训、资助个体继续教育参加者、制定高校学术继续教育的原则、全国范围内的继续教育统计工作、继续教育的国际合作问题、移民的继续教育、联邦工作人员的继续教育等。[①] 各州之间还有联邦各州文教部长常设会议,处理具有跨地区意义的文化、教育政策,形成共同的建议和协定。其负责继续教育的部门有进修和继续教育委员会等。为了信息沟通和交流,1979 年还在全国范围内建立了一套完善的《继续教育报告系统》。该报告系统是由联邦教育及研究部委托布克社会研究机构每隔三年定期发布继续教育领域的各种信息资料,提供服务、咨询。

20 世纪 90 年代初,受联合国教科文组织、OECD 以及欧盟倡导终身学习的影响,终身学习再度复兴,并成为德国今后教育改革与发展的主要目标。为了激发在职人员的终身学习动机,继 1971 年颁布《联邦教育训练促进法》为进修转岗人员提供资助后,1996 年又颁布《晋升进修教育促进法》对有晋升需求的人员提供资助。1997 年第五次世界成人教育会议在德国召开,对终身学习的理念传播和实施是一次极大的推动,包括德国议会、联邦各州文教部长常设会议以及政党的教育政策开始积极倡导和实施终身学习理念。早在 1990 年德国议会就在其一份未来教育发展报告中提出以继续教育作为终身学习的重点,提出把发展继续教育作为一种公共责任等 72 条建议以巩固继续教育作为教育体系中第四支柱的地位。为了延续这一政策重点,德国议会先后又发布《联邦法令与全国扩展继续教育成为第四教育领域的基本原则》(1994 年)和《终身学习的新基础:继续扩展继续教育为第四教育领域》。联邦各州文教部长常设会议也高度关注继续教育问题,曾先后三次提出发展继续教育为第四

---

① 庞学铨,克劳斯·迈泽尔.中德成人教育比较研究[M].北京:中国社会科学出版社,2004:171—172.

教育领域的建议,对德国各州制定继续教育政策有深远影响。社会民主党和绿党联盟在 2000 年提出其政策报告《全民终身学习:扩展与强化继续教育》,明确把全民终身学习作为未来德国教育发展与改革的主要目标。①

进入 21 世纪,德国政府推出一系列推行终身学习的举措。为了配合欧盟的终身学习政策,继而探讨适合本国的终身学习策略,2001 年联邦教育及研究部开展了一项全民终身学习行动项目(Lifelong Learning for Everyone)。这个项目起初的两个相互关联的目标是:其一为提升继续教育和训练的地位,并把普通的、政治的、文化的以及职业的继续教育和训练整合到整个教育体系中;其二为增强各类教育和教育途径之间的关联性,从可转移的意义上搭建从初始教育到继续教育和训练的有效衔接路径。② 为了配合这一项目的执行,联邦政府还建立了一个专门的终身学习投资委员会(Expert Commission on Financing Lifelong Learning)。它的工作重点就是关于终身学习各项工作的投资问题。

2004 年,联邦—州教育规划和研究促进委员会(BLK)发起了一项终身学习战略实施方案(Strategy for Lifelong Learning in the Federal Republic of Germany)。这一方案源于 1996 年欧洲终身学习年,是自 20 世纪 60—70 年代德国努力追赶国际的、特别是欧洲教育发展水平的结果。也可以说,它是德国 20 世纪 60—70 年代未完成的教育改革任务的继续。它的目标是通过探讨如何更好地促进公民在不同生命阶段和情境下参与学习,建立一种新的学习文化,最终形成学习型社会。这个方案从整个人生阶段出发来划分教育,区分出五个年龄阶段:儿童、青少年、年轻成人、成人以及老年人。把各个人生阶段均与以下八个重点发展任务有机联系起来:认可非正规学习、自我导向性学习、技能开发、网络化(networking)、模块化、学习引导、新学习文化或学习的大众化以及公平入学。③ 这个方案尝试在制度政策层面与学习者终身学习各个阶段有效贯穿起来,是一次较为成功的努力。 从 2006 年起,德国教育及研究部和联邦—州文教部长常设会议就着手制定德国终身学习资格框架。经过几年努力,2011 年 3 月由联邦教育及研究部发布《适应终身学习要求的德国资格框架》。就这个框架,德国州政府与联邦政府在两年后正式达成共识,签

---

① 黄富顺. 比较终身教育 [M]. 台北:五南图书出版股份有限公司,2003:266—268.
② Wilfried Kruse. Lifelong Learning in Germany-Financing and Innovation. 2003[DB/OL]. http://www.bmbf.de/pub/lifelong_learning_oecd_2003.pdf.
③ GHK,Resarch voor Beleid. Country Report on the Action Plan on Adult Learning:Germany. 2011[DB/OL]. http://adultlearning-budapest2011.teamwork.fr/docs/Country-report_DE_final.pdf.

署生效。这个框架成为评价与认证德国非正规与非正式学习形式的依据,首次把职业教育与学术教育纳入同一个评价框架体系中进行对比,使两者获得同等待遇成为可能,也必将提高民众终身学习的积极性。①

2. 德国成人教育转型发展的经验

(1)建立起了相对完善的成人教育法律体系

德国是联邦制国家,其主要的立法权在 16 个联邦州。联邦政府在立法方面的权限有限,只有在依据《基本法》授权范围内方可制定法律。从成人教育历史来看,联邦一级最早的法律规定为 1919 年制定的《魏玛宪法》。它规定了成人教育主要由民众高等学校承担,是国家的责任,其内容主要是公民教育,包括城市社区成人教育、政党所办的成人教育等。德国联邦一级的成人教育法律主要是在《联邦基本法》颁布之后制定的,主要包括《职业教育法》(1969年、2005 年修订)、《联邦教育训练促进法》(1971 年)、《企业法》(1972 年)、《高等学校框架法》(1976 年、1998 年修订)、《联邦远程教育保护法》(1976)、《社会法法典(Ⅱ、Ⅲ)》(先前为《劳工促进法》)、《职业教育促进法》(1981 年、1986 年修订)、《晋升进修教育促进法》(1996 年)等。

联邦州是成人教育立法的主体。北莱茵—威斯特法伦州早在 1953 年就对成人教育进行了立法。随后下萨克森州(1969 年)、黑森州(1974 年)等 13 个州相继颁布成人教育法律。下萨克森州的《成人教育法》明确规定成人教育的地位和基本任务:"成人教育是教育事业一个独立、平等的部分,包括普通、政治、文化和职业教育。"②北莱茵—威斯特法伦州的《继续教育法》第十条要求直属州辖市、大中型专区辖市和县设立并举办民众高等学校。尽管各州成人教育立法内容和着力点不同,但大多涉及了成人教育的宗旨、概念、任务、资助以及办学者的自主权问题等,主要是提供一个成人教育的基本框架、确保办学机构在教学内容和人员聘用方面的自主权、成人教育专业标准的制订及教师培训、确保成人有权参加学习和教育培训等。各州也制定了教育休假法,对员工带薪参加继续教育做了具体规定。原联邦德国的西柏林、汉堡、黑森、不莱梅、尼达萨柯森5 个州率先实施了教育休假法。至今,已有 10 个州制定了教育休假法。

(2)提供灵活多样的办学形式,满足了成人个体的多元化需求

德国成人教育的结构和形式呈现了灵活多样的特点。这得益于德国基本

---

① 楼云华.德国州政府与联邦政府签署终身学习能力框架联合决议[J].世界教育信息,2013(15):74.
② 庞学铨,克劳斯·迈泽尔.中德成人教育比较研究[M].北京:中国社会科学出版社,2004:175.

法赋予开展成人教育的基本原则,比如多元化原则(多样性和竞争性)、教学自由原则以及对所有人开放的原则等。在德国,提供成人教育的办学主体多种多样,主要包括工会、公司及商业组织、工商会、手工业和农业协会、宗教组织、高等教育机构、州立继续教育机构、民众高等学校、政党基金组织、工作和生活联合会、远距离教育学院等。这其中私人公司占30%,民众高等学校占14%,工商会等占5%。据统计,成人教育办学机构数量达到25000个,其中16841个为州属的。[①] 这些办学机构提供的教育类型有以下七大类:补偿教育;适应性继续教育;横向拓展职业技能;升学教育;转岗培训;恢复职业能力的教育;满足幸福爱好的教育。

以民众高等学校为例,最新的数据统计显示,全国共有924所民众高等学校,在临近地区或农村有3118个地区现场工作站。[②] 作为社区继续教育的主要办学机构,通过遍布全国的机构和组织构筑起了民众高等学校"遍地开花"[③]的网络体系。这样的布局有助于迅速回应社区居民的需求,及时提供支持和服务。民众高等学校还提供面向各类群体的成人教育和培训课程。它们提供的主要课程涉及政治、社会、环境、文化、时尚、健康、语言、工作、职业、基础教育以及教育文凭等。既有面向社会不利群体如家庭主妇、失业者、老年人等的第二次机会教育,也有针对不断增多的移民问题增设的各种语言课程。民众高等学校"不设任何的入学条件,相反,而是充分考虑不同人群的背景情况,如年龄、性别、职业、社会阶层、受教育程度、语言环境、个人偏好等,开发各种教育内容,采用多样化的教学与学习方式,吸引尽可能多的人来参与"。[④]

(3)形成了多元化的融资机制和资助机制

德国成人教育的资金来源也是多样的。最主要的投资者包括联邦教育及研究部、联邦和州两级劳工部、联邦就业局、欧盟特别是欧洲社会基金会(ESF)、公司、工会、工商会等行业协会、地方政府以及成人个体。成人教育的资金来源不仅有法律保障,特别是一些州立的继续教育法都对其资助及额度有明确规定,而且社会组织特别是企业等也都积极主动提供资金。据德联邦统计局的消息,"2010年,73%的德国企业通过让员工参加继续教育来进行职业培训,较2005年上升了3个百分点。其中,61%的企业提供传统形式的培

---

① GHK,Resarch voor Beleid. Country Report on the Action Plan on Adult Learning:Germany. 2011[DB/OL]. http://adultlearning-budapest2011. teamwork. fr/docs/Country-report_DE_final. pdf.

② DVV-VHS. The Adult Education Centre. 2012[DB/OL]. http://www. dvv-vhs. de/english-version/adult-education-centre. html.

③④ 孙玫璐. 德国成人教育中心的发展特点与启示[J]. 职教论坛,2012(21):42.

训课程,如专门课程、研讨班、进修班等;66%的企业支持职工参加信息交流活动和网络自主学习等"①。除去个体学习者外,私人企业成为德国成人教育机构的最大投资者。联邦和州政府也是一个成人教育重要的投资来源。特别是州及地方政府在年度预算中都有专门资助成人教育的投资,但其投入更多地集中在中长期的成人教育项目,比如 2000 年由联邦及各州教育规划与研究促进委员会发起的一项为期五年的终身学习模式试验方案。联邦和州各承担一半投入,每年为这个项目投入 250 万马克,共计 1250 万马克。再由作为全民终身学习行动项目核心项目的"学习型地区——为终身学习网络化提供支持"。截至 2006 年由联邦政府和欧洲社会基金累计投入金额达到 1.18 亿欧元。

随着成人教育市场化改革的深入,参加成人教育的开支逐渐成为学习者个人的责任。为了保持和刺激公民终身学习的积极性,联邦政府等推出了一系列的资助形式,并逐步形成了德国较为成熟的资助体系。政府对个人提供教育资助的主要途径有以下几种:其一,《联邦教育培训促进法》(1971 年)为个人接受成人教育提供奖学金资助。每个人都可以申请自义务教育结束时起至 35 岁为止的中等继续教育阶段,其资助金额视个人参与的继续教育情况而定。② 以一位未满 30 岁参加第二机会课程的德国人为例,获得的资助有根据《联邦培训资助法案》给予的每月 341~543 欧元的长期保健补贴,如果条件允许,还可以申请一胎每月 113 欧元的育儿护理补贴。③ 其二,《联邦晋升进修教育促进法》为已获得初级教育和训练的人提供的资助,每年有约 80 万人获得这一资助。其三,带薪教育假制度。各联邦州对这一制度规定不一。黑森州规定 25 岁以下的职工每年可享受 5 天的带薪教育假,而不来梅州则规定职工每年有 20 天的带薪教育假。④ 其四,从 2008 年起,联邦教育研究部发放教育代金券,直接补贴那些想参加继续教育而没有足够财力的人。代金券的面值随课程费用的不同而不同,一般是课程费的一半,最高不超过 500 欧元。想申请代金券的人可以去联邦教育研究部设立的继续教育咨询处,大约有 570 个免费咨询处遍布整个德国。从 2008 年 12 月到 2013 年 10 月初,全国已经发放了约 23 万张教育代金券。⑤

---

① 修春民.德国 3/4 企业为职工提供继续教育机会[J].世界教育信息,2013(16):77.
② 任春.终身教育理念下德国成人教育[J].德国研究,2007(1):63.
③ Brigitte Lohmar, Thomas Eckhardt. The Education System in the Federal Republic of Germany 20112012. 2013[DB/OL]. http://www.kmk.org/fileadmin/doc/Dokumentation/Bildungswesen_en_pdfs/dossier_en_ebook.pdf.
④ 宋孝忠.德国终身学习政策述评[J].华北水利水电学院学报(社科版),2009(3):96.
⑤ 李珅.德国继续教育的"三驾马车"[N].光明日报,2013-12-07.

(4)创建了完善的成人教育质量管理和保障体系

德国成人教育与培训享誉世界,一个因素就在于其完善的成人教育质量管理和保障体系。当前,德国成人教育所建立起来的一整套质量管理体系和保障体系包括以下三个方面:其一,由权威成人教育研究机构和主要的成人教育联合会共同参与制定成人教育管理体系。这个质量管理体系包括办学机构和项目规划质量、课程教学质量、组织机构管理质量以及教学成果质量等四大范畴。其中主要是指继续教育机构的建立方案、学习项目规划、规划信息发布等方面的质量。课程教学质量包含师资力量、指导人员的配备力量、课程质量、学生对教学过程的评价和反馈等内容。组织机构管理质量包括管理组织结构、工作岗位、工作条件、职员的交流与合作、职员培训进修的范围、机构的发展空间等。教学成果质量则指学习成果和教学效率、学生的满意度、社会效果等。其二,研制成人教育质量发展和测试模式。这个质量发展和测试模式是对成人教育质量管理体系的具体化。其三,试行模式,确定具体的成人教育质量管理工具。[①]

当前比较通行的质量管理工具或标准有 ISO 9000 国际质量标准体系、欧洲企业质量管理体系(TQM)以及面向学习者的继续教育质量测评模型(learner-oriented quality testing in continuing education,简称 LQW)。其他还有具体针对民众高等学校的,比如巴伐利亚州的国民大学联合会根据欧洲质量管理基金会(EFOM)的模型开发的针对国民大学的质量管理体系、巴登州的质量发展过程模型。这其中面向学习者的继续教育质量测评模型是德国当前最新的、最具有权威性的评价工具。这个模型的一个基本的评估准则是办学机构能否以学习者为中心、引导学习者进行"成功学习"。它划分了 11 个成人教育质量测评范围:办学宗旨、市场需求、关键环节、教学过程、工作考核、办学设施、领导因素、人力资源、控制手段、客户关系、战略目标。采用的评估方法有自我测评、外部鉴定、实地访问和总结研讨。[②]

在德国,市场化程度较高的继续教育产品还有专业的社会组织和舆论监督。

比如成立于 1964 年的一个消费者产品测试基金会——商品测试基金会,虽然是一个民间组织,但它的主要拨款机构是政府。商品测试基金会的主要职能是对德国市场上各种耐用品以及与居民生活密切相关的消费品进行不定

---

① 戴凌云.德国继续教育的质量保障[J].继续教育,2004(2):60.
② 戴凌云,等.德国继续教育质量测评模型 LQW 述评[J].高等工程教育研究,2007(1):91—92.

期的抽检。每年要对大约 80 个大类商品进行抽样试验,而每个大类至少要抽检 20 余种商品,至今已抽检了三万种商品。其通过对市场产品和服务的比较测试,向公众传递商品和服务的质量信息,其测试结果和对消费者的建议等,发表在《测试》(Test)月刊上。① 由于这个机构的权威性,消费者多以其测试的数据作为消费指南。继续教育产品测试也被纳入这个基金会的测试范围,由联邦教育及研究部委托,由测试基金会为继续教育产品的市场监督提供权威性数据指南。

第三节　亚洲成人教育转型概况

一、日本成人教育的转型发展

1. 日本成人教育转型发展的历程

在日本,成人教育较少使用,多被归为社会教育范畴。经常用社会教育来指称成人教育。自明治维新以来,日本现代成人教育改革与发展大体经历了三次大的教育改革:第一次以 1872 年颁布《学制》为标志,奠定了日本近现代教育体制;第二次是二战后的教育改革,以制定《教育基本法》为轴心事件,确立日本战后教育发展的大政方针;第三次是 20 世纪 70 年代以来开展的终身教育、终身学习整体改革。② 这一改革进程至今仍在延续。本书着力于后两次特别是最后一次教育改革探讨。

日本成人教育源于明治维新,其最初表现为旨在民众教化的通俗教育,形式多采用夜学、讲座、演讲等,主要由青年团、夜学会等民间组织开展。受大逆事件影响,政府开始涉入通俗教育。在大正八年(1919 年),文部省在普通学务局内新设第四课,负责通俗教育事务,并设立通俗教育事务官。随后在大正十年(1921 年)、十三年(1924 年)文部省又先后两次进行了机构调整,把原第四课改为社会教育课,专门负责社会教育事宜,在法令中用社会教育取代通俗教育。③ 加上按照《地方社会教育职员制度》规定,地方各府县相继设置社会教育主事。日本社会教育行政制度基本成型,标志着日本成人教育由通俗教育时期

---

① 郑红军.中国产品质量的综观研究[M].北京:中国经济出版社,2007:8.
② 瞿葆奎.教育学文集第 23 卷 日本教育改革[M].北京:人民教育出版社,1991:13.
③ 梁忠义.当代日本社会教育[M].太原:山西教育出版社,1994:46.

进入社会教育时期。昭和四年(1929 年)文部省为了在战时更好地教化动员,将社会教育课升格为独立的社会教育局,设有青年教育及成人教育两课,进一步提升社会教育管理体系的行政级别。这成为主管成人教育行政机关正式设立的标志。[①]

二战后,在盟军领导下组织开展的成人教育改革是铲除日本军国主义思想,建立民主化的现代成人教育体制的改革。对此次改革时期影响最大的是美国教育使节考察团所提出的调查报告书。1946 年调查报告书建议,应在文部省内设置专门的成人教育管理机构,要求大学等高等教育机构设立夜间部,发挥英国所谓的推广教育功能,充实公立图书馆及博物馆。它与依据其制定的《新日本教育方针》成为日本战后成人教育改革的蓝图和指南。根据要求,各大学及专门学校开始向社会人员开放。比如创设面向普通公民的旁听生制度、组织大学开展社会教育活动、开设地方民众大学、开展文化讲座、暑期学校等。加上此时《教育基本法》(1947 年)、《社会教育法》(1949 年)相继制定并颁布实施,成人教育的目的、定义、实施机构及组织机构、经费资助等相关制度得以规定。成人教育的主要办学机构——公民馆创设,并如雨后春笋发展起来。1949 年,日本全国 1 万多个镇村中已有 4000 多个设立了公民馆。[②]

第三次教育改革源于 1971 年社会教育审议会和中央教育审议会相继发布的咨询报告《关于全面扩充和改善学校教育的基本政策》和《关于为适应急速变化社会构造的社会教育的方向》。两份报告都强调终身教育在教育体系和社会发展中的重要性,寻求从学校教育和社会教育两方面入手,整体上改变教育体制。但仅仅停留在观念上的探讨,而未提出切实可行的具有日本特色的终身教育理论形态和实施举措。1981 年,中央教育审议会发布了《关于终身教育》的咨询报告,首次在国家政策中提出终身学习的理念,并把它与终身教育区分开来。为了推进改革进程,1984 年日本成立了直属内阁大臣的临时教育审议会,作为首相关于教育领域的私人咨询机构。该审议会从 1984 年到 1987 年共发布了四份咨询报告,其最主要的目的就是"向终身学习体系过渡,对教育体系进行综合性重组"。它成为日本这一时期教育改革的主要依据。政府于 1987 年把临时教育审议会的咨询报告形成了更具有可操作化的政策文本《关于当前教育改革的具体方略——教育改革推行大纲》(以下简称《大纲》)。《大纲》的首要目标就是"终身学习体系的完备"。这也意味着日本开始

---

① 黄富顺.比较成人教育[M].台北:五南图书出版股份有限公司,1988:390.
② 转引自梁忠义.当代日本社会教育[M].太原:山西教育出版社,1994:57.

把向终身学习体系转变、建设终身学习社会纳入 21 世纪的国家发展战略中。1990 年 6 月,日本政府发布《关于完善振兴终身学习的政策体系的法律》(以下简称《终身学习振兴法》)。该法是一部与《教育基本法》《社会教育法》相关联的教育改革基本法律。共分 12 条,就立法目的、政府制定相关政策措施的责任、都道府县教育委员会的责任、振兴区域终身学习事业的基本构想和基准、设置终身学习审议会以及相应的财政措施等事项,分别做出了相应的法律规定。① 由此,日本第三次教育改革的政策和法律纲领正式确立。

按照《大纲》和《终身学习振兴法》要求,日本政府首先对文部省进行了行政机构改革。1988 年 7 月,文部省把原先的社会教育局改为终身学习局,作为日本终身学习推进的最高领导机构,是文部省的第一大局。终身学习局下设终身学习振兴科、专修学校教育振兴室、社会教育科、学习信息科、青少年教育科、妇女教育科。主要负责制定家庭教育、学校教育、社会教育、学校开放、体育文化活动等各种协调和推进终身学习的综合性政策和活动,还直接负责有关社会教育的规划支援及建设等事务。与此同时,各个地方政府教育委员会中的社会教育课也相应地改名为终身学习课。1990 年 8 月,文部省依法成立终身学习审议会,作为文部大臣的咨询机构,向文部大臣和有关行政长官提供有关终身学习的咨询和建议。按照《终身学习振兴法》第 11 条规定,各都道府县也相继设置了终身学习审议会。1999 年,已有 36 个地方政府设立终身学习审议会,1994 个市镇村设立终身学习审议会。② 2001 年日本再次实行机构改革,文部省和科学技术厅合并为文部科学省,原文部省所属的 17 个审议会,除中央教育审议会等 5 个审议会保留外,其余都被废除。终身学习审议会被并入中央教育审议会,成为其五大分科会之一。终身学习分科会主要负责完善终身学习机会、振兴社会教育以及视听教育等重要事项。③ 文部省所属的终身学习局也改名为终身学习政策局,位列文部省各局之首。该局主要负责发展终身学习的相关工作,诸如"援助民间文化教育事业、提供终身学习信息、建立终身学习信息网、促进学校向地区和社会开放,以及制定有助于创建终身学习体系的方针政策等"④。

---

①② 崔世广,张洪霞.日本开展终身教育的历史过程[J].日本问题研究,2005(1):44.

③ 张洪霞,崔世广.日本开展终身学习的政策措施与效果[J].日本学刊,2004(6):142.

④ 吴遵民.现代国际终身教育论[M].北京:中国人民大学出版社,2007:212.

2.日本成人教育转型发展的经验

(1)注重终身学习的政府主导和统筹管理

日本成人教育最突出的一个特色就是初步建立起政府主导和统筹管理的终身学习体系。早在保罗·朗格朗提出终身教育之时,日本学者波多野完治就把其著作翻译成日文引入国内,迅即引起日本国内各界比如产业界、劳动省等的积极响应,特别是中央教育审议会、社会教育审议会等。上文提及,它们随即发布调研报告,介绍终身教育理念,并寻求从整体上推进日本教育体制改革。经过一系列改革,日本在教育体系中建立起中央一级的终身学习推进机制,即行政机构为终身学习局(如今的终身学习政策局),下设终身学习振兴科等科室,终身学习审议会(如今并入中央教育审议会,作为其下属的终身学习分科会)作为文部大臣和其他行政长官的咨询机构。在地方政府一级有终身学习课(由社会教育课改名),在地方教育委员会中建立起终身学习审议会,作为都道府县的教育委员会或知事的咨询机构。由此,日本在推进终身学习方面,初步建立起了自上而下垂直的、专门的组织机构,为其提供财政和技术上的支持。

此外,中央政府还特设"地方终身学习振兴费补助金"的专项资金,鼓励和资助都道府县成立由政府部门、教育部门、企业等各方代表组成的"终身学习推进会"等联络协调组织。在终身学习管理体系上,日本还形成了以地区中心带动的做法。日本各地区成立地区终身学习中心。1979年,日本兵库县建立国内第一所地区终身学习中心,秋田、富山、山口、石川、大分、群马等县也相继建立。1999年,在全国共建立了36个地区终身学习中心。2005年,地区终身学习中心增加到329个。该中心作为地区终身学习的综合中心设施,具有搜集和传播终身学习信息、培训人员及专家、教育者开发学习计划和材料以及开展调研等功能,因而具有带动、辐射周边的效应。①

(2)形成了完善的成人教育法律体系

日本成人教育改革与发展的一个重要保障就是完善的成人教育法律体系。成人教育的法律法规是其改革与发展遵照的原则和准绳。自从1947年颁布《教育基本法》以来,日本政府制定的成人教育法律法规有《社会教育法》(1949年)、《青年学级振兴法》(1951年)、《职业训练法》(1958年)、《公民馆设置及营运相关基准》(1959年)、《体育运动振兴法》(1961年)、《社会函授教育的规定》(1962年)、《放送大学学园法》(1981年)、《大学函授教育基准》(1981

---

① 杨彬.世界终身教育发展:理论脉络、发展模式和战略举措[J].天津市教科院学报,2009(1):23.

年)、《短期大学函授教育设置基准》(1982 年)、《职业能力开发促进法》(1985
年)、《终身学习振兴法》(1990 年)、《特定非营利活动促进法》(1998 年,简称
NPO 法)。与成人教育相关的法律法规有《图书馆法》(1950 年)、《博物馆法》
(1951 年)、《学校教育法》(1947 年)、《文部省设置法》(1949 年)等。其他法规
还包括政令和省令。政令如《社会教育法施行令》、《终身学习审议会令》等,是
由内阁为实施宪法和法律而制定的"命令"。而省令如《图书馆法施行规则》、
《社会教育法施行规则》等,是由主管大臣为实施法律和政令而发布的"命令"。

一些法律随着时代和背景条件的变换而及时进行修正或废止,比如《教育
基本法》在 2006 年修正时,增加了第 3 条"终身学习理念","为使每个国民能
够磨炼自身的人格,安度多彩的人生,要实现国民能够在任何时候、任何场合
毕生开展学习活动,并活用其学习成果的社会。"《社会教育法》先后经历了
1959 年、2008 年等多次修正。在 2008 年修正时,增加了中央和地方政府要
"满足国民的多种学习需求,……努力为振兴终身学习做出贡献"的内容。《终
身学习振兴法》2002 年修正并改名为《终身学习完善法》。1985 年颁布《职业
能力开发促进法》,取代《职业训练法》,使由劳动省管辖下的企业培训转向终
身教育政策。颁布于 1951 年的《青年学级振兴法》在 1999 年被废止。

(3)提供灵活多样的办学形式,满足了成人个体的多元化需求

在日本,为成人提供教育和学习资源的机构在办学层次和类别方面具有
灵活多样性,满足了不同成人的多元化教育和学习需求。日本的成人教育办
学机构主要有:

1)高等教育机构如大学、短期大学等。就大学而言,采取灵活多样的举措
扩大向成人、社会开放的程度,增加高等教育入学机会。首先,大学面向社会
市民开设公开讲座,其主要内容涉及教养性、趣味性、理论知识、现代科技、保
健体育知识等。其次,根据《学校教育法》,日本多数大学设立夜间部,实行昼
夜开课制度。据统计,2008 年有 114 所大学设立夜间部,参加各种夜间课程
的学习者达到 103043 人。[①] 为了增加入学机会,从 1987 年有些大学利用夜
间或周末向社会人授课,被称为昼夜开课制度。再次,大学实行社会人特别考
选机制,主要面向职业学校毕业生,以及具有职业技能和实践经验的社会人,
为其提供高等教育和职业继续教育。想要进入大学深造的,填报入学志愿,经
社会人特别选拔委员会面试和笔试,通过者即可进入学习。最后,许多还为社
会人建有大学的旁听生、进修生制度,还建立了学位授予机构、大学入学资格

---

① 邓永庆.日本构建终身学习社会的保障机制研究[D].首都师范大学,2008:24.

认定制度以及专修科等方便社会人入学。从 1948 年开始仿照美国初级学院，创设短期大学。短期大学为在职青年和市民提供夜间部和函授部的教育，其培养目标为在高中教育的基础上，对学生进行高深的专门知识教育，培养职业和实际生活中所需的能力，注重学生专业知识和技能的培养。日本的远程教育也相当发达。1983 年创办了放送大学，充分利用远程技术为广大市民提供高等教育和学习机会。

2)各种学校和专修学校。这两种学校是日本特有的学校。各种学校提供义务教育后继续学习机会，类似于补习学校性质，除大中小学之外，实施类似学校教育的机构都归入各种学校。专修学校是在各种学校的基础上改制而来。1976 年，日本把各种学校中修业年限较长、组织健全、水平较高的改制为专修学校，主要为在职成人提供职业教育、进修教育等。

3)公民馆。它是根据《社会教育法》要求创立的公民社会教育机构，是一个公民进行自我教育和相互教育的场所。公民馆以提供地区居民的文化教养为宗旨，主要开展与居民实际生活相关的教育、学术及文化方面的各种活动。

4)职业训练学校、职业训练大学校以及残疾人职业训练学校以及企业内职业培训机构。

5)终身学习中心。它是地方性终身学习机构。主要通过定期讲座、讲演会、公演会及短期教室等形式来推进终身学习。它的功能是提供有关终身学习的信息，完善终身学习咨询制度，并在教育机构中设计各种学习和合作的方式。①

此外，为了建立终身学习社会，打破强调学历文凭的困局，对形式多样的学习成果进行认证和评价。文部省建立了认定技能审查制度，对从事成人或青少年学习成果认证的民间组织给予资格认定，然后由这些机构对成人通过各种途径所学到的知识和技能提供认证，颁发相应等级的证书。

（4）实行指定管理者制度，充分调动民间力量参与成人教育发展

所谓指定管理者制度就是地方自治体将其负责的成人教育和社会教育设施的建设和运营委托给民间组织来经营和管理。② 它实质上是一种成人教育市场化手段，源于 20 世纪 70 年代以来日本政府受新自由主义教育思潮影响而实行的成人教育服务外包制度。根据 2003 年修正的《地方自治法》，地方公共设施改由采用直接经营或由指定管理者来经营的管理方式。其主要目的是

---

① 邓永庆.日本构建终身学习社会的保障机制研究[D].首都师范大学,2008:26.
② [日]新保敦子.全球化下日本公民馆的发展及其社会影响[J].现代远程教育研究,2011(2):54.

提高公共社会教育设施的服务质量和效率,也是为了降低财政支出。指定管理者适用于公民馆、图书馆、博物馆、母子宿舍、老人设施、幼儿园、体育馆、文化中心、小区中心等公共设施。由学者专家、小区居民代表、会计师所组成的"自治体选考委员会"负责组织指定管理机构的遴选。遴选过程包括:"应征单位需提交营运构想、职员安排、营运时间、支持培训等计划书。选考委员会透过这些基本数据的审核及与应征单位面谈,从营运管理的可行性、提供的服务质量等,最后选出可以委托的指定管理者单位。"①遴选出的指定管理者拥有在指定范围内的社会教育等设施的使用费决定权,有助于调动参与者的经营积极性。此外,管理者评鉴委员会负责指定管理者经营和管理过程的监督工作。每年对各个机构的营运、管理、服务、职员、运作、经费等方面进行评鉴,评价结果予以网上公示,供社会舆论监督。

二、韩国成人教育转型发展

1.韩国成人教育转型发展的历程

受日本影响,韩国的成人教育多以社会教育来命名。韩国成人教育从摆脱日本殖民政府统治后开始发展。最初主要是开展成人扫盲教育和基础教育为主,随后逐步向成人继续教育乃至终身教育(韩国称为平生教育)发展。从20世纪80年代后期特别是90年代以来,韩国迎来了一个成人教育及终身教育改革发展的重要时期。

韩国成人教育最早可追溯至李朝时代。但现代成人教育是从20世纪40年代以后开始的,主要是以成人识字教育为主,其目的是对长期以来受到殖民教育的韩国成人普及韩文教育。这一时期,另一个教育任务是公民素养教育。1946年韩国政府制定并通过《公民训练学校法案》,该法案把公民辅导学校正式纳入教育体系中。此类学校主要是针对失学的韩国民众,其课程共分为青年、成人及补救三个等级,其中针对成人的讲授内容主要包括韩文、算术及公民教育。② 韩国教育行政机构——教育部成立于1948年,作为全国成人教育的主管机构,设有专门的社会(成人)教育局负责组织成人教育工作。在局内还附设有社会教育审议会,作为社会教育的咨询和审议机构。在当时,这一审议会还曾尝试制定社会教育法律,但最终未获通过。

---

① [日]新保敦子.全球化下日本公民馆的发展及其社会影响[J].现代远程教育研究,2011(2):54—55.
② 奇永花.韩国终身教育的发展及实务运作[J].成人教育,2009(3):11.

进入 20 世纪 60、70 年代,韩国成人教育进入发展时期。首先,终身教育的理念开始引入韩国。早在 1965 年联合国教科文组织韩国委员会就召开了终身教育研讨会,探讨终身教育的问题。1972 年,首尔成立了全国第一家终身教育中心。1973 年由国家理事会赞助举办了国家级的终身教育论坛,专门讨论终身教育发展的问题。终身教育理念开始受韩国关注。其次,韩国成人教育机构逐步建立。1960 年,梨花女子大学创立社会教育委员会,举办社会教育的选修科。汉城女子大学开设农村生活学习的必修科。1970 年,启明大学与大邱市创设市民大学。据统计,1970 年韩国已有 20 余所大学开展成人教育。[①] 1972 年汉城国立大学建立函授学院。该学院随后发展成为一所独立的函授大学。1974 年在汉城又设立了函授高中。为了提高员工的知识技能,许多企业还设立专门的培训教育机构。

20 世纪 80 年代以后,韩国成人教育进入终身教育制度化时期和整个教育体系启动终身教育改革的重要时期。终身教育理念写入宪法中。1980 年大韩民国宪法规定:"国家必须要推展终身教育。"1982 年颁布的《社会教育法》也明确规定韩国政府有推广终身教育的责任,提出韩国发展终身教育的任务。为了推进终身教育改革,1987 年成立了直属总统的教育改革审议会。在其制定的教育改革十大课题中,明确终身教育的改革任务,包括建立继续教育和委托教育体制,加强大学生的继续教育课程等。特别重视教育的金泳三总统就任后,即组建教育改革委员会作为总统的教育咨询机构,主要负责教育政策和教育改革方案的策划和起草。该委员会总共提出四次教育改革方案。其中最重要的一次是 1995 年 5 月 31 日制定的教育改革方案《树立新教育体制之教育改革方案》(又称为 5·31 教育改革)即提出韩国要建立一个开放的、终身学习社会,让任何人在任何时间、任何地点都可以获得学习机会。这奠定了韩国此后教育改革的基调和方向。此次改革方案还提出了学分银行制度。这一制度在 1998 年正式实施。在第二次、第三次教育改革方案影响下,韩国教育部于 1996 年把社会教育局改组为终身教育局。第四次教育改革方案提出制定《教育基本法》替代原《教育法》。《教育基本法》规定了每一个国民个体的学习权利,重构与终身教育的关联性。它作为最上层的法律法规,另外建议制定《终身教育法》取代原有的《社会教育法》。《终身教育法》与正规教育法同等重要,并列作为《教育基本法》的下位法律。[②]

---

① 台湾成人教育协会.大学成人教育[M].台北:师大书苑,1994:327—328.
② 朴福仙.韩国修订终身教育法的意义、内容及发展方向[J].终身教育,2013(3):78.

《终身教育法》于 2000 年 3 月正式实施,其后先后经历了 5 次修订。以 2007 年的修订幅度最大,其内容从原先的 6 章 39 条扩充到 9 章 53 条。通过《终身教育法》及其系列修正案,韩国实施终身教育的行政机构、运行机制乃至人员配备等问题得以构建起来。在行政机构方面,2001 年为了满足人力资源开发需要,韩国教育部改组为韩国教育及人力资源部,把其行政长官提升到副总理级别,负责制定国家人力资源和教育相关政策。原终身教育局也改名为终身职业教育局,作为终身教育中央一级的主管机构。在地方行政组织中,相应设置了以科为单位的组织。在审议机构方面,规定在中央一级设立终身教育振兴委员会,在地方一级设立终身教育协议会作为咨询和审议机构。2007 年《终身教育法》修正,韩国设立专门的运营组织——终身教育振兴院 (NILE)。中央和市道一级都设有终身教育振兴院。其中中央一级的终身教育振兴院是由原先独立运作的终身教育中心、韩国自学学位考试鉴定中心、学分银行中心(CBS)整合而成。

《终身教育法》还提出了学分银行制度、终身学习账户制度、终身教育士(或称为终身教育专业工作者)以及终身学习城市建设等方面的问题。依照《终身教育法》要求,韩国教育部每五年要制定终身教育实施的基本规划,内容涉及目标、方向、基本架构之执行、发展及所需经费、政策分析及评估。至今韩国教育部已制定了两次发展规划。近期执行的第二次终身教育促进计划 (2008—2012)提出韩国未来五年要建设"一起学习、一起工作、一起生活"的终身学习愿景。在此基础上,提出建设终身学习社会的三大战略目标,即培养有助于提高国家竞争力的知识创新型工作者;通过终身学习减少社会潜在风险因素,从而促进社会凝聚与融合;建立高效的终身学习基础设施,包括评估不同学习结果的评价框架。[①]

2.韩国成人教育转型发展的经验

(1)创建了相对完整的终身教育管理和推进体制

韩国成人教育改革与发展最值得称道的就是其创建了相对完整的终身教育管理和推动体制。韩国教育部作为成人教育和终身教育的最高行政管理机构,自 1948 年成立以来,经历了多次改革,其职能日益拓宽。2001 年为了突出国家人力资源开发战略,由原教育部改称为教育与人力资源部,使其兼具终身教育和人力资源开发与管理的职能,其行政长官由副总理兼任,有助于突破学校为中心对终身教育的制约。2008 年,原教育人力资源部和科学技术部合

---

① 刘常庆.五国中长期教育发展战略规划探析[J].上海教育,2010(8):39.

并重组为教育科学技术部,赋予其科学技术的职能。终身职业教育局是韩国教育部辖下直接主管终身教育的机构,设有终身学习政策科,其主要职责包括树立、调整终身教育相关的综合政策,开发、支援终身教育推展,培养终身教育团体设施和运作支援,远距大学的设置和运作支援,教育人力资源发展部管理的非营利法人的设置、废止和运作支援等。[①] 在市、道教育厅设有以科为单位的行政机构。比如首尔就建有终身教育局、终身教育办公署及教育政策局课程政策部,负责推动本地终身教育事务。[②] 韩国教育部指定教育开发院的终身教育中心负责终身教育发展的研究及资讯提供。该中心设有终身教育中心运作室、学分银行运作室以及人力资源研究室。2008 年以后被整合进终身教育振兴院。在地区一级设有终身教育资讯中心和终身学习馆。这些中心的主要任务包括担当中央终身教育中心和地区终身教育团体的桥梁、终身教育的研究、作为办学机构提供进修和学习场所等。

终身教育振兴院于 2008 年成立,上文提及它是整合了终身教育中心而成的、独立的终身教育研究、咨询机构。它充当了韩国终身教育管理和运作的枢纽角色。其行政长官相当于教育部的副部级,直接向教育科学技术部长负责。它由一室三部组成,分别是经营企划室、终身教育政策本部、学分银行运营部、学位管理商谈部。终身教育振兴院承担终身教育计划研订、培训终身教师,支持市道终身教育振兴院,建立与运用终身教育信息系统,办理学分、学位认定事宜及管理学习账户等 12 项职能。在市道一级也设有终身教育振兴院,其主要负责地区终身教育的管理、咨询以及教育和学习机会提供。目前,韩国共设有 23 个地区终身教育振兴院,379 个终身学习馆。

另外,韩国教育科学技术部还设有直属的终身教育振兴委员会作为其审议机构,地方一级的审议机构是终身教育协议会。不难看出,在众多处于终身教育建设前列的国家中,韩国终身教育体系层次分明、体系完整,尤为值得我们借鉴。

(2)形成了完善的成人教育法律体系

相对完善的成人教育法律体系为韩国成人教育改革发展的提供了法律保障。韩国不仅有专门的成人教育法律,还是世界上为数不多的制定终身教育法律的国家之一。早在 1946 年韩国就曾制定了与成人教育相关的法规《公民训练学校法案》。1949 年制定的《教育法》中就对社会教育的专门规定,要求

---

① 黄富顺.比较终身教育 [M].台北:五南图书出版股份有限公司,2003:127.

② 黄欣,张艳.一次具有突破性意义的教育立法与改革——略论韩国终身教育立法的制定背景及政策启示[J].外国中小学教育,2010(8):8.

中央政府及地方政府为所有无法入学的公民提供多种教育方案,指出教育不应局限学校,还应涉及社会文化领域,在当时的学务局设立社会教育课。[①] 成人教育法律及其相关的法律体系包括《产业教育振兴法》(1963年)、《职业训练法》(1965年)、《科学教育振兴法》(1969)、《国家技术资格法》(1973年)、《职业训练特别措施法》(1974年)、《职业培训基本法》(1976年)、《职业培训资金法》(1976年)、《社会教育法》(1982年)、《开放大学的设置运营规定》(1982年)、《自学学位制度》(1990年)、《职业教育和培训促进法》(1996年)、《信贷赠与法》(1997年)、《学分认证相关法律》(1997年)、《终身教育法》(1999年)、《人力资源开发基本法》(2001年)。一些法律还制定了具体的实施细则,如《社会教育法实施令》(1983年)、《终身教育法实施法案及规定》(2000年)、《终身教育法实施细则》(2007年)等。

韩国非常重视成人教育相关法律为适应变换的环境和条件而做出的及时修正。《终身教育法》自2000年实施至2009年,已做出5次修正(分别是2001年、2007年2次、2008年、2009年)。《教育法》从1949年制定到1997年废除,经过30余次修订。为了搭建起适合终身教育的法律体系,制定《教育基本法》作为最高层次法律,及时制定《终身教育法》取代《社会教育法》,并把它提到与其他教育形式同等重要的法律地位。

(3)提供灵活多样的办学形式,满足了成人个体的多元化需求

韩国政府自从1995年提出建立一个开放的、终身学习社会以来,一直致力于从制度、组织机构以及人员和物质投入等方面实现这一目标。为了让任何人在任何时间、任何地点都可以获得的学习机会,要求韩国在办学形式、类别以及层次等方面遵循灵活多样的原则,以寻求满足成人个体的多元化需求。按照2007年新修订的《终身教育法》,终身教育的内涵也得以拓宽,由原先的"学校教育外的所有有组织的教育活动"修改为"学校正规教育课程以外的,包括学历补救教育、成人基础扫盲教育、职业能力发展教育、人文教养教育、文化艺能教育、市民的教育等所有的有组织的教育活动。"[②]

在《终身教育法》第四章中明确提出了八类实施终身教育的机构,分别是:其一,类似学校的终身教育机构,包括中、高等公民学校、特别学级、放送通信高中、各种学校、产业大学、放送通信大学以及学历认定的终身教育设施等;其二,企业大学,依法要求拥有300名以上职员的公司设置企业大学。企业大学

---

① 李晓媛.韩国终身教育的法制建设及对我国的启示[D].山西大学,2011:4-5.
② 黄富顺.韩国新修订终身教育法的内容、特色与省思[J].终身教育,2009(6):18.

的经费由雇主负担,提供专业职务教育和特殊教育,其文凭和学历逐步被认可。其三,远距离教育机构,它是利用资讯和通信技术为人们提供灵活多样的教育机构,在该法颁布之初就建立了 15 所远距离大学。其四,企业的终身教育,诸如百货店、文化中心等设施或者达到一定规模的(通常是 200 名员工以上)的企业都要对员工实施终身教育。其五,市民社会团体附设的终身教育机构,按照规定会员在 300 名以上的市民社会团体要提供以普通市民对象的终身教育,如大韩红十字社,大韩律师协会、大韩矿业协会等。其六,学校终身教育机构,包括初、中等学校和大学等都附设有终身教育院,向社会人员提供学习和教育机会。以高等学校为例,韩国 415 所高校有 375 所设置了终身教育院。① 其七,大众媒体的终身教育,依据《终身教育法》及实施细则,要求合法的大众媒体以普通民众为对象提供终身教育课程。其八,有关知识与人力资源开发的终身教育组织,主要指经营知识资讯的提供事业、教育训练等机构,如公务员训练机构、政府投资的教育训练机构以及民间教育训练机构等。②

(4)建立起发达的学分银行体系和学习认证制度

韩国成人教育改革与发展又一个值得称道的举措就是其发达的学分银行体系和学习认证制度。具体包括学分银行制度、学位自学考试制度以及终身学习账户制度。

首先,学分银行制度早在 1995 年就已提出,1998 年正式上线实施。目前相对较为成熟并达到一定影响力。学分银行制度采用银行的运作模式,对各种途径获得学习经历给予认定,达到一定条件即可授予学分银行规定的学位。以学士学位为例,要求学员获得总学分 140 分以上,专业课学分 60 分以上,公共课程学分 30 分以上。它是实现正规教育和非正规教育衔接和沟通的桥梁,实现了学习经历与学分的转换,为更多的人提供了高等教育机会和途径。学分银行认可的获取学分途径有四种:一是完成自学考试系统中提供的相关学习项目和计划;二是通过相关机构委托的分阶段考试;三是获得相关国家技师法案和关于国家技师证书基本法案中规定的证书;四是通过参加业余大学的课程学习。③ 其主要服务对象为具有高中或同等以上学历的人。截至 2010年,参与学分银行的学习者达到 96547 人,其中学位获得者有 51361 人。④

---

① 李贤淑.韩国高校终身教育研究及启示[D].延边大学,2010:18.
② 黄富顺.比较终身教育[M].台北:五南图书出版股份有限公司,2003:124-127.
③ 黄 欣,张 艳.一次具有突破性意义的教育立法与改革——略论韩国终身教育立法的制定背景及政策启示[J].外国中小学教育,2010(8):9.
④ 姜羚.韩国终身教育发展的特征与启示[J].继续教育,2012(5):62.

其次,学位自学考试制度是将学习者的自学经历或成果通过考试给予认定,对考试通过并达到条件要求的学员授予学士学位。主要针对高中毕业未能升入高校的社会成人。它依据 1990 年颁布的《自学学位制度》制定,其主管机构最初为中央教育评价院,1998 年改为韩国放送通信大学,2008 年转移到终身教育振兴院。自考生需要通过四个级别的考试才能获得学士学位,四个级别为:第一级,公共科目水平认证考试(5 个科目);第二级,专业基础科目认证考试(6 个科目);第三级,专业主干科目认证考试(6 个科目);第四级,学位综合考试(5 个科目)。[①] 学习者需要逐级考试,不能越级参加考试。目前,开展自学考试的领域有国语国文学、英语英文学、经营学、法学、行政学、幼儿教育学、计算机科学、家政学、看护学等 9 个专业。截至 2010 年有 12647 人获得学士学位。[②] 不难看出,申请自学考试的学习者明显少于学分银行学习者。

最后,终身学习账户制度依据 2007 年修订的《终身教育法》第 23 条"国家必须为了促进国民的终身教育以及人力资源开发、管理,应积极推动学习账户制度"设立,2010 年 10 月正式上线。它是一套在线学习成果和学分管理系统,个体学习者通过申请经过认证的终身学习课程,累积学习经历和成果,获取该管理系统授予的学习履历证明书,凭借此证明书可以申请学位、应聘等。与学分银行制度不同,终身学习账户制度面向全体民众。

终身学习账户制度的主要目标是通过管理人生各阶段的学习经历和成果,给予认证和活用,提高终身教育参与率;通过认证办学机构所申请课程,为学习者自主学习提供咨询和最新信息服务,还可以协助弱势群体的专门项目。[③] 其主要过程包括三个方面:第一,学习课程的评鉴认证,将认证的课程输入学习经历数据库,作为课程的基本资料。第二,建立学习经历管理系统,个人可以自行申请学习账户,积累其学习经历。给予认证的终身教育课程包括以下六大领域:基础识字教育、学历补救教育、文化艺术教育、公民参与教育、人文教养教育以及职业训练教育。这是该制度的主要工作,由设在学习过程评价团负责实施。第三,活用学习结果。学习者可以通过学习经历管理系统颁发的履历证明书来求职、申请学位等。[④] 终身学习账户由终身教育振兴院企划经营组的学习账户制度科专门负责管理,被李明博政府视为一项核心教育制度,作为教育科学技术部的主要工作。终身学习账户制度刚刚实行,其

① 奇永花,等.韩国终身教育的中枢机构——终身教育振兴院[J].终身教育,2011(9):97.
② 王智勇.论韩国终身教育管理的运行机制及其启示[D].鲁东大学,2012:14.
③ 黄富顺,叶芳君.韩国终身学习账户制的发展、运作与特色(续)[J].终身教育,2011(9):78.
④ 刘红.韩国终身教育改革的推进及其启示[J].中国职业技术教育,2011(27):83.

实施效果仍有待进一步观察。

　　三种学习成果和学分的管理和认证制度为韩国开展终身教育和为民众参与终身教育提供了强有力的制度保障。而且三种制度是相互衔接和关联的,并不是孤立的,三者通过学分连接成为一个终身学习的网络体系。比如,按照规定,学分银行制获得 35 学分以上的学习者可以参加自学考试第二级考试,70 分以上可以参加第三级考试。2008 年政府还成立了终身学习账户制协议会负责协调终身学习账户和相关制度的沟通和衔接工作。

参考文献

（一）著作

[1]郑杭生.中国人民大学社会发展报告(1994—1995)———从传统向现代快速转型期过程中的中国社会[M].北京:中国人民大学出版社,1996.

[2]郑杭生主编.社会学概论新修(精编版)[M].北京:中国人民大学出版社,2013.

[3]荆学民.社会转型与信仰重建[M].太原:山西教育出版社,1999.

[4]章辉美.社会转型与社会问题[M].长沙:湖南大学出版社,2004.

[5]孙立平.现代化与社会转型[M].北京:北京大学出版社,2005.

[6]刘祖云.社会转型解读[M].武汉:武汉大学出版社,2005.

[7]李学林.社会转型与中国社会弱势群体[M].西安:西南交通大学出版社,2005.

[8]陆学艺主编.当代中国社会建设[M].北京:社会科学文献出版社,2013.

[9]徐晓东.社会转型与办学体制创新[M].杭州:浙江大学出版社,2004.

[10]联合国教科文组织国际教育发展委员会.学会生存——教育世界的今天和明天[M].华东师范大学比较教育研究所译.上海:上海译文出版社,1982.

[11]贺向东等.中国成人教育管理运作全书[M].北京:中国物资出版社,1998.

[12]齐高岱,赵世平.成人教育大辞典[M].东营:石油大学出版社,2000.

[13]乐传永,何桥.转型期成人高等教育转型发展研究[M].杭州:浙江大学出版社,2012.

[14]郑登云.中国高等教育史(上册)[M].上海:华东师范大学出版社,1994.

[15]蔡克勇.高等教育简史[M].武汉:华中科技大学出版社,1982.

[16]盛宣怀拟设天津中西学堂禀(附章程、功课)[A].中国教育大系·历代教育制度考(下)[C].武汉:湖北教育出版社,1994.

[17]中华民国第五次教育统计图表[A].潘懋元,刘海峰.中国近代教育史资料汇编·高等教育[C].上海:上海教育出版社,1993.

[18]潘懋元.中国高等教育百年[M].广州:广东高等教育出版社,2003.

[19]林崇德.中国成人教育百科全书(心理·教育)[M].海口:南海出版社,1994.

[20]张维.世界成人教育概论[M].北京:北京出版社,1990.

[21][美]达肯沃尔德·梅里安著,刘宪之等译.成人教育——实践的基础[M].北京:教育科学出版社,1986.

[22][美]舒尔茨著,蒋斌、张蘅译.人力资本投资:教育和研究的作用[M].转引罗淳.舒尔茨的人力资本理论及其启示[J].南方人口,1999(4):44—48.

[23]关学丰,玉兰英.成人教育基础[M].北京:中国人事出版社,1990.

[24]叶忠海.成人教育通论[M].上海:上海科技教育出版社,1997.

[25]李珠.中国成人教育近现代史[M].哈尔滨:黑龙江教育出版社,1996.

[26]何东昌.中华人民共和国重要教育文献(1949—1975)——教育部关于中国人民大学实施计划的决定[M].海口:海南出版社,1998.

[27]陈桂生."教育学视界"辨析[M].上海:华东师范大学出版社,1997.

[28]汉语大词典编委会.汉语大词典(第四卷)[M].北京:汉语大词典出版社,1989.

[29]石中英著.教育哲学导论[M].北京:北京师范大学出版社,2002.

[30]陈超群著,张瑞璠主编.中国教育哲学史[M].济南:山东教育出版社,2000.

[31]于述胜,于建福.中国传统教育哲学[M].南京:江苏教育出版社,1996.

[32]崔宜明等.中国传统哲学与教育[M].上海:上海教育出版社,1995.

[33]刁培萼,丁沅 编著.马克思主义教育哲学[M].上海:华东师范大学出版社,1987.

[34]黄济编著.教育哲学初稿[M].北京:北京师范大学出版社,1982.

[35]沈灌群著.中国古代教育和教育思想[M].武汉:湖北人民出版社,1956.

[36]王承绪等编译.高等教育新论[M].杭州:浙江教育出版社,1988.

[37]李少林主编.中国文化史[M].呼和浩特:内蒙古人民出版社,2006.

[38]王炳照等编.简明中国教育史[M].北京:北京师范大学出版社,1994.

[39]涂又光著.中国高等教育史论[M].武汉:湖北教育出版社,1997.

[40]曾青云著.当代成人教育发展研究[M].南昌:江西高校出版社,2009.

[41]王坤庆著.现代教育哲学[M].武汉:华中师范大学出版社,1996.

[42]张维主编.世界成人教育概论[M].北京:北京出版社,1990.

[43]孙世路 编著.外国成人教育[M].北京:教育科学出版社,1982

[44]何光全.中国成人学习调查研究[M],光明日报出版社 2013.

[45]董明传,毕诚,张世平.成人教育史[M].海口:海南出版社,2002.

[46]中共中央文献研究室.建国以来重要文献选编(第二册)[G].北京:中央
文献出版社,2011.

[47]《新中国六十年成人教育大事记》编委会.新中国六十年成人教育大事记
[G].北京:北京工业大学出版社,2010.

[48]中华人民共和国教育部计划财务司.中国教育成就统计资料(1949—
1983)[G].北京:人民教育出版社,1984.

[49]国家教育委员会计划建设司.中国教育成就统计资料(1986—1990)[G].
北京:人民教育出版社,1991.

[50]邓小平.邓小平文选(1975—1982)[G].北京:人民出版社,1983.

[51]中国成人教育协会.中国成人教育改革发展三十年[M].北京:高等教育
出版社,2008.

[52]高志敏,等.终身教育、终身学习与学习化社会[M].上海:华东师范大学
出版社,2005.

[53]学习型社会建设研究课题组.学习型社会建设的理论与实践——学习型
社会建设研究课题总报告[M].北京:高等教育出版社,2010.

[54]赖立,等.中国继续教育发展报告[M].北京:教育科学出版社,2012.

[55]中华人民共和国教育部发展规划司.中国教育统计年鉴(2010)[G].北
京:人民教育出版社,2011.

[56]中华人民共和国教育部发展规划司.中国教育统计年鉴(2012)[G].北
京:人民教育出版社,2013.

[57]黄富顺.比较成人教育 [M].台北:五南图书出版股份有限公司,1988.

[58]庞学铨,克劳斯 ·迈泽尔.中德成人教育比较研究[M].北京:中国社会
科学出版社,2004.

[59]郑红军.中国产品质量的综观研究[M].北京:中国经济出版社,2007.

[60]瞿葆奎.教育学文集第 23 卷 日本教育改革[J].北京:人民教育出版
社,1991.

[61]梁忠义.当代日本社会教育[M].太原:山西教育出版社,1994.

[62]吴遵民.现代国际终身教育论[M].北京:中国人民大学出版社,2007.

[63]台湾成人教育协会.大学成人教育[M].台北:师大书苑,1994.

[64]杜以德,何爱霞等.我国成人高等教育办学机构转型与创新研究[M].北京:高等教育出版社 2012.

[65]涂尔干.教育思想的演进[M].李康,译.上海:上海人民出版 2003.

(二)外文文献

[1]National Center for Education Statistics. Digest of education statistics. Table 199,Total fall enrollment in degree-granting institutions,by sex, age, and attendance status: Selected years, 1970 through 2019 [R]. Washington,DC: U. S. Department of Education, Institute of Education Science,National Center for Education Statistics. Retrieved from http:// nces. ed. gov/programs/digest/d10/tables/dt10_199. asp(2009).

[2] National Center for Education Statistics. Projections of education statistics to 2020[R]. Retrieved from http://nces. ed. gov/pubsearch/ pubsinfo. asp? pubid=2011026(2011).

[3]Jaschik S. Classifying "education hubs"[R]. Inside Higher Ed, 2013, March 6. Retrieved from http://www. insidehighered. com/news/2013/ 03/06/scholars-discuss-how-define-and-evaluate-education-hubs.

[4]Mullin C M, Phillippe K. Community college enrollment surge[R]. Washington,DC: American Association of Community Colleges, 2009. Retrieved from http://www. aacc. nche. edu/Publications/Briefs/ Documents/enrollmentsurge_12172009. pdf.

[5]Allen I E, Seaman J. Changing course: Ten years of tracking online education in the United States[R]. 2013. Retrieved from http://www. onlinelearningsurvey. com/reports/changingcours. pdf.

[6]Friedman T. The world is flat[R]. New York,NY: Picador, University Professional Continuing Education Association. (n. d.). Join a formal network in your area of practice, 2007. Retrieved from http://upcea. edu/content. asp? pl=20&contentid=20.

[7] Disilvestro F R. Continuing Higher Education and OlderAdults: A Growing Challenge andGolden Opportunity[J]. New Direction for Adult and Continuing Education,2013,140:79.

[8] Howden M, Meyer J A. Age and sex composition: 2010 U. S. Census

Bureau Report[R]. 2011. Retrieved from http://www. census. gov/prod/ cen2010/briefs/c2010br-03. pdf.

[9]Yankelovich D.. Ferment and change:Higher education in 2015[R]. Chronicle of Higher Education,2005,November 25. Retrieved from http://chronicle. com/article/Ferment Change-Higher/14934.

[10]Allen I E,Seaman J. Staying the course:Online education in the United States[R]. Wellesley,MA:SLOAN-C/Babson Survey Research Group, 2008. Retrieved from http:// sloanconsortium. org/publications/ survey/staying_course.

[11][12]Stamats Higher Education Marketing. (2007,May 7). FIT market research:Branding,imageand strategic recruitment. Special Report made by Stamats Higher Education Marketing to FIT Board of Trustees. Cedar Rapids,IA:Author.

[12]DiSilvestro F,Merrill H. Demonstrating the value of lifelong learning throughout comes assessment research[M]. // Boden-McGill C King K (Eds.). Conversations about adult learning in our complex world. Charlotte,NC:Information Age,2012:271-286.

[13] Wildavsky B. The great brain race:How global universities are reshaping the world [M]. Princeton, NJ:Princeton University Press,2010.

[14]New York University. (n. d.). New York University,Abu Dhabi[R]. Retrieved from http://nyuad. nyu. edu/about. html.

[15]Carnegie Mellon University. CMU Welcomes President-Elect Dr[R]. Subra Suresh,2013. Retri eved from http://www. cmu. edu/homepage/ society/2013/winter/cmu-welcomes-president-elect. shtml.

(三)硕博论文

[1]郎益夫.中国高等教育投资模式研究[D].哈尔滨工程大学,2002.

[2]宋旭峰.建国以来江苏高等教育结构发展分析[D].南京师范大学,2005.

[3]饶爱京.江西民办高等教育发展研究[D].厦门大学,2006.

[4]余小波.我国成人高等教育转型的研究[D].厦门大学,2007.

[5]刘六生.省域高等教育结构调整研究[D].辽宁师范大学,2011.

[6]乔佩科.中国高等职业教育政策发展研究[D].东北大学,2009.

[7]杜安国.中国高等职业教育财政研究[D].财政部财政科学研究所,2010.

[8]赵庆年.区域高等教育发展差异问题研究[D].厦门大学,2009.

[9]屈文建.中国高等教育资源配置的均衡性研究[D].江西财经大学,2012.

[10]杨桦.转型期独立设置的成人教育学院所面临的挑战及出路[D].陕西师范大学,2008.

[11]应琳雯.上海独立设置成人高校办学模式创新研究[D].华东理工大学,2011.

[12]李荣华.四川教育学院成人高等教育营销策略研究[D].西南财经大学,2011.

[13]李晓媛.韩国终身教育的法制建设及对我国的启示[D].山西大学,2011.

[14]李贤淑.韩国高校终身教育研究及启示[D].延边大学,2010.

[15]王智勇.论韩国终身教育管理的运行机制及其启示[D].鲁东大学,2012.

(四)论文

[1]高清海,刘少杰.社会发展理论的演化趋向及其面临的问题[J].天津社会科学,1994(2):4-10.

[2]刘玲玲.对社会转型范畴的哲学思考[J].北方论丛,1996(5):17-21.

[3]陈锋.中国当代社会的八大转型[J].社会科学,1993(8):52-60.

[4]王辛河.社会转型:当代社会发展的重要形式[J].岭南学刊,1996(5):24-27.

[5]刘祖云.社会转型:一种特定的社会发展过程[J].华中师范大学学报(哲学社会科学版),1997,36(6):11-30

[6]刘忠世.近年来社会形态理论研究述评[J].齐鲁学刊,1997,(3):123-129.

[7]孙慕天,刘玲玲.西方社会转型理论研究的历史和现状[J].哲学动态,1997(4):40-45.

[8]王雅林."社会转型"理论的再构与创新发展[J].江苏社会科学,2000(2):168-173.

[9]文军,童星.论人类社会发展与三次社会转型[J].湖南社会科学,2001(1):31-33.

[10]王雅林.中国社会转型研究的理论维度[J].社会科学研究,2003(1):87-93.

[11]王永进,邬泽天.我国当前社会转型的主要特征[J].社会科学家2004,

(6):41—43.

[12]孙岩.关于社会转型的哲学反思[J].哲学堂,2005(2)233—239.

[13]席成孝.马克思"三大社会形态"理论与当代中国的社会转型[J].陕西理工学院学报(社会科学版),2005,23(2):1—5.

[14]吴鹏杰.发展社会学的思想溯源与两种理论模式[J].江苏行政学院学报,2006(2):67—73.

[15]周旋.我国成人教育的历史轨迹及其意义[J].青岛海洋大学学报(社会科学版),1998(3):94—96.

[16]劳凯声.社会转型与教育的重新定位[J].教育研究,2002(2):3—7;30.

[17]王茂林.关于教育创新理论与实践的思考[J].中国高教研究,2003(1):36—38.

[18]张学敏,潘燕.从管理到经营——构建学校经营理论的探索[J].教育与经济,2004(4):18—23.

[19]田汉族.教育服务:从观念到实践[J].中国教育经济学学术年会论文,2004:1—12.

[20]任建华.学校经营理论及其运作模式[].中国教育经济学学术年会论文,2004.

[21]胡宗仁.社会变迁与教育变革的关系研究探讨[J].南阳师范学院学报(社会科学版),2004,3(10):18—22.

[22]顾永安.创建品牌大学的理论依据、现实意义与路径选择[J].常熟理工学院学报(教育科学版),2007(6):42—45.

[23]苏君阳.社会结构转型与教育公共性的建构[J].教育研究,2007(8):34—38.

[24]董泽芳,陈新忠.社会转型与教育冲突[J].教育研究与实验,2009(2):20—23.

[25]梁珺超.社会转型背景下的教育公平发展[J].考试周刊,2011(16):203—204.

[26]黄荣怀.教育信息化助力当前教育变革:机遇与挑战[J].中国教育,2011(1):36—40.

[27]朱芝洲,俞位增,蔡文兰.职业教育秩序:社会转型中职业教育研究的新课题[J].浙江工商职业技术学院学报,2013(3):52—55.

[28]祝智庭.教育变革中的技术力量[J].中国电化教育,2014(1):1—9.

[29]高志敏."成人教育"概念辨析[J].陕西师范大学继续教育学报,2000(3):

5—10.

[30]马启鹏.试论成人高等教育对成人个体毕生发展的阻隔[J].成人教育学刊.2004(11):35—39.

[31]王冀生.现代大学的教育理念[J].辽宁高等教育研究,1999(1):31—34.

[32]李萍,钟明华.教育的迷茫在哪里——教育理念的反省[J].上海高教研究,1998(5):22—25.

[33]贾继娥、褚宏启.教育发展方式转变的三条路径[J].教育发展研究,2012(3):1—6.

[34]马启鹏.基于转型视阈中的高校继续教育组织机构革新[J].教育发展研究,2011(9):67—71.

[35]马启鹏.构建服务型高校继续教育体系的研究与实践——宁波大学的个案阐释[J].当代继续教育,2014(2):9—13.

[36]梁晨.新形势下独立设置成人高校的发展战略[J].北京宣武红旗业余大学学报,2010(01):22—24.

[37]朱艳华,马发生,夏力,王岩,汤伟.我国独立设置成人高校发展问题研究[J].湖北大学成人教育学院学报,2006(1):17—19.

[38]孙龙存.我国独立设置成人高等学校的使命、挑战与重组[J].职教论坛,2010(16):17—21.

[39]申建军.独立设置成人高校现状与未来发展[J].陕西教育(高教),2010(6):18.

[40]程瑛.独立设置成人高校的存在与发展[J].继续教育,2007(6):8—9.

[41]马兰,孙嘉政.独立设置成人高校的现状分析与发展思考[J].中国成人教育,2007(14):92—93.

[42]田小梅.独立设置成人高校教师专业化的特殊性及校本发展策略[J].现代教育管理,2011(10):94—96.

[43]杨菲,杜慧娟.独立设置成人高校的现状和发展方向[J].天津职业院校联合学报,2009(1):39—41.

[44]李传红,周伟.独立设置成人高校教学管理规范化研究[J].北京宣武红旗业余大学学报,2009(1):35—38.

[45]徐魁鸿.高校扩招以来我国独立设置成人高等学校发展状况研究[J].职业技术教育,2009(28):75—78.

[46]宁雪娟.独立设置成人高校发展的关键——师资队伍建设[J].成人高教学刊,2009(4):43—46.

[47]王军,刘东梅,高琦.独立设置成人高校的困境与出路[J].四川省卫生管理干部学院学报,2002(2):135－136.

[48]杨涛.独立设置成人高校改革与发展策略探析[J].职业时空,2008(5):64.

[49]汪丽萍.发挥独立设置成人高校的作用为建立学习型社会做贡献[J].成人高教学刊,2005(5):51－53.

[50]唐红.试谈独立设置成人高校人力资源的开发管理[J].中国成人教育,2005(8):40－41.

[51]杨梅芳.独立设置成人高校教师专业发展及其自我实现路径[J].大学教育,2013(22):30－31.

[52]赵志峰.影响旅游管理专业顶岗实习质量因素的多维度感知——以重庆第二师范学院旅游管理专业为例[J].重庆第二师范学院学报,2014(3):117－120.

[53]周晓群,周珍.高职师范生英语教学实践能力多元化培养模式的运用——以江西教育学院为例[J].知识窗(教师版),2013(8):10－11.

[54]李焕燊.十年奋飞育师才——祝广东教育学院复办10周年[J].高教探索,1988(3):62－64.

[55]张测云.广东教育学院简介[J].中学教师培训,1990(4):40.

[56]梁琼芳.教育研究的新开拓——广东教育学院成立"建设有中国特色的社会主义与教育"研究中心[J].广东教育学院学报,1994(2):1－3.

[57]周峰.期望与祝愿——广东教育学院建设有中国特色社会主义与教育研究中心成立大会述要[J].广东教育学院学报,1994(2):109－110.

[58]汪敏,葛浩,曹玉.高校毕业生就业跟踪调查及对策分析——以安徽教育学院为例[J].安徽教育学院学报,2006(5):98－102.

[59]肖霞,刘国云.厚德修身博学育人——江西教育学院创建有特色、有优势、高水平本科高校纪实[J].大江周刊(纪实),2009(8):62－63.

[60]高开华.抓住契机 乘势而上 推动《安徽教育年鉴》(2010卷)编纂工作再上新台阶——在《安徽教育年鉴》(2010卷)编纂工作会议上的讲话[J].安徽教育,2010(6):30－32.

[61]王长久.湖北教育学院校史述略[J].培训与研究(湖北教育学院学报),1996(3):57－61.

[62]柳菊兴.保持"龙头"地位 发挥独特作用——为庆贺湖北教育学院70华诞而作[J].政策,2001(10):48－49.

[63]曹子建.四川教育学院发展战略的思考[J].四川教育学院学报,2007(12):2—4.

[64]罗开贵.坚定的步伐辉煌的历程——四川教育学院改革发展 20 年[J].四川教育学院学报,1999(1):1—4.

[65]陈洛,张瑛瑛.广西独立设置成人高校现状分析——继续教育改革和发展战略与政策研究系列论文之一[J].广西教育学院学报,2010(1):64—67.

[66]陈玉明.广西独立设置成人高校发展转型的思考[J].教育与职业,2010(23):191—192.

[67]陈晋南,刘承,刘小森,张建国,孙桂华.北京独立设置成人高等学校的继续教育[J].继续教育,2010(Z1):84—87.

[68]贺兰芳.天津市独立设置成人高校发展战略研究[J].天津职业院校联合学报,2010(3):10—17.

[69]黄尧.广西独立设置成人高校的发展对策探讨——继续教育改革和发展战略与政策研究系列论文之二[J].广西教育学院学报,2010(1):70—72.

[70]李宁.关于进一步促进山东省成人高等教育发展的对策建议[J].山东商业职业技术学院学报,2011(1):93—94.

[71]孟雅君.独立设置成人高校教学质量 保障与自我调控体系构建初探——基于北京东城区职工大学新近改革的分析[J].呼伦贝尔学院学报,2011(2):45—49.

[72]王宝珍.北京市独立设置成人高校教育教学质量现状及其影响因素调查报告[J].中国教师,2008(22):58—60.

[73]王琴茹,李福生,乔昕,张建华,侯英妮.陕西省独立设置成人高校办学改革与创新研究[J].陕西教育(高教版),2011(3):71—74.

[74]肖建彬,李泽民,古立新.广东省独立设置成人高校成人与继续教育现状调研报告[J].广东教育学院学报,2006(1):18—23.

[75]谢福林.广东省成人高等教育办学水平评估[J].继续教育研究,2007(1):97—99.

[76]宋亦芳.上海区域成人高校转型分析及发展探略[J].职业技术教育,2012(16):51—56.

[77]叶红英,李奇,周波.重庆市独立设置成人高校继续教育发展现状、问题与对策研究[J].继续教育研究,2006(2):17—20.

[78]重庆第二师范学院:全面推进素质教育,有效推动优质就业[J].中国大学生就业,2012(19):56—57.

[79]江西省人民政府关于同意在江西教育学院基础上建立南昌师范学院的批复[J].江西省人民政府公报,2013,11:17.

[80]重庆市人民政府办公厅关于重庆教育学院改建为重庆第二师范学院的通知[J].重庆市人民政府公报,2012,09:23.

[81]以改制为契机,以内涵发展为抓手,办高质量、有特色的高等院校——四川教育学院学习实践科学发展观活动总结[J].四川教育学院学报,2009(S1):1-5.

[82]姜羚.韩国终身教育发展的特征与启示[J].继续教育,2012(5):62.

[83]黄富顺,叶芳君.韩国终身学习账户制的发展、运作与特色(续)[J].终身教育,2011(9):78.

[84]刘红.韩国终身教育改革的推进及其启示[J].中国职业技术教育,2011(27):83.

[85]何光全.自主性教育学的理论及实践[J].现代远距离教育,2012(6):20-21.

[86]王国强.体验式学习理论及其对成人教育的启示[J].河北工业大学成人教育学院学报,2008(3).

[87]范履冰,曾龙.论教育中介组织的角色和作用[J].国家教育行政学院学报,2011(8).

[88]朱坚,等.监督与保障:英国教育法律对教育督导制度的影响[J].教育科学研究,2010(10):70.

[89]杨娟,等.英国继续教育督导框架与实践[J].现代教育管理,2013(6):119.

[90]楼云华.德国州政府与联邦政府签署终身学习能力框架联合决议[J].世界教育信息,2013(15):74.

[91]孙玫璐.德国成人教育中心的发展特点与启示[J].职教论坛,2012(21):42.

[92]修春民.德国3/4企业为职工提供继续教育机会[J].世界教育信息,2013(16):77.

[93]任春.终身教育理念下德国成人教育[J].德国研究,2007(1):63.

[94]宋孝忠.德国终身学习政策述评[J].华北水利水电学院学报(社科版),2009(3):96.

[95]戴凌云,等.德国继续教育质量测评模型LQW述评[J].高等工程教育研究,2007(1):91-92.

[96]崔世广,张洪霞.日本开展终身教育的历史过程[J].日本问题研究,2005
  (1):44.

[97]张洪霞,崔世广.日本开展终身学习的政策措施与效果[J].日本学刊,
  2004(6):142.

[98]奇永花.韩国终身教育的发展及实务运作[J].成人教育,2009(3):11.

[99]朴福仙.韩国修订终身教育法的意义、内容及发展方向[J].终身教育,
  2013(3):78.

[100]黄欣,张艳.一次具有突破性意义的教育立法与改革——略论韩国终身
  教育立法的制定背景及政策启示[J].外国中小学教育,2010(8):8.

[101]黄富顺.韩国新修订终身教育法的内容、特色与省思[J].终身教育,2009
  (6):18.

索　引

后　记

　　本书系国家社会科学基金"十一五"规划教育学 2009 年度国家一般课题"社会转型期我国成人院校'转型性变革'的路径与机制研究"(课题批准号 BKA090083)的成果。之所以关注这一课题研究,一是工作实践的需要。我从 2006 年开始主持宁波大学成人教育学院行政工作,工作中遇到很多的困惑逼迫着我必须进行一些理论上的探寻,希望能走出困境,有所创新和突破。二是学科理论研究的急需。成人教育理论研究严重滞后于成人教育实践的发展,如何围绕成人教育发展中的实践问题开展理论攻关是成人教育理论工作者的应担之责,也是成人教育学科的立命之本。鉴于此,我查阅了大量国内外相关文献,选取了成人院校转型这一大家关注的问题开展理论研究,与此同时也进行了成人教育改革实践,取得了一定的成效。在此基础上,我于 2009 年申报了该课题并顺利立项。

　　自课题立项至今,我带领着课题组成员投入大量时间和精力,查阅文献,实证调查,理论研究,实践推广,历时 6 年,终成此书。

　　本课题是集体智慧和力量的结晶。课题研究聚集了宁波大学、清华大学、曲阜师范大学、四川师范大学、江西师范大学、江西科技师范大学、石家庄邮电职业技术学院、北京东城区职工业余大学等 8 所独立设置成人高校以及宁波镇海区澥浦成人学校等全国 16 家单位功底深厚的成人教育学者。由我拟定研究框架、设计研究方案并主持课题研究。本书的撰写者按照章节顺序为:第一章由宁波大学孙立新执笔,第二章由宁波大学乐传永、孙立新执笔,第三章(1—3 节)由宁波大学马启鹏执笔,第三章第四节由清华大学吴志勇、宁波大学马启鹏执笔,第四章(1—3 节)由四川师范大学何光全执笔,第四章第四节由石家庄邮电职业技术学院田克美、谢册、邢迎春、周晓新、刘红玉执笔,第五章(1—3 节)由江西师范大学曾青云执笔,第五章第四节由北京市东城区职工业余大学张燕农、北京市西城经济科技大学张建国、北京市石景山区业余大学王松、北京市朝阳区职工大学马金东、北京市海淀区职工大学潘四发、北京市崇文区职工大学周克强、北京宣武红旗业余大学车亚军、北京市丰台区职工大学蒋苇执笔,第六章(1—3节)由曲阜师范大学何爱霞执笔,第六章第四节由宁波镇海区澥浦成人学校吴戏贤执笔,第七章第一节由江西科技师范大学欧阳忠明执笔,第七章(2—3节)由曲阜师范大学秦发盈执笔,最后由我负责统稿。

在本成果即将付梓之际,我要感谢全国教育科学规划领导小组办公室的指导与帮助,特别是刘贵华主任、王小明老师;感谢中国成人教育协会谢国东常务副会长在百忙中赋序,感谢中国成人教育协会原会长朱新均等众多老前辈的精心指导和大力支持;感谢宁波大学成人教育学院领导班子和全体员工的帮助和支持,正是由于你们分担了我大量的工作,才使我有一些时间和精力来完成这一课题;感谢一直以来对我的成长给予关心和帮助的所有成教界老前辈、老朋友。

感谢浙江大学出版社樊晓燕编审。

感谢我的研究团队成员。

感谢先期研究者的研究成果和理论智慧。

由于我们能力及精力所限,材料的使用、分析和结论难免有错漏之处,敬请您的批评指正!

乐传永

2014年11月6日于宁波大学